最新版

# これ一冊ではじめる！

# 日曜大工

山田芳照［著］



ナツメ社

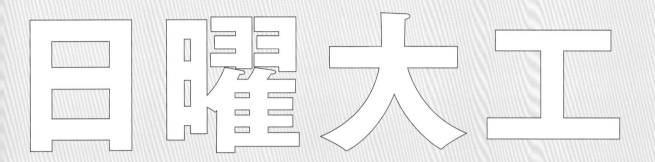

# はじめに

本書では、これから日曜大工をはじめる方のために、最新の工具や材料の情報を交えて、ていねいに解説しています。

工具選びはとくに大切で、作業に合った工具は、だれでも正確に、そして安全に加工ができ、きれいに仕上げることができます。また、材料選びも重要です。壁材や床材は種類も多いので、目的に合った素材が探せる内容にまとめてあります。家具は、生活を便利に快適にするものです。家族の人数や空間にぴったり合う家具は、手作りならではのもの、日曜大工の第一歩としてはじめてみてください。お庭にはウッドデッキを作ることで、家族の憩いの場がさらに広がります。日常的に使う扉や窓、トイレや水栓などなど、普段からメンテナンスすることでトラブル防止になり、長く使えるものになります。ぜひ本書を日曜大工のバイブルとして、ぜひ活用してください。

# 最新版
# これ一冊ではじめる！
# 日曜大工

CONTENTS

## 第1章 工具の基礎知識

## 第2章 材料の基礎知識



## 第3章 壁・床の修繕



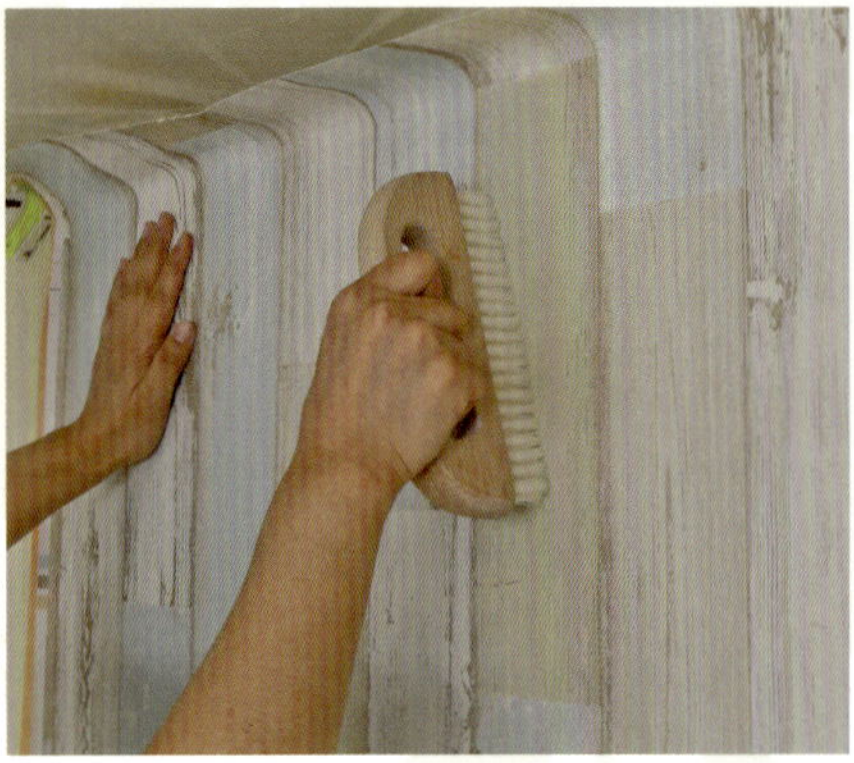

## 第4章 家具を作る



## 第5章 ガーデニング

## 第6章 メンテナンス

## 第7章 安全対策



## 第8章 用語辞典



**撮影・取材協力社一覧**

ブラックアンドデッカー
171-0022
東京都豊島区南池袋 1-11-22　山種池袋ビル 4 階
TEL: 03-5979-5677

株式会社カラーワークス
〒 101-0031
東京都千代田区東神田 1-14-2　パレットビル
TEL：03-3864-0810

ターナー色彩株式会社
〒 532-0032
大阪市淀川区三津屋北 2-15-7
TEL：06-6308-1212

株式会社ダイナシティコーポレーション
〒 101-0051
東京都千代田区神田神保町 1-22　NT ビル 4F
TEL：03-5282-2848

01

# 第1章
# 工具の基礎知識

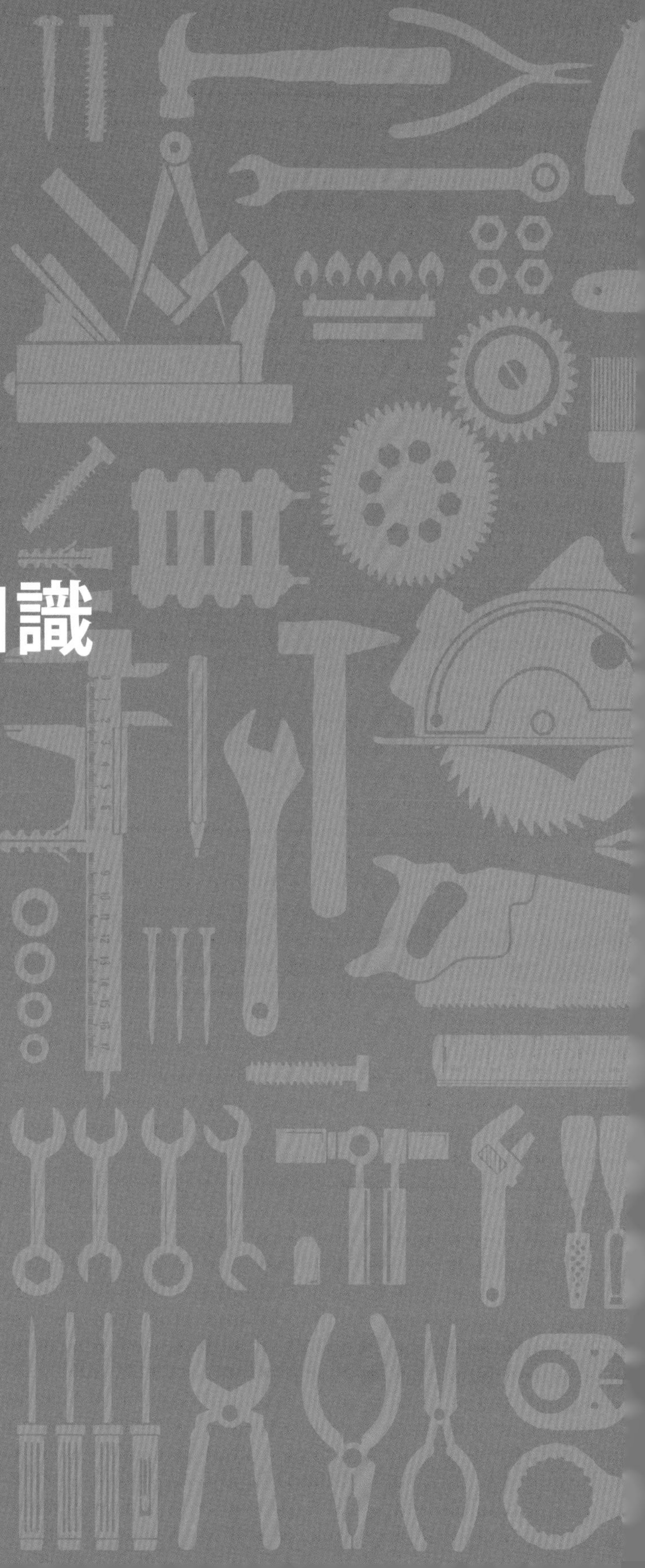

# 電動ドリルドライバー

## ネジ締め、穴あけに活躍

電動ドリルドライバーは、先端のビットを交換することで、ネジを締めるドライバーと、穴をあけるドリルの二役をこなす電動工具です。

市販の家具を組み立てたり、壁に棚を取り付けたり、ドアの丁番を取り替えたりと、ドライバーを使う作業は意外と多いものです。木工ともなれば、ネジを使う組み付けのほか、単純な穴あけや、ネジ締め前の下穴あけなどでの使用頻度も高く、ラクに手早く作業するために欠かせない工具といえます。これから木工に挑戦するのであれば、まず最初に手に入れることをおすすめします。

最近は、作業時のストレスが少ないコードレスタイプが一般的です。作業能力によって大きさや重さが変わるので、実際に持ってみて選ぶとよいでしょう。コードレスを使う場合は、作業途中で電池切れの心配がないように、予備の充電式バッテリーを用意しておくと安心です。

**クラッチ**
材質にあわせて締め付け力の上限を変えることができ、ネジの締めすぎを防ぎます。穴あけ作業時は、ドリルマークにあわせます。

**変速スイッチ**
回転速度を高速と低速の２段階で切り替えます。

**キーレスチャック**
ビットの取りつけ、取り外しをする際、ここを手で回してチャックを開閉します。

**ビット**
ネジ締め、穴あけなどの作業に対応した先端工具。

**正転・逆転スイッチ**
回転方向を切り替えたり、回転をロックしたりすることができます。

**チャック**
ツメ状のパーツがビットをつかんで固定します。

**スイッチ**
回転のオン / オフを切り替えます。引き加減で回転速度を調整できるものが一般的です。

**バッテリー**
コードレスタイプは、充電式バッテリーを電源としています。

### ■ビットの取りつけ方

キーレスチャックを左に回してチャックを開け、使用するビットを奥まで差し込みます。

キーレスチャックを右に回して止まるところまで締め、ビットが抜けないことを確認して強く締めます。

### ■スピード調整

最初に変速スイッチで、回転の最高速度を選びます。慣れないうちは低速側に設定するとよいでしょう。

作業内容による低速と高速の使いわけなど、回転速度の微調整は、指先の力加減で行います。

### ■バッテリー能力の見方

コードレス電動工具では、バッテリーの電圧＝V（ボルト）が高ければ高いほど、大きい力を出すことができます。バッテリーは大きく重くなるので、作業内容や取り回しのしやすさを考えて選びましょう。

## ネジ締め作業の基本

まっすぐに、力いっぱい押す

プラスのドライバービットには、１番（小）、２番（標準）、３番（大）と３種類のサイズがあります。ネジ頭を傷めないように、必ずネジのサイズに適した番手のビットで作業してください。

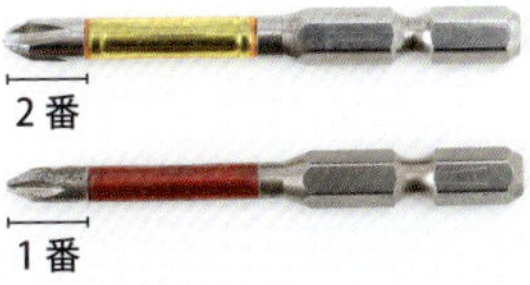

ネジの頭に近い部分を指で軽くつまんで材料にまっすぐ立て、ネジが自立するところまで低速で回します。

まっすぐに、力いっぱい押しながら、ネジを最後まで締め込みます。押す力が弱いと、ビットがずれてネジ頭を傷めます。

ネジの締め付け力は、クラッチの数字が大きいほど強くなります。小さい数字から試しましょう。

### ■ネジ頭の深さ

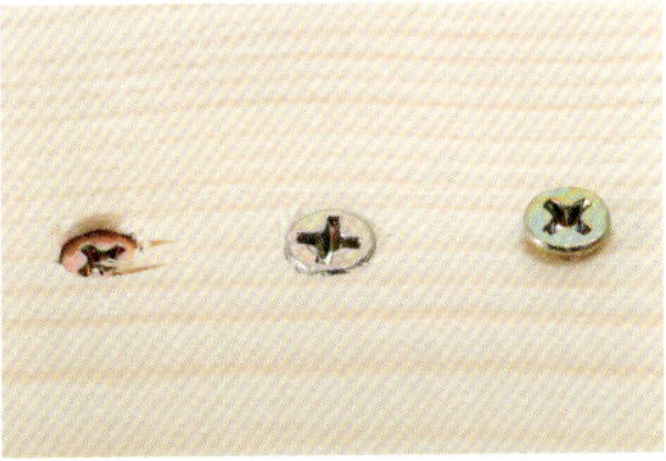

左は締めすぎ、右は締め込み不足です。ネジ頭が材料の表面にそろうように（中央）締めこむと、仕上がりがきれいです。

### ■ビットとネジをまっすぐに

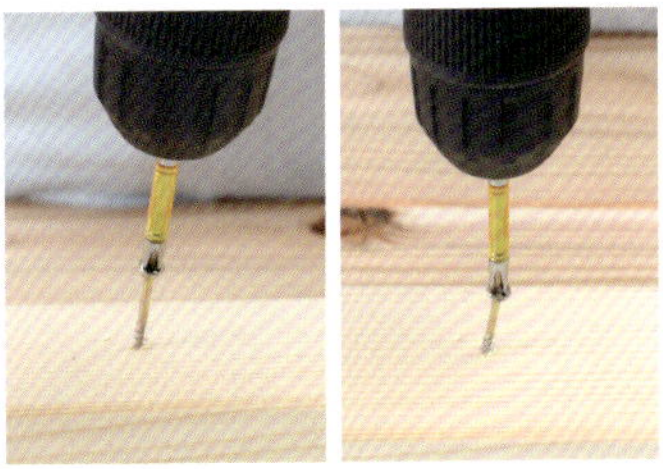

ネジが斜めになった場合は、ビットがネジと一直線になるように角度をあわせ、しっかり押しながら締め込みます。

## 穴あけ用ビットの種類

木工用は穴のあけ方でも各種あり

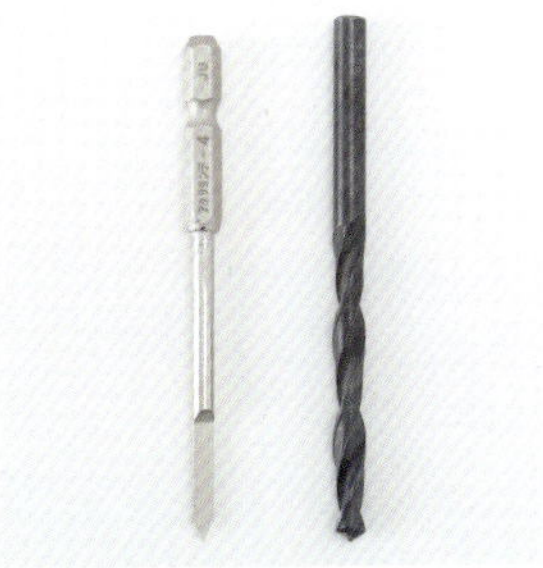

アクリル用（左）、金属用（右）など、穴をあける材料にあわせて、ビットを使いわけて作業します。

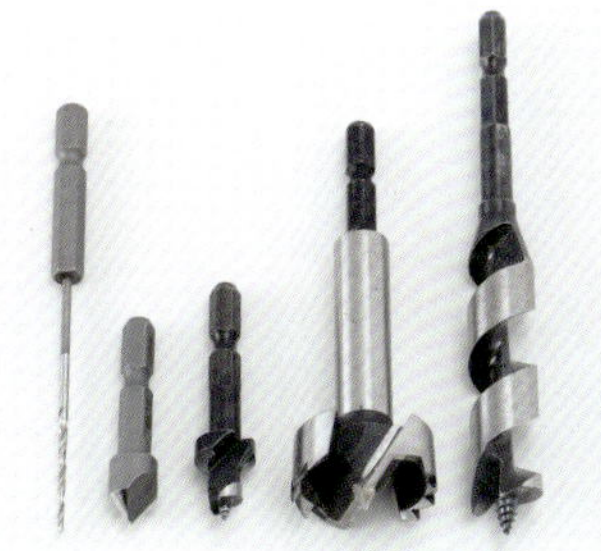

主な木材用ビットの種類。左から、下穴用ビット、座ぼり用ビット、ダボ穴用ビット、ボアビット、穴あけビット。

### ■大きい穴あけに便利

円筒状をしたノコギリのようなビット、ホールソーを使うと、簡単に大きい貫通穴をあけることができます。複数のサイズの刃を交換して使うことができる、セットのものを持ってくると便利です。

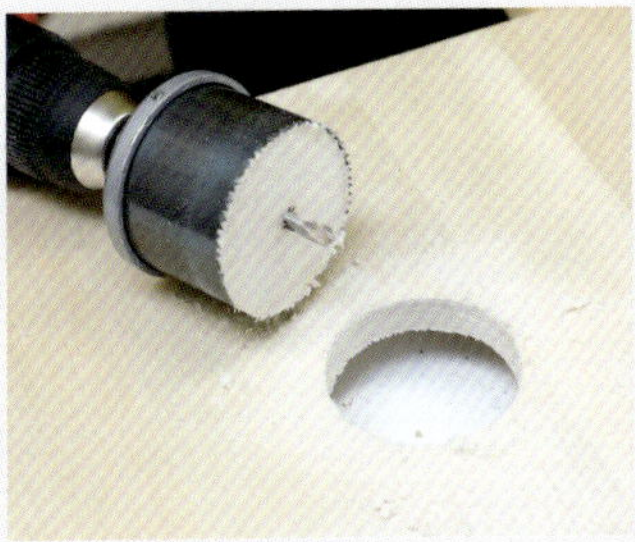

## 貫通穴をあける

捨て板をあてる

ドリルビットが垂直であることを確認してスイッチを引き、掘り進み具合にあわせて押し込んでいきます。貫通穴をあけるときは、木材の下に捨て板を置き、一緒にクランプで固定しておきましょう。

捨て板あり（右）となし（左）の比較。捨て板を置かずにビットを貫通させると、必ずバリがでます。

## 端にネジを打つ

### 下穴をあけて木割れを防ぐ

木材の端に近いところでネジを締め込むと、木割れが生じやすくなります。端から1㎝程度あけられないときは、先にドリルやキリで下穴をあけてからネジを打ちましょう。

木材の接合面に木工用接着剤をつけて仮どめし、下穴用ビットを使って下の木材まで通る穴をあけます。

ドライバービットにつけ替え、クラッチをドライバー設定にして、ネジを締め込みます。

## 丸棒を組み付ける

### 浅い止まり穴をあける

丸棒の太さと同じサイズのボアビットを使います。軸を回しながら押すと、切りくずをかき出しながら掘り進みます。

ボアビットを使うと、丸棒を組むために適した、底面の平らな止まり穴をあけることができます。

接合面に木工用接着剤をつけて、穴に丸棒を差し込みます。

## ダボ（丸棒）埋めの方法

### ネジ頭を埋め木で隠してきれいに仕上げる

ダボ（または丸棒）の径と同じサイズのダボ穴用ビットを使い、ネジを打つ位置に先端をあわせてダボ穴をあけます。

先端をドライバービットにつけ替え、ダボ穴の中心にネジを締め込みます。クラッチは、ドライバー設定にしておきます。

ダボ（丸棒）の先に木工用接着剤をつけます。丸棒は打ち込みやすい長さに切り、先端をかなづちで叩いて丸めておきます。

ダボ（丸棒）を穴に差し込んで、かなづちで打ち込みます。はみ出した接着剤は、濡らした布でふき取ります。

木材にダボ切り用ノコギリを密着させ、余分なダボをカットします。刃を軽くあてるのが、スムーズに切るコツです。

ダボを切ったままでは、わずかに段差が残ります。サンドペーパーで磨いて、表面が平らにしてください。

# インパクトドライバー

## 厚い木材をパワフルにネジどめ

スリーブ
先端を引き出すだけで、簡単にビットを着脱できる保持機構です。
BLACK+DECKER
正転・逆転スイッチ
回転方向を切り替えます。まん中にするとスイッチがロックされます。
スイッチ
引くと回転し、放すと止まります。引き加減で回転速度を調整できます。
バッテリー
簡単に着脱、交換ができる充電式電池を採用しているものが一般的です。
LITHIUM
1.5AH
18V

インパクトドライバーは、回転と同時に打撃力を加えることで、強い力で効率よくネジ締めなどの作業を行える電動工具です。見た目も用途も、電動ドリルドライバーに近いですが、得意な作業は違います。

ビットの回転速度と締めつけ力を細かく調整できる電動ドリルドライバーは、柔らかい木材から硬い木材まで、材質にあわせてネジをきれいに締め込むことができます。強い締め付け力をいちばんの特長とするインパクトドライバーは、厚い木材に長いネジを連続して打ち込むようなパワフルな作業に向いています。微調整が必要な繊細なネジ締めや穴あけでは、電動ドリルドライバーに比べて精度が落ちます。また、作業時に大きな打撃音を発するので、場所や時間を考えて使用する必要があります。それぞれの特長を理解して使いわけることが、ていねいで効率のよい作業につながります。

薄い木材や柔らかい木材を使う場合、市販の家具を組み立てる作業などは、より扱いやすい電動ドリルドライバーを。2×4材を使ったウッドデッキづくりや内装作業、大型家具づくりなどを行う際には、インパクトドライバーを用意するとよいでしょう。

### ■使用できるビットの形状

インパクトドライバーは、ビットを保持する機構が一般的な電動ドリルドライバーとは異なっており、取り付けできるのは軸が六角形のビットに限られます。丸軸タイプは使えないので、ドリルビットなどを購入する際は、必ず六角軸タイプであることを確認してください。

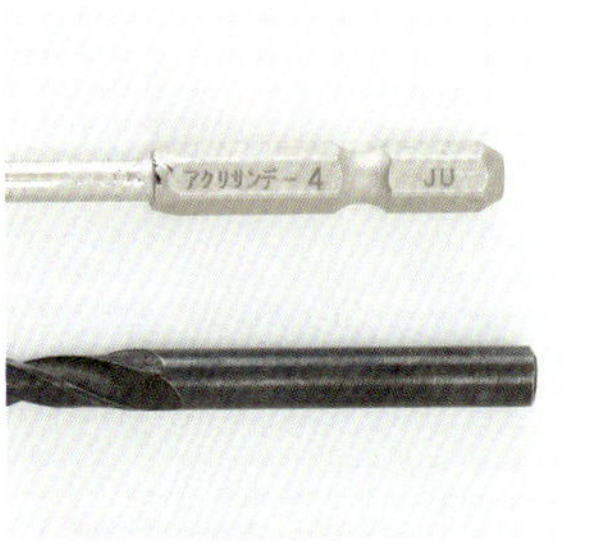

インパクトドライバーにつけられるのは、上の六角軸タイプのみ。電動ドリルドライバーには、どちらも取りつけできます。

### ■ビットの取りつけ方

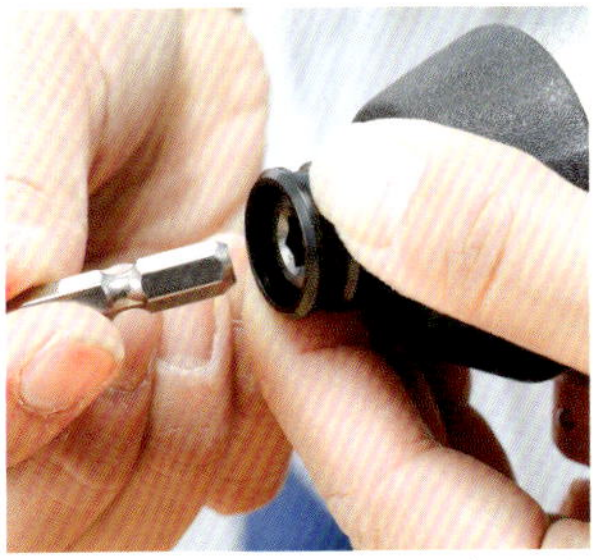

スリーブを前に引き出してビットを差し込み、スリーブを戻すとロックがかかり取り付け完了です。

### ■使い方のコツ

締めつけ力が強いため、ビットがネジの溝からはずれやすくなります。電動ドリルドライバーよりも、さらに強く押すように意識しましょう。

# サンダー

## バリ取りや下地調整などの研磨を効率アップ

スイッチ
オンとオフを切り替えます。
BLACK+DECKER
MOUSE
集塵ボックス
研磨面で出る木粉を吸い集め、飛散を少なくします。袋を取りつける機種もあります。
パッド
サンドペーパーを取りつける部分。研磨する面に密着しやすい、クッション性のある素材でできています。

サンダーは、サンドペーパーを取りつけたパッドを高速で振動させることで、ムラなく効率的に材料を磨くことができる研磨用の工具です。木工では、木材を切断してできるバリを取ったり、角を丸く落としたり、塗装のために下地を整えたりと、研磨作業をともなう場面が多くあります。サンダーを活用すると、作品が棚やテーブルのような大型になるほど、製作時間の短縮につながります。

　サンダーには、パッド部分の形状や動き方の違いにより、マウスサンダー、オービタルサンダー、ランダムサンダーなどの種類があります。最初は、小型で扱いやすく、平面から狭い部分まで作業しやすいマウスサンダーか、天板や棚板などの広い面を均一に磨けるオービタルサンダーを選ぶとよいでしょう。

　ランダムサンダーは、より研磨力が高いのが特徴です。仕上げ磨きをスピードアップできるほか、木材の粗削りや傷消しなども可能です。

　サンダーを使う研磨作業中は、材料からたくさんの微粉末が出ます。研磨面から直接、粉を吸い取る集じん機能のついている機種は、飛散を抑えることができおすすめです。

### ■サンドペーパーについて

パッドが高速で振動し、底面に取りつけたサンドペーパーが木材を研磨します。塗装はがし、荒削り、仕上げ磨きなど、作業に適した番手のペーパーを使ってください。研磨力が落ちたペーパーは早めに交換するほうが、効率よく作業できます。

### ■サンドペーパーの取りつけ方

マウスサンダーは、専用のサンドペーパーを使うものが一般的です。サンドペーパーは、パッドの底面に面ファスナーで取りつけできるようになっていて、簡単に着脱できます。

### ■サンドペーパーの種類

サンドペーパーは、粗目、中目、細目など、目の細かさが違う数種類が用意されています。裏面に書かれた数字が小さいほど目が荒く、大きいほど目が細かくなっています。

## マウスサンダーの特徴

### 細部の研磨に最適

本体がコンパクトなため、木工作業の過程でよくあるバリ取りや面取りなどの細かい作業、塗装前の下地調整などに手軽に使えます。鋭角な先端は、入隅（内側の角）などをていねいに研磨することに向いています。小さい家具などをつくる木工には、万能のマウスサンダーがおすすめです。

先端を使えば、箱や棚などの入隅を、磨き残しなくきれいに研磨することができます。

片手でも簡単に扱えるので、木材を手で持って、カット面を整えるような作業ではとても便利です。

## オービタルサンダーの特徴

### 広い面を効率よく作業

研磨面が四角く広いオービタルサンダーは、天板や棚板のような広く平らな面を、均一に研磨できます。クランプレバーを備えていて、入手しやすい一般的なサンドペーパーを使うことができます。

スイッチを入れてから作業面にあて、ぶれない程度に押さえながら、ゆっくり大きく動かすと、ムラなく磨くことができます。

1 パッドの幅にあわせてサンドペーパーに折り目をつけ、さしがねなどの定規をあてて手でちぎるように切ります。

2 レバーのロックをはずしてクランプを解放し、ペーパーの端をはさんで固定します。反対側も同様に固定します。

3 付属のパンチングツールにサンドペーパーを押しあてて、集塵ができるように穴をあけます。

## ランダムサンダーの特徴

### 振動＋回転で強力に研磨

パッドが回転しながら振動することで、強力な研磨力を発揮します。円運動を伴うので、ムラなく磨くためには慣れが必要です。塗装はがしや磨き仕上げで、広い面積を研磨することが多いようなら、このパワフルさは魅力です。

研磨力が高いので、一か所に留まらないように一定のリズムで動かし続けるのが、ムラなく磨くコツです。

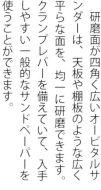

# ジグソー

## 曲線を切る作業に最適

**スイッチ**
指で引くとブレードが動き、離すと止まります。この引き具合でスピードを調整できるものが一般的です。

**ロックボタン**
スイッチを引いた状態でこのボタンを押すと、指を離してもブレードが動き続けます。

**ベース**
ぶれずに安定した作業ができるように、材料に押し当てる部分。

**ブレード**
取り替え式ののこぎり状の刃。カットする素材や作業内容によって使いわけます。

**オービタルスイッチ**
ブレードの動きを変化させて切断速度を高めます。強さは3～4段階に切替可能です。

ジグソーは、ブレードという刃を上下に動かして素材をカットする電動工具です。直線を切ることもできますが、どちらかといえばフリーハンドで曲線を切る作業に向いています。材料の角を丸く切り落としたり、緩やかな波型を切ったり、大きな円を切り出したりする場面で便利に使えます。押さえ方や押し方のコツをつかめば、初心者でも比較的安全に、多彩な切断加工ができるようになります。

取り替え式のブレードには、さまざまな種類が用意されています。素材に適したものを選ぶことで、木材のほかに金属やプラスチック、新建材などをカットすることができます。最近は、ホームセンターなどで各種の素材を手に入れやすくなり、木工やリフォームに取り入れるアイデアもたくさん紹介されています。ジグソーの扱いに慣れてきたら、ブレードを使いわけて、工作の幅を広げてみるのもおもしろいでしょう。

### ■ロックボタンの使用に注意

連続運転用のロックボタンは、使い慣れていないと急に止めたいときに操作ができず危険です。基本的にはスイッチのみで操作しましょう。

### ■オービタル機構

通常の上下運動に、しゃくりあげる前後運動を加えます。主に直線の切断速度を高めるために使い、曲線をカットするような繊細な作業には向きません。スイッチの切り替えでしゃくりを大きくするほど速度は高まりますが、反面、切断面が荒くなるデメリットがあります。

ブレードが楕円軌道を描くことで材料に対して下から斜めに当たり、一往復での作業量が増えます。

### ■スピード調整

スイッチの引き具合で変速するタイプが多くあります。技量や作業の難易度にあわせて調整してください。

### ■ブレードの取りつけ方

ワンタッチタイプは、取り付け部分のレバーを引いて、ブレードを着脱します。ほかに六角穴ボルトで固定するタイプもあります。着脱は、必ずプラグをコンセントから抜いて行ってください。

## ブレードの種類
さまざまな材料に対応

木材、金属、プラスチックなど、それぞれの素材に対応したブレードがあります。木材用は荒切り用、仕上げ切り用、曲線切り用など、作業内容によっても選ぶことができます。

差し込み部にはT型（右）とストレート型（左）があります。機種に合わせて選んでください。

適したブレードを装着することで、専用カッターを使っても作業をするのが大変な、アクリル板の曲線カットをすることもできます。

## 木材を切るための基本
板の固定、曲線のカットなど、ジグソーを安全に使う方法を確認します。

1 ブレードは板より下に出るので、カットする部分が作業台にかからないように固定します。板が台から出すぎると、作業中にバタつくので注意してください。切り進んでいったジグソーが当たらないことを確認して、2か所をクランプで固定しましょう。

2 頭はカットしたい線とブレードが見えるように真上から見下ろす位置に。体重をのせ、ベースを木材に押しつけながら前進させます。

3 スイッチを入れてブレードの動きが安定してから、木材に当てて切り始めます。当てた状態でスイッチを入れると、木材が暴れて危険です。

4 曲線部分では、カーブに合わせて前進する速度を調整します。体を移動したり、木材を固定し直したりして、切りやすい状態を保ちましょう。

5 切り終えてスイッチを切っても、ブレードは惰性で動いているので注意してください。止まったことを確認して、木材からジグソーを離します。

## 作業のコツ

### ■速度の切り替え

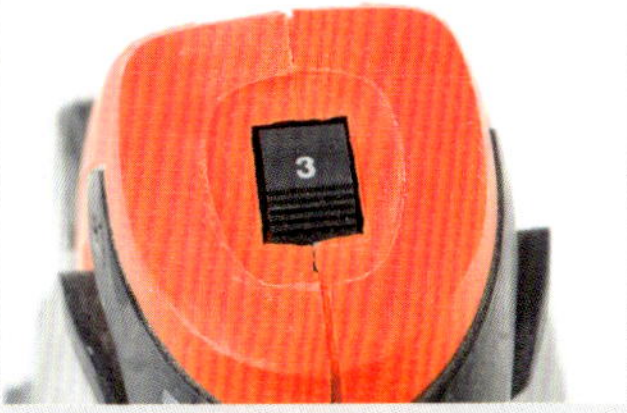

変速ダイヤルがついているモデルでは、最高速度を調節できます。切り口が熱くなりやすい金属やプラスチックでは、低速に設定しましょう。

### ■途中から切り始める場合

途中でいったんブレードの動きを止めた場合は、少しブレードを後退させてからスイッチを入れ、速度が安定してから前進させます。

### ■無理に前に押さない

強く前に押しても速くは切れず、ブレードが木材に負けて切断面が斜めになってしまいます。切り進む速度に合わせて前進させましょう。

## 直線を正確に切る

定規やガイドを利用して、直線をまっすぐに切る

### ■平行ガイドを使う

カットする線にブレードを合わせた状態で、ガイドが木材の端に当たる位置で固定します。ブレードと線を確認しながら、ガイドが木材から離れないように注意して切り進めます。

ほとんどのモデルは、平行ガイドを取り付けることができます。適当な幅の木材をベースより長めにカットして、ガイドにネジで固定して使います。

### ■直線治具を使う

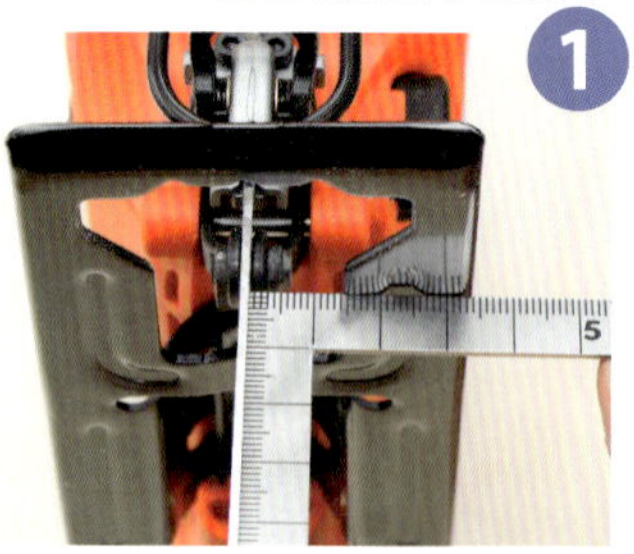


さしがねなどを使って、ブレードとベースの端までの距離を正確に測ります。写真のモデルは 34mm あります。

カットする位置に線（右側）を引いたら、さらに先ほど測った寸法のぶん（ここでは 34mm）を離してもう 1 本の線（左側）を引きます。

カットするものより長い木材を線に合わせてクランプで固定し、直線を切る治具とします。治具にベースを押し当てながら、離れないように注意して切り進めます。

## 斜めに切る

板の厚みに対して斜めにカット

直線を切るときと同じように切り進めます。上から押さえる力をかけにくいので、もう一方の手でしっかりとサポートしてください。

ベースのネジを緩めると、多くのモデルで最大 45 度までの範囲で角度を変えることができます。角度を決めたら、ネジを締めて固定します。

## 四角く切り抜く

縁を残したまま切り抜く

ドリルを使って、対角の 2 か所にブレードが入る大きさの穴をあけます。あけた穴にブレードを入れ、直線に沿って隣の角まで切り進めます。

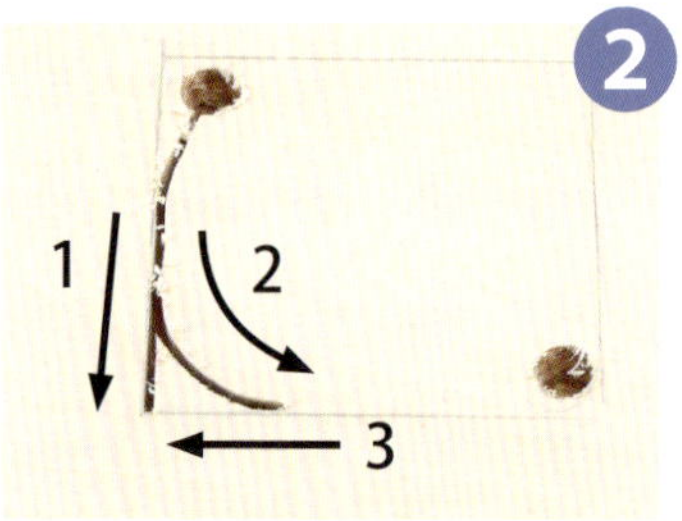


ジグソーは直角に方向を変えることはできません。角を切るときは、一度戻ってから曲線で切り進み、反対側から直線に沿って切り落とします。

四辺すべてを切り終えて、いわゆる「窓抜き」が完了。この方法を身につけておくと、さまざまな形の切り抜きに応用できます。

# 卓上ボール盤

## 精度の高い穴あけが可能

卓上ボール盤は、回転力が強く、回転軸が安定している設置型の電動ドリルです。各種のドリルビットを取りつけ可能なため、木材をはじめ、金属や樹脂などのさまざまな材料に、正確できれいな穴をあけることができます。

垂直な穴はもちろん、ワークテーブルを傾けることで、角度を決めた斜めの穴も高い精度での加工が可能。また、穴あけの深さを設定しておけば、材料をずらすだけで、正確な位置と深さでの連続した穴あけが簡単に行なえます。

材料ごとの穴あけ能力、最大の穴あけ深さ、作業可能な奥行などを確認して、用途に適した機種を選びましょう。

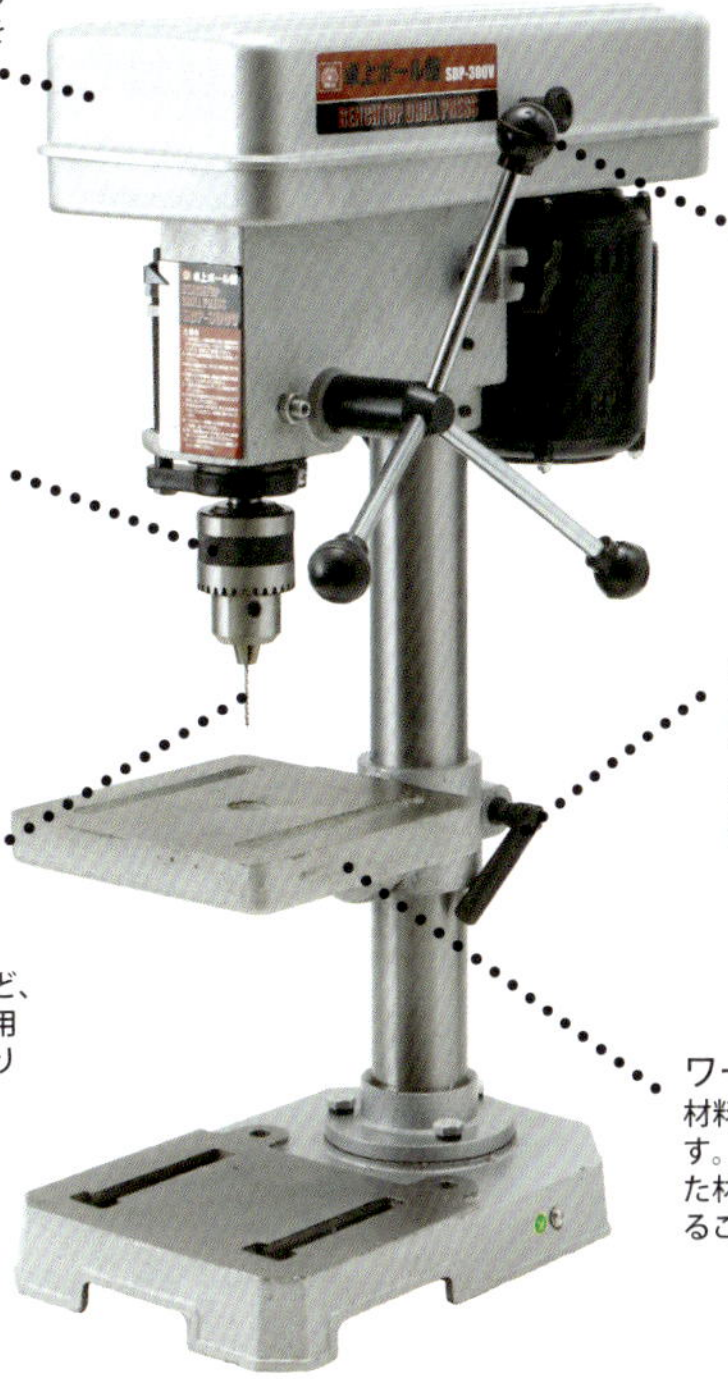
ベルトカバー
モーターの回転を、チャックがついている主軸に伝えるベルトを保護します。
ハンドル
ここを操作することで、チャックのついている主軸が垂直に上下動します。
チャック
チャックキーというT字型の専用工具を使って、ビットを固定します。
テーブル固定レバー
ワークテーブルの高さを調整し、固定するために使います。
ビット
素材や径の大きさなど、目的にあった穴あけ用のドリルビットを取りつけます。
ワークテーブル
材料を固定する作業台です。基本設定では、置いた材料に垂直に穴をあけることができます。

### ■ビットの取りつけ方

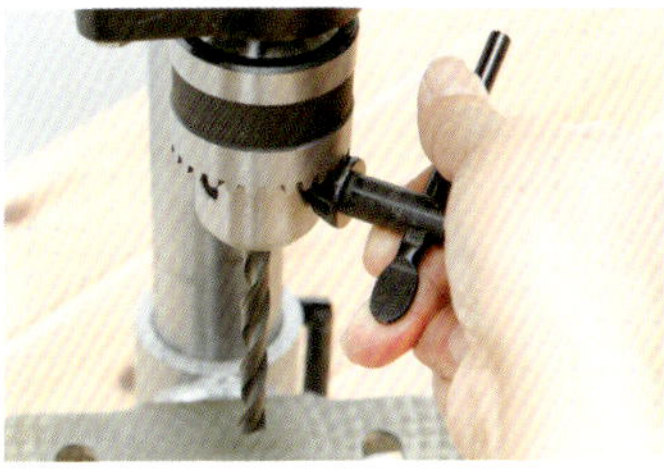

ビットをチャックに差し込んだら、手でリングを回して仮締めします。次にチャックキーを使い、3か所の穴で均等に締めつけて固定します。必ず電源プラグを抜いて作業してください。

### ■回転速度の調整

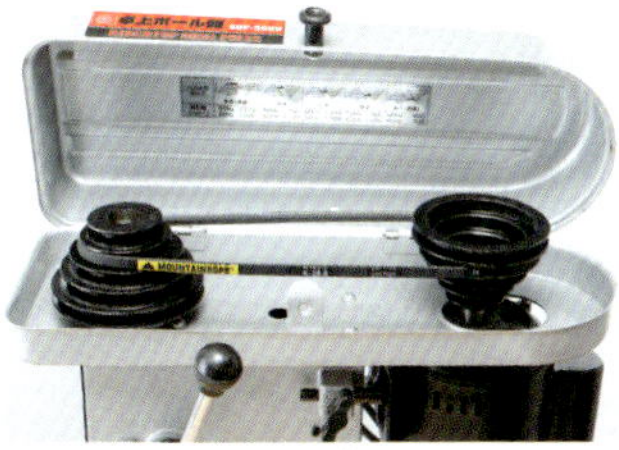

上部カバーをあけ、プーリーにかかっているベルトの位置を変えることで、回転速度を調整できます。素材に適した回転数に設定し、穴あけ作業を行いましょう。一般的には、かける位置が上になるほど、回転は高速になります。

### ■貫通穴をあける

捨て板の上に材料をのせ、ドリルの中心に作業位置をあわせて、クランプなどでワークテーブルにしっかり固定します。スイッチを入れて回転が安定してから、ハンドルを回してビットを下げます。大きい穴をあけるときは、ときどきドリルをあげて切り屑を穴の外に出しましょう。

### ■止まり穴をあける

ストップ位置を設定しているので、同じ深さの穴を連続してあけることができます。角材や棒材は、写真のように万力で固定できます。

材料にドリル先端をあて、読んだ目盛りの数値にあけたい穴の深さを足してストップ位置を決め、ドリルの深さにあわせてロックナットを固定します。

# トリマー

## 縁飾り、溝彫りなどの切削加工が自在に

スイッチ
回転のオン／オフを切り替えます。
コレットチャック
ビットの取り付け部。ナットを締めたり緩めたりして、ビットを脱着します。
スピンドルロックボタン
ビットを交換するときに、軸が回転しないように固定します。
ベース
木材に接して本体を安定させます。このベースが上下して、切込み深さを調整します。
PORTER·CABLE


トリマーは、ビットという先端工具を回転させて木材の縁を切削する電動工具で、主に装飾を施すために使います。カンナやノミでは経験と技術が必要な加工が、初心者でも簡単にでき、家具の製作工程などで活躍します。

BLACK & DECKER


**ルーター**

トリマーと同様の作業ができ、より大型でパワーが強い切削工具です。建物のホゾ加工や階段の溝加工などの重切削も楽にこなします。

面取りという縁の加工に適したビットにはさまざまな形状があり、シンプルに角を落とすだけでなく、アンティーク家具のように複雑な装飾も、一発で削り出すことができます。額縁やテーブルに飾り縁をつけるなど、アクセントをつけたいときに使いたい工具です。

また、溝彫りに適したストレートビットを使えば、精度の高い溝加工が求められる組み手を、作品製作に取り入れられます。ほかにも彫り文字や飾り彫りに適したV溝ビット、戸の引き手溝や階段の滑り止めに適したU溝ビットなどが使え、木工の多彩な加工が可能になります。

### ■ビットの種類

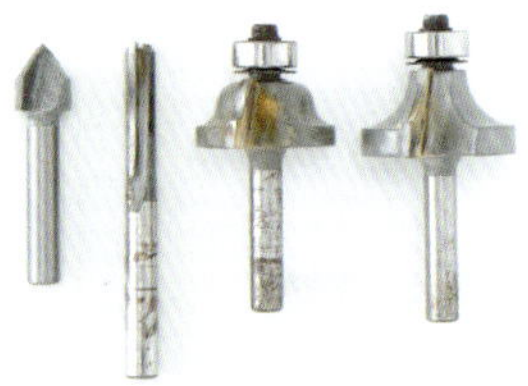

トリマーで使える軸径 6mm のビットにはさまざまな種類があり、用途や仕上げたい形状に合わせて選びます。写真のものは、右の２本が面取り加工用、左の２本が溝彫り加工用です。面取り用は、先端にベアリングがついたコロ付きビットが、扱いやすくおすすめです。

### ■ビットの取り付け方

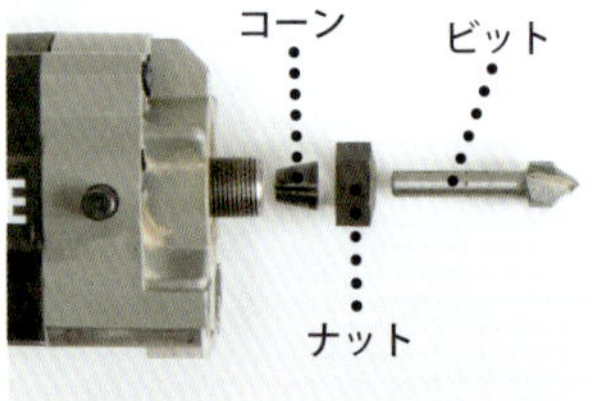

コーン
ビット
ナット


コレットチャックは、コレットコーンとコレットナットを使ってビットを固定します。ビットの着脱は、必ず電源プラグをコンセントから抜いて行ってください。

ナットを通し、先端にコーンを取り付けたビットを、コレットチャックの奥に当たるまで差し込みます。

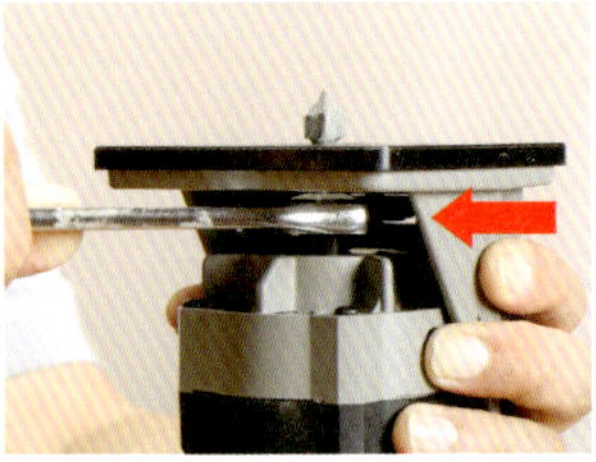

軸が回転しないようにロックボタンを押し、スパナを使ってナットを締め付けてビットを固定します。

# 面取り加工をする

## 角を落として、縁を装飾

材料の角を角面、丸面、飾り面などのさまざまな形状に削る面取りは、トリマーの得意とする加工です。R形状、逆R形状などがある飾り面用ビットを使うと、手作業では難しい複雑な装飾加工を、家具などに簡単に施すことができます。

### トリマーを動かす方向

ビットは上から見ると右回転になり、それにあわせて刃がついています。そのため面取り加工をするときは、材料がビットの左側にあたるように進めなければ、うまく削ることができません。加工時には作業方向を考えて、材料の固定などをしてください。

ベースを材料に密着させ、コロを側面にあてながら、削る速度に合わせてトリマーを動かします。

深く削る形状のときは、少しずつ数回にわけて削ると、荒れや焦げができにくく、きれいに仕上がります。

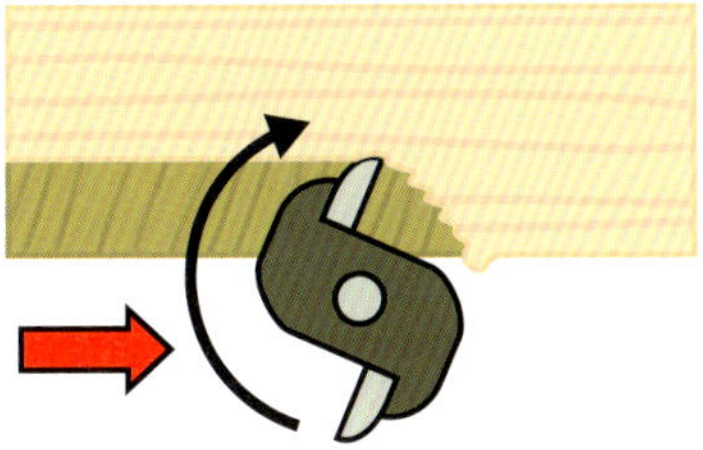

図のように、進行方向の左側にある面を削りながら進みます。逆方向に動かすと、本体が暴れることがあり危険です。

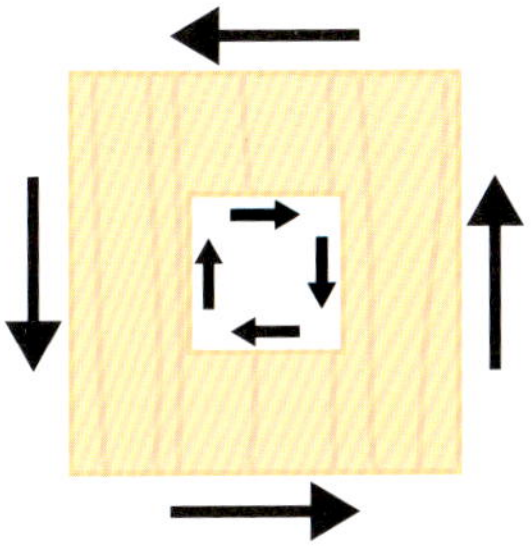

材料の外周を加工する場合は左回り、内側を加工する場合は右回りに動かします。間違えないように注意しましょう。

# 溝彫り加工をする

## 溝を一発できれいに加工

電動丸ノコでも溝を彫ることはできますが、何回も切れ込みを入れたり、のみで仕上げたりしなければならず、手間がかかります。溝彫り用のストレートビットには数種の溝幅があり、広い溝でも簡単に加工できます。U字やV字の溝も彫ることができます。

### 切込み深さの調整

希望する仕上がりにあわせてビットの出し具合を変え、切り込み深さを調整します。この調整により、溝彫り加工では溝の深さを、面取り加工では断面の形状を変えることができます。本番の加工を始める前に端材を削ってテストし、最終的な微調整をしてください。

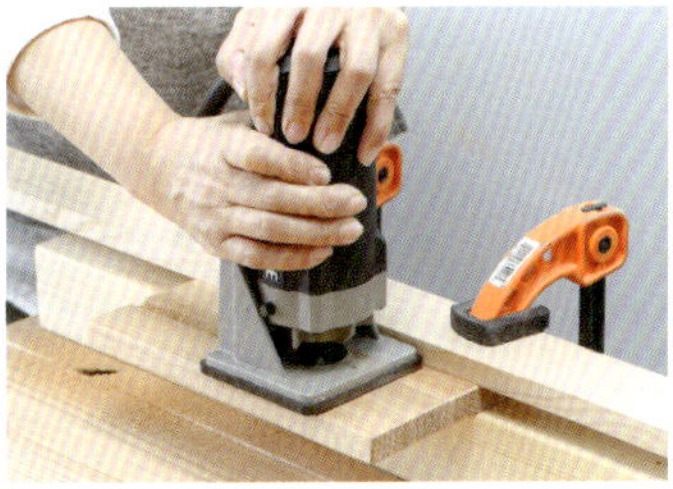

材料より長く、側面がまっすぐな木材を、ビット～ベース端の距離にあわせ、溝を彫る線と平行に固定すると、直線治具として利用できます。

ビットを選ぶことでさまざまな形状の溝を彫ることができ、組手のほかに装飾などにも利用できます。

固定ネジを緩めて調整用ダイヤルを操作すると、ベースを上下に動かしてビットの出し具合を変えることができます。

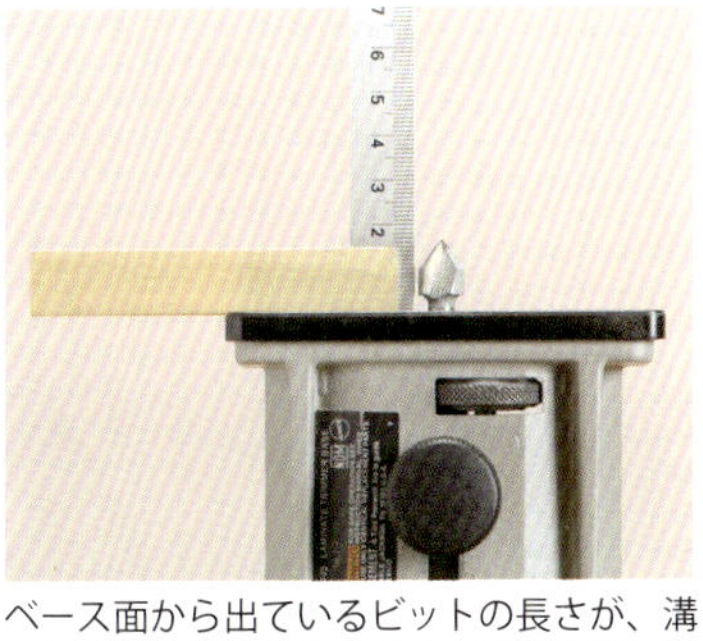

ベース面から出ているビットの長さが、溝の切り込み深さになります。定規で測って長さを決め、試し彫りをしましょう。

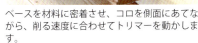

# 電動丸ノコ

## スパッとすばやく、真っすぐに切断！

ロックボタン
押しこむと、引いたスイッチが固定され連続運転します。もう一度引くと解除されます。
スイッチ
引くとノコ刃が回転し、放すと止まります。
角度調整ネジ
斜め切りをする場合に、ベースと本体の角度を調整するために使います。
保護カバー
作業をしないときに刃を覆います。切り進めると、材料にあたって開くようになっています。
ベース
材料に押しあてて本体を安定させるための金属板です。
ノコ刃（チップソー）
ノコギリ刃がついた円盤状の切断工具。木工用、金属用、樹脂用などがあります。
BLACK+DECKER
18V


電動丸ノコは、回転するノコ刃で材料を切断する、直線専門の電動工具です。直線切りは、ノコギリやジグソーよりも格段に速く、しかも正確。高速回転する刃で安定して切り進むので、切り口もなめらかです。切断する材料が多い家具やウッドデッキの製作では、作業効率アップのために使いたい工具です。

電動丸ノコには取りつけできるノコ刃の直径によって、いくつかのサイズがあります。代表的なものは、１４５㎜、１６５㎜、１９０㎜の３種類あり、それぞれ切断できる板の厚みが異なります。大きいほど厚い材料を切断できますが、そのぶん本体が重くなります。厚い材料をよく切る目的がなければ、取り回しやすい小さいサイズをおすすめします。

90度と45度での「最大切り込み深さ」が参考になります。２×４材の木口を45度にカットする必要があれば１６５㎜を、そうでなければ１４５㎜を選ぶとよいでしょう。

コードタイプが主流だった電動丸ノコにも、最近は充電式のコードレスタイプが増えてきました。コードタイプに比べてパワーが弱いですが、取り回しやすいので、初心者にも扱いやすいといえます。

### ■切り込み深さの調整

切断する材料の厚みにあわせて、切り込み深さ（刃の出具合）を調整します。刃が出すぎていると、負荷が増えるなど危険なことがあるので、材料より少し出る程度の量にしておきます。作業は、必ず電源プラグを抜いて（バッテリーをはずして）行ってください。

ベースの位置を固定しているネジをゆるめ、ベースを動かせるようにします。

切断する材料にベースをあて、刃が材料から少し出る程度に調整し、ネジで固定します。

### ■材料を固定する

安全のため、クランプを使って材料を作業台に固定しておきます。切り落とす側の下には台を置かず、フリーにしておきます。

## 木材をまっすぐ切る

安全かつ正確に、直線を切るための基本

直角定規を使うと、正確かつ簡単に直角を切ることができます。ベースをしっかり押しつけましょう。

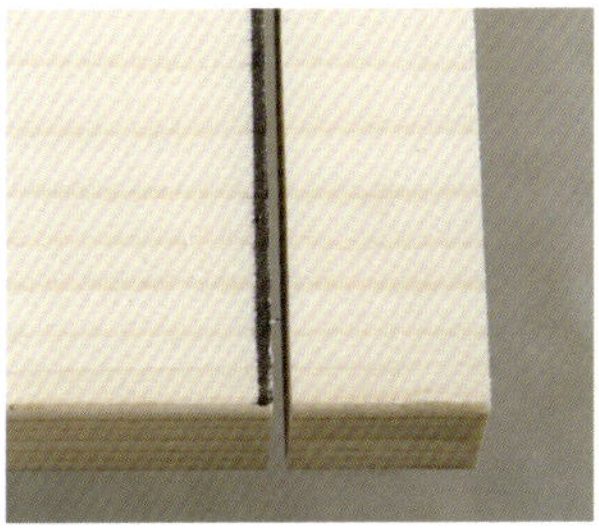

切断するときは、2mm ほどあるノコ刃の厚みを考慮して、線を残す位置で切り進めます。

作業をするときは、切る方向を正面に見られる位置に立ち、腕を動かしやすいよう体は半身にかまえます。切りはじめの位置をあわせ、刃を材料から少し離した状態でスイッチを入れ、回転が安定してから切りはじめます。切り終わったら、スイッチを放し、刃の回転が止まってから持ち上げましょう。

### 大きな板を切る。

大きなパネル材などを切断する場合は、板をクランプで固定した直線治具を使います。丸ノコの刃からベース端までを測り、切断する線から同じ寸法を測った位置に板を固定して治具とします。

## 角度をつけて切る

刃の傾斜角度を調整

たいていの丸ノコは、最大45度まで刃を傾斜させて切断することができます。額縁などの枠もの、棚などの箱ものを、45度で突き合わせて作りたいときに活躍します。

材料を 45 度に切断して突きあわせると、枠をきれいに直角に組む留め継ぎができます。

角度調整ネジを緩め、45 度など切りたい傾斜角度にベースを調整した状態で切断します。

## 卓上丸ノコ

安全に精度の高い切断が可能

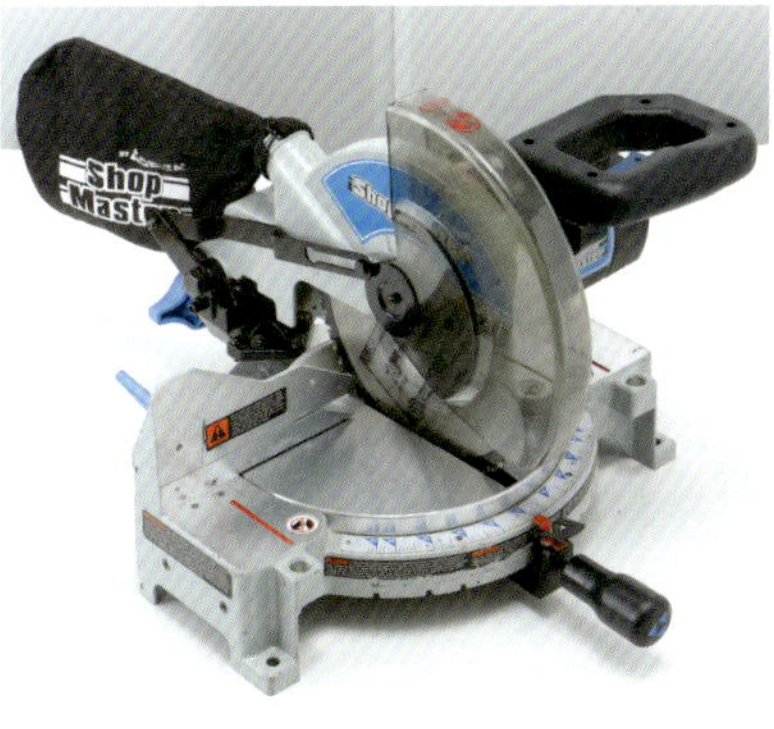

作業テーブルに置いた材料を、アームに固定した丸ノコで切断するため、速く、安全に、高い精度で切断できるのが卓上丸ノコです。切断できる材料の幅は刃のサイズによって限られますが、同じ長さでの連続切断が簡単にできるなど、切断作業の効率化は電動丸ノコ以上です。

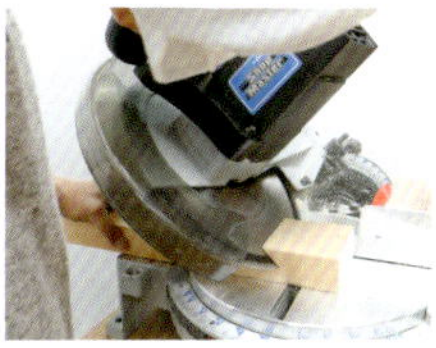

ターンテーブルが回転し、切断角度を自由に設定できます。

丸ノコ本体の傾斜を調整しての切断もできます。

# 糸のこ盤

## 曲線を精密に切る加工に

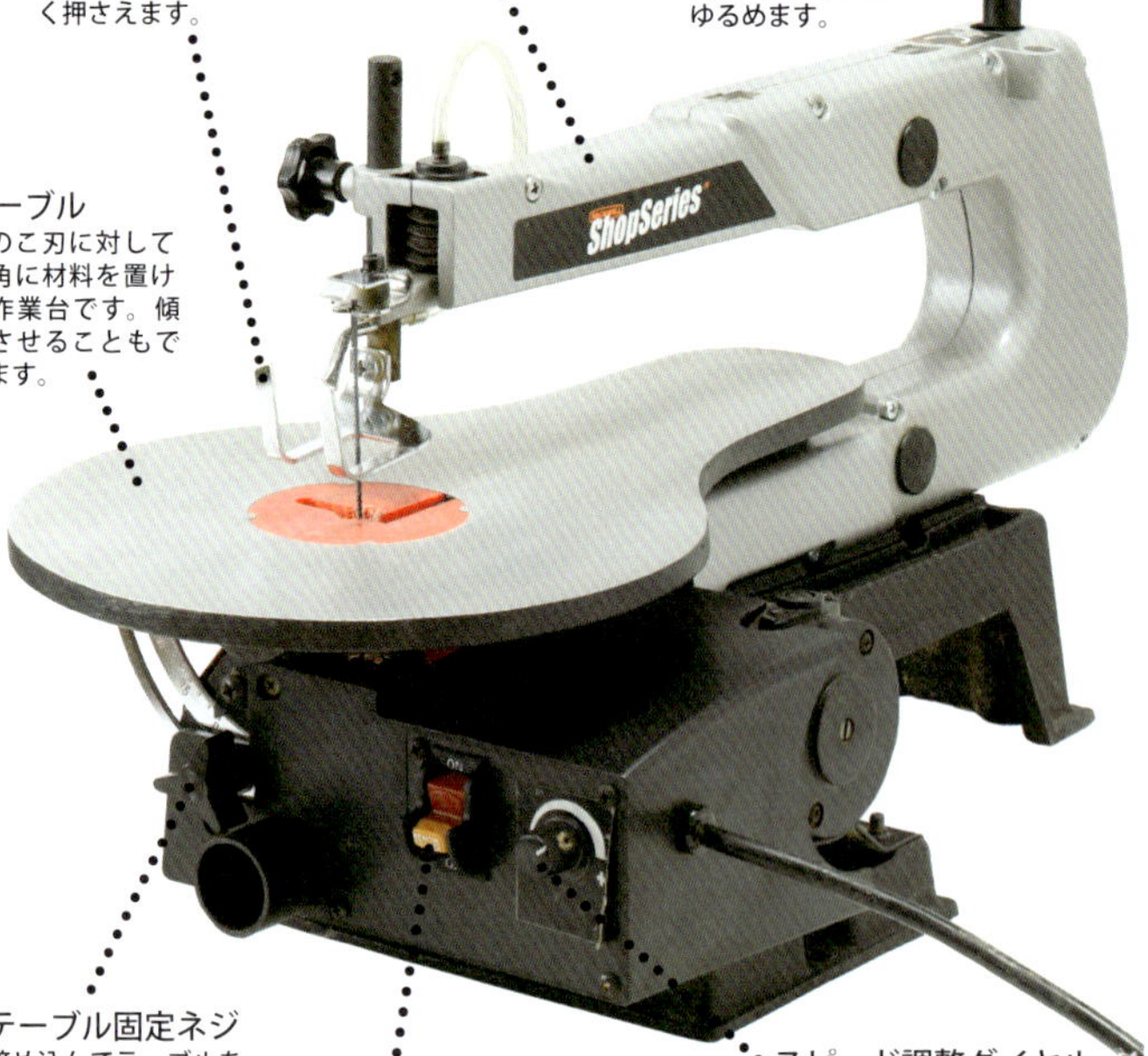

板押さえ
切断時に暴れないように、材料を軽く押さえます。
アーム
アームの長さにより、材料の端から切断する位置までの距離が決まります。
張力調整ノブ
糸のこ刃の張り具合を調整します。糸のこ刃の交換時は張りをゆるめます。
テーブル
糸のこ刃に対して直角に材料を置ける作業台です。傾斜させることもできます。
ShopSeries
テーブル固定ネジ
締め込んでテーブルを固定し、ゆるめて傾斜を調整します。
スイッチ
電源のオン／オフを切り替えます。
スピード調整ダイヤル
切断する材料の厚みや硬さによって、糸のこ刃が往復するスピードを調整します。


糸のこ盤は、テーブルの下にあるモーターが、のこ刃を上下に往復させて材料を切断する卓上型の電動工具です。細くて薄いのこ刃を使い、のこ刃の位置を固定した状態で、材料を手で動かして作業するため、繊細にコントロールしながら精密な切断ができます。

ほかの電動工具では対応できない細かい破線を切ったり、鋭角な折り返しなども可能。小さい図柄や文字のような複雑な形を切り出したいときに最適です。

より高度な作業として、テーブルを任意の角度に傾けた傾斜切断を使うと、縁を下広がりや上広がりにして切り出す加工ができます。縁に立体感を持たせる加工や、質感の異なる木材をはめあわせる「象嵌《ぞうがん》」など、特殊な細工が可能になり、木工の幅が広がります。

糸のこ盤は、アームのつけ根からのこ刃までの長さ、「ふところ」の寸法により、あつかえる材料の大きさが決まります。ふところは300〜600㎜程度に設定の幅があり、一般的な400㎜のふところがあれば、大きめの材料のまん中部分を切り抜くことができます。

作品の大小、作業内容によって、手持ちで使えるジグソーと使いわけるとよいでしょう。

### ■スピード調整

材料の厚さ、硬さ、使う糸のこ刃の種類によって、スピードを調整します。速すぎると、急な曲線でふくらんだり、木が焦げやすくなります。材料ごとに試し切りをして、スムーズに切れるスピードにあわせて作業しましょう。

### ■板押さえのセット

切りはじめる前に、材料に軽くふれる程度に、板押さえの高さを調整します。板を動かしてみて、きつく感じる場合は、少しゆるく調整しなおします。

### ■傾斜切り

傾斜切りをするときは、固定ネジをゆるめてテーブルの傾斜角度を調整します。たいていテーブルは左にしか傾斜しないので、下広がりか上広がりかは板を回す方向を変えて使いわけます。

## 糸のこ刃の種類

材料にあわせて使いわける

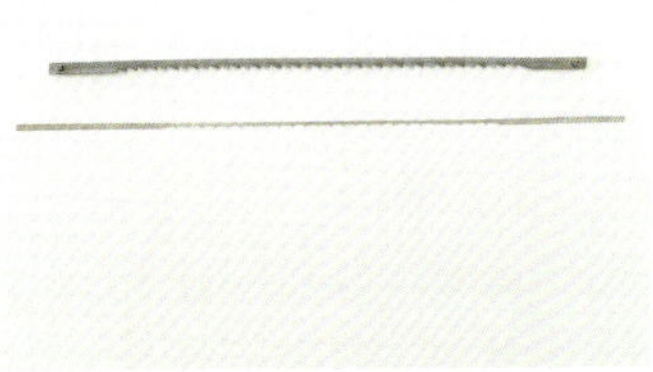

木工用、金工用、プラスチック用、さらに厚み、幅、歯の数の違いなどで選べます。

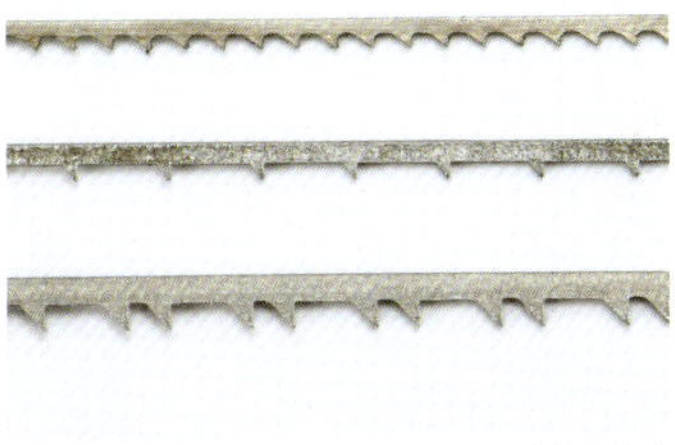

木工用は、歯数の少ないものほど切りくずを排出しやすい厚板向き。二ツ山は毛羽が立ちやすい合板用です。

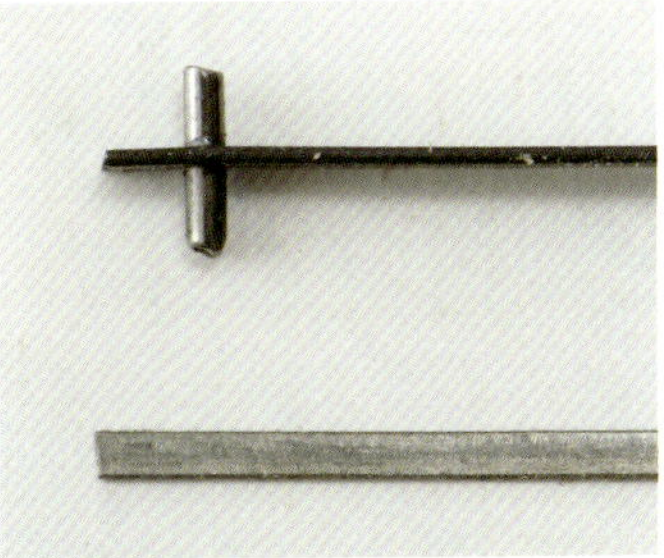

取りつけ部の形状は、機種によりピンエンド（写真上）とストレートエンド（写真下）があります。

## 刃の取りつけ方

刃の向きに注意する

**1**

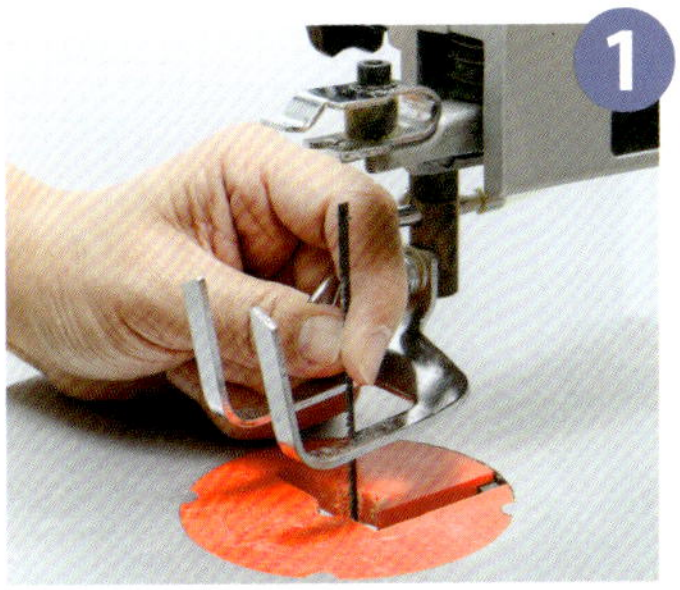

糸のこ刃には上下があります。刃先を下向きにしてテーブルの穴に通し、先に下部ホルダーに固定します。

**2**

上部ホルダーを押し下げながら、糸のこ刃の上端を固定します。ストレートエンドの場合はネジで固定します。

**3**

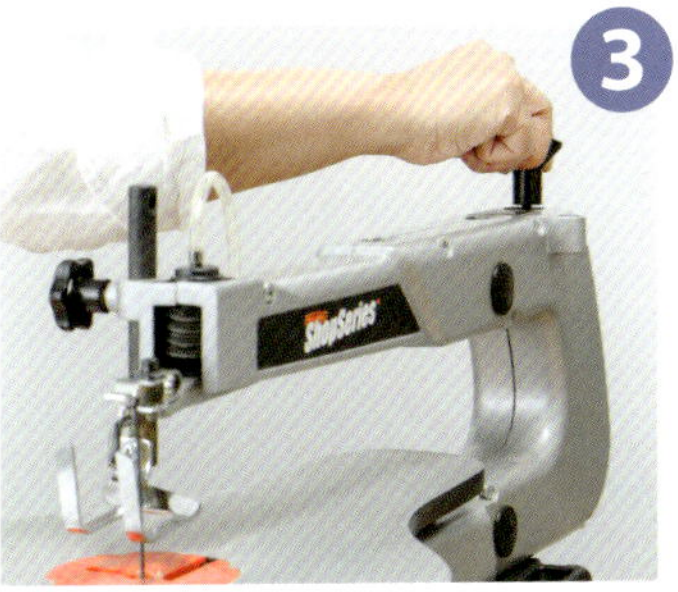


張力調整ができる機種は、ハンドルやレバーを操作して、糸のこ刃をできるだけ張るように調整します。

## さまざまな曲線を切る

材料をていねいに動かします。

**1**

板押さえをセットし、板がスムーズに動くことを確認したら、スイッチを入れて切りはじめます。

**2**

糸のこ刃の厚みを考慮して、線のすぐ外側を切り進めます。切断スピードにあわせて板を押しましょう。

**3**

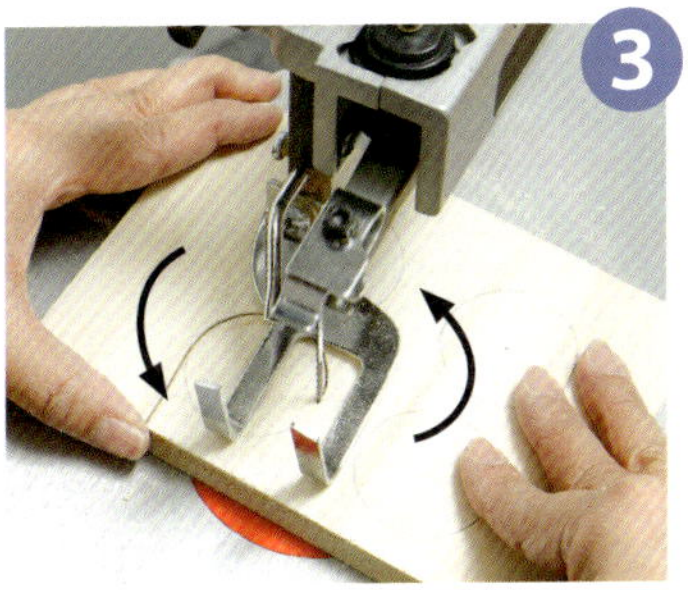

曲線を切るときは、利き手で板を動かし、もう一方の手をサポートとして使うと板送りが安定します

### 中抜きの方法

内側を切り抜いて外側を使いたい場合は、切りはじめる位置にドリルで穴をあけ、糸のこ刃を通して切りはじめます。

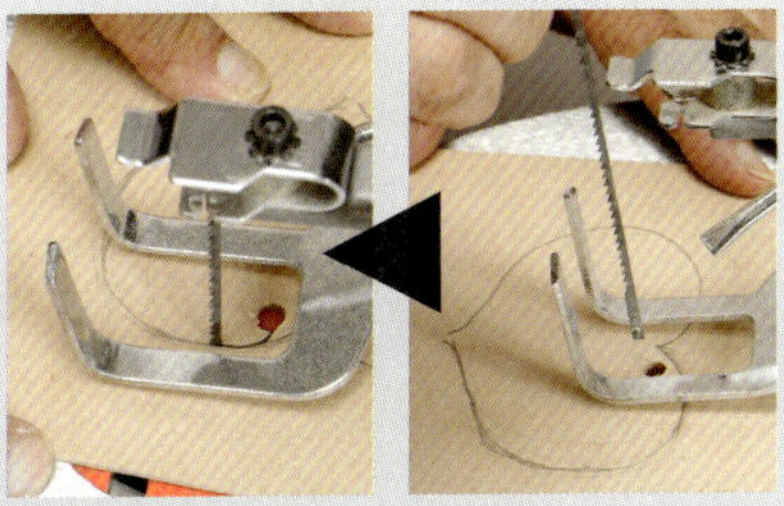

糸のこ刃はいちどはずし、穴に通してから固定しなおします。

# ビスケットジョインター

## 簡単に板継ぎができる

ビスケットジョインターは、ビスケットという木製のチップを使って木材を継ぎあわせる加工に、欠かせない工具。材料同士の接合面に、継ぎ手になるビスケットを差し込む溝を彫る作業に使います。「ビスケットジョイナー」や「ジョイントカッター」などの名称でも販売されています。

ビスケットジョイントの場合、ダボ継ぎのようにピンポイントで位置あわせをする精度は不要。専用工具を使うため、溝を切るまでの一連の加工が簡単です。ビスケットとビスケットジョインターを使えば、好みの板材を継ぎあわせて、幅の広い天板などを作ることができます。

また、端を45度にカットした木材同士を、クギやビスを使わず、きれいに組み付けることができます。家具や額縁など、仕上がりにこだわりたい作品づくりがＤＩＹでも手軽にできるようになります。

ビスケットのサイズは数種類あり、板材の大きさなどで使いわけます。ビスケットを入れる間隔を狭くしたり、厚い木材には２段に入れるなどができ、接合強度の調整も容易です。

最近は、日本でもビスケットを入手しやすくなりました。家具製作など、材料や工法にこだわって作品づくりをする場面で、より活用されるでしょう。

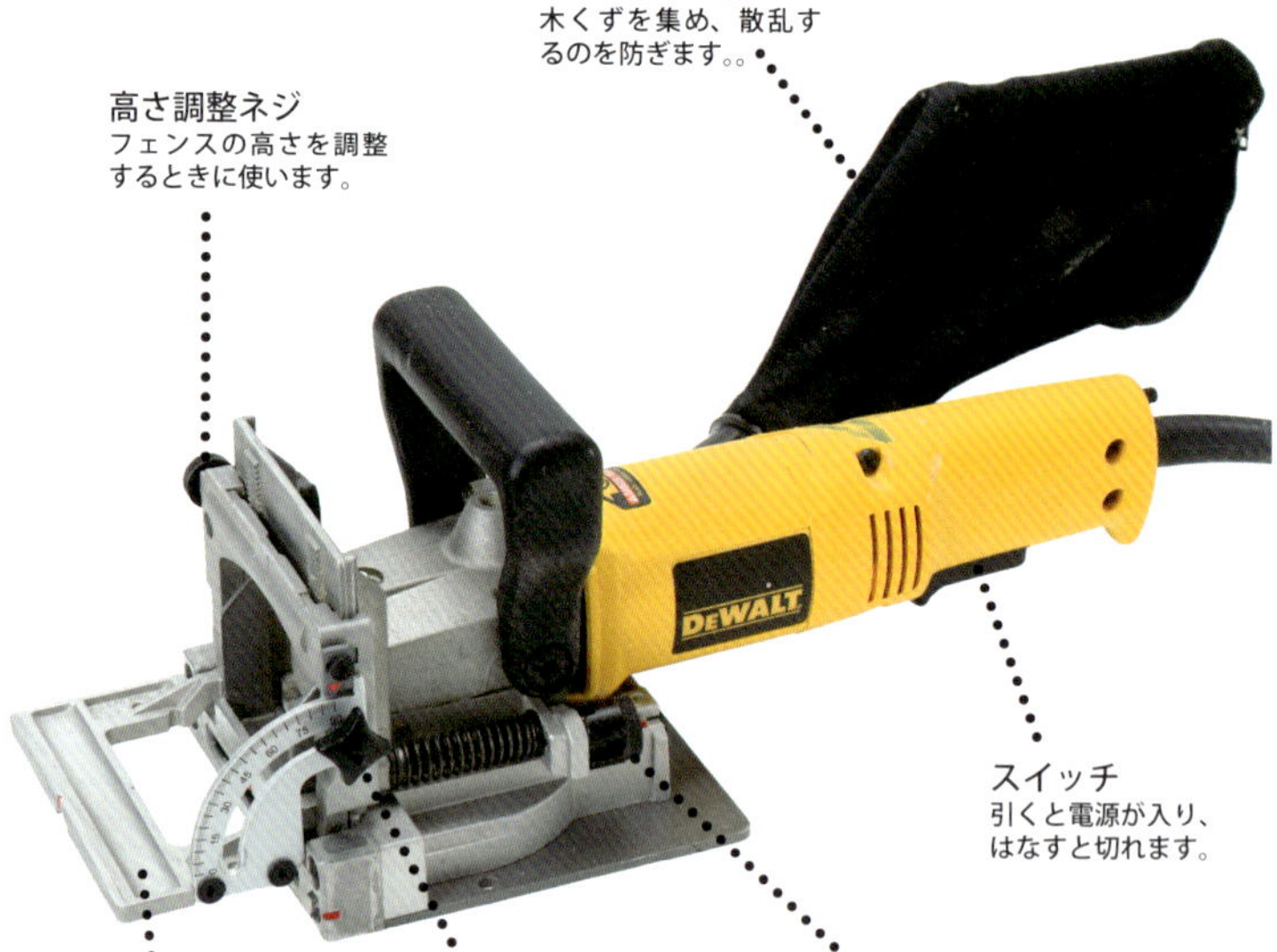


**集塵バッグ**
溝堀り作業で発生した木くずを集め、散乱するのを防ぎます。

**高さ調整ネジ**
フェンスの高さを調整するときに使います。

**スイッチ**
引くと電源が入り、はなすと切れます。

**サイズ選択ダイヤル**
使うビスケットのサイズをセットします。

**アングル固定ネジ**
アングルゲージで決めたフェンスの角度を固定します。

**フェンス**
材料の上面に押しあてて、カッターの高さや角度を一定に保ちます。

### ■ビスケットの種類

ジョイントには、ブナなどの広葉樹を圧縮した薄いビスケットを使います。サイズは世界共通規格があり、ほとんどの機種で使える#0、#10、#20の３サイズのほか、特定の機種でしか使えない#FFなどの小さいサイズがあります。

**【ビスケットのサイズ】**
＃０ ：47 × 15 ×厚み 4mm
＃10：53 × 19 ×厚み 4mm
＃20：60 × 23 ×厚み 4mm

### ■サイズの設定

サイズ調整ダイヤルの目盛りを、使うビスケットのサイズにセットするだけで、カッターで切り込む深さが調整されます。

### ■溝切りカッター

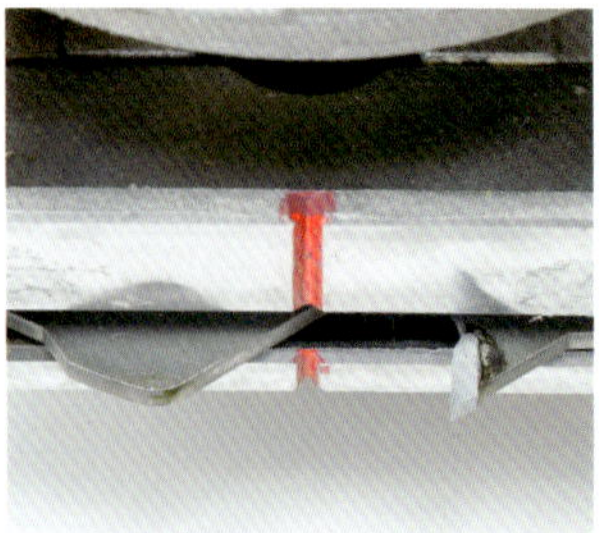

本体前面を材料に押しあてると、設定したサイズにあわせて回転式のカッターが繰り出します。赤い線は溝の中心を示すセンターマークです。

## ビスケットを使って板を継ぎ合わせる

接合面に溝を切り、ビスケットを差し込む

1 継ぎ合わせる木材に並び順と裏表がわかる数字などを書いて並べ、溝を掘るところに位置あわせの線を引きます。

2 本体横の赤い印の高さに溝を彫るので、高さ調整ネジで材料の厚みのまん中あたりに印をあわせます。

3 木材の線とセンターマークをあわせてフェンスガイドを押さえ、スイッチを引きながら本体を押します。

4 隣りあう木材同士の同じ位置に、溝を彫ることができました。木材の裏表を間違えないように注意しましょう。

5 溝に木工用接着剤を入れて、ビスケットを差し込みます。溝に遊びがあるので、この時点では少しゆるめです。

6 接合面に木工用接着剤をつけ、印をつけたときのならび順どおりに木材を継ぎ合わせます。

7 クランプなどを使って均一に圧着します。最後に表面をカンナがけし、端を切りそろえて仕上げます。

### 接着剤はたっぷりと

この工法は接着剤の水分で膨張したビスケットと、接着力だけで木材を接合します。溝と接合面には、強度を高めるために、たっぷりと木工用接着剤を塗ってください。圧着してはみ出た接着剤は、濡れた布などできれいにふき取っておきましょう。

## 電気カンナ

広い面を効率的に切削

上の作業のように、板材を継ぎあわせて作った天板の段差とりも、力を入れずにらくにできます。

電気カンナは、カンナ刃を高速で回転させて材料の表面を切削する電動工具です。刃の出し量を上部のダイヤルで調整し、切削する深さを設定できるので、勘に頼ることがありません。広い面をきれいに仕上げるカンナがけを、初心者でもらくに安全に行えます。角の面取りや面の段差取りなども可能です。

# ディスクグラインダー

## さまざまな材料を効率的に研削《けんさく》、切削《せっさく》

ディスクグラインダーは、高速回転する先端工具で、さまざまな材料を研削、切削し、効率的に加工できる使い勝手のよい電動工具です。

取りつけできるディスクの直径により、100〜180㎜のサイズのモデルがあります。ディスクが大きいほど効率アップしますが、本体サイズは大きくなります。多目的に使うのであれば、扱いやすく、ディスクの種類が豊富な100㎜サイズがおすすめです。

作業中は、回転しているディスクに触れないのはもちろん、勢いよく飛んでくる削りくずに注意が必要です。必ずディスクカバーを取りつけ、安全メガネや防じんマスクを装着して作業しましょう。

シャフトロック
ディスクを交換するときに、シャフト（回転軸）が回らないようにロックします。
BLACK+DECKER
スイッチ
スライドして回転のオン／オフを切り替えます。ボディ後部のレバーで操作する機種もあります。
ディスク
研削や切削、磨きなど、材料や目的にあわせて交換する先端工具です。
ディスクカバー
手の接触を防ぎ、削りかすなどが体のほうに飛ばないようにガードします。

### ■ディスクの取り付け方

円形部品の凸部に、ディスクの穴をはめ込みます。安全のため、プラグを電源から抜いておきます。

ロックナットを手でねじ込み、シャフトロックを押しながら、専用レンチで締め付けます。

### ■ディスクの種類

取りつけるディスクによって、さまざまな作業に対応します。使用できるディスクは、研削用、切削用のほか、サビ落とし用、塗装はがし用、磨き用などがあります。

研削用のディスク。左上から、塗装はがし用、金属研磨用、鋼材のバリ取り／塗装はがし用のベベルワイヤー、サビ取り用。

切断
切断
切削用のディスク。左上から、アルミ／胴／真ちゅう用、コンクリート／ブロック／レンガ用、同ダイヤモンドカッター、鉄／ステンレス用。

### ■鉄筋を切断する

小さく安定しない材料は、クランプなどで固定します。顔や体が火花にあたらない姿勢で作業しましょう。

### ■木材を研削する

ディスクを強く押しつけず、材料の表面にあてる程度にして、一定のスピードで動かしながら削ります。

# 振動ドリル

## コンクリートやブロックに穴をあける

モード切替スイッチ
ドリルモードと振動ドリルモードを切り替えます。
ストッパー
スライドさせて穴の深さを設定し、掘りすぎないように制限します。
チャック
先端工具を締め付け固定します。専用工具を使うキー式が主流で、丸軸と六角軸どちらのビットも使えます。
正転・逆転スイッチ
回転方向を切り替えたり、回転をロックしたりできます。
グリップ
ドリルを保持するためのグリップ。作業姿勢にあわせて位置を変えることができます。
スイッチ
回転のオン／オフを切り替えます。引き加減で回転速度を調整できるものが一般的です。
チャックキー
チャックを締め付けたり、ゆるめたりするために使う専用工具です。

コンクリートのような硬い材料には、回転する力だけでは効率よく穴をあけることができません。回転に打撃を加え、コンクリートなどを砕きながら穴をあけられるのが振動ドリルです。コンクリートの壁に棚や額を取りつけたり、ブロック塀に表札やインターホンを取り付けるさいの穴あけに必要な工具です。

一般的な振動ドリルは、「回転のみ」と、「回転＋振動」を切り替えでき、木材や金属への穴あけも可能です。

あけることができる穴の径は、最大穴あけ能力として表示されます。大きい穴をあける場合は、確認して機種を選びましょう。

### ■ビットの取り付け方

ドリルビットをチャックに差し込んで手で仮締めし、最後にチャックキーを使って３か所の穴で均等に締め付けて固定します。プラグを電源から抜いて作業してください。

### ■モードの切り替え

木材や金属へ穴をあけるときは回転のみのドリルモード（左側）、コンクリートなどへ穴をあけるときは「回転＋打撃」の振動ドリルモード（右側）に切り替えます。

### ■ストッパーの設定

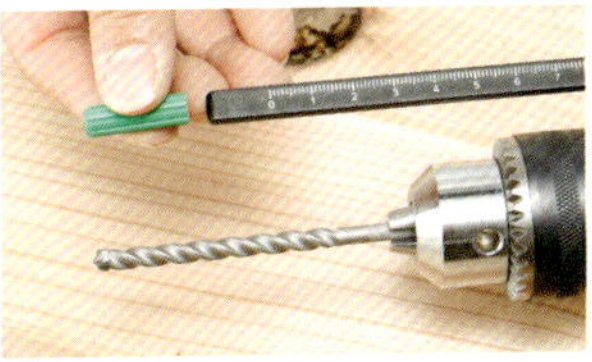

コンクリート用プラグを打ち込むときなどに、穴あけ深さを設定できます。プラグの長さにあわせてストッパーを固定すると、同じ深さの穴を連続してあけることができます。

### ■コンクリートに金物を取り付ける

コンクリートやモルタルにはネジが効かないため、何かをネジで固定するにはコンクリート用のアンカープラグを打ちこむ必要があります。軽量物の場合は、穴をあけて樹脂プラグを打ちこみ、ネジで固定します。重量物の場合は、アンカーボルトを使用します。

1

金物の穴の位置に印をつけ、振動モードで穴をあけます。穴はプラグより少し深めにします。

2

穴に残ったコンクリート粉を吹き飛ばし、樹脂プラグを金づちで打ち込みます。

3

ドライバーで木ネジを締め込むと、プラグが広がってつっぱり、抜けなくなります。

# さしがね

## 長さや角度を測り、線を引く

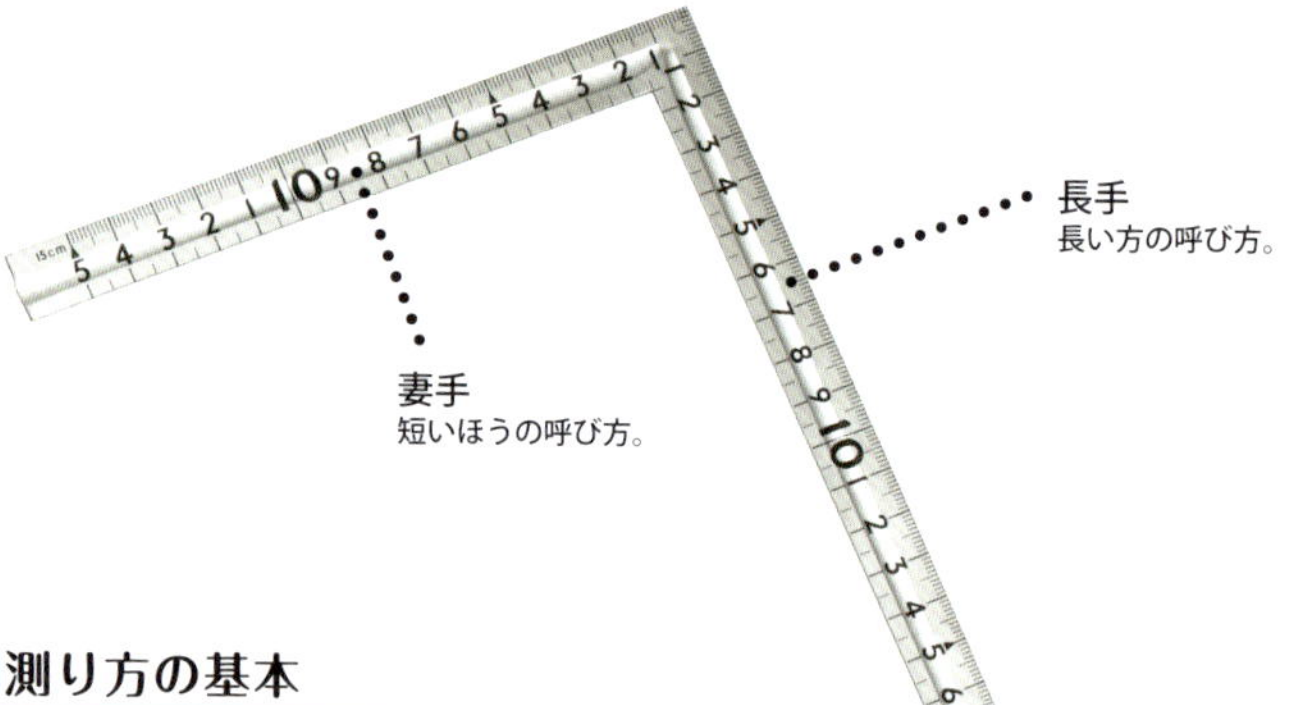

長手
長い方の呼び方。
妻手
短いほうの呼び方。


さしがねは、直角に曲がっている金属製の定規です。長さを測ったり、材料に寸法どりをしたりするほか、垂直の線、45度の線、等分の線など、木工で使ういろいろな種類の線を簡単に引くことができます。また、直角や平面の確認に使うこともでき、実に多用途。木工をはじめる際に、用意しておきたい基本工具のひとつです。

漢字では曲尺のほか、差金、指金、指矩などとも表記し、「かねじゃく」の読み方もあります。長いほうを「長手（ながて）」、短いほうを「妻手（つまて）」と呼びます。幅は15㎜で統一され、長手の長さが500㎜、300㎜、150㎜のものが一般的です。DIYの木工で使うのであれば、最初の一本は300㎜のものをおすすめします。その後、用途によっての使いやすさに応じて、長いものや短いものを加えていくとよいでしょう。

ほとんどのさしがねには、両面に目盛りがついています。表裏ともにメートル表記の目盛りがついているもののほか、片方に尺目盛り、丸目、角目という特殊な目盛りがついているものがあります。一般的な木工では、両面ともメートル表記のものが使いやすいでしょう。

### ■垂直線の引き方

さしがねをしっかり押さえ、線を引きたい目盛りのところに印をつけます。

さしがねの一方を材料の側面にかけてあて、印の位置で線を引きます。

### ■測り方の基本

材料の端から長さを測るときは、指の腹で角をそろえると、位置あわせが簡単で確実です。

### ■平行線の引き方

上の作業と同じ要領で、位置をずらしてさしがねを押さえれば、連続して平行線を引くことができます。

### ■2面に線を引く

ノコギリで材料を切り落とすときは、2面に線があると切りやすくなります。先に引いた線にさしがねをあわせれば、もう1本の垂直線を簡単に引くことができます。

# さしがねの活用方法

知っていると便利な測り方いろいろ。

## ■直角を確認する

切り落とした材料の角にさしがねをあてると、直角が出ているかを確認できます。

直角を確認するところによって、外側と内側を使いわけましょう。

## ■45度の線を引く

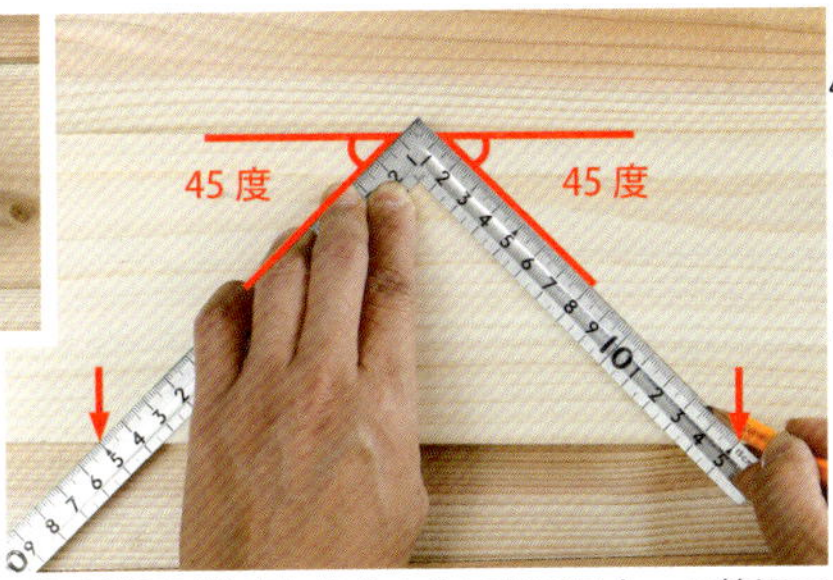


妻手と長手の目盛りが同じ数字になるようにあてると、二等辺三角形ができ、45度の線を引けます。額縁や枠の角を45度で留め継ぐときに利用できます。

## ■等分の線を引く

材料を等間隔にわけたいときに、さしがねは便利に使えます。材料の寸法がわけたい数で割り切れないときでも、目盛り上で等分することで、簡単にわけることができます。

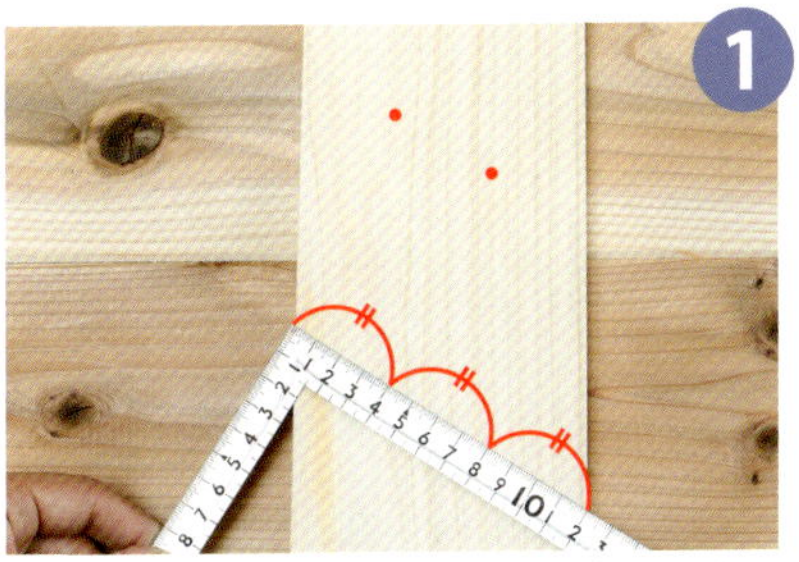


10cm幅を3等分するため、3で割り切れる12cmの目盛りを端にあわせ、4cmと8cmに印をつけます。

場所をずらして同じように3等分する印をつけ、2か所の印を結ぶ線を引きます。

# 木工に便利な定規

## ■コンビネーション定規

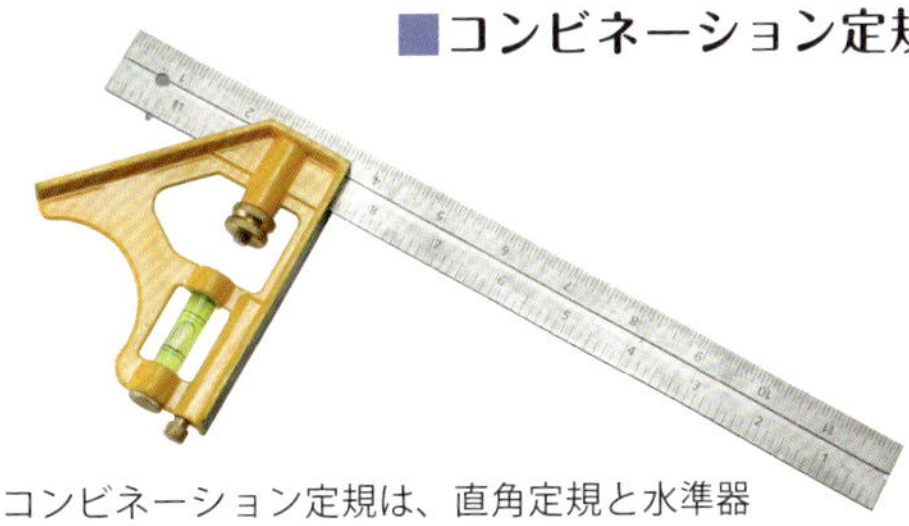

コンビネーション定規は、直角定規と水準器がひとつになった工具。スライド式の本体は、直尺に対して45度と90度の角度を持ち、直尺上の任意の位置で固定して角度定規として使うことができます。水準器を使って、水平出しと垂直出しも可能です。

材料にあてる面を変えることで、45度と90度の線を引けます。

水準器を見ながら、水平と垂直を同時に決める作業ができます。

## ■スピード定規

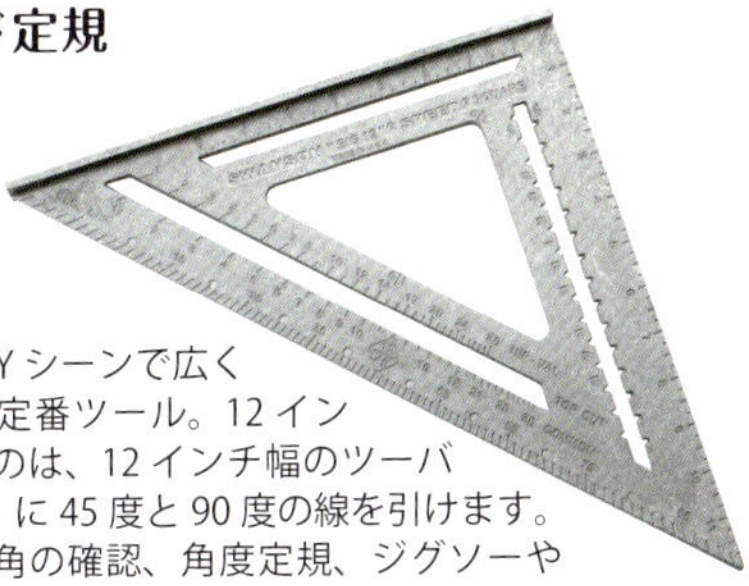

アメリカのDIYシーンで広く使われている定番ツール。12インチサイズのものは、12インチ幅のツーバイ材（286mm）に45度と90度の線を引けます。ほかにも、直角の確認、角度定規、ジグソーや丸ノコのソーガイドとしても利用できます。

角の内側と外側で、直角の確認が簡単にできます。

簡単に45度と90度の線を引け、この状態でソーガイドにもなります。

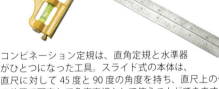

# スコヤ

## 90度、45度の確認と線引きに使用

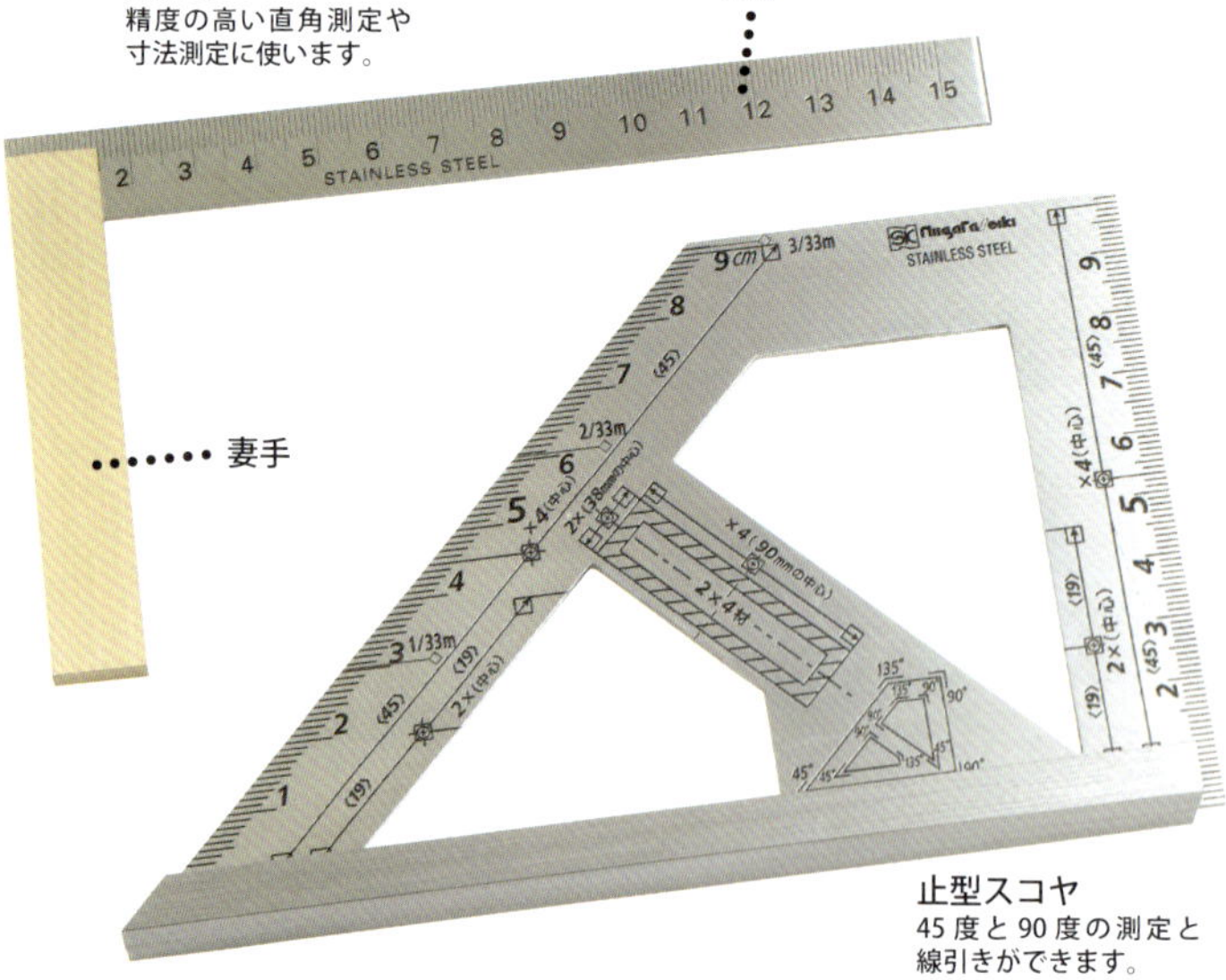


スコヤ
精度の高い直角測定や寸法測定に使います。

止型スコヤ
45 度と 90 度の測定と線引きができます。

物差しが長さを測る定規であるのに対し、スコヤは主に角度を確認するために使う角度定規のひとつです。日本でのスコヤという呼び方は、英語の「スクエア（四角形、直角）」に由来するといわれています。

一般的なスコヤのほとんどは、妻手《つまて》がアルミか真ちゅう、長手《ながて》がステンレスで作られていて、正確な直角に固定されています。サビたり歪んだりしにくく、長く精度を保ちます。

厚みのある妻手を材料にあてて直角の線を引くほか、材料や工具の直角、接合部分の組みつけ精度（直角）の確認、平面度の確認、目盛りが振ってあるものは寸法の測定に使えます。

同じような作業はさしがねでもできますが、歪みや曲がりが出にくいぶん、スコヤのほうが信頼度は高いといえます。妻手に厚みがあるため、押しあてたり、自立させたりしたときの安定性が高く、使い勝手がよいのも特徴です。

90度と45度の角度を持ったスコヤは、止型《とめがた》スコヤと呼びます。材料にあてるだけで、直角のほか、木工で「留め」と呼ぶ45度の線を一発で引くことができる定規です。木材を45度にカットする加工はよくあるので、木工作業が多い場合は持っていると重宝します。

### ■直角の確認

木工でていねいに作品づくりをする場合、寸法と同時に角度の精度が求められます。完成した作品に歪みが出ないようにするには、使用する工具や作業工程での直角の精度を、スコヤを使ってチェックする必要があります。

スコヤは直角の精度が高いので、切断工具の刃がベースに対して正しく装着されているかを、正確かつ簡単に確認できます。

止型スコヤでも、一般的なスコヤと同様に、組み付け部などの直角を確認できます。台座をあてると安定するので、さしがねよりも便利です。

### ■45 度、90 度の線を引く

止型スコヤは台座の出っぱりを材料に当てて押さえると、45 度と 90 度の線を簡単に引けます。材料の大きさによって、さしがねと使いわけると作業効率がアップします。

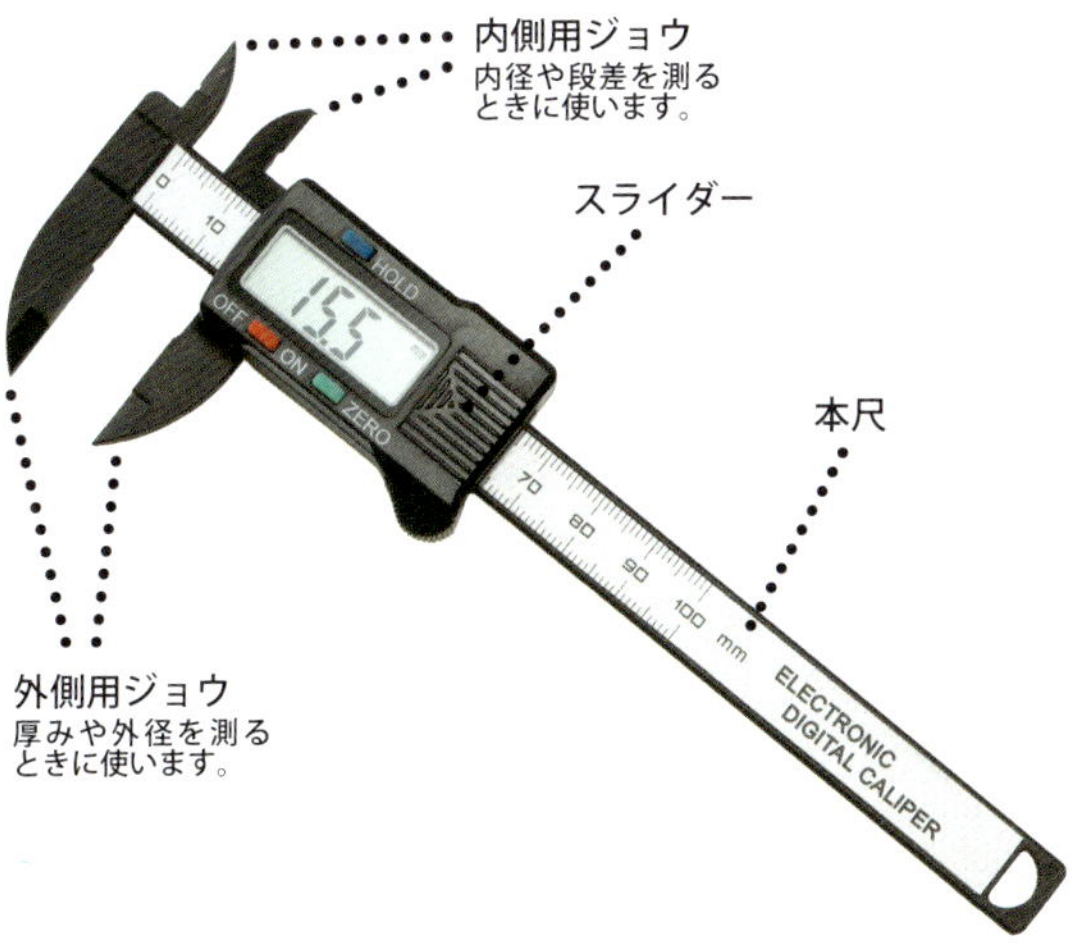
内側用ジョウ
内径や段差を測るときに使います。
スライダー
本尺
外側用ジョウ
厚みや外径を測るときに使います。
HOLD
15.5
OFF ON ZERO
ELECTRONIC DIGITAL CALIPER

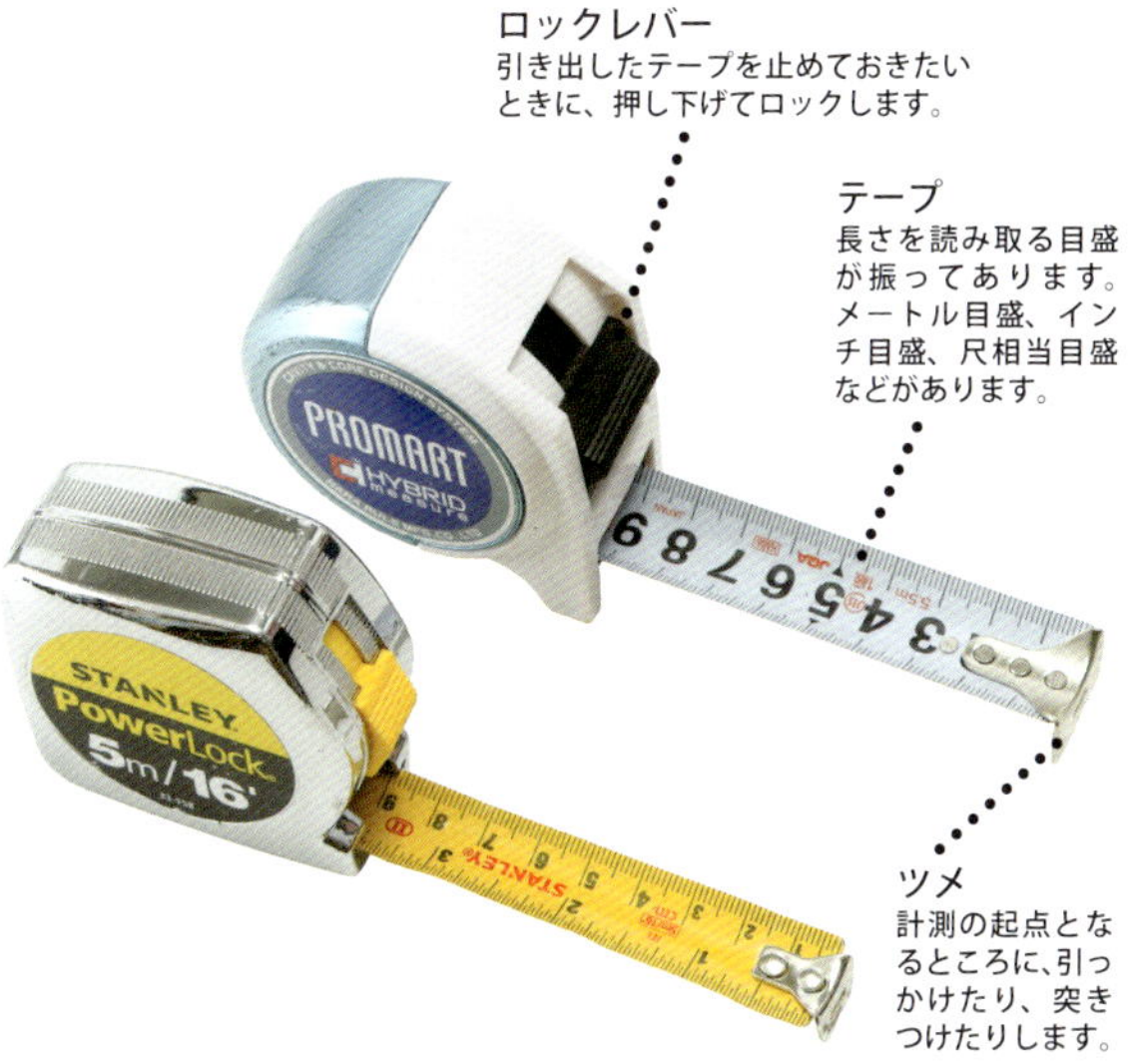
ロックレバー
引き出したテープを止めておきたいときに、押し下げてロックします。
テープ
長さを読み取る目盛が振ってあります。メートル目盛、インチ目盛、尺相当目盛などがあります。
ツメ
計測の起点となるところに、引っかけたり、突きつけたりします。
PROMART
HYBRID
STANLEY
PowerLock
5m/16'

# ノギス

## 円筒の内・外径を正確に測る

ノギスは、パイプのような円筒状のものの寸法を、1㎜以下まで正確に測れる測定器具です。測定対象によって外側用と内側用の測定面を使いわけ、ものの厚み、外径、内径、段差などを測れ、デプスバーがついているものでは深さも測れます。

最小読み取り値は、種類によって0・1㎜から0・01㎜まで選べます。デジタルノギスには、測定値を保持するホールド機能、比較測定に便利なゼロセット機能などがあります。

# メジャー

## 長短、曲線、さまざまな長さを計測

ケースに金属製の計測用テープを収納し、さまざまな長さを測るときに便利。木工作業はもちろん、室内各部の寸法を測るときにも欠かせない、DIYの必需品です。

室内用途では、テープの長さが3・5m、幅が2㎝ていどのものが使いやすいでしょう。長いところを測りやすいように、1m以上引き出しても折れ曲がらないもの、手を離してもテープが戻らないロック機構つきのものがおすすめです。

HOLD
13.6

HOLD
30.0
OFF ON ZERO

測るところが内側か外側かで、2つのジョウを使いわけます。ジョウの先端や奥では正確に測れない場合があるので、まん中あたりを測りたいところにあてるようにします。

箱の内側を測るときや壁を基点にして測るときは、ツメを対象に突きつけます。ツメは引っ込んで誤差を補正します。

板などを測るときは、端にツメを引っかけます。ツメは伸びて、厚みで誤差が生じないようにゼロ点を補正します。

# ノコギリ

## 手で切る基本の道具

木工をするときに、1本は持っていたいのがノコギリです。電動工具を使う方やホームセンターの加工サービスを利用する方でも、材料の端をちょっと切り落としたい場合、静かに作業したいときなどに便利です。

ノコギリには、縦びき用と横びき用の刃がついた両刃タイプと、一方だけの片刃タイプがあります。木工では横びきで使うことがほとんどなので、片刃タイプなら横引き用か万能の刃がついたものを選びましょう。

最近は、切れ味が悪くなったら刃を交換できる替え刃タイプが主流です。同じメーカーのものなら、違う種類の刃を取りつけることもでき、家庭用としておすすめです。

最初の1本は刃の長さが25cmていどの横びきできるものを用意しておき、精密な加工やダボ埋めなど、作業の必要に応じて買い足すとよいでしょう。

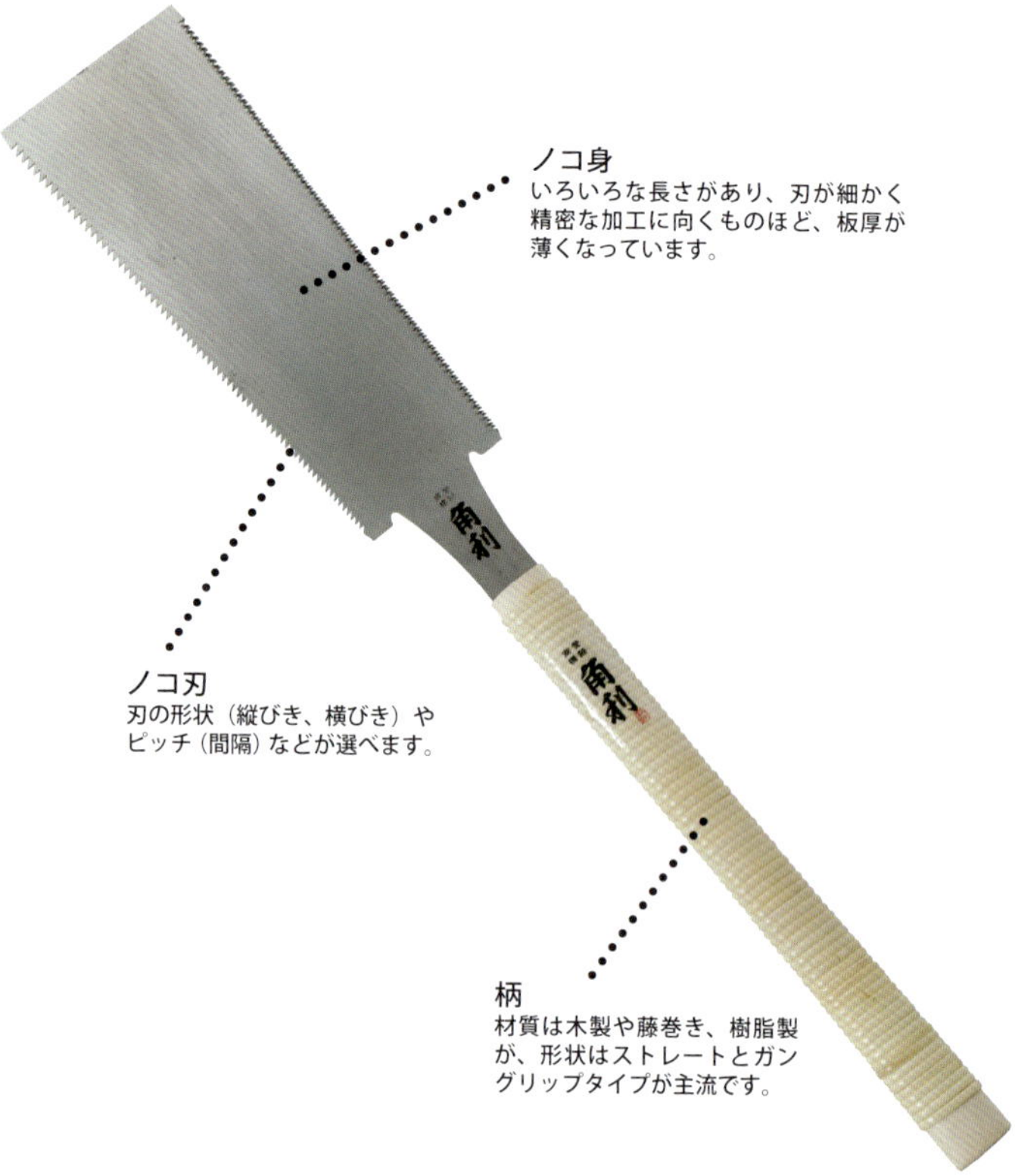
ノコ身
いろいろな長さがあり、刃が細かく精密な加工に向くものほど、板厚が薄くなっています。
ノコ刃
刃の形状（縦びき、横びき）やピッチ（間隔）などが選べます。
柄
材質は木製や藤巻き、樹脂製が、形状はストレートとガングリップタイプが主流です。

### ■ノコ刃の種類

木工用の両刃ノコギリには、木目に対して垂直に切る横びき用の刃と、木目に対して平行に切る縦びき用の刃がついています。片刃タイプには一方、またはどちらも切れる万能刃がついているものがあります。

横びき用の刃は、ひとつひとつが縦びき用より細かく鋭角です。斜め切りにも、横びき用の刃を使います。

縦びき用の刃は、横びき用に比べて大きく、先から柄に向かってだんだん小さくなっているのが特徴です。

### ■切り方の基本

指をガイドにして切りはじめる位置に刃をあて、ノコギリを押してノコ道（刃を入れるための溝）をつけてから、前後に動かしながら切ります。

ノコギリは30度くらいの角度に寝かせるほうが、まっすぐに切れます。柄を軽く持ち、引くときにだけ力を入れるとスムーズに切れます。

### ■ノコギリガイドを使う

まっすぐきれいに切りたい場合は、のこぎりガイドを使うと、正確に垂直や45度などの角度切りができます。写真の箱型のほかにも、さまざまなタイプがあります。

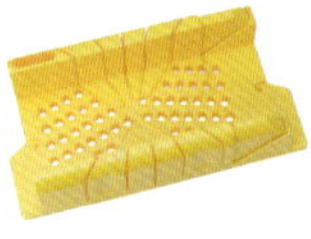

## あると便利な木工用ノコギリ

### 作業で使いわけると、効率や精度がアップ

ノコギリは、刃のピッチ（間隔）やノコ身の板厚、アサリ（刃先の左右の開き）の大きさの違いによって、適する作業が異なります。

すべての作業を1本でまかなうよりも、用途によって使いわけるほうが、効率も仕上がりもよくなります。

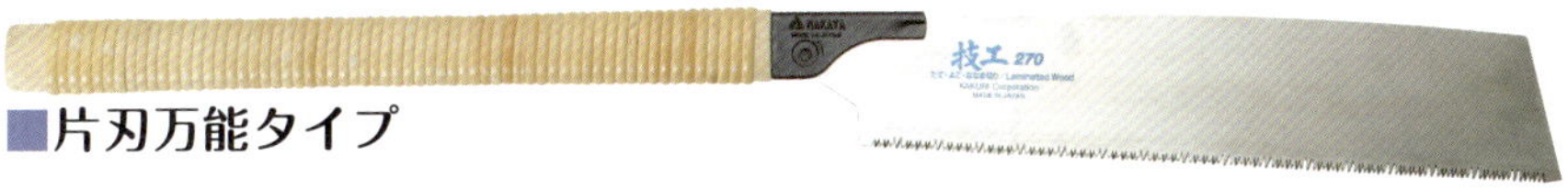


■片刃万能タイプ

■導突ノコギリ

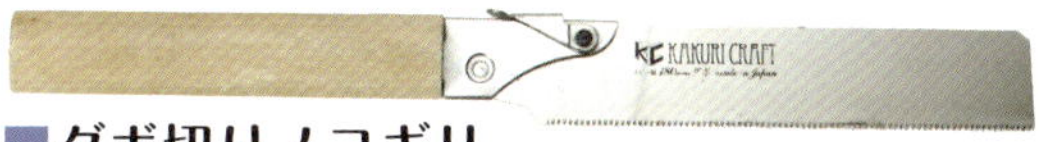


■ダボ切りノコギリ

ダボ切りノコギリの刃にはアサリがないため、刃を材料に押しつけて動かしても、表面に傷がつきません。

薄いノコ身に補強をつけた導突ノコギリは、歯も細かく、薄い板材、細い棒材などをなめらかにカットするのに適します。

万能タイプには、縦、横、斜め兼用の特殊な刃がつき、１本で縦びき、横びき、合板のカットなどに対応します。

## いろいろな素材を切るノコギリ

### 金属、プラスチック、ガラスボトルを手ノコで

■ガラスボトル用ノコギリ

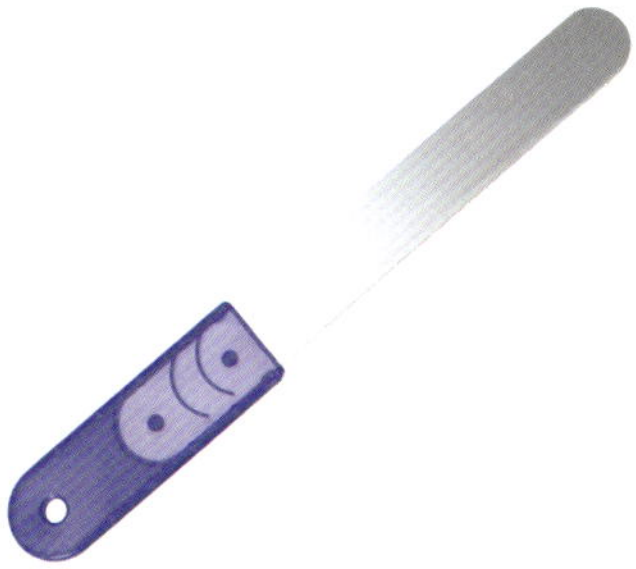

専用の固定器具がついたボトルカッターを用意しなくても、ボトルをカットできるシンプルな切断工具です。タオルなどの上で作業すると安定します。

■塩ビ用ノコギリ

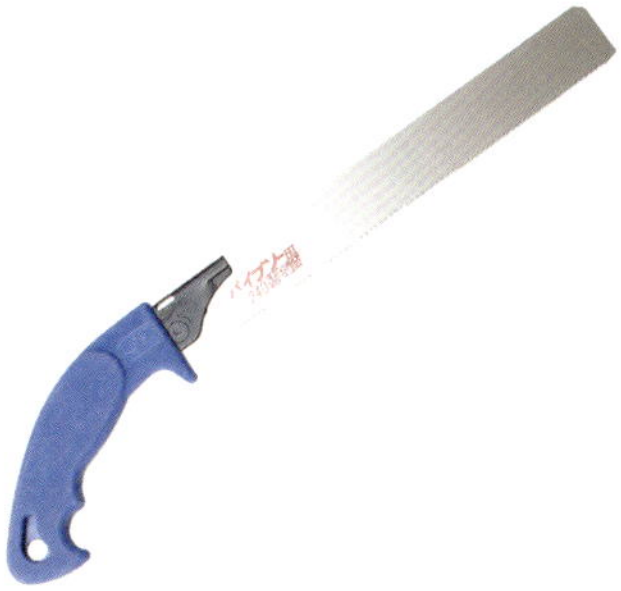

塩ビパイプやプラスチック類を切るのに適しています。水道配管や雨どいの加工など、水まわりの補修やリフォームを行うとき、プラスチックごみを解体するときなどに使えます。

■金切りノコギリ

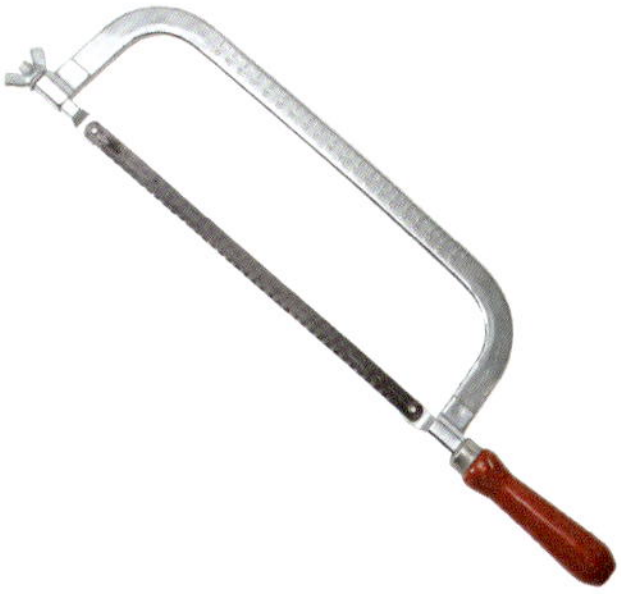

金属板や鉄パイプなどのほか、プラスチックも切ることができ、工作に限らず、粗大ごみの解体にも役立ちます。ステンレスやアルミを切るときには、専用のノコ刃を使います。

# カンナ

## 木材の面取りや細かな調整作業に

カンナは木材の表面を削って、平らでなめらかに仕上げるための工具です。最近は表面をきれいに削った木材が手に入るようになったので、木工での主な用途は、木端、木口を整えたり、角の面取りをする作業になるでしょう。

同じような作業はサンダーでもできますが、カンナのほうがよりきめ細かくきれいです。また、使い慣れると、寸法を微調整したり、組み付けた部材の段差をなくしたり、細かい調整作業が簡単に行えます。

難しいといわれている刃研ぎの必要がない、替刃式タイプもあります。

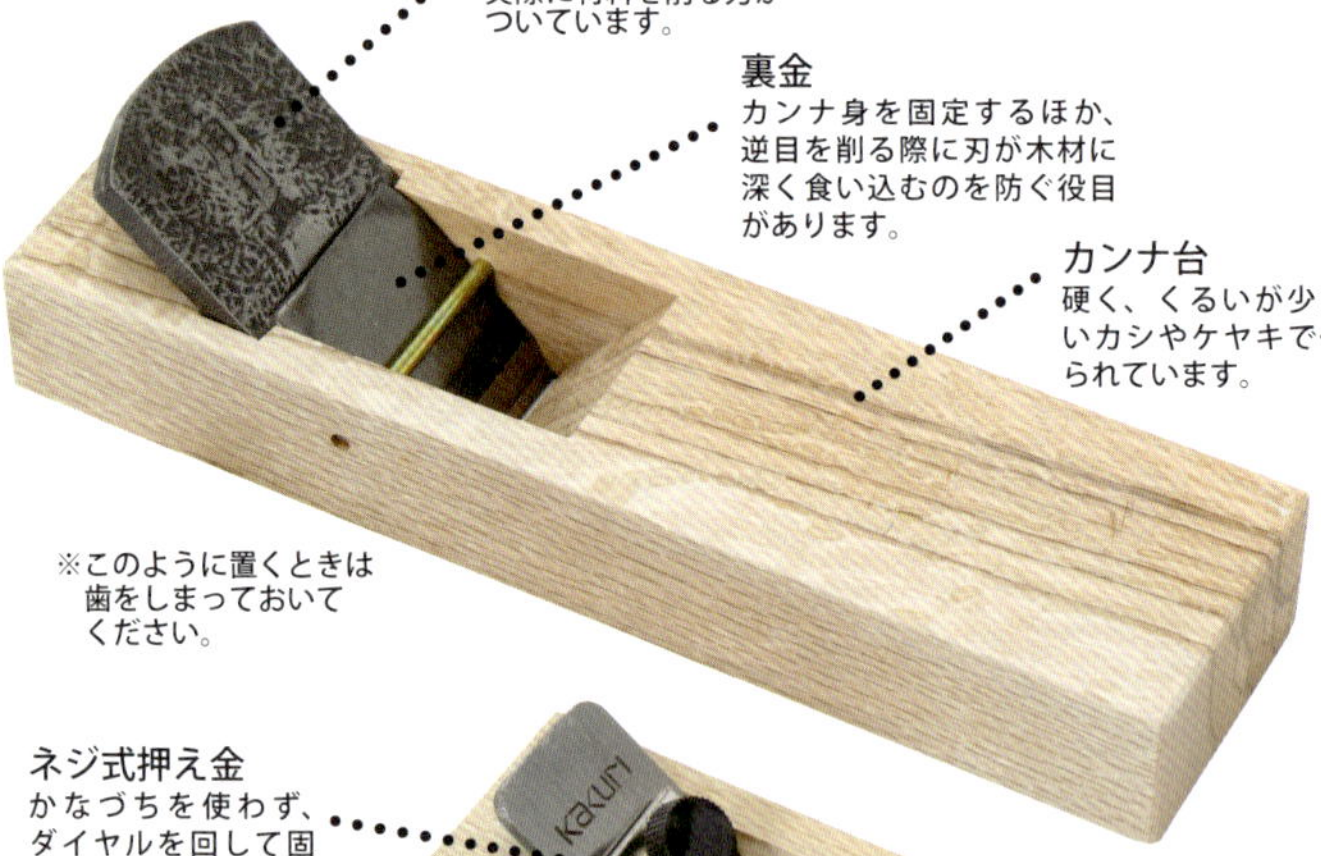
カンナ身
実際に材料を削る刃がついています。
裏金
カンナ身を固定するほか、逆目を削る際に刃が木材に深く食い込むのを防ぐ役目があります。
カンナ台
硬く、くるいが少ないカシやケヤキで作られています。
※このように置くときは歯をしまっておいてください。

ネジ式押え金
かなづちを使わず、ダイヤルを回して固定したり、緩めたりができるタイプです。

カンナ身と裏金は、簡単に取り外すことができ、切れ味が落ちたら、カンナ身の刃を研いで使います。

西洋カンナは、押して削るので力をかけやすいのが特長です。和カンナに比べて狂いにくいこと、刃研ぎが簡単にできることなどから、こちらを好んで使う人もいます。

### ■二枚刃カンナの調整方法

刃を出すときは、カンナ身の頭をかなづちで叩き、台の下側から髪の毛1本分くらい出るように調整します。斜めに出た場合は、カンナ身を横から叩いて修正します。

刃が出すぎた場合は、台先端の角を左右交互に叩いて刃を戻します。木口の真ん中を叩くと、台が割れることがあるので、注意してください。

### ■基本的な使い方

利き手でしっかり台を握り、反対側の手を台の頭にかけて構えます。刃が浮かないように引き、最後まで平行に抜ききります。小さい材料を削るときは、ストッパーがついた削り台などを使いましょう。

### ■細工に最適な豆カンナ

手で握れるくらい小さい豆カンナは、木材や皮革の細工、仕上げに、取り回しよく手軽に使えます。

いくつかの形状があり、細い材料の平面や曲面を加工できます。

角が立った木材の面取りも、簡単にきれいにできます。

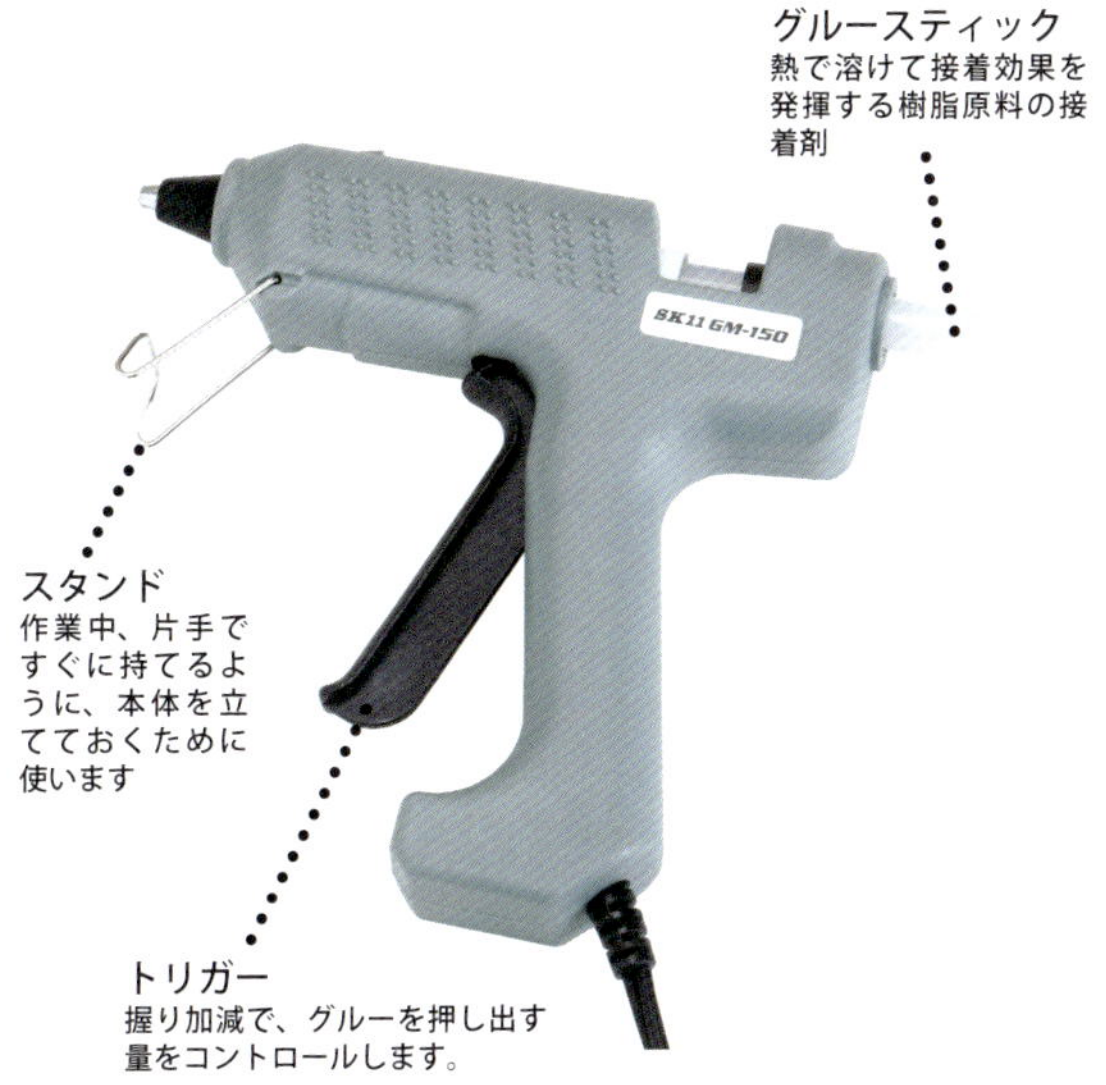
グルースティック
熱で溶けて接着効果を発揮する樹脂原料の接着剤
SK11 GM-150
スタンド
作業中、片手ですぐに持てるように、本体を立てておくために使います
トリガー
握り加減で、グルーを押し出す量をコントロールします。

# グルーガン

## 種類の異なる素材を短時間で接着

グルーガンはグルーという合成樹脂を熱で溶かして押し出すピストル状の器具。その樹脂が冷めて固まり、材料同士を接着します。一般的な接着剤と違い、グルーはほんの数十秒で接着できるので、待たずにどんどん作業を進められます。

また、紙、布、木、皮、陶器、ガラスなどのさまざまな種類、枝や木の実、石などの凸凹した素材が簡単に接着できるのも特徴です。一般的なクラフトであれば手軽に多用途に使えます。

適量のグルーを押し出し、熱いうちに接着。固まるまでの数十秒ほど、動かないように手などで固定しておきます。

グルースティックには、高温タイプと低温タイプ、太さの種類があるので、機種に適したものを使用しましょう。

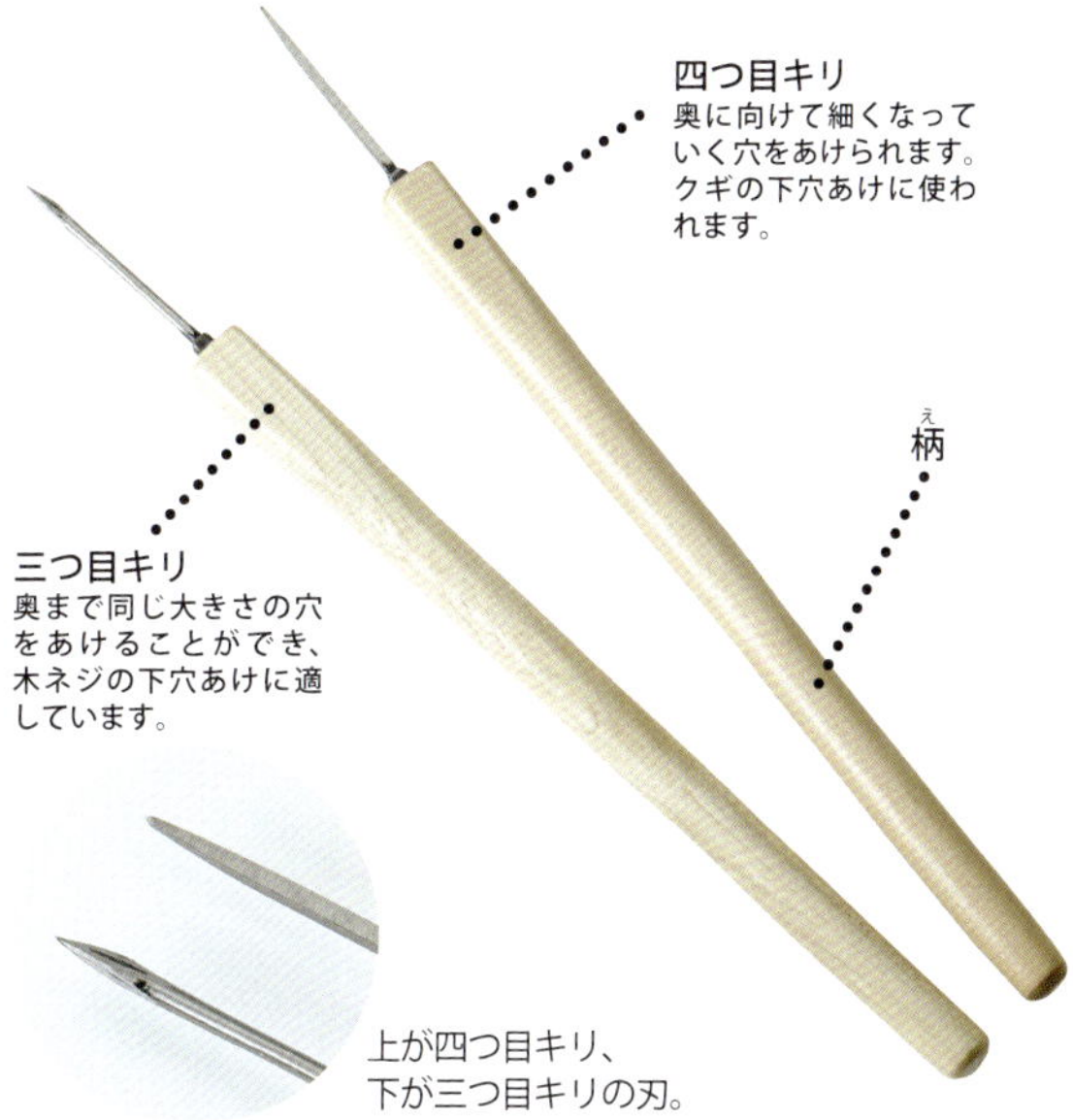
四つ目キリ
奥に向けて細くなっていく穴をあけられます。クギの下穴あけに使われます。
柄《え》
三つ目キリ
奥まで同じ大きさの穴をあけることができ、木ネジの下穴あけに適しています。
上が四つ目キリ、下が三つ目キリの刃。

# キリ

## ちょっとした穴あけに便利

キリは材料に小さい穴をあけるための手工具です。柄の長いものは「もみギリ」と呼ばれ、両手のひらで柄をもむように回して使います。三つ目キリ、四つ目ギリ、ネズミ歯キリ、つぼキリなどの種類があります。

キリは、大きい穴あけや連続した穴あけでは電動工具に及びませんが、数が少ない下穴あけなどに手軽に使えて便利です。三つ目キリや四つ目キリを、工具箱にそろえておいてもいいでしょう。

キリをまっ直ぐに立て、柄尻のほうを両手で挟み、下へ押し気味に、もむように手を前後に動かして柄を回転させます。回転中に柄がゆれると、穴が広がってしまうので注意しましょう。最初は前後に細かく動かし、安定したら大きく動かすのがコツです。

# ノミ

## 木材を彫り、削る、組み手加工に

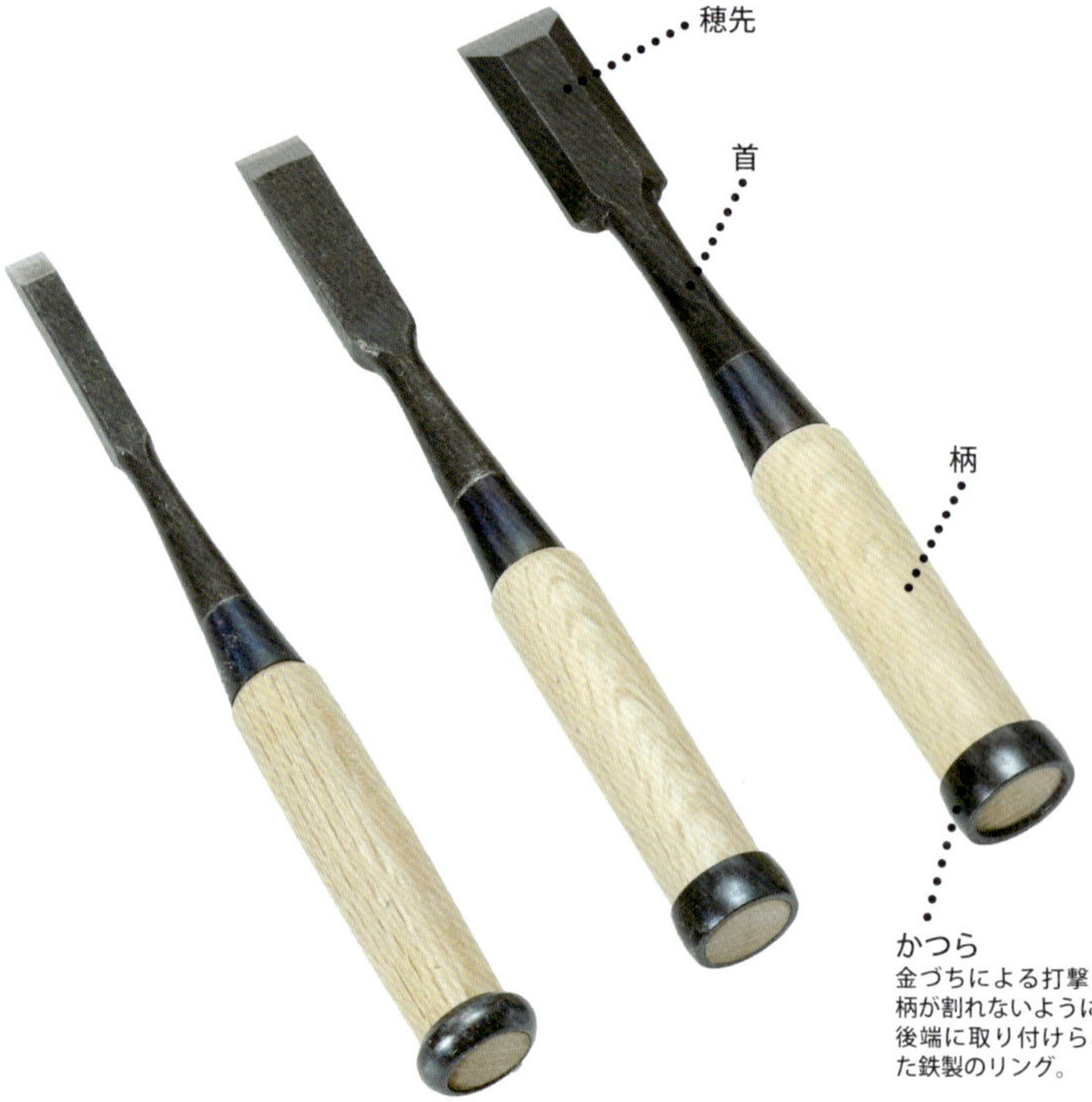

かつら
金づちによる打撃で柄が割れないように、後端に取り付けられた鉄製のリング。

木材を彫ったり、削ったりする道具であるノミは、木材同士を接合するための組み手加工、ドア丁番を取り付けるときの彫り込み加工などに欠かせません。組み手加工は、最近では電動工具を使うことが多くなりましたが、取り残しを削って仕上げたり、微調整をするためにはノミが必要です。精度を求められる加工がほとんどですが、ノミを使いこなせるようになると、より本格的な木工へと楽しみが広がります。

ノミには、金づちで叩いて使うタイプや手で押して使うタイプなど、加工の目的にあわせてさまざまな種類があります。組み手などを製作に取り入れるのであれば、最初は刃幅9㎜、15㎜、24㎜あたりが入った「追い入れノミ」（写真）の基本セットからそろえることをおすすめします。この3本で不足するようになったら、刃幅や刃の形状が異なるものを買い足していくといいでしょう。

ノミは切れ味が命の工具ですから、手入れと保管にも気を使いましょう。作業後は木くずやヤニを布で拭き取り、油を薄く塗ってサビ止めをしておきます。道具箱へ入れるときには、付属のキャップや厚く折った新聞紙などで、刃先を保護することも忘れないようにしましょう。

### ■かつらの調整

買ったばかりの新品の叩きノミは、かつらが柄を締め付けるように固定されていません。そのまま金づちで叩いて使うと、柄を守る役割を果たしません。使い始める前に、必ず以下のようにかつらの調整をしてください。

ノミの柄を回しながら、少しずつ叩いてかつらを緩め、取り外します。

柄の後端を回しながら金づちで叩いて、木を圧縮します。

金づちで均等にかつらを叩き、柄の後端が少し出るようにはめ直します。

かつらから出た部分の縁を叩いてつぶし、調整は完了です。

## 穴を彫るときの基本

### 木目、刃の裏表を意識する

ノミの刃は、四角い穴や切り欠きを加工しやすいように片刃になっています。線に沿って切り込むときには刃裏を線に向けて垂直に入れ、内側を削り出すときには刃裏を上にして使います（左図参照）。また、木目に沿った方向に刃を入れるときには軽く、木目を断ち切る方向に刃を入れるときは強く打ち込むことを意識しましょう。

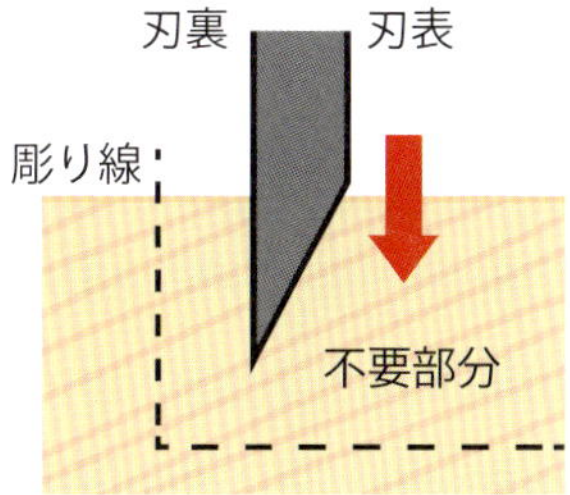


穴の外周に切り込みを入れる場合は、刃裏を線に向けて入れると、きれいに垂直に打ち込めます。

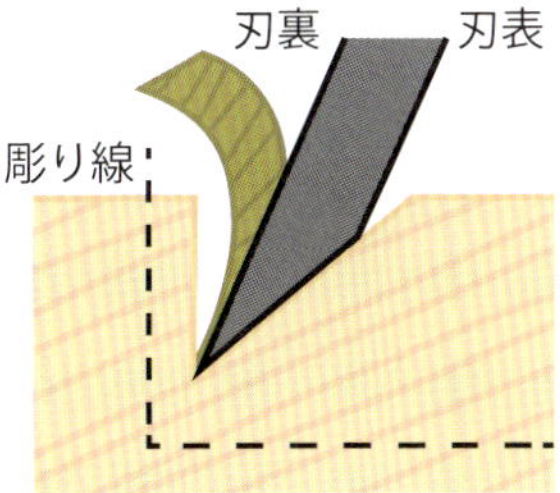


穴の内側を取るときは、刃裏を上に向けて斜めに打ち込むと、スムーズに削ぐことができます。

## ホゾ穴の彫り方

### ノミ一本で穴を彫る

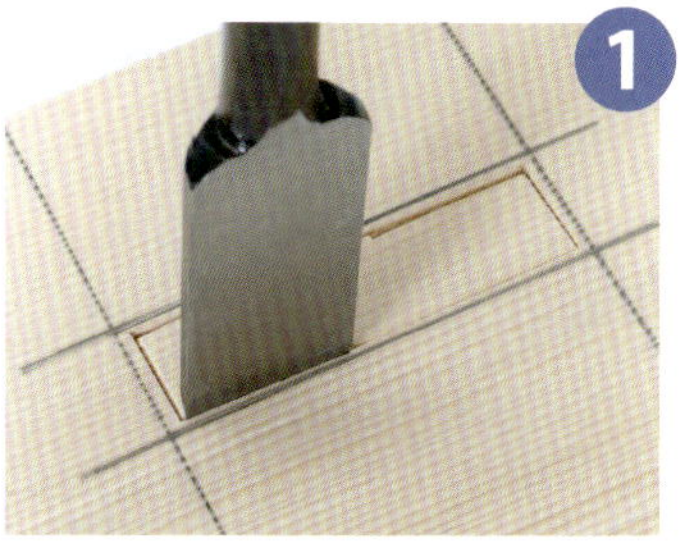


彫る位置に線を引いたら、その 2mm 程度内側に、上で説明した要領で、ノミを立てて軽く刃を打ち込みます。

内側から外周の切り込みに向けて刃を入れ、不要部分を少しずつ削ぎ取っていきます。反対側も同じように彫ります。

少し彫ったら、また両端に垂直に刃を入れて彫り取る作業を繰り返し、寸法通りになるまで深くしていきます。

寸法の深さに達したら、線に沿って周囲をていねいに削り取ります。穴の加工中は、常に線を意識して作業しましょう。

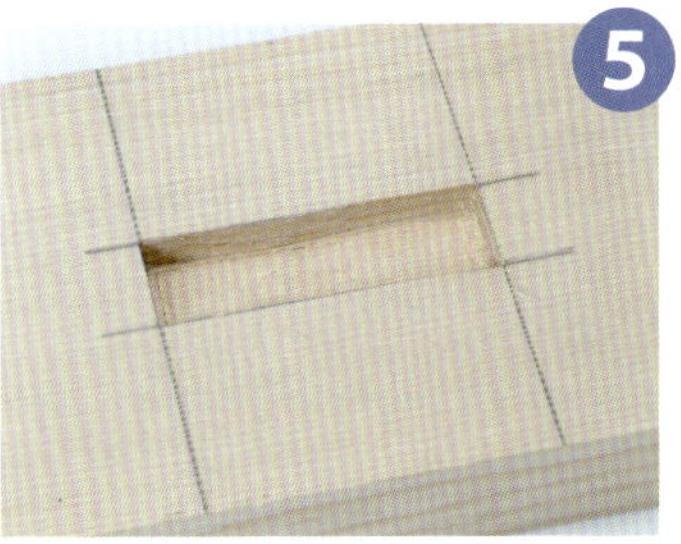


最後に、できるだけ平らになるように底をきれいにさらって、ホゾ穴を彫る加工は完了です。

### ■ホゾ組み

角材をＴ字につなぐホゾ組みは、もっともポピュラーな組み手のひとつで、イスやテーブルの脚によく使われます。実際には、ホゾ穴と同じ寸法でホゾを加工し、木づちで叩き入れて組み付けます。止まり穴の「平ホゾ」と穴が貫通した「貫通ホゾ」があります。

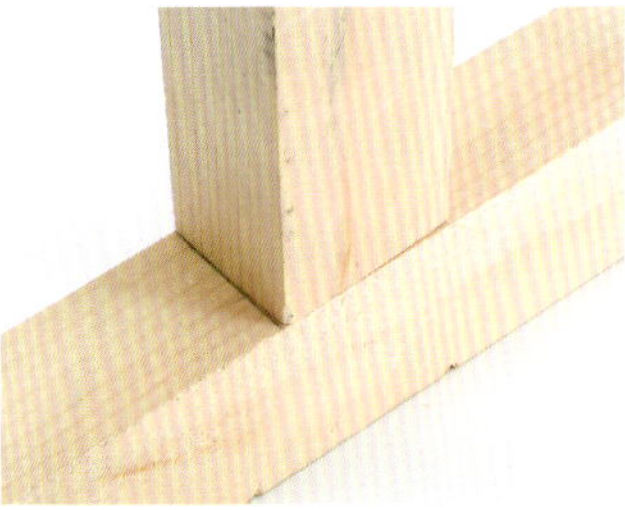

## 簡単な組み手の例

角材や板材を組み合わせる際によく使われるのが、両方の材料をお互いに厚みの半分ずつを欠き取って組み合わせる相欠き継ぎです。イスやテーブル、棚、建具など、さまざまなところに使われます。

### ■十字相欠き継ぎ

### ■カネ相欠き継ぎ

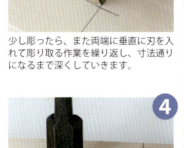

# 金づち

## クギ打ち、ノミ打ち、組み付けに活躍

平
打撃面が平らな側。
クギ以外にノミを打ったり、かんな刃を調整するときに使います。
頭
片側がクギ抜きやクギ締めになっているなど、さまざまな形のものがあります。
木殺し
打撃面が少し膨らんだ局面になっています。
柄
木製のものと金属にゴムなどの滑り止めグリップがついたものがあります。

両口玄能

金づちは、クギを打つほかにも、木材の継ぎ手をはめ合わせたり、組み付ける部材を押し込んだりするときに、たたく道具として使います。木材のつなぎには木ネジを使うことが多くなりましたが、隠しクギや真ちゅうクギを使って美観よく仕上げたい作品などもあり、まだまだ手放せない工具です。

金づちは「玄能（げんのう）」とも呼ばれます。頭の両側が打撃面になっているもの、片側がクギ抜きになっているもの、細くとがっていたり薄くとがっているものなど、さまざまな形があります。なかでも代表的なものは、両側が打撃面の「両口玄能」です。ノミ打ちにも適しているので、木工用に1本そろえておくのにおすすめです。

金づちのサイズは、頭の重さで表わされます。重いものほどクギを打ちこむ力は増しますが、あまり重いと振りにくくなります。最初は中くらいの400g弱のサイズが、いろいろ使えてよいでしょう。

木づち、ゴムハンマー、プラスチックハンマーは、直接材料をたたいても表面にあとが残らないので、家具づくりが多い方は組み立てのときに重宝します。ときどき使う程度なら、当て木をして金づちでたたくことで代用できます。

### ■打ち方の基本

片方の手でクギをまっすぐに持ち、クギが自立するまでは、金づちを小さく振って軽くトントン打ちます。クギがしっかり立ったら、押さえていた手を離して強く打ちます。

大きく振るときは、ヒジから先だけを動かし、最後に手首を利かせます。

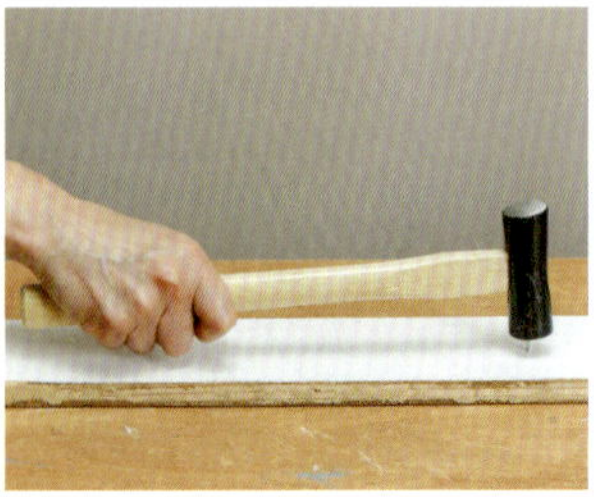

頭の重さをいかして振り下ろし、あたる瞬間に力を入れます。

### ■最後の打ちこみ方

クギの打ちはじめから首が入るくらいまでは、「平」で打ちます。

最後は、クギの頭が木材の面にそろうように、「木殺し」で打ち込みます。打撃面がふくらんでいるので、まわりにあとが残りません。

# 知っていると便利なクギの打ち方

通常の打ち方ができないときの対処法

## ■金づちを振れないとき

箱の隅や床材のサネ（差し込み部分）のように金づちをうまく振り下ろせないところでは、補助具として「クギ締め」を使います。クギ締めをあてれば、頭を木材の表面より深く打ち込むこともできます。

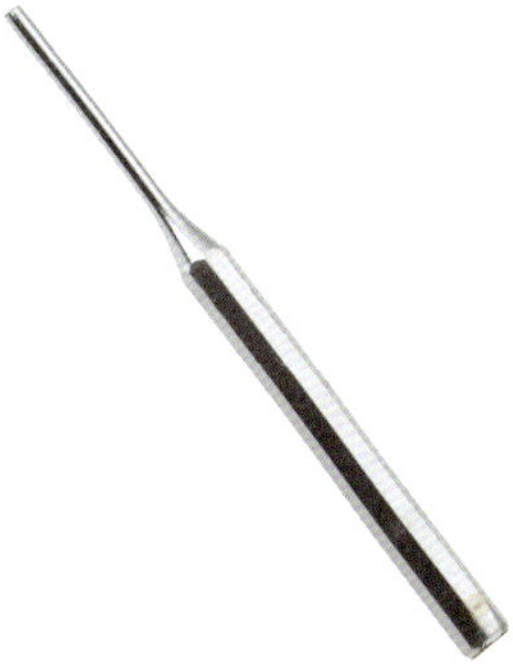

床材のサネには段差があり、金づちを最後まで振り下ろせないので、クギ締めを頭にあてて打ち込みます。

クギの頭が出ていると、はめ合わせのじゃまになり、すき間の原因になります。頭を深く沈めておきます。

## ■強度を高めたいとき

クギは木材に対して垂直に打つよりも、斜めに打つほうが接合の強度が増します。逆ハの字のように打つと、クギはより抜けにくくなるので、荷重がかかる部分にクギを使う場合に試してみましょう。端に打つときは、突き抜けないように角度に注意してください。

部材の接合にクギを使う場合は、斜めに打つようにしましょう。

# 打ちこんであるクギを抜く

打ち損じたとき、リフォームのバラしのときに必要

クギを打つところを間違えた。途中で曲がった。あるいは、リフォームするために棚や部材を取りはずさなければならない。このように木工や補修の過程では、クギを抜く必要に迫られることがあります。クギ抜きを使った抜き方を覚えておきましょう。

1 クギの頭が出ていないときは、釘抜きの先をクギの手前にあて、金づちでたたいて木材に少しめり込ませます。

2 ツメの奥までクギをかけ、テコを利用してクギの頭を持ちあげます。表面を傷めたくない場合は、下に当て木をします。

3 柄の長い側に持ちかえてクギをかけ直し、そのまま倒して引き抜きます。クギが長い場合は、途中で厚めの当て木をします。

## ■頭がゆるんだら

木の柄は、使っているうちに頭に差し込んだ部分がやせて、ゆるんできます。頭が飛ばないように手入れをしましょう。

ゆるみがあまり大きくない場合は、柄の尻部分を台に打ちつけて、頭の自重で柄にはめ合わせます。

ゆるみが大きい場合は、ひと回り大きなくさびに打ち直すか、新しい柄に交換してください。

紙ヤスリ
もっとも安価で耐久性は弱めです。柔らかい木材の研磨などに。
空研ぎペーパー
紙ヤスリよりも目詰まりしにくく、耐久性に優れています。
耐水ペーパー
濡れても破れにくく、水研ぎ、油研ぎにも使えます。
網目研磨シート
網目状の合成繊維がベース。目詰まりがなく、両面使用ができて長寿命です。水研ぎ、油研ぎも。
布ヤスリ
ベースに布地を使い、研磨力、耐久性ともに優れています。サンダーでの使用にも向いています。

パッケージやサンドペーパーの裏面には、研磨剤の粗さを表す番手が、80、120、240などの数字で記されています。

# サンドペーパー

## 表面の仕上げ研磨に使いやすい

サンドペーパーは紙や布に研磨粒子を塗布したもので、主に材料の表面を整えるために使います。柔らかいので、平面だけでなく、曲面や角などさまざまな場所の研磨が可能。もっとも手軽で使いやすいツールです。

研磨粒子の細かさは「番手」という数字で表され、数字が大きくなるほど目が細かくなります。木工であれば、バリや毛羽立ちなどの荒れを80番のペーパーでならし、２４０番などを使ってきめ細かく仕上げます。

平面を研磨するときは、握りやすい大きさの端材やサンディングブロックにサンドペーパーを巻くと、作業しやすくなります。

サンドペーパーをハサミやカッターで切ると刃を傷めます。折り目をつけてから、裏面に金属定規をあてて破りましょう。

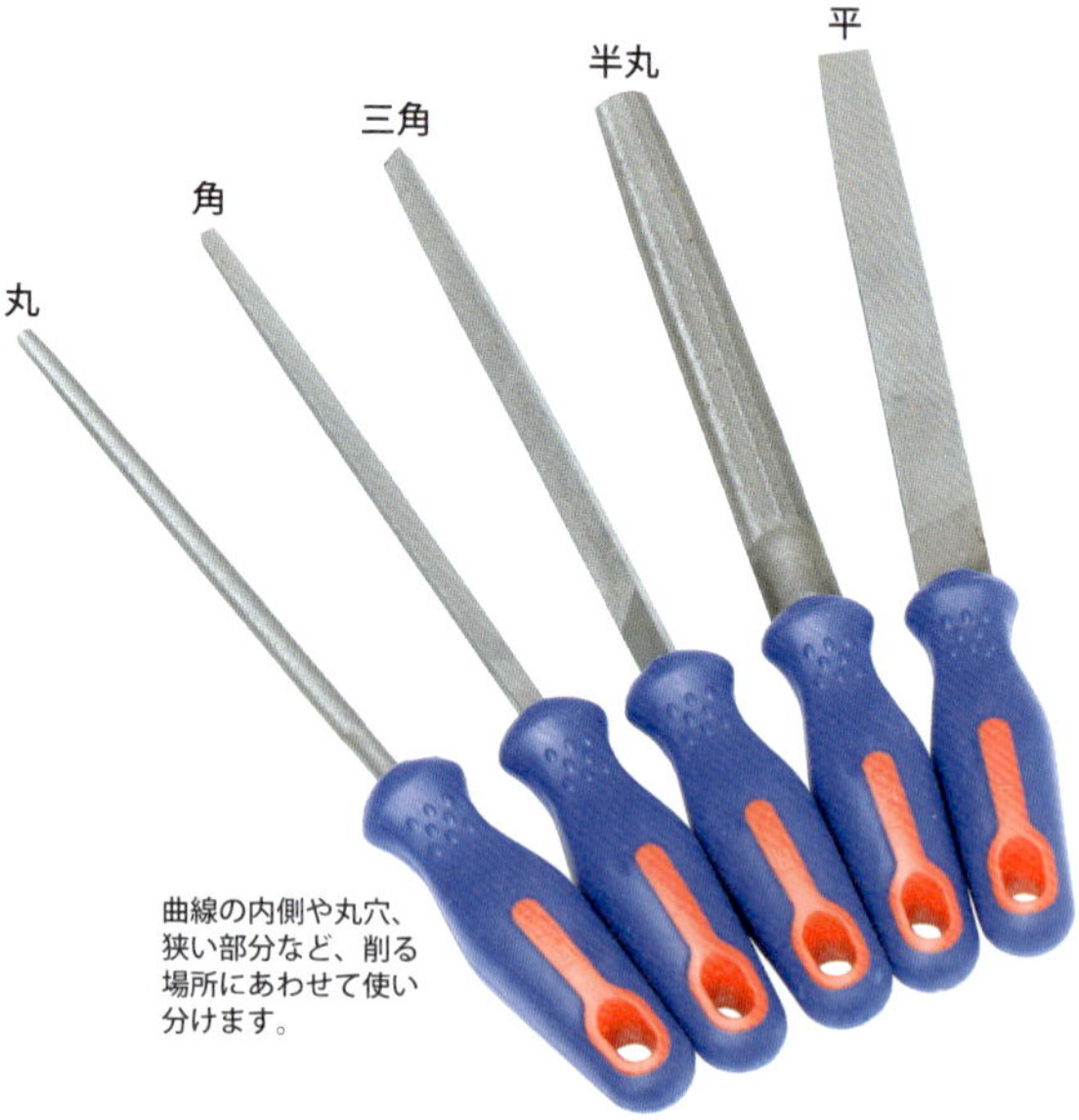

丸
角
三角
半丸
平


曲線の内側や丸穴、狭い部分など、削る場所にあわせて使い分けます。

# ヤスリ

## 成形などの思い切った削りに

ヤスリは一般的に、材料の角を丸くしたり、一部分を削り落とすなどの成形作業、寸法調整やバリ取りなどに使います。

木工用と金工用では目が異なるので、用途がはっきりしている場合は材料にあったものを使うほうが作業性があがります。さまざまな用途に使いたい場合は、万能タイプのヤスリを工具箱に入れておくと便利です。

まず平らな板状のものをそろえ、削る場所によって角や丸を追加するといいでしょう。

耐久性が高く、目詰まりしにくい、金属面の研磨ツールは、木材の荒削りや成形、バリ取りなどに活躍します。

陶器やガラスのように、一般的なヤスリが使えない硬い材料を削れるダイヤモンドヤスリ。ノコ刃の目立てもできます。

# ペンチ・プライヤー

## つかむ、曲げる、回す、切る さまざまな作業に

製作や補修の過程で何かと便利に使えるのが、ペンチやプライヤーなどの材料をつかむ工具です。

ペンチは細い材料や薄い材料などもがっちりとつかみ、奥についている刃ではカットができます。家庭では、針金を曲げたり、切ったりするほか、電気配線の交換などに活用できます。細かい作業には、先が細いラジオペンチがおすすめです。

ペンチよりも大きく開口し、さらに支点を動かして開き具合を変えられるのが、プライヤーの特長です。丸くえぐられた部分は、パイプをつかんだり、ボルトやナットを回したりと、専用の工具がないときの代用ができます。水回りの大型ナットを回すために使うウォーターポンププライヤー、つかんだ状態でロックできるバイスプライヤーなどは、必要に応じてそろえていきましょう。

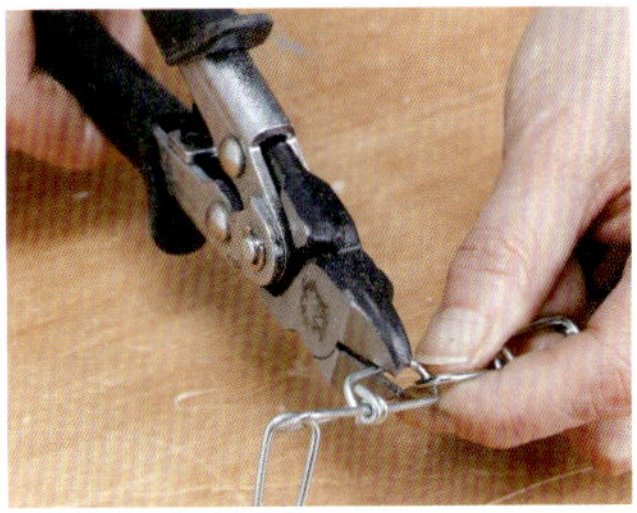

倍力ニッパーはテコの原理を利用して、通常より弱い力で金属などを切ることができます。力の弱い女性や高齢の方にもおすすめです。

結束バンド用ニッパーは、カットした結束バンドの切れ端をそのままキャッチするので、あとで拾い集める手間がかかりません。

ウォーターポンププライヤーは口が大きく開き、水回りの金具をしっかりつかむことができます。パッキン交換など、水栓補修の必需品です。

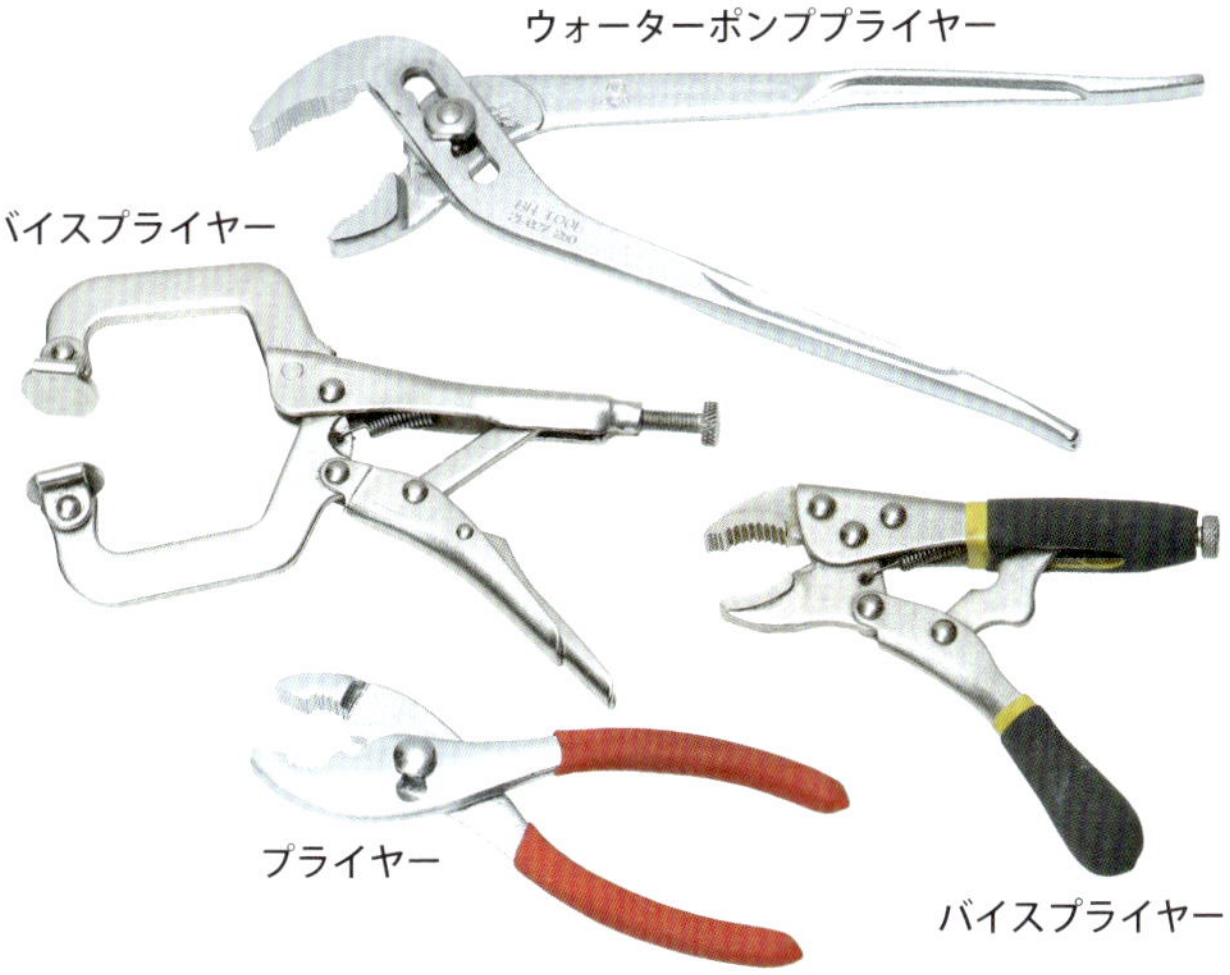

# ドライバー

## 力加減が難しいネジ回しや調整に

木工では、丁番《ちょうばん》を取りつけたり、繊細な材料をネジ止めするようなときは、力加減をしやすい手回しのドライバーの方が向いています。コンセントカバーの取り外し、ドア丁番の調整、照明器具の交換など、修繕やリフォームでもドライバーを利用するので、必要なサイズをそろえておくと便利です。

プラスのネジは太さによって頭部分の溝のサイズが異なり、これに対応したサイズのプラスドライバーを使う必要があります。先端サイズは1番、＃1、№1のように表示され、数字が小さいほどサイズも小さくなります。

貫通ドライバー
マイナスドライバー
2番ドライバー
1番ドライバー

### ■正しいサイズで作業する

ほとんどの木ネジにはプラスの2番（P.2）が、小さい木ネジには1番（P.1）が適合します。ネジのサイズがわからないときは、最初に溝より大きめのドライバーを試し、入らなければサイズを下げて、ピッタリあうもので作業してください。

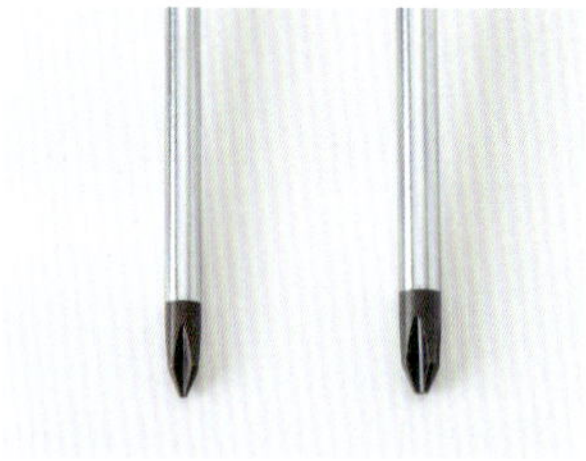

### ■基本的な使い方

ネジを回すときにはドライバーの先端が浮きやすく、その状態で強い力を加えると溝を傷めてしまいます。先端の浮きを防ぐために、ドライバーを押しながら回しましょう。ネジが軽く回るときは押す力が弱くても大丈夫ですが、基本は「押す力：回す力＝7：3」で、固く締まったネジを緩めるときにはさらに強い力で押す必要があります。

### ■ドライバーを磁化する方法

市販のドライバーには、ネジをキャッチできるように軸を磁化してあるものとしてないものがあります。ドライバーの軸を通すだけで着磁・脱磁できるグッズを使えば、作業に応じて一時的に磁化したり、磁力を弱めたりできます。

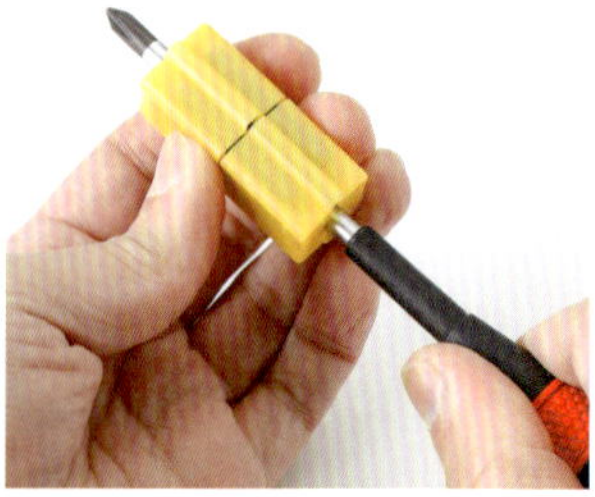

### ■固く締まったネジの緩め方

ネジの溝が壊れてしまうと、ドライバーの先端がフィットせず、ネジを回すことができません。壊れかけた溝でも、滑り止め材をつけると、摩擦が増してドライバーの力が伝わりやすくなります。

軸がグリップ後端まで通っている貫通ドライバーは、叩いて使うことができます。先端を溝にあわせてまっすぐに立て、座金を叩いてネジにショックを与えると、固着したネジが緩みやすくなります。

# 水平器

## 水平・垂直を簡単に確認

水平、垂直は家屋や地面にものを設置する際の基準になります。壁に棚を取り付けたり、レンガを積んだり、ウッドデッキを作ったりするときは、水平器を使って正確に測りながら作業することが大切です。

水平器はガラス管の中の気泡の位置で、水平・垂直を調べられる測定器具です。対象物にあてると僅かな傾きが一目でわかり、調整しながらの作業を簡単に行えます。まずは、さまざまな場面で使いやすい長方形タイプで、長さ30㎝か45㎝のものをそろえるといいでしょう。気泡管が3つあり、45度の確認ができる水平器もあります。

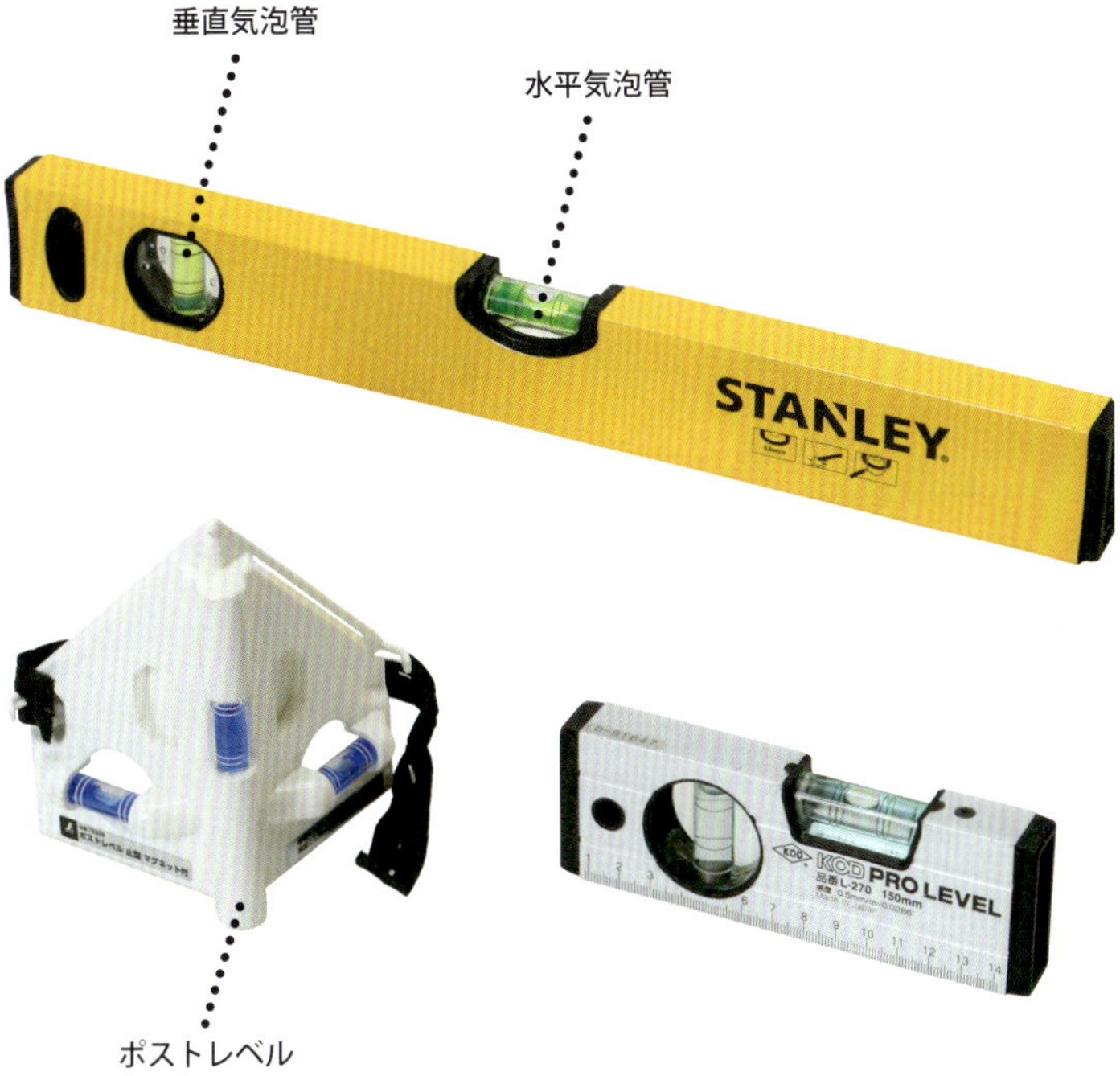
垂直気泡管
水平気泡管
STANLEY
KOD PRO LEVEL
ポストレベル

### ■水平器の使い方

水平、垂直を測るときは、棚板や支柱などの測りたい面に、水平気泡管と反対の面を密着させて、気泡の位置を確認します。対象物の面に付着物があると水平器が浮いて正しく測れないので、きれいな面にあてるように気をつけましょう。

STANLEY

水平を測りたいときは水平器を部材の上に置き、水平気泡管の気泡の位置を見ます。部材が大きいときは2か所以上で確認しましょう。

垂直を測りたいときは水平器を部材の側面に当て、垂直気泡管で気泡の位置を見ます。2方向で行い、前後と左右の垂直を確認します。

### ■気泡管の見方

OK

気泡管の中の気泡が目盛りの真ん中にあれば、水平、垂直です。

NG

気泡が真ん中から外れているときは、気泡がある方を下げて修正します。

### ■レーザーで位置合わせ

レーザー照射機能がついた水平器を使えば、壁の複数箇所での高さ合わせ、壁紙貼りの垂直ライン出しなどが簡単に行えます。

### ■柱の垂直出しに便利

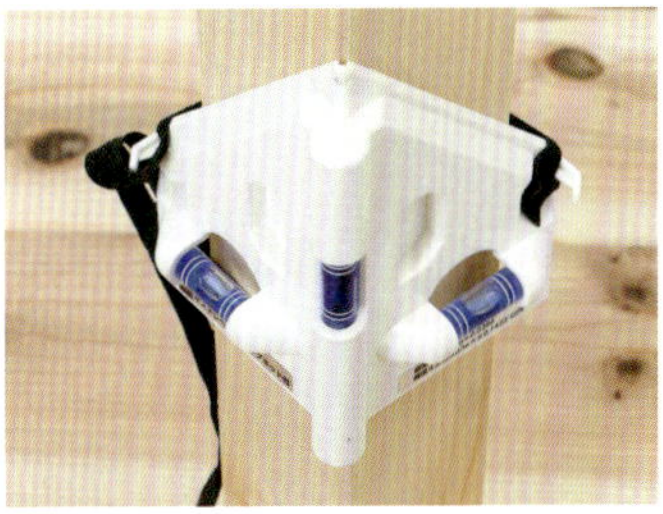

ポストレベルはバンドで柱に取り付けて、2方向の垂直を測ることができる水平器です。両手が使えるので、柱の設置作業にとても便利です。

保持器
測定面に下げふりが接しないように、面との間に距離をとって糸を保持します。据付針やマグネットで固定できるものが一般的です。
下げふり
糸の先端に取りつけて鉛直を調べるための逆円錐形のオモリ。

# 下げふり

## 壁の傾き確認や壁紙貼りの目安に

下げふりは糸の先端に逆円錐形のオモリを吊り下げて鉛直を調べるための道具で、壁や柱の傾きを測るために使います。オモリそのものを下げふりと呼びますが、糸の収納部分と壁などへの固定装置を備えた保持器とセットになっているものがよく使われます。

DIYでは、壁紙をまっすぐに貼るときの確認などに利用できますが、使用頻度が少なければ、糸とオモリで自作して代用してもいいでしょう。

傾き（倒れ）を確認するときは、糸と測定面の距離を上部と下部の2か所で測り、その数値を比べます。

壁など木部を測るときは、レバーを押して据付針を刺して固定します。オモリが壁に触れないように、糸を出します。

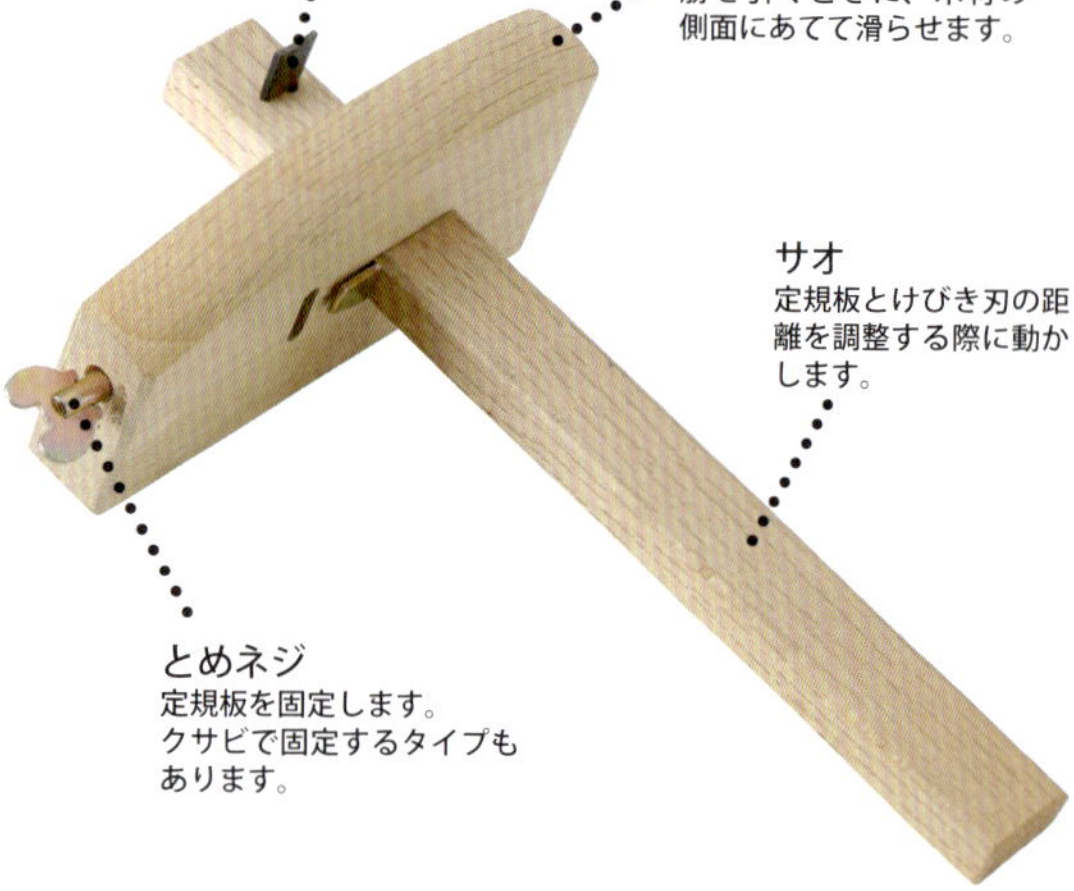
けびき刃
この刃が木材に食い込んで、筋をつけます。
定規板
筋を引くときに、木材の側面にあてて滑らせます。
サオ
定規板とけびき刃の距離を調整する際に動かします。
とめネジ
定規板を固定します。クサビで固定するタイプもあります。

# けびき

## 木材の端と平行な筋を引く

よく使われる「筋けびき」は、刃で木材の端から同じ幅の筋を引く道具です。刃の位置を固定できるので、一度、寸法を決めれば、測り直すことなく同じ幅の線を引くことができます。同じ加工をいくつも行うホゾとホゾ穴の線引きでは、鉛筆と定規を使うよりも効率的です。筋が鉛筆の線のように太くならないところも、精度が必要なホゾ加工には最適です。家具や建具の製作が増えてきたら、ぜひそろえたい道具といえます。

定規板を側面にあて、刃を木材に軽くつけて手前に引きます。1回目は軽く筋を入れ、2回目で深くするのがコツです。

ネジを緩め、さしがねで定規板から刃までの寸法を測って固定します。端材で試して寸法を確認してから、本引きしましょう。

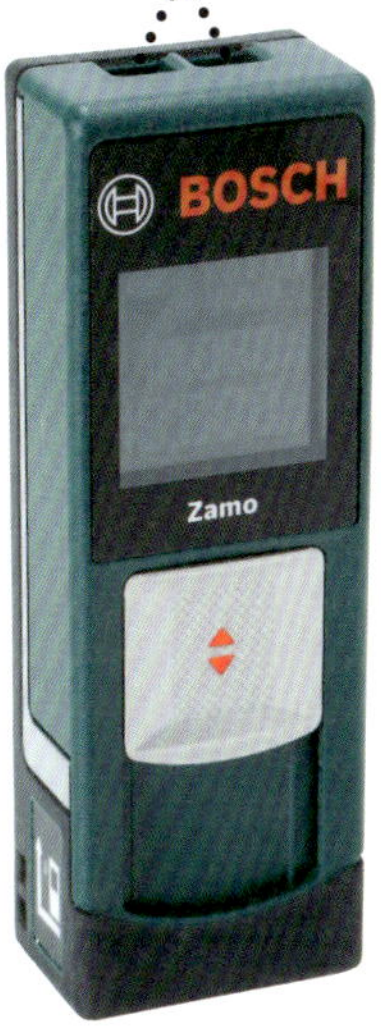
レーザー
照射口・受光部
BOSCH
Zamo

# レーザー距離計

## 長距離を瞬時に計測

レーザー光を照射して2点間を計測するレーザー距離計は、長距離や障害物があってメジャーを使いにくい場所でも利用できる測定器具です。天井までの高さを測りたければ、スイッチを入れて床に置くだけ。床や壁の面積、窓枠のサイズなどを1人で正確に計測できるので、材料の必要量を算出することも簡単です。コンパクトなものをひとつそろえ、メジャーと使い分けると、室内の補修やリフォームの際にとても便利です。

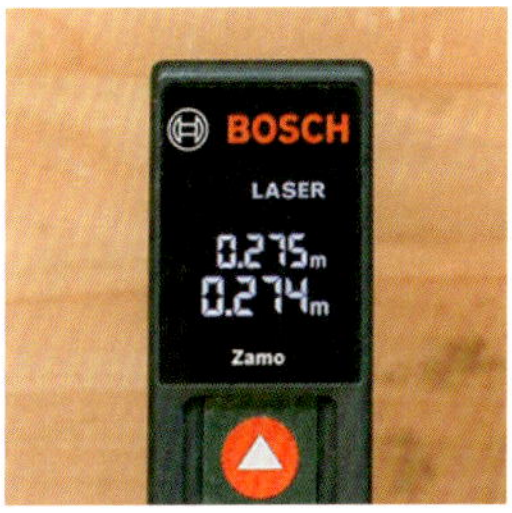
BOSCH
LASER
0.275m
0.274m
Zamo

写真は箱の内幅を測っているところです。計測の起点となる位置に本体の後端をあて、測りたい対象にレーザー光をあわせると、瞬時に測定結果が表示されます。室内用モデルでは、最長 20 m程度までを 1 mm 単位で計測可能です。

巻取りドラム
糸の収納部。手動巻きタイプと自動巻きタイプがあります。
タンク
粉チョークを入れておき、糸に付着させます。
カルコ
針を刺して、線の始点に糸の先端を固定します。

# チョークリール

## 長い直線を簡単に引く

チョークリールは、粉チョークを含ませた糸を弾いて直線を引く道具です。木目など表面の凸凹に影響されず、長い距離でも簡単に正しい直線を描くことができるので、長い材料や広い面に基準線を引きたいときに重宝します。

用途は墨つぼと同じですが、ピンク、黄色、白などの色が選べ、黒っぽい下地にも使えます。材料の仕上がり面に線を引いても、あとで簡単に消すことができるところも便利です。

長い距離でも、一発でチョークの線がつきます。不要な線は、布でこすって簡単に消すことができます。

糸を始点から終点まで延ばし、本体のドラムを押さえて糸をぴんと張ります。反対の手で糸を弾いてチョークを転写します。

# クランプ

## 材料をしっかりはさみ、固定する補助具

加工時に材料を手で押さえていると、作業でかかる力に負けて材料が動いたり、暴れたりすることがあります。そうしたことがないよう、材料や治具《じぐ》を作業台に固定し、工作の精度を高めたり、安全性を高めたりするために、補助具として使われるのがクランプです。

両手を使うジグソー、丸ノコ、トリマーなどの作業には、クランプでの固定は必須です。小さい材料を保持したり、丁番《ちょうばん》などを仮どめしたりなど、さまざまな利用方法があります。また、接着剤が硬化するまで、材料同士を圧着して固定しておく作業にも、クランプは適しています。

形状や締め付け力によって、用途の向き不向きがあるので、作業に適した種類のクランプを用意しましょう。購入時には、作業台の厚みなどを考慮して、はさめるものの最大幅を確認してください。

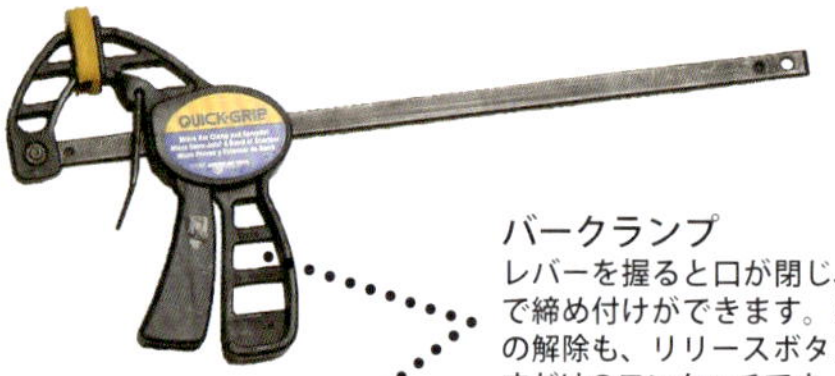

**バークランプ**
レバーを握ると口が閉じ、片手で締め付けができます。ロックの解除も、リリースボタンを押すだけのワンタッチです。

**C型クランプ**
バーハンドルでネジを回し、アゴを開閉します。テコを利用するので、材料を締め付ける力は強力です。

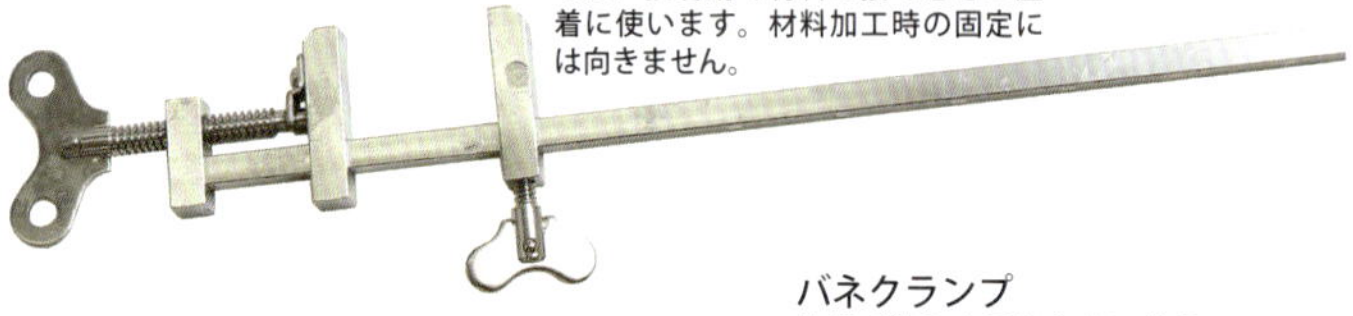

**ハタガネ**
箱ものの組み立てや板のはぎ合わせなど、接着剤で材料を接ぐときの圧着に使います。材料加工時の固定には向きません。

**バネクランプ**
洗濯バサミと同じように使え、薄い板状の材料を仮どめするときなどに便利です。はさむ力はあまり強くありません。

### ■使い方の基本

固定する

切断や切削、穴あけなどの加工をするときに、クランプを使い、材料を作業台にしっかり固定します。締め付ける力が十分に伝わるように、クランプのアゴ全体が材料にかかる位置で取り付けましょう。

圧着する

接着剤を使って材料同士を貼り合わせる場合、十分な接着効果を発揮するために、接着剤が硬化するまで押し付けておく必要があります。その際、クランプを利用するのが簡単で確実です。

### ■大きいものをはさむ

バークランプ一本では届かない大きさのものを、はさんで締め付けたいときには、2本を組み合わせ、長さを延ばして使うことができます。

### ■押し広げる

バークランプのレバーがついていないほうのアゴは、取り外すことができます。アゴをバーの反対側に取り付けると、押し広げたり、突っ張ったりする用途で使うことができます。

## コーナーを固定する

### 額縁や木枠の製作を補助

端を45度にカットした材料同士を、直角に組む接合方法を、「留め継ぎ」といいます。この方法で額縁などの木枠を製作する場合、接着剤をつけてから直角に固定して圧着する必要があります。バークランプやC型クランプでも、L字アングルを併用すれば可能ですが、留め継ぎをよく使うのであれば、コーナークランプや補助具を用意しておくとよいでしょう。

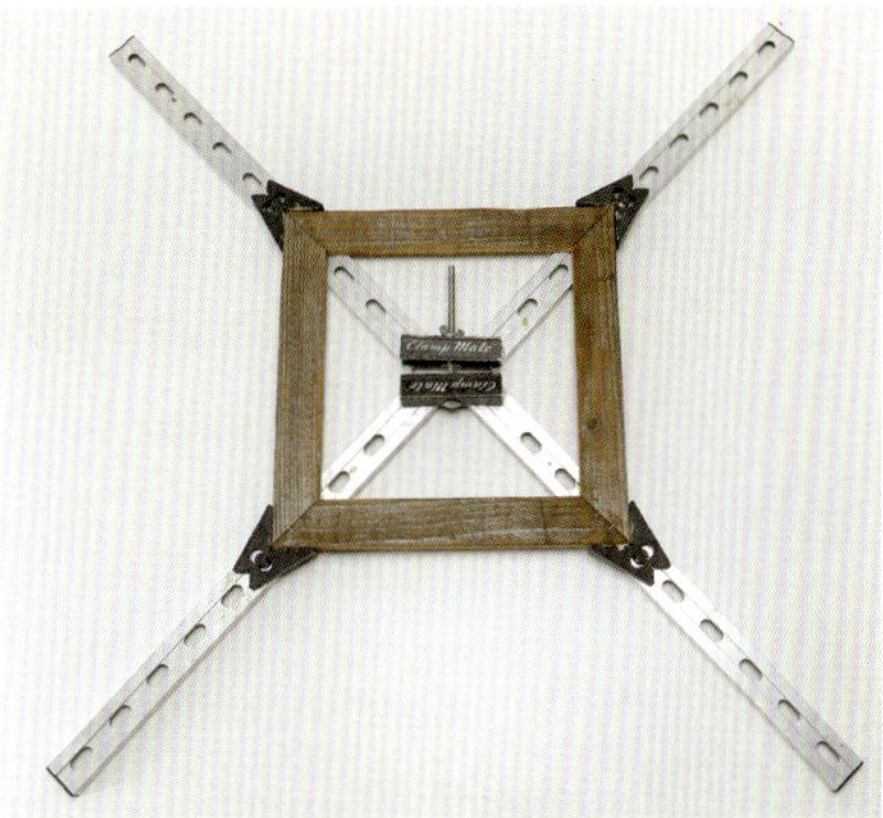

写真の製品は、額縁などの木枠専用のクランプです。４つの角に押さえパーツをセットして、真ん中のネジを回すと、全体を均等に締め付けます。ほかに、一か所ごとにセットするタイプ、全体をベルトで巻いて締め付けるタイプなどがあります。

木材を加工して、角の内側と外側に合うパーツを作っておくと、１台のクランプで直角部分の固定ができます。クランプを当てる部分を平行にしておくことがポイントです。

## アイデアで用途が広がるクランプ

### ■バイスプライヤーを利用する

バイスプライヤーはロッキングプライヤーとも呼ばれ、ものをしっかりとはさんだ状態でアゴがロックします。材料の位置決めや加工時の保持などで、クランプを代用できます。

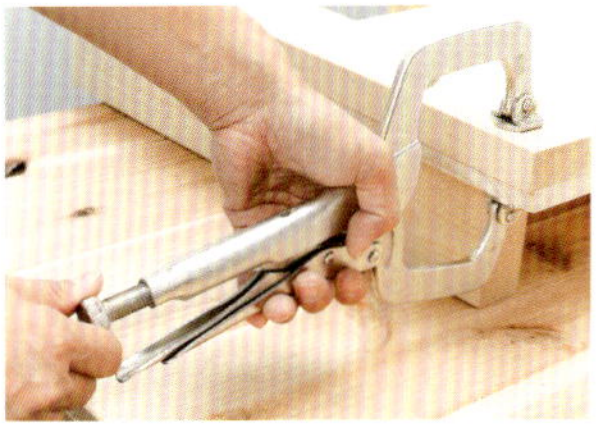

材料の厚さに合わせ、本体後部のネジでアゴのロック位置を調整します。

ハンドルを握り込むと、材料を保持した状態でアゴがロックされます。

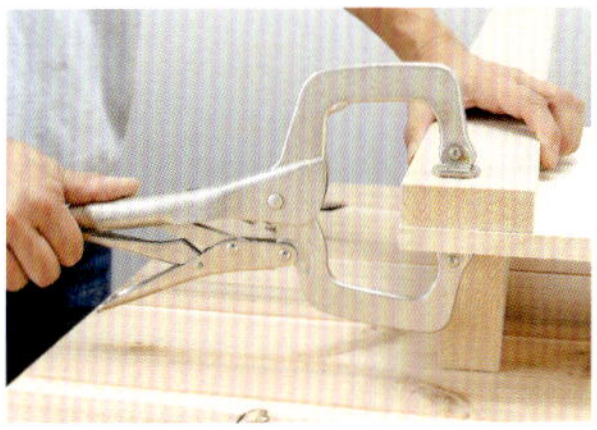

ハンドル内側のレバーを握ると、ワンタッチでロックが解除されます。

### ■２×４クランプ

２×４材に取り付けると、クランプとして使うことができる製品です。安価にいろいろな長さのクランプを作ることができるうえ、長さの調整も木材をカットするだけと簡単です。付属のスタンドで自立させれば、材料を固定したまま切断作業の台になります。

### ■ウッドクランプ

材料をはさんで圧着するほか、加工時に手では持ちにくい細かい材料を保持するなど、木工でさまざまに使えるクランプです。材料をはさんだウッドクランプを、さらに別のクランプで作業台に固定するなど、ほかのクランプには真似のできない用途があります。

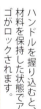

# 壁《かべ》裏《うら》探知機

## 壁裏に隠れた柱や間柱の位置を特定

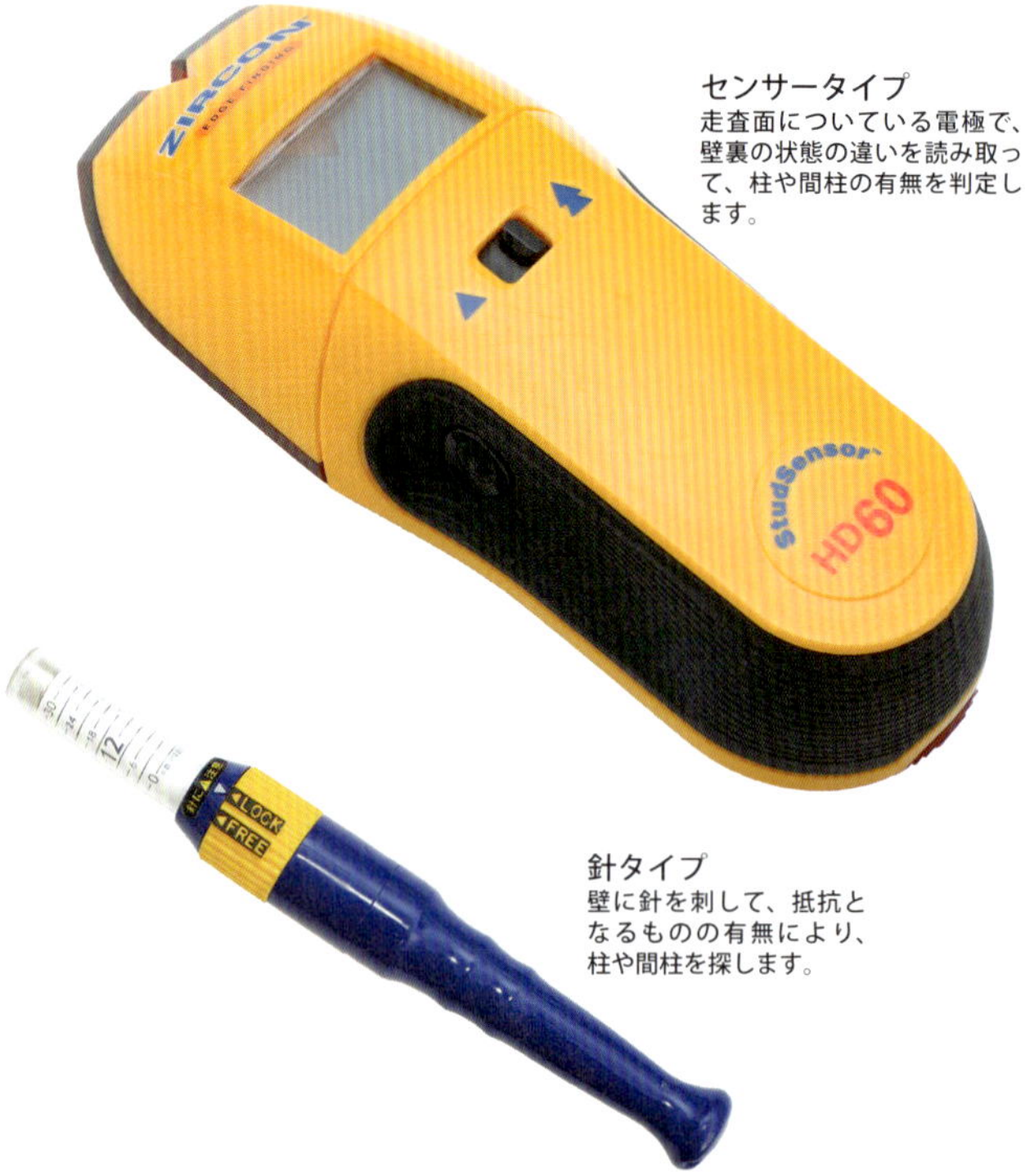


センサータイプ
走査面についている電極で、壁裏の状態の違いを読み取って、柱や間柱の有無を判定します。

針タイプ
壁に針を刺して、抵抗となるものの有無により、柱や間柱を探します。

カーテンレールや手すり、耐震用の補強金具など、ある程度の重さがかかるものは、壁裏が中空のところに取り付けたのでは強度が足りません。そのため柱などの下地材を見つけて、ネジを打つ必要があります。

最近の住宅は柱や間柱が壁の裏に隠れていて、どこに入っているのかが見ただけではわかりません。しっかりとネジを利かせたいときには、壁裏にある間柱などを探せる「下地センサー」や「下地探し」と呼ばれる探知用の機器を使いましょう。探知機には、電気的に探知するタイプと針で探すタイプがあります。

どちらを使う場合も、下地材の位置を確定するためには、繰り返し探知作業をする必要があります。高さを変えて2か所以上で作業し、上から下まで垂直に入っていることを確認しましょう。また、柱の厚みがわかるように、横方向の測定もしてください。

壁に強く押し付けると、先端に仕込んである針が突き刺さります。中空の部分は針が深く刺さりますが、柱や間柱があるところは、手応えがあって針が止まります。横に移動しながら数か所に刺して、柱と中空部分との境目を探します。

### ■センサータイプの使い方

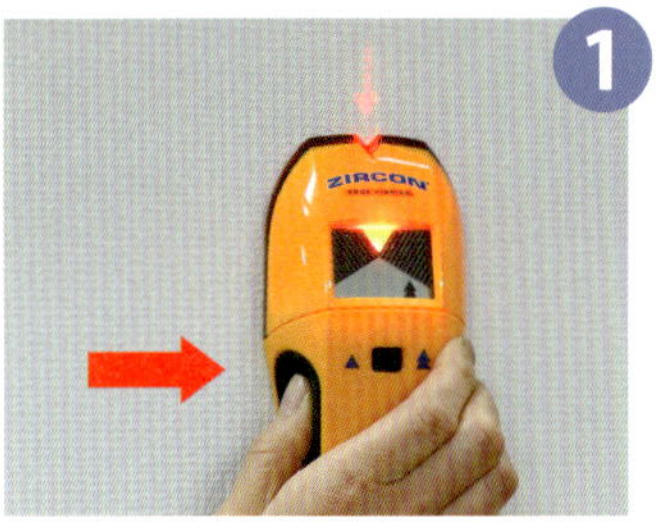


壁に当てて電源を入れ、横方向にゆっくり滑らせます。柱や間柱があると表示と音で知らせるので、その位置に鉛筆やテープで印をつけます。

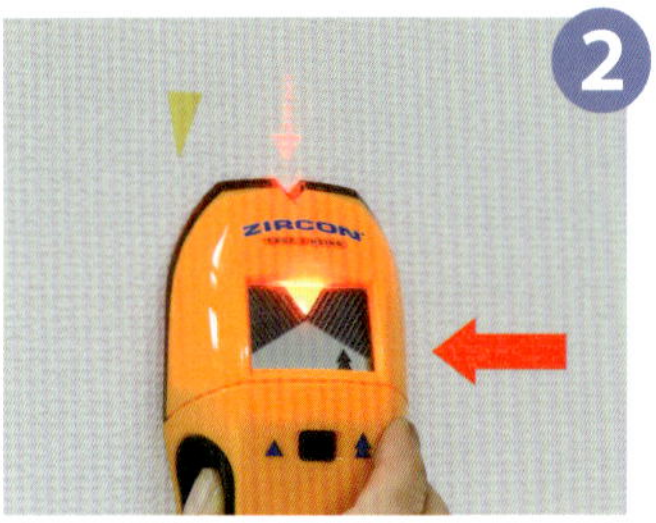


次に反対側から本体を滑らせ、同じように探します。センサーが反応した位置に印をつけます。

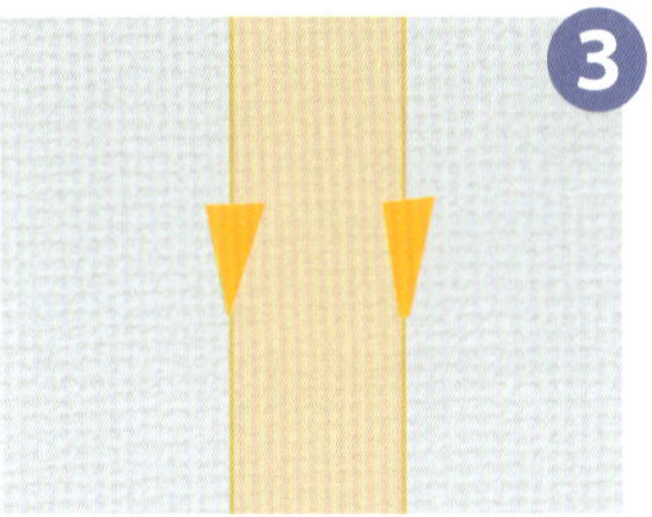


２回の作業で印をつけたところが、柱や間柱の両端です。針タイプを使う場合も、両端を見つけて印をつけておきましょう。

２つの目印の真ん中あたりにネジを打つと確実です。壁材の厚さを計算に入れて、間柱に十分に食い込む長さのネジを使ってください。

# 室内壁の構造

壁に設備を取り付けるとき、見えない柱や間柱に対してネジを打つのは不安なものです。確実に作業ができるように、事前に壁裏の構造を知っておきましょう。

住宅の室内壁で多いのが、石こうボードや合板の壁材に、壁紙を貼って仕上げたものです。この場合、壁の内部は空洞になっていて、縦方向に柱や間柱、横方向に胴縁という下地材が入っている構造が一般的です。

壁に収納棚や手すりなど、重さのかかるものを取り付ける場合は、これらの下地材を探してネジで固定する必要があります。あらかじめ下地材がどのような方向、間隔で入っているかがわかっていると、取りつけ位置を決めるとき、下地を探すときに役立ちます。作業をするときは、おおよその位置関係を頭に入れて取り掛かりましょう。

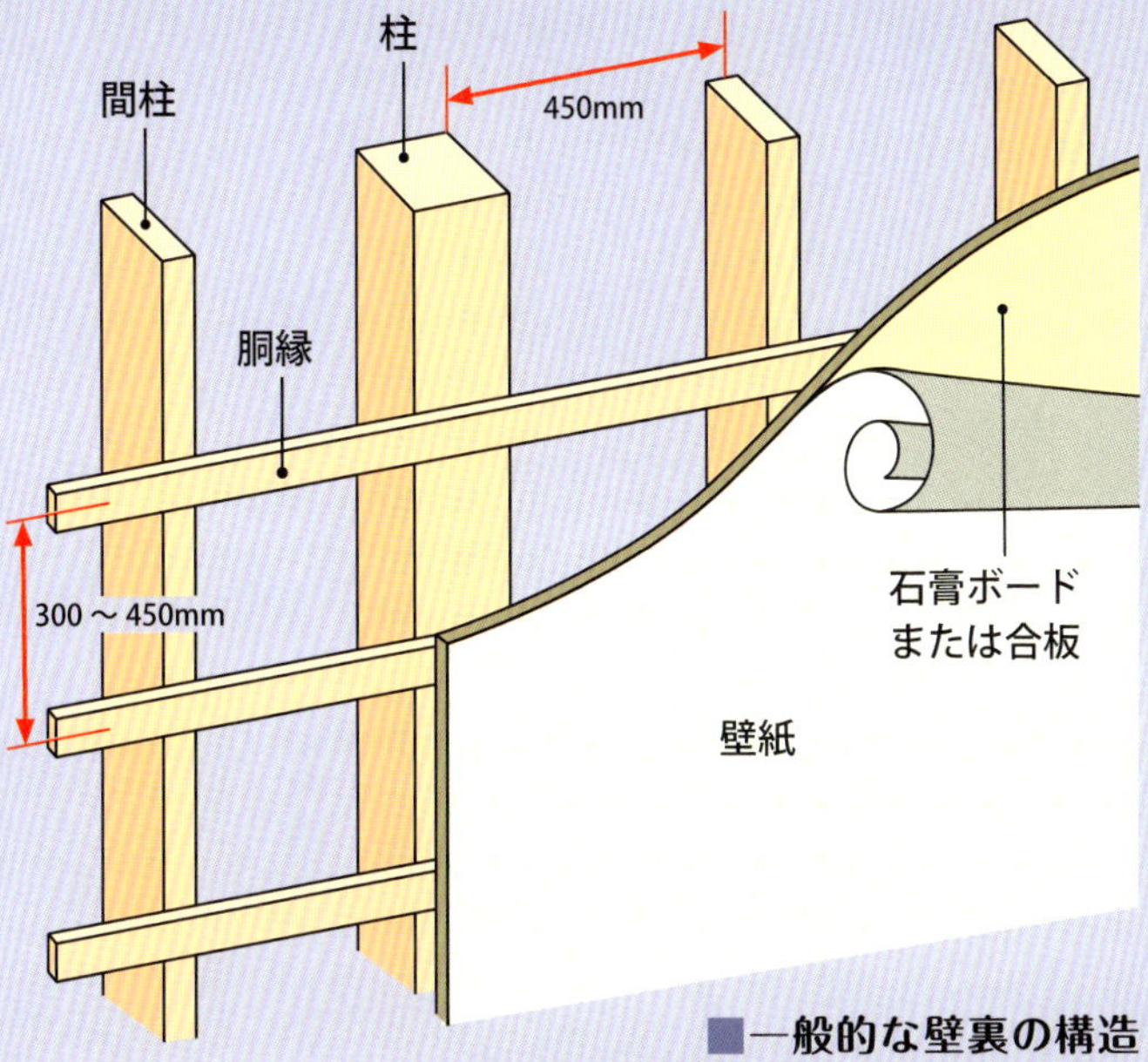


**■一般的な壁裏の構造**

木造在来工法の場合、壁裏の柱と間柱はおよそ450mm間隔で立っており、水平方向には300～450mm間隔で胴縁が入っています。ツーバイフォー工法の場合は、450mm間隔で縦枠があり、横方向の胴縁はありません。また、マンションなどのコンクリート住宅では軽量鉄骨の柱が使われていることが多く、壁材がコンクリートに直接張られていることもあります。

**■補強板のつけ方**

棚などを取り付けたい位置に柱や間柱がない、また手すりのブラケットを取り付けるために間柱の幅が足りないといった場合は、補強板を利用する方法があります。まず下地のあるところに必要な長さの補強板をネジで固定し、その板に棚などを取り付ければ、下地からはずれた場所でもネジどめが可能です。

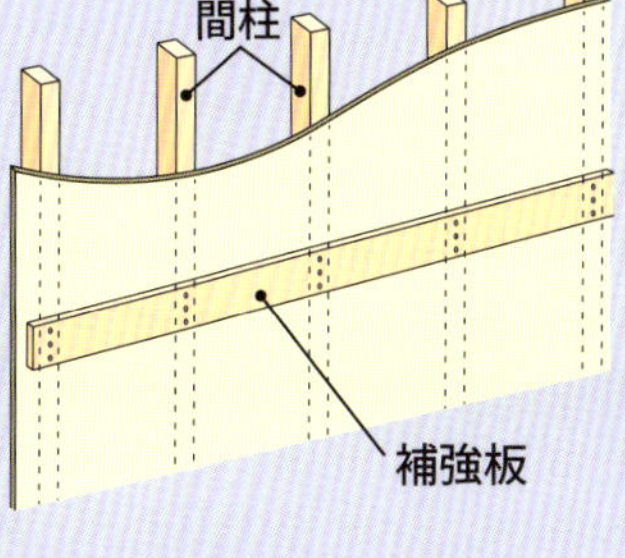

# ハケ

## 塗るものに応じて使い分ける

目地バケ
せまい目地の間や溝、細かな部分などを、きれいに塗れる小回りのきくタイプです。

筋かいバケ
毛の部分に対して柄が斜めについているのが特徴です。壁や床の隅、木工作品など、細かい部分を塗りやすいハケです。幅は30mm、50mm、70mmなどがあります。

平バケ
平坦な場所をムラなく塗りやすい形状のハケです。毛幅や毛足の長さ、厚さの違うさまざまな種類があります。

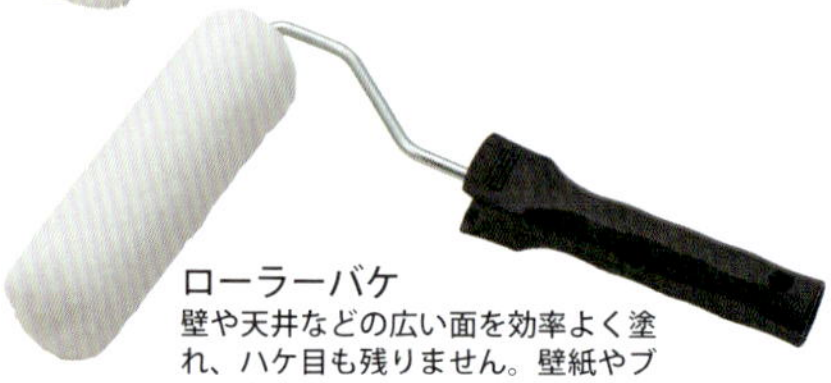

ローラーバケ
壁や天井などの広い面を効率よく塗れ、ハケ目も残りません。壁紙やブロックなどの凹凸面も、塗り残しなくきれいに仕上がります。

すきま用ハケ
金属の板にパイルがついていて、ウッドデッキやフェンス、すのこなどのすき間を塗るときに便利です。金属の部分を曲げても使えます。

コテバケ
平らな面を効率よく塗るのに適しています。スピードではローラーバケに劣りますが、塗り上がりはコテバケのほうが滑らかです。パッド部分を交換できるタイプもあります。

ローラーの毛の長さは、長毛、中毛、短毛などがあり、一般的な作業は万能タイプの中毛、仕上げは短毛などと使い分けます。

ローラーバケット
ローラーバケで広い面を塗るときに適した塗料容器です。ハケをしごく網や交換できる内容器を取り付けられるものもあります。

ローラートレー
ローラーバケットに比べてコンパクト。塗料が少ないときに、手軽に使えます。

塗装をきれいに仕上げるには、塗る場所に適したハケを使い分けることが大切です。

　小さいものを塗るには、筋かいバケが向いています。細かいところでも楽にハケを動かせるので、広い面を塗るときでも、ローラーバケで塗りにくい隅を作業する場合などに使います。水性用、油性用、ニス用と毛質の異なる3種類があり、塗料にあわせて選びます。

　広い面積を効率よく塗れるのはローラーバケです。ローラーは塗料もちがよいうえ、凹凸面でも一気に作業できるため、壁やブロック塀などの塗装がスピーディに行えます。ローラーは幅、太さ、毛の長さの違いで種類があるので、塗料の種類や塗装面の広さ、凹凸などに応じて使い分けましょう。

# ハケを使うときの基本

塗り上手になるために知っておきたいポイント

## ハケの使い方

**■持ち方**

ハケは鉛筆のような持ち方をし、あまり強く握らず、楽に動かせるようにします。塗る面に対して毛を立てて使うと、塗料がきれいに伸びます。

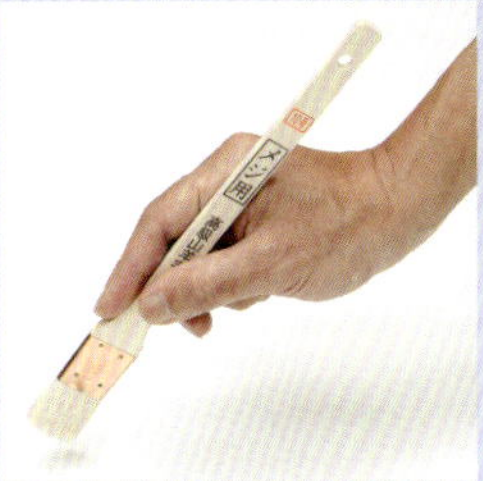

平バケは、首の近くを軽く握って動かします。

筋かいバケは、柄の後ろ側を持つようにします。

**■隅の塗り方**

筋かいバケで隅やコーナーを塗るときは、ハケを縦に使うと塗りやすくなります。

**■塗料のつけ方**

塗料をつけるのは、毛の半分から3分の2まで。余分な塗料をしごき落としてから塗ります。

**■ハケの準備**

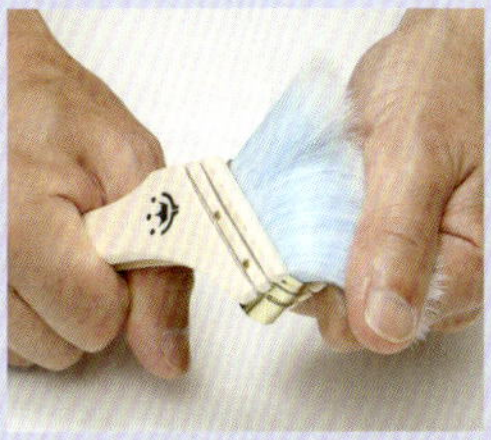

新品のハケは毛が抜けやすいので、手でしごいて浮いた毛を取っておきます。

## ローラーバケの使い方

**■壁を塗る順序**

壁の場合は上から順に、ローラーの幅の3分の1程度が重なるようにして塗り広げます。

**■塗料のつけ方**

ローラーに塗料を含ませたら、網の上で一方向に転がして、余分な塗料を取ります。

**■継ぎ柄の利用も**

天井や壁の高いところは、別売の継ぎ柄をつけると、足場を使わず安全に作業できます。

**■転がし方のコツ**

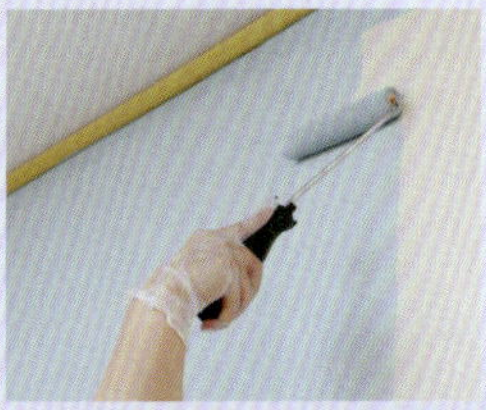

塗料が多いうちは軽く押し付け、減ってきたら力を入れて転がすのが、きれいに塗るコツです。

### ハケの後片付け（水性塗料の場合）

ハケは正しく洗わないと、乾燥したときに毛が固くなり、使えなくなります。まず、ハケを新聞紙などにこすりつけて塗料を取ってから、流水で洗い流します。次に台所洗剤かぬるま湯を使って、毛束の奥の塗料を残さないように、よくもみ洗いをします。最後に洗剤や汚れを洗い流し、毛を下に向けて陰干ししてください。

作業を中断するときは、ハケや容器をビニールやラップで包んで乾燥を防ぎます。

# 養生《ようじょう》の基本

## 塗装をきれいに仕上げるための準備

養生とは、塗りたくないところ、汚したくないところをテープやシートで覆って、塗料の付着を防ぐことです。塗装部分との境目になるところにきちっとマスキングテープを貼ると、キワがきれいに仕上がりますし、はみ出しに神経質にならず、手早く塗装できます。

広い面は養生用のシートや新聞紙を使って汚れから保護します。動かせる家具は移動し、動かせないものはシートなどで覆うようにしましょう。

**マスキングテープ**
塗るところ、塗らないところの境目を作る、保護用の粘着テープです。はがすことを前提としているため粘着力が弱く、糊残りもほとんどありません。テープ幅は数種類あります。

**マスカー**
テープに折り畳んだビニールシートがついたもので、貼ってから広げると広い範囲を養生できます。シート幅の広いサイズは、ドアや家具などをカバーするときにも使えます。

### 壁を塗装するときの養生

1 塗装面との境目に、すき間ができないようにマスキングテープをまっすぐに貼ります。

2 マスキングテープの上に、塗装面にはみ出さないように気をつけてマスカーを貼ります。

3 マスカーのシートを広げて床を養生します。シートは軽く押さえると静電気で張り付きます。

4 塗り終わったら、塗料が乾いて固まる前に、テープ類をはがしてください。

### 小物を塗装するときの養生

色を塗り分けるときは、マスキングテープで境目を作って塗装します。

マスキングテープを利用すると、塗装で形や模様を作ることが簡単にできます。

# 02

第 2 章

# 材料の基礎知識

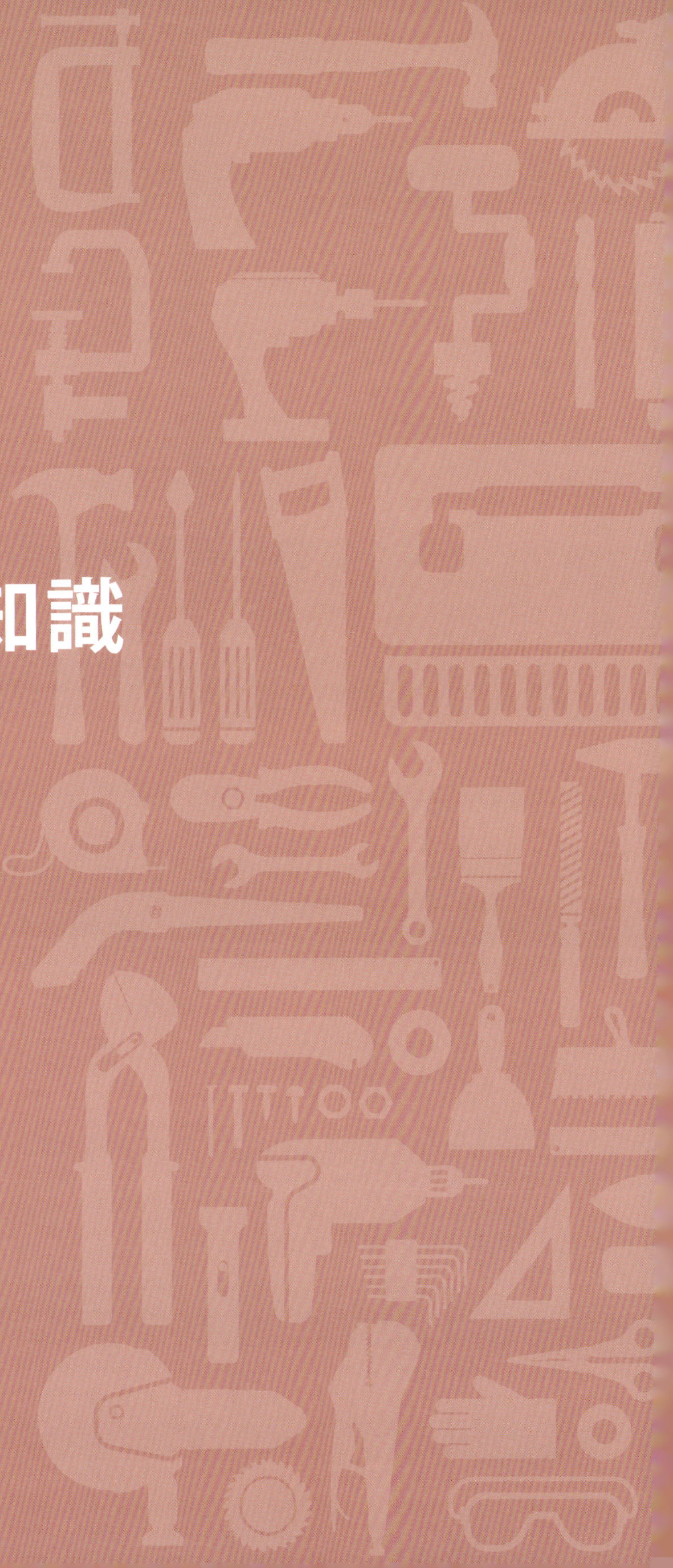

# 木材の基礎

## 構造や材質を知っておこう

　いろいろな木材を紹介する前に、木材の構造や性質などを説明します。森林から切り出した木は、製材されて、角材や板材になりますが、同じ種類の木でも切り出し方や使う部位により性質が異なります。

　木の中心部の色が濃い部分は、「心材」といい、堅く耐久性があります。一方、木の外周部は、「辺材」といい、比較的色が淡く、心材よりやわらかく耐久性は劣ります。

　図のように板材は、年輪に対しほぼ直角に取る「柾目《まさめ》」と、年輪に接するように取る「板目《いため》」があります。一般に柾目は、板目に比べ、反りや割れが少なく高価です。

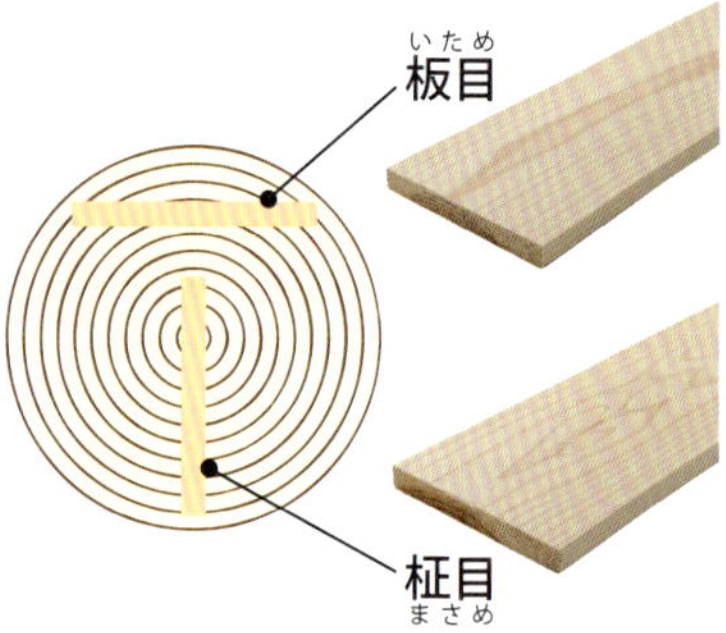


木表と木裏の見分け方は、小口に見える同心円状の年輪から判断する。中心部側が木裏。

　また、左写真のように、年輪の切り口を「小口《こぐち》」、側面を「木端《こば》」、樹皮側を「木表《きおもて》」、中心部近い側を「木裏《きうら》」といいます。

　特に板目の木材では、乾燥や収縮により、木表側に反る性質があります。板をはぎ合わせる場合は、木表と木裏を交互に使う、箱を作る場合は、木表が内側になるようにするなど、作業時には、木表と木裏を確認しましょう。

　また、天然の木材に多少の反りはつきものです。購入時には、木材全体をよくチェックして、反りや割れ、節の少ないものを選ぶことも大切なポイントです。

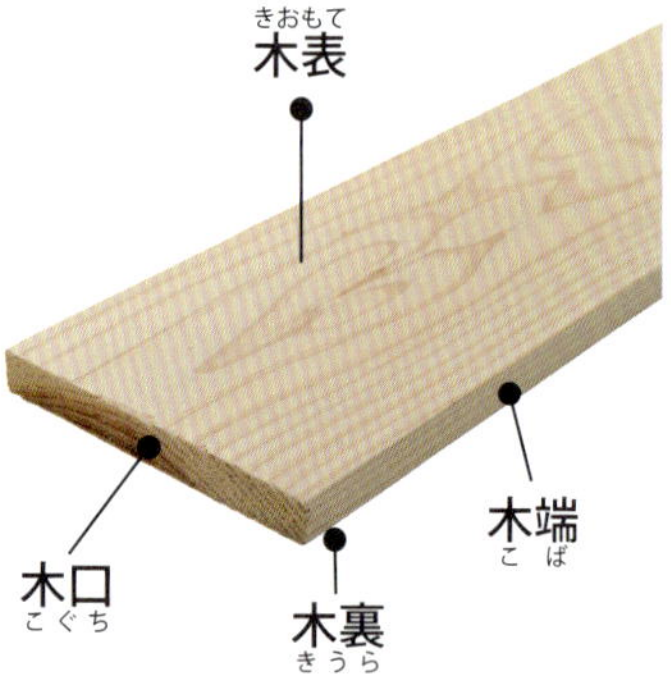

表面にヤニが出ている。「ヤニツボ」があると塗料をうまく塗れない。

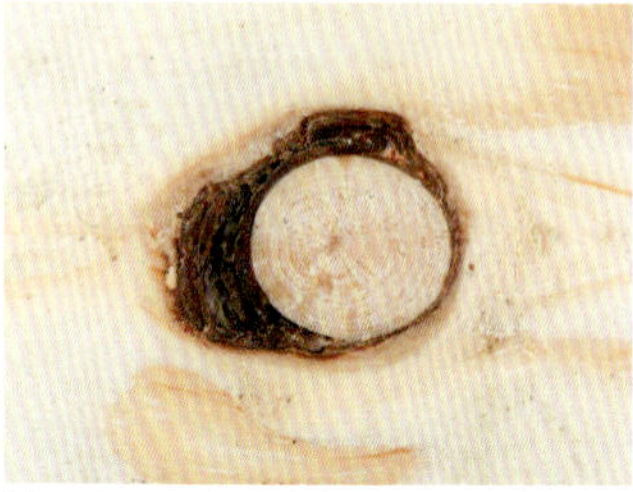

節のまわりにヒビが入っている。これは死に節と言われるもので時が経つと抜け落ちる恐れがある。

原木を製材したままの「荒材」。

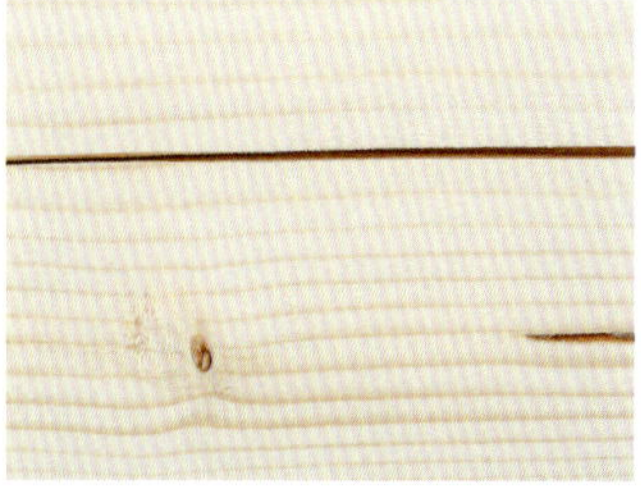

大きなヒビ割れは、強度が弱くカットするとバラバラになります。木材を選ぶ時は避けてください。

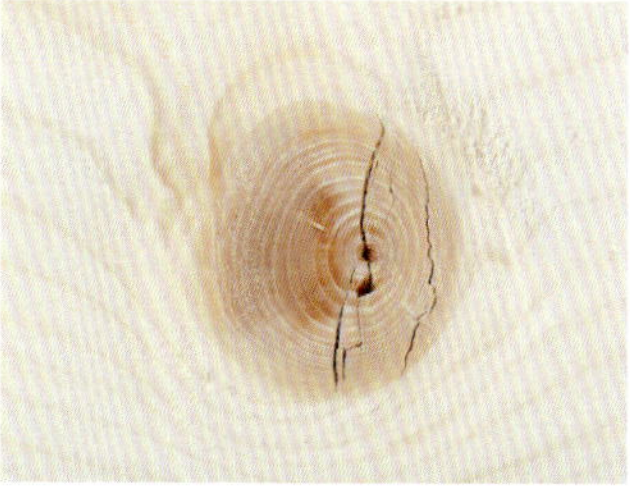

節があっても、節のまわりに割れがなければ、生き節なので大丈夫。節が抜ける心配はない。

表面をなめらかにカンナがけした「加工材」、角は面取りした。

# 2×4（ツーバイフォー）材

## 加工しやすくリーズナブル DIYに最適な素材

アメリカの建築に使われる木材を「2×4（ツーバイフォー）材」といいます。基本となる木材の小口の厚みが2インチ、幅が4インチであることから名づけられました。サイズが規格化されていて価格が安く、木肌はなめらかに加工され、角は面取りされています。ネジ打ちやカットなどの加工がしやすいなど使い勝手の良さでDIYで人気の木材です。

　サイズは、厚さ2インチに対し、幅が4、6、8インチと、2インチごとに変わるのが特徴です。長さは910㎜、1820㎜などがあります。

厚さが半分の1インチタイプもありますが、これらを総称して2×4材といいます。材質は、白い木肌の「SPF」、SPFに防虫防腐処理を施した「ACQ」、ヒノキの仲間で「ウエスタンレッドシダー」などがあります。

2x4(38x89mm)
2x6(38x140mm)
2x8(38x184mm)
厚さ2インチのタイプ。「2 x（ツーバイ）材」と呼ばれる。
幅は2インチ刻みで、他にも2 x 2、2 x 3、4 x 4などのサイズがある。

1x4(19x89mm)
1x6(19x140mm)
1x8(19x184mm)
1x10(19x235mm)
1x12(19x286mm)
厚さ1インチのタイプ。「1 x（ワンバイ）材」と呼ばれる。
他にも1 x 2、1 x 3などのサイズがある。

使用例：家具
主に1 x（ワンバイ）材を組み合わせ、無垢材の味が出る。

使用例：ウッドデッキ
主に2 x（ツーバイ）材が根太や床、手すりなどに使われる。

右はSPF、左はウエスタンレッドシダー。中央はSPFに防虫防腐効果のある薬剤をしみこませたもの（ACQ）で、薄緑色をしている。

# 無《む》垢《く》材

## 自然な木目、色合い、独特の存在感が魅力

無垢材とは一本の木から作られた木材のこと。天然のものなので、樹種が違えばもちろんのこと、同じ樹種でも1枚1枚、木目や色合いが異なります。またぬくもりなど無垢材ならではの味わいが大きな魅力です。割れや反りなど、自然素材特有の欠点もあります。大きく分けると、針葉樹と広葉樹があり、性質や特徴が異なります。スギやヒノキなどの針葉樹は、成長が早いので、材質はやわらかくて軽く加工しやすい材料です。一方、ブナやチークなどの広葉樹は、美しさと耐久性を備え、家具や内装材に使われます。一般に針葉樹に比べ高価。また、堅く、加工しづらいと言われています。

**■ブナ** 広葉樹

硬くて粘りがあり、弾力性があるため曲げに強い特徴がある。水分を多く含むので、乾燥が十分でないとねじれやくるいが生じやすい。曲線を利用する家具などにはとても適している。

**■パイン** 針葉樹

マツ科で、床材や内装材、カントリー調の家具によく使われる。軽くやわらかいため加工性に富むが、表面に節が多く、強度はやや劣る。

**■スギ** 針葉樹

木目が明瞭で、独特の香りがある。軽く柔らかいので、加工も容易。価格は求めやすいが、節がやや多く、耐久性は高くない。家具や建材のほか、樽、割り箸など用途は多い。

**■チーク** 広葉樹

酸、塩、水に強いことから船の甲板材に使われてきた。堅いわりに加工が容易。高級家具や装飾材に用いられる。東南アジアをはじめ世界の熱帯地域で造林されている。

**■オリーブ** 広葉樹

辺材は淡乳白黄色で、中心部は濃淡のある褐色で不規則な美しい木目模様がある。フローリング材や高級家具、道具の柄や小物などに使われる。硬い木なのでネジどめには下穴が必要。

**■ヒノキ** 針葉樹

独特の香りと光沢がある。水に強く、風呂桶、すのこなどによく使われる。スギより堅いが加工しやすい。スギ同様に日本の代表的木材で、多くの用途に使われる。

# 合板

## 薄い板を交互に重ねた構造
## 強度、加工性も良く、面の広い木材

薄い板（ベニヤ）を何枚も重ねて、接着剤で貼り合わせたものを「合板」といいます。その構造は木目の方向を交互に貼り合わせるため、板の面に強度があり、無垢材に多い反りや割れなどがありません。

合板の特徴は大きな面を使え、加工性が良いこと。標準サイズは「サブロク」と呼ばれる910×1820㎜（3×6尺）で、厚みは2㎜の薄いものから30㎜の厚いものまで用途に合わせて選べます。加工性もよく無垢板よりも安価です。ただし、耐水性は低く、単板を重ねる構造のため小口にはネジがききません。小口にネジを打ちたい場合は、薄い板を重ねた心材に木片（ブロック）を入れたランバーコア合板を使います。

**シナ合板**

仕上げにシナの単板を貼ったもの。肌目が細かく、白いので塗装にも向き仕上げ材として使える。

**ラワン合板**

仕上がにラワンの単板を貼ったもの。肌目が粗いので主に見えない部分で使われる。強度は高く、安価。

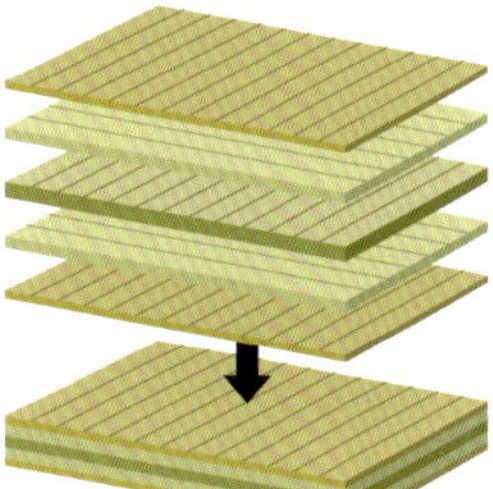

薄い板を奇数枚、木目を交互に貼り合わせる。ここでは5枚ですが、3枚や7枚重ねもあります。

**化粧合板**

ラワン合板の表面に印刷した紙やビニールシート、天然の木を薄くスライスしたものなどを貼ったもの。そのまま仕上げ材として使える。

**有孔合板**

等間隔の穴を多数あけることで、吸音効果がある。壁や天井材のほか装飾用にも使われる。

（上）5枚重ねラワン合板の断面。小口にはネジがききにくい。
（下）ランバーコア合板の断面。木片の表裏に単板を貼ったもので、小口にネジがきく。

# 集成材

## 無垢の角材や板材を複数並べて接着集成

無垢の角材や板材を接着剤で貼り合わせて加工した木材を集成材といいます。基本的に同じ樹種で構成され、節や割れ部分を除いたものをバランス良く組み合わせているため均一な材質で強度もあります。また、大きな面、長さや厚みのある材料が揃っているので、家具はもちろん柱や梁などの建材にも使われています。無垢材より価格が安いことも魅力です。

集成材の表面を良く見ると木材の継ぎ目があります。集成材はパインやアカマツ、ファルカタなど樹種により木目や色が異なるので作品を作るときは同じものを選びましょう。また、なめらかに仕上げられているのでそのまま棚板としても使えます。小端が丸く面取りされているものはテーブルの天板などにも適しています。

角材や板材を同じ木目方向に並べて接着。表面に木材の継ぎ目があります。

# 木質ボード

## 木材の繊維やチップを固めて成形

木質ボードには、木材を繊維状にしてから成形したものと、細かい木片にしてから成形したものがあり、これらを総称して木質ボードといいます。無垢材や集成材との大きな違いは、表面に木肌が見られないこと。価格が安く、材質やサイズが均一なことです。また、原材料は廃材をリサイクルで利用しているので環境にもやさしい素材といえます。

ホームセンターなどで良く見られる木質ボードに「MDF（エムディーエフ）中密度繊維板」があります。木の繊維を成形したもので、表面がなめらかなため、家具や棚板などに使われます。曲線加工がしやすく切断面にバリが少ないのが特徴です。ただし、クギやネジがききにくいので、接合にはナットを使います。

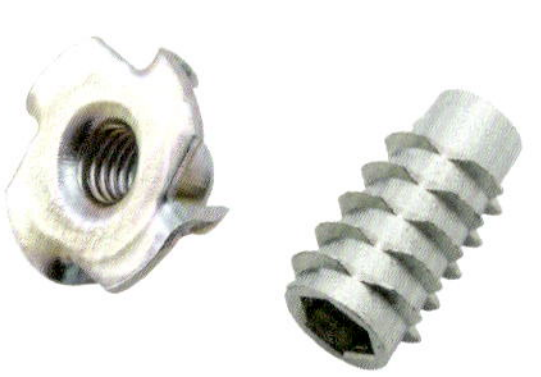

ネジがききにくいMDFにはツメがくいこみ抜けにくい「ツメつきナット」を使って、金具などを固定します。

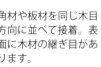

# 化粧棚板

## サイズや色、形が豊富

化粧棚板は、集成材の表面や小口、小端に白や黒、木目模様のシートなどが貼られているため、そのまま組み立てて棚板や天板、ボックスなどに使えます。サイズも豊富に揃っています。カットし断面を隠したい場合は同じ色の小口テープを貼ります。また、組み立て家具などで使われているフラッシュ構造（中が空洞になっていて叩くと軽い音がする）の棚板は、空洞部分に強度がなく、切断やネジ留めなどの加工をする場合は補強が必要です。

小口テープ裏面のはくり紙をとり切断面に接着します。専用の小口カッターやカッターナイフなどで余分な部分をカットします。

小口テープは化粧棚板の色や模様に合わせて各種あります。

# 工作材

## 種類が豊富で手軽に使える便利な素材

クラフトや模型、装飾などに使われる工作材は、サイズや形状もいろいろな種類があります。棒材は丸や三角、四角などあり、溝付き角材はアクリルなど薄い板を挟み込める溝が付いてます。表面が装飾加工されたモール材は仕上げ用として人気です。素材はバルサやラミン、アカマツなどが一般的です。薄いものはカッターナイフで切ることもできます。接合は接着剤でOKです。工作感覚で使える扱いやすい素材です。木材を活かした雑貨作りやちょっとしたDIYにも活躍します。

扉枠をモール材で装飾。木工用接着剤や両面テープなどで接着できます。扉に合わせた色を塗って仕上げてください。

カッターナイフは何度か刃を入れながら少しづつ切断します。カッター定規を使うと安全に作業できます。

# プラスチック素材

## 作品づくりが楽しめる素材 加工するなら種類を要チェック

プラスチックは、成形された製品のほかにも暮らしのさまざまなシーンで活躍しています。主原料は石油で、何段階もの化学合成を経て様々なプラスチック原料が作られ、成形、加工されています。プラスチック製品を購入するときは、素材の種類はあまり気にせずに選びがちです。そのまま使うならあまり問題ありませんが、接着剤や塗料などには材質を特定しているものがあり、加工する場合、材質を把握していないと、接着剤や塗料で溶けることがあります。見た目で区別しにくい素材だけに購入時には種類をチェックしておく方が良いでしょう。

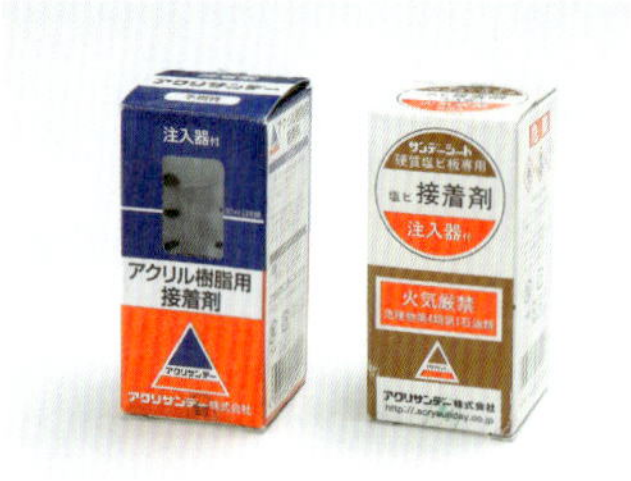


**■専用接着剤**
アクリル用（左）と硬質塩化ビニル（右）では種類が異なるので注意。接着部分の汚れを取り、固定し、付属の注射器で少量つける。溶かして接着する。

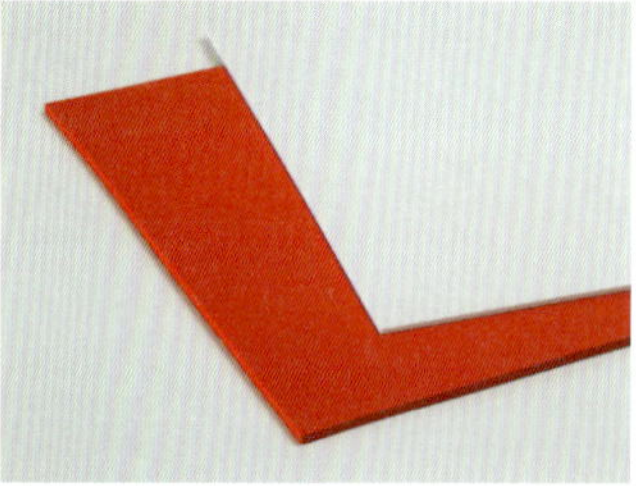

**■低発泡塩ビ版**
丈夫で水に浮く軽さ、薄いものははさみ、厚いものはカッターで簡単にカットできる。シルクスクリーン印刷なども可能でインテリア素材としても人気。

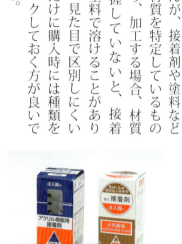

**■アクリル板**
ガラスのように透明度が高く光沢がある。ほかに半透明や色つきもある。切る、曲げる、丸めるといった加工性に優れ、着色も可能。

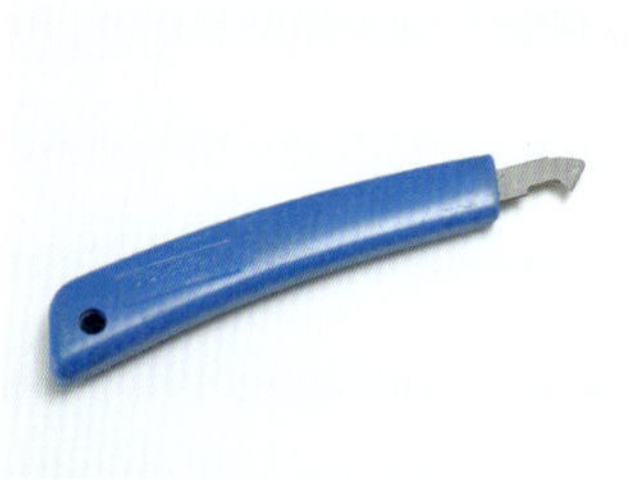

**■プラスチックカッター**
プラスチックの表面に爪のような刃をあてて溝を作ります。板厚の半分程度まで溝が出来たら、アクリル板を折ってカットすることができる。

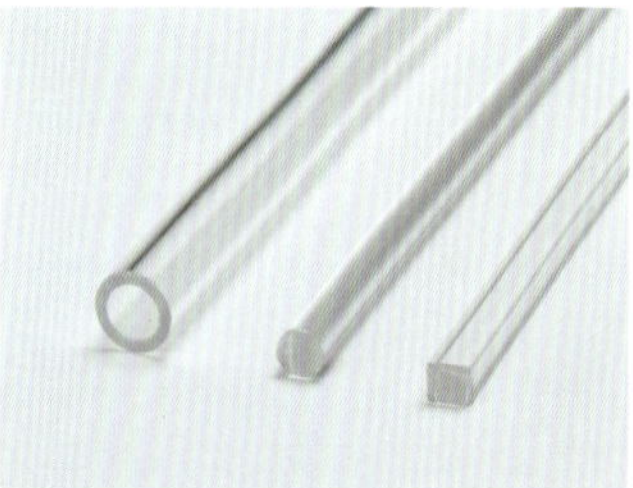

**■アクリル補材**
四角や丸、筒状などいろいろな形状がある。細長い四角や三角は、箱物の隅に貼り、接着して補強に使われることが多い。

**■硬質塩化ビニル板**
アクリル板よりやわらかく、加工しやすい。基本的に加工方法はアクリルと同じで、曲げや衝撃に強い性質がある。接着剤は種類が異なるので注意。

# 発泡スチロール

## 工作感覚で使える手軽な素材

発泡スチロールは、ポリスチレンを発泡させたもので、製造方法により、食品のトレイに使われるもの、電気製品の梱包材、住宅の断熱材などの3種類に分かれます。軽く、断熱性に優れ、弾力性があり、工作感覚でさまざまな形に加工できます。接着には専用接着剤、塗料は水性を使います。油性は溶けるの注意。油性ペンを使う場合も同様です。カットは一般的にカッターナイフを使用しますが、切り文字や曲線のカットなどは、熱で溶かして切る発泡スチロール専用カッターがおすすめです。

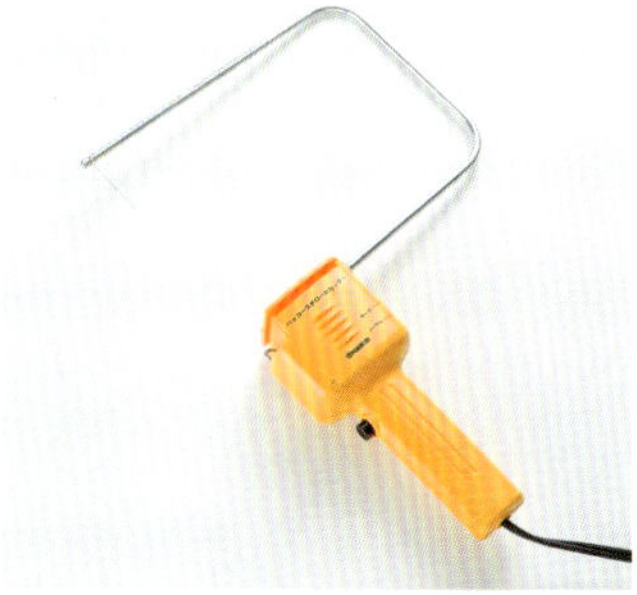

**■発泡スチロールカッター**
熱線で溶かしながら切断。切りくずが飛ばず、切り口もきれい。

**■空洞タイプ**
ブロックのような形で、長方形た四角形などがある。強度もあるので、棚を作るときの土台にもなる。

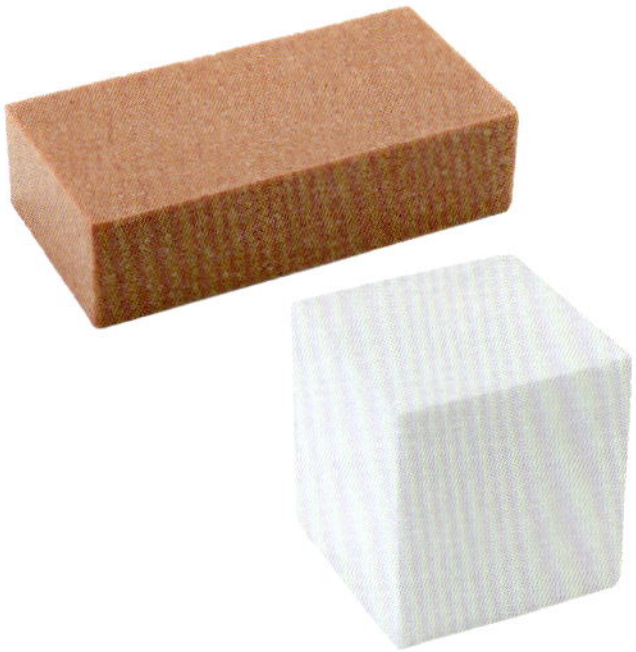

**■ブロックタイプ**
レンガのような長方形や四角形などがある。サイズや色もさまざまあり、インテリアや小物作りなどにおすすめ。

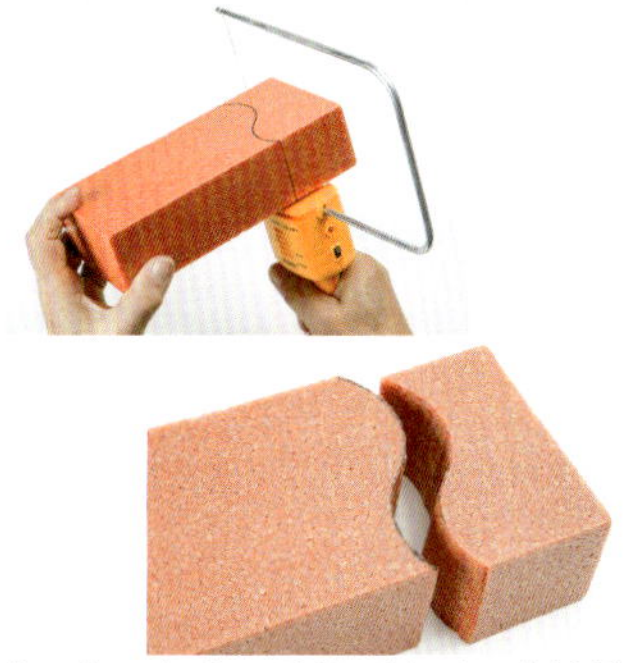

カッターナイフでは切りにくい曲線が簡単にカットできる。

**■球形タイプ**
丸い形、楕円の形などある。アイデアしだいでいろいろ使える。

**■板タイプ**
大きさや厚み、色など種類も豊富。カットも簡単なので応用範囲が広い。

# フローリング、クッションフロア

フローリング材は、木質合板、無垢材、プラスチック製など材質によって分類があります。木質合板は複合フローリングと呼ばれ表面だけ無垢単板が使われています。無垢材は、単層フローリングと呼ばれ、樹の味わいと温もりを楽しむことができます。プラスチック製は厚みが薄く、両面テープで貼れるので、既存の床面を簡単にリメイクすることができます。薄いのでドアの開閉にも支障なくＤＩＹにおすすめのフローリング材です。

### クッションフロア

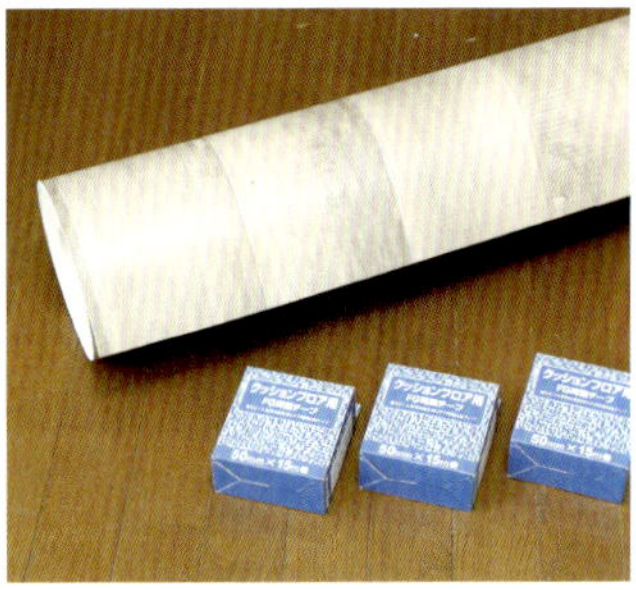

耐水性があり、汚れも落としやすいのでトイレや洗面所などにおすすめ。最近はデザインも豊富にありリビング床のリメイクにも多く使われている。適度な弾力性があり、価格も安い。施工は、クッションフロア専用の薄い両面テープで使用する。ロール状で必要な長さで購入できる。

### 単層フローリング

無垢材の１枚板で、樹種により色合いや木目などが異なる。反りや割れなど自然素材特有の欠点もある。

### プラスチック製フローリング

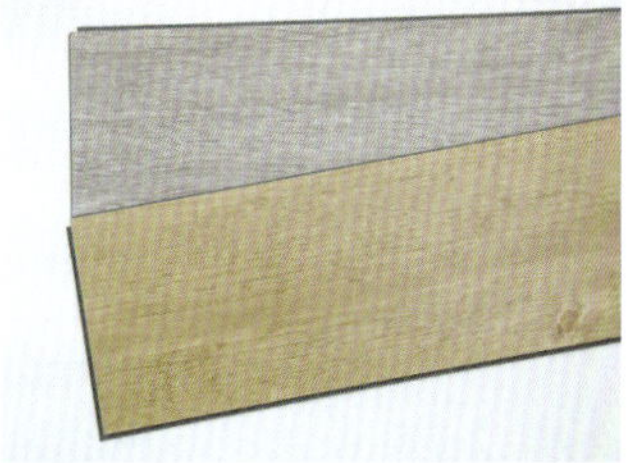

薄い基材の上にプラスチック素材を貼り合わせたもの。専用の両面テープで貼る。

### 複合フローリング

明るいオーク調、濃茶など色調は各種、無垢より一定の質感が得られる。

複合フローリングを横に３枚貼り合わせたもの。広い床面を貼るときにおすすめ。

### フローリング材

フローリング材には、「さね加工」といい、側面に凹凸の加工が施され、組み合わせて敷き詰めることができる。複合フローリングは、合板の表面に薄い単板をはったもの。単板には天然木や、UV 塗装、セラミック加工など特殊加工をした化粧板が使われている。

合板などの基材の上に化粧板を貼り合わせたもの。

基材の下に緩衝材を貼り合わせた遮音タイプ。

# 畳、カーペット、タイルカーペット

## 置き畳

カッターナイフで簡単にカットできるので、部屋の形状に合わせて敷き詰めることができる。

リビングのコーナーに敷くだけで、和の空間にイメージチェンジできる。表に使われているいぐさには、空気浄化や調湿作用があるなど、機能面でも人気のアイテム。ヘリの有無、洗えるものなど、さまざまな種類がある。サイズは正方形が一般的。

## カーペット

（上）糸がループ状になったもの
（下）糸をカットしたもの

カーペット押さえ、端をとめるもの

素材（ウールやシルクなどの天然素材やアクリル、ポリエステルなどの化学繊維など）、製造方法（糸と糸で織る、布に糸を刺すなど）、テクスチャ（素材や製造方法が同じでも、糸の形状、長さ、密度などの違い）などでも分けられ、さまざまな種類がある。

## タイルカーペット

裏面に滑り止めが付いたもの

汚れが気になるキッチンや子ども部屋、ペットと暮らしている場合など、部分的に貼り替えできるので、メンテナンスも手軽です。柄や材質なども豊富です。滑り止めが付いてるものは置くだけ、付いてない場合は専用の両面テープで固定します。貼り合わせる場合は、折り目の向きを一枚づつ変えると織りムラや色の微妙な違いが目立たなくなります。

# 壁紙

## 貼り方で種類が異なるはじめてなら「生のり」がおすすめ

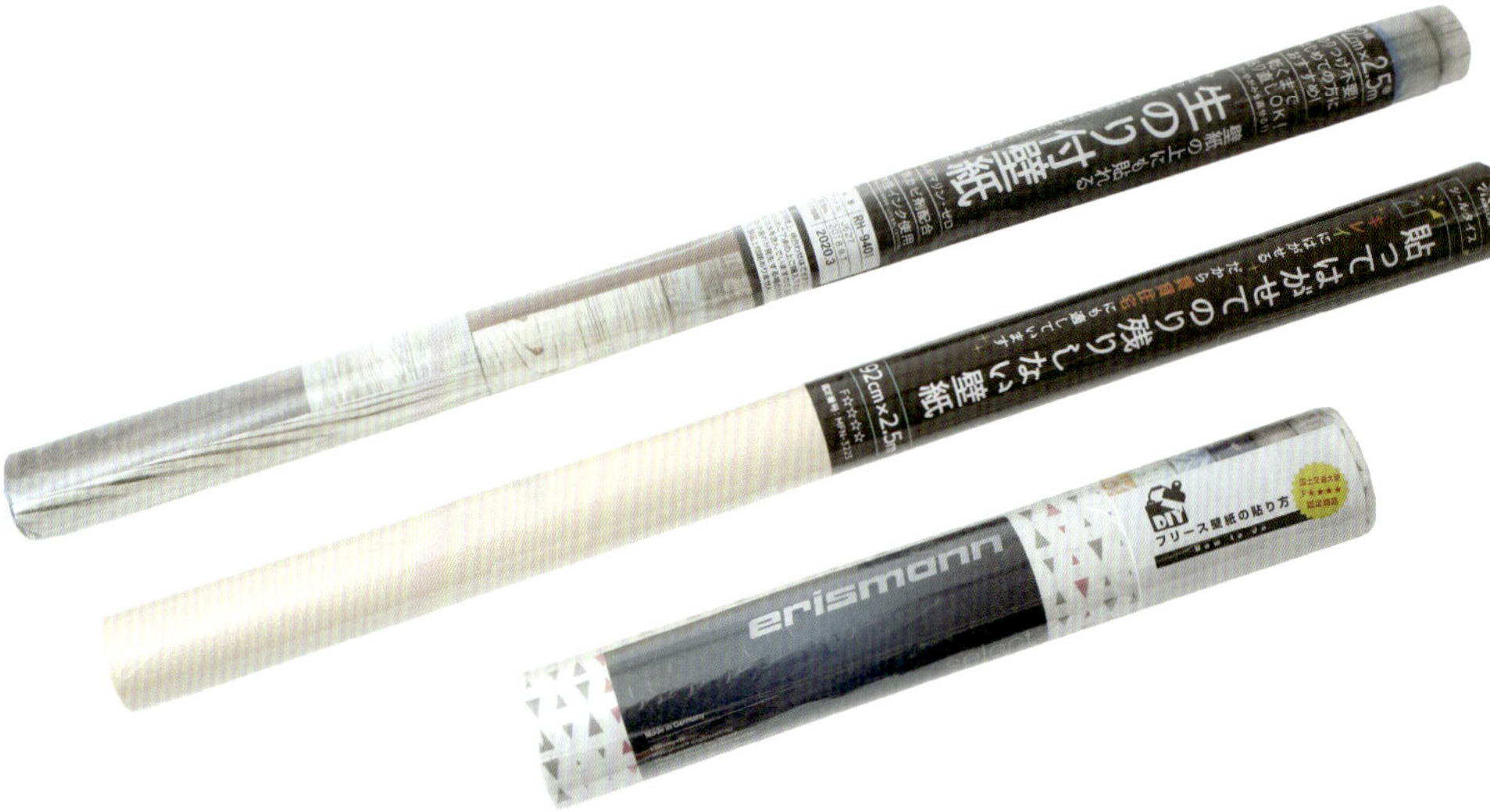


壁紙は、表面の材質、接着方法で種類が分かれます。表面の材質はビニール、紙、織物などがありますが、主流は汚れがふき取れて手入れの簡単なビニール壁紙です。接着方法は、生のり、のりなし、粘着などの種類があり、初心者に扱いやすいのは、裏にでんぷん系ののりがつけてある「生のりタイプ」。一般的には白やベージュなシンプルな色が主流ですが、色柄が豊富な輸入壁紙も増えています。こちらはのりなしタイプが多いです。他に現在の壁紙の上に貼ってはがせる粘着タイプもあります。部屋全体の壁紙を貼りかえるのは大仕事。まずは一部分の壁だけ色や質感の異なる壁紙にしてみてはいかがでしょうか。

### ■粘着タイプ

裏に粘着剤がついており、裏紙をはがして使用。壁紙の上に貼れて、さらにのり残しなしではがせる特殊な粘着剤を使ったものもあります。のりで手や壁を汚さずに済むお手軽なタイプです。

### ■のりなしタイプ

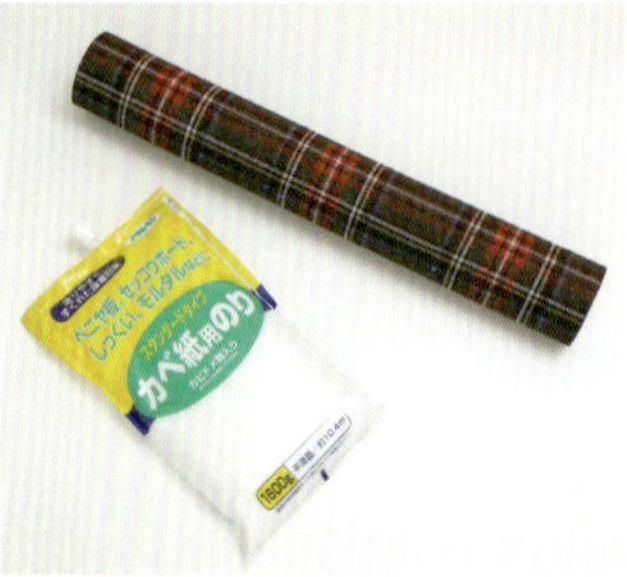


壁紙の裏、または壁に直接のりを塗って貼ります。輸入壁紙に多いタイプで、色や柄も豊富でインテリアを楽しむ方にはおすすめです。壁紙専用ののりを一緒に揃えてください。

### ■生のりタイプ

裏に生のりが塗られており、保護フィルムをはがして壁に貼る。のりが乾かないうちは、貼り直しができ、初心者でも扱いやすい。

# 左官壁材《さかんかべざい》

## 塗りやすさと自然なぬくもりが魅力

健康への関心が高まるなか、珪藻土《けいそうど》や漆喰《しっくい》など、調湿や消臭、シックハウス症候群のひとつホルムアルデヒドを吸着するといった機能をもつ自然系の左官壁材が人気です。コテで仕上がりに質感を出したり、多少の塗りムラもDIYの味として作業が楽しめます。

壁紙同様、購入するときは、現在の壁の上から塗れるのか確認してください。繊維壁や聚楽壁《じゅらくかべ》などの古壁に、珪藻土や漆喰を塗る場合、表面を固めるための下地剤、タバコのヤニ、アクなどが目立つときはアク止めの下地剤を塗りましょう。

基本的に粉末状なので水に混ぜて使います。水は記載された量をまもって入れてください。漆喰や珪藻土などは、一般的に練ってある状態で容器に入っています。フタをあけたときは多少固くても、コテで数回練ることで柔らかくなります。これを練り戻しといいます。壁に塗るときはプラスチックゴテや左官ゴテを使って壁に塗りつけていきます。作業の際は、マスキングやマスカーなどで周囲や壁際などを養生してください。

**繊維壁**

パルプや合繊綿に接着剤や染色木粉などを混ぜたもの。接着配合ずみなので、水で練るだけで使える。板材、合板、漆喰など吸水性のある壁には塗れるが、プラスチック、化粧合板などの吸水性のない壁には使えない。

**聚楽壁**

日本の伝統的な土壁のひとつで、聚楽土に、すさ、砂、水などを混ぜて施工された。DIYでは、珪砂や木粉などを混ぜ、本来の聚楽壁に似せて仕上げた壁を聚楽壁と呼ぶことが多い、繊維壁同様、吸水性のある壁のみに使用できる。

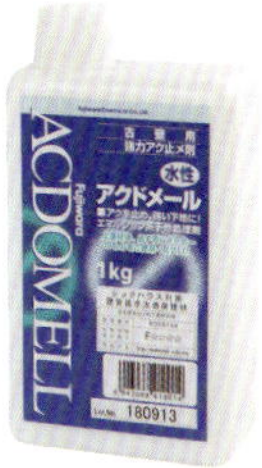


**アクドメール**

アクやシミを止めるとともに下地も強くする。

**下塗り剤**

壁おさえ、せんい壁・砂壁のはがれ落ちを防ぐ。

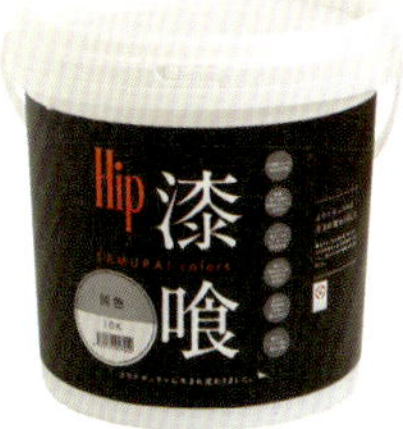


**漆喰**

消石灰を主原料にのりや繊維質を加えて、水で練り上げた自然素材。不燃性で、かつては財産を守るため土蔵に使われた。調湿機能、ホルムアルデヒドの吸着除去、抗菌機能、においを吸着する働きもある。

**珪藻土**

植物プランクトンが海底や湖底などに沈殿してできた堆積物からできた土が珪藻土。スポンジのように無数の小さな穴があり、調湿機能、保温・断熱効果、においを吸着するなどの利点をもつ。

# ふすま紙

## ふすまの種類を確認して購入

ふすま紙には、アイロンで貼るタイプ、裏に水をつけて貼る再湿タイプなどがあります。

手軽なのは、アイロンで貼るタイプ。枠を外さなくて作業できます。前面にアイロンをかけて接着するもの、まわりだけアイロンをかけて接着するものもあります。ふすま紙の中央がふっくらときれいに仕上がるのが特徴です。通常ふすま紙は3枚程度まで重ねて貼ることができます。もとのふすま紙は無理にはがさず作業するほうが無難です。貼りかえる前にやぶれなどがある場合は、補修してから貼り替えてください。

**■やぶれ補修**

やぶれ穴よりひと回り大きく茶チリ紙を貼ります。

茶チリ紙よりさらにひと回り大きめに補修紙を貼って下地を作ります。

**■再湿タイプ**

裏面に水で溶けるのりが付いています。ふすま1枚に対して、300～400ccの水をスポンジに付けて全体をしっかり濡らします。

**■アイロン貼りタイプ**

裏にアイロンの熱で溶ける接着剤が付いています。ふすま紙の表からアイロンをあてて貼っていきます。枠の際はアイロンの先端を使っててていねいにかけます。

# 障子《しょう》子《じ》紙

## 強度、明るさ、通気性など、素材により特性はさまざま

障子紙の素材は、伝統的な和紙のほかに、プラスチック加工品や化繊などをプラスして強度をアップしたタイプがあります。強度を求めると通気性は悪くなりやすく、素材により明るさ、白さ、日ざしによる変色具合なども異なります。貼り方により3タイプあり、アイロンタイプはゆっくりとアイロンで熱して接着します。はがすときもアイロンをあてるだけなので手軽です。のりタイプは、のりで貼り、はがすときははがし剤や水を使います。プラスチック製など硬質の紙は両面テープで貼ります。貼りかえ頻度の高い家庭では、はがす作業の手間も商品選びの目安にすると良いでしょう。

### 両面テープ貼り

桟の幅にぴったりな専用の両面テープを使います。始めに縦の桟だけを貼り両面テープの剥離紙をとります。次に横桟すべてに両面テープを貼り、その上に障子紙をしわが出来ないように貼っていきます。

### のり貼り

のりで貼る場合は、容器入りの専用のりを使うとつけすぎを防ぎ、塗りやすい。桟の中心につまようじ程度の太さになるようのりをつけます。塗り広げる必要はありません。

### アイロン貼り

裏にアイロンの熱で溶ける接着剤が付いています。障子紙の表からアイロンをあてて貼っていきます。枠の際はアイロンの先端を使ってていねいにかけます。はがす時もアイロンだけで OK。

# 腰板《こしいた》

## 高級感を演出し、壁の保護にも一役

壁の下半分、腰の高さくらいまでに取り付けた板材を「腰板《こしいた》」と呼びます。高級感が出て、見栄えが良くなるばかりでなく、汚れや傷でダメージを受けやすい部分を保護する役目もしてくれます。モール材も合わせて使うと、いろいろなデザインに仕上げることもできます。

腰壁部分に、細いモール材を使って枠取りすると、海外で良く見かける豪華な仕上がりになります。

腰板をはった上の端の不ぞろいを隠すために見切り縁を取り付けます。裏面に腰板の端をはめこむ切り込みがある。

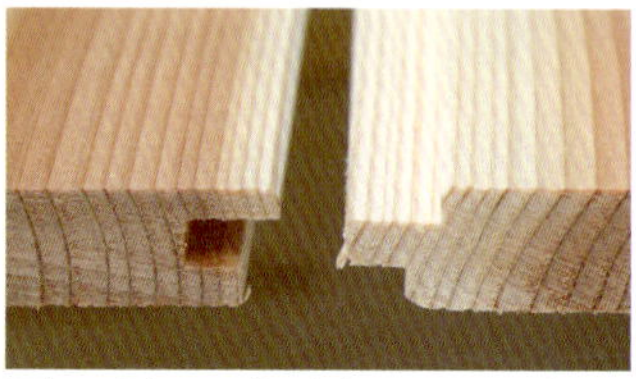

腰板は側面に「サネ加工」と呼ばれる凹凸が施され、はめ込みながら継いでいきます。

---

# 粘着シート

## 家具や扉に貼るだけで簡単リメイク

粘着シートは裏面に粘着剤が塗布された装飾用シートです。キッチン扉などに上ばりして手軽に模様替えを楽しめます。柄はリアルな木目調、石目調などナチュラルに落ち着いたものから、カラフルな模様まで種類は豊富。素材は塩化ビニルのものが多く、水や汚れに強いのが特徴です。表面がざらざらしたり凹凸のある面にもドライヤーなどで熱を加えると貼れるシートもあります。粘着シートは、初期粘着力が強いので貼り直すともとの仕上げ材まではがれることもあります。慎重に一度ではるのがきれいに仕上げるコツです。

**■ゴムべら**
粘着シートを貼るときに使う。シートの空気を追い出すように中央から端に向かって動かします。

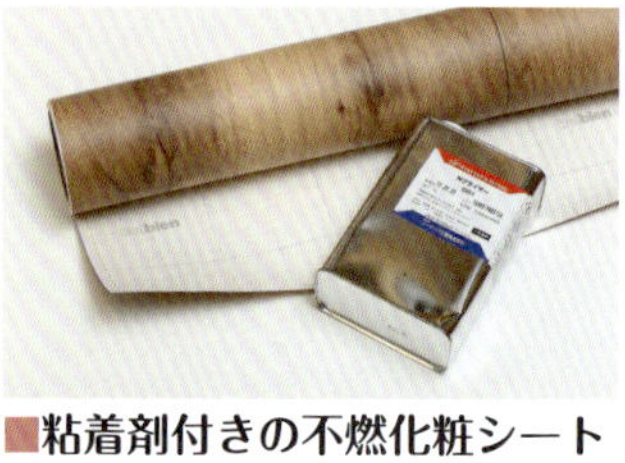

**■粘着剤付きの不燃化粧シート**
専用のプライマーを下地に塗りその上にシートを貼ると粘着力が強くなる。

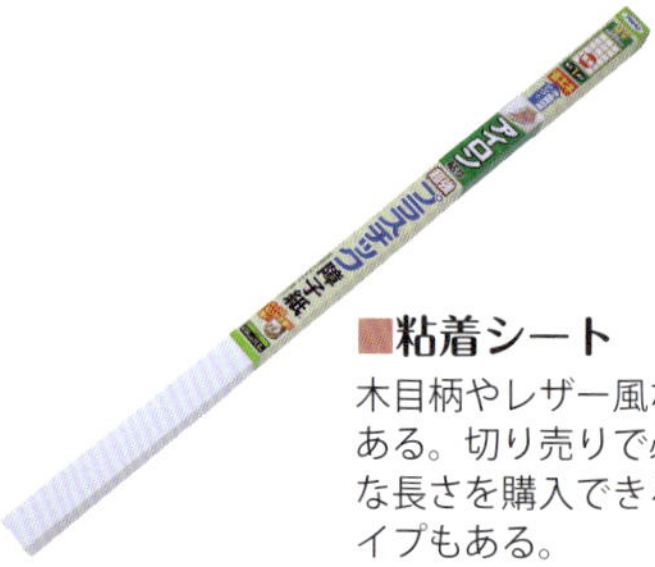

**■粘着シート**
木目柄やレザー風などある。切り売りで必要な長さを購入できるタイプもある。

# 網戸の網

## 選ぶときは目の細かさも確かめて

網戸には網目の細かさの種類があり、1インチ（約25.4㎜）四方あたりの網目の数を「メッシュ」という単位で表します。数字が大きいものほど細かくなります。18～20メッシュが一般的で、24メッシュでは小さな虫を通しにくくなります。網の色はグレーや青などがありますが、最近は外の景色がすっきり見える黒が人気です。また外からは見えにくく中からは見通しが良いリバーシブルタイプ。ペットのひっかきにも強い樹脂製など機能的なものがあります。

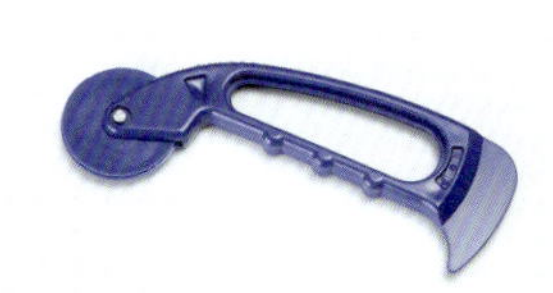

**■編み押さえローラー**
押さえゴムを枠の溝にはめ込む時につかう。片側はヘラ、もう一方はローラーになっている。

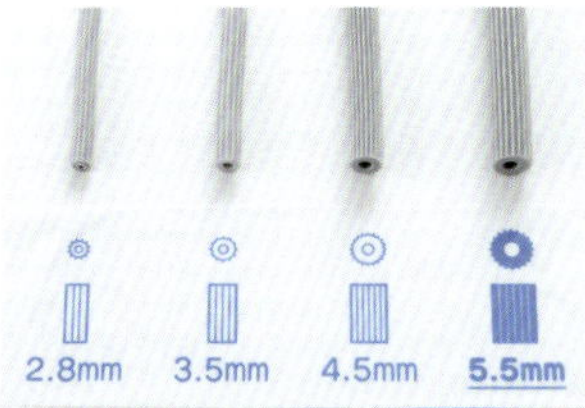


**■押さえゴム**
網を枠に固定するときに使用。枠の溝幅によりサイズが各種ある。

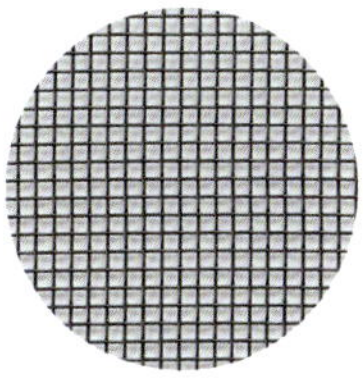

虫を通しにくい
24メッシュ

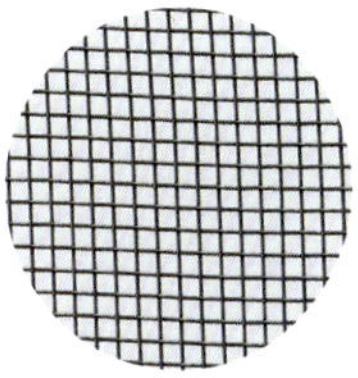

一般的な
20メッシュ

# 窓用フィルム

## 目的と用途に合わせて多種多様。

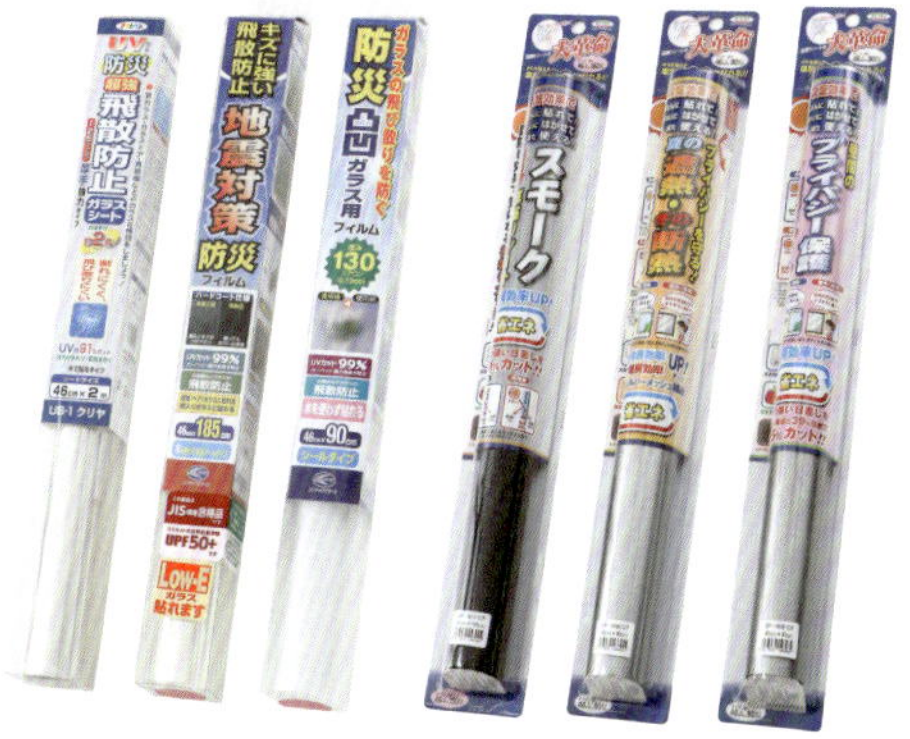

窓に簡単に貼れる窓用フィルム、さまざまな種類があります。紫外線を低減するもの、断熱効果で冷暖房効率を向上させるもの、目かくし効果のあるもの、ガラスの飛散を防ぐ防災用など目的と用途に合わせて選んでください。施工方法はどれも同じで、ガラス窓にたっぷり水を吹きかけ、ガラス面に貼っていきます。フィルムの内側に気泡が残らないように貼るのがポイントです。凹凸のあるガラスや、網入りガラス、複層ガラスには専用のフィルムがあるので購入するときに注意してください。

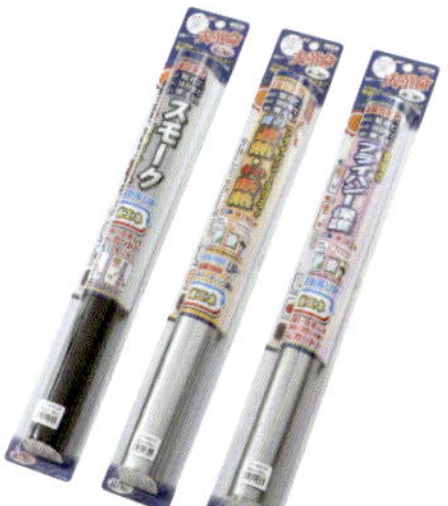

**■目かくし効果のあるフィルム**
強い日差しをカットする効果もあり主に冷房効率アップになる。

**■ガラスの飛散防止フィルム**
地震対策として窓ガラスや食器棚の窓におすすめ。

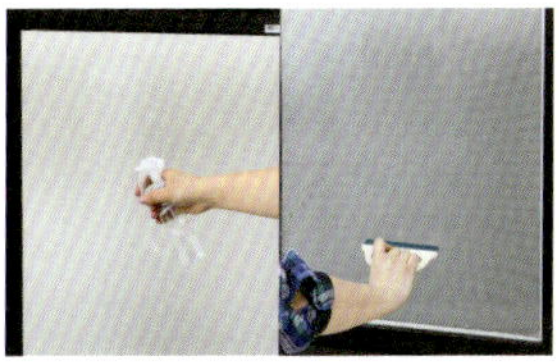

ガラス面をキレイにして水をたっぷり吹きかける。その上にフィルムを貼ってゴムベラで空気を抜くように密着させる。

# クギ

## 用途、材質、長さで選ぶ

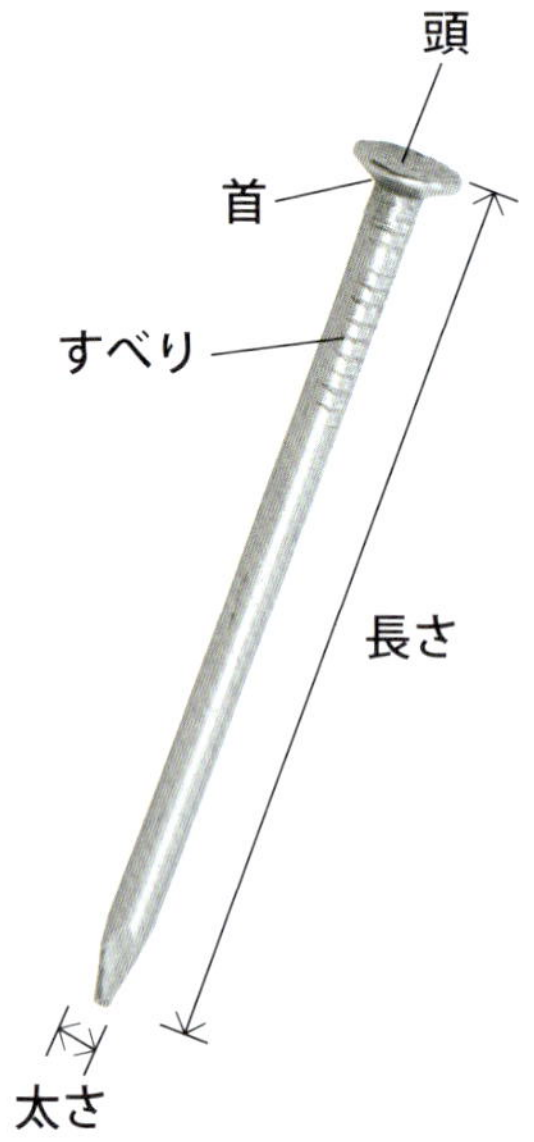


クギは用途や材質、サイズなどにより様々な種類があります。木工などで一般的に使われるのは丸クギですが、床板専用、コンクリート用、仮固定用、平板つなぎ用などいろいろあります。材質は、さびることで接合力がアップする鉄のほか、黄銅色（クロメート）や青白色（ユニクロ）にメッキされたもの、水回りなどさびを嫌う場所で活躍するステンレス、見栄えの良い真鍮やカラークギなどがあります。材質が鉄かステンレスかわからないときは、磁石につけて確認すると良いでしょう。クギ選びで大事なのが長さです。材料の厚みの2.5倍が目安です。短すぎると強度が劣り、長すぎると打ちにくくなり曲がりの原因にもなります。厚みの薄い板から厚い板に向かってクギを打ってください。

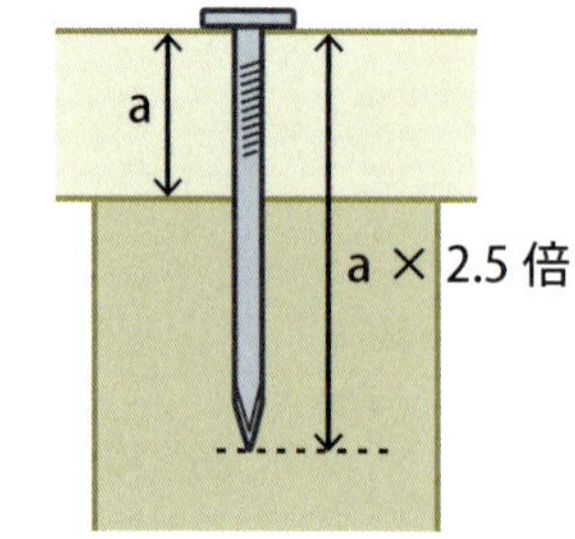


クギの長さは板の厚さの 2.5 倍を目安に選んでください。

**■コンクリートクギ**
**（鉄 / 亜鉛¥メッキ）**
コンクリートやブロックなどに直接打ち込みできるクギ。胴は太く、打ち込みやすいように縦に溝があります。

**■フロアクギ**
床板用のクギ。胴に抜け防止のらせん状の溝がある。頭の穴は、金づちが最後まで打ち込めない狭いところで、穴にとがったポンチをあてて打ち込むためのものです。

**■丸クギ（鉄）**
一般的なクギ。鉄クギはさびることで接合力を高めます。頭の布目模様は打つときにすべりにくくするためのもの。

**■スクリュークギ（ステンレス / 鉄）**
胴の部分にスクリュー状に溝が切ってあり、抜けにくいので強い保持力が必要な箇所に使用される。

**■波クギ（鉄 / ユニクロメッキ）**
板を平面に並べてつなぐときに使う。波形が特徴のクギ。先端がとがったほうを下にして垂直に打ち込む。

**■隠しクギ（鉄 / クロメートメッキ）**
打ち込んだあとクギ頭が取れるので目立たなくなる。強度はないので、接着剤がかたまるまでの仮固定などに使います。接着剤が乾いたら、色のついた頭を横から金づちでたたき、払い落とします。

# ネジ

## しっかり留めるならクギよりもネジを

ネジの形状はさまざまです。頭の形が、平らなものは「皿頭《さらあたま》」と呼び、材料と段差なく留めることができます。鍋のような形は「鍋頭《なべあたま》」と呼び、材料から頭が少し出ることになります。次にネジ山は、金属に使うネジは「タッピングネジ」と呼ばれ、首までネジ山があります。木材用のネジは「木《もく》ネジ」と呼ばれ、一般的な木工には首までネジ山がないものが良く使われます。長さは材料の厚みの2.5倍が目安です。材質は、メッキしたもの、ステンレス、ブロンズなどがあり、水回り、屋外、屋内など使う場所、見栄えなどで選びます。

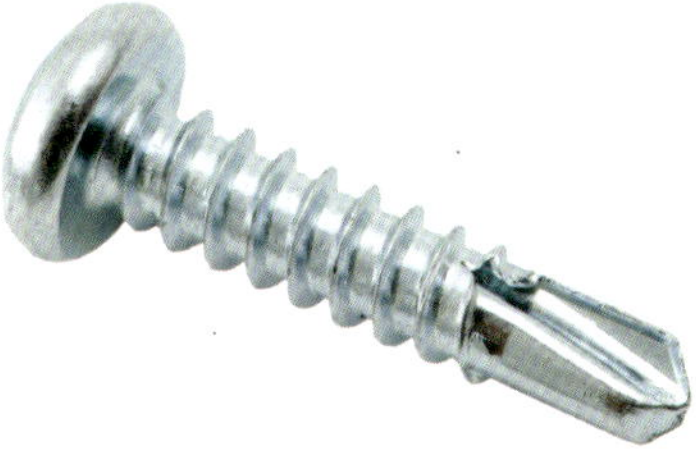

**皿タッピングネジ**
**（鉄 / ユニクロメッキ）**
金属用ネジ。首までネジ山があるのが特徴。頭の形状が皿で平らに締め付けできる。

**木割れ防止ネジ**
**（鉄 / クロメートメッキ）**
ネジの先がキリになっていて、下穴をあけながらとめることができる。

**木ネジ**
**（鉄 / ユニクロメッキ）**
木材用ネジ。ネジ頭の形は、皿や丸などがある。

**六角フランジ付きタッピングネジ（鉄 / クロメートメッキ）**
金属用ネジ。首までネジ山があるのが特徴。フランジ付きはレンチで締め付けることも出来る。ネジのゆるみ防止効果もある。

**ドリルネジ**
**（鉄 / ユニクロメッキ）**
金属用ネジ。先端が刃のような形状でキリの役目をするため、材料が金属でも下穴が不要。

**コーススレッド**
**（鉄 / クロメートメッキ）**
電動ドライバー用の木材ネジ。木ネジより細く、ネジ山は大きく間隔も広いため保持力が高い。

# アンカープラグ

## ネジやクギがきかない中空壁の助っ人

壁にクギを打ったけれどすぐに抜けてしまった、ネジがきかなかったということはありませんか?室内の壁には、石膏ボードが多く使われています。壁の裏の柱や間柱が無い場所には、「アンカー」や「プラグ」という専用の部品を壁に埋め込んで、ネジを留めることができます。取付は難しくはありませんが、取り付ける壁の構造や材質を知っておくことが必要です。選ぶ際は、商品に記されている強度、壁の種類や厚さを良く確認すること、下穴の大きさは記載された数値を守ることなどです。基本的にネジの取り外しは出来ますが、アンカーやプラグの中には一度取り付けたら取りはずせないものもあるので注意して選びましょう。

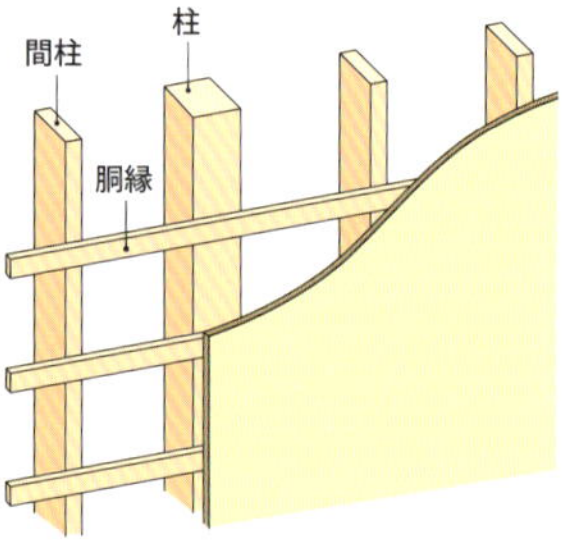


壁裏の柱や間柱のない中空部分には、クギやネジがききません。アンカーやプラグを購入する前に、壁の厚さ、材質、壁裏の空間を壁裏探知機でチェックできる。

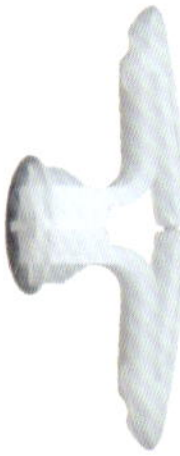

**■羽根型プラグ**

羽根を折りたたんで下穴に通し、付属のピンを差し込むと壁裏で羽根が開くことで固定するしくみ。

**■中空用アンカー**

壁に下穴をあけてアンカーを差し込み、ネジ部分を締めると壁裏でアンカーが傘のように開いて固定される。

**石膏ボードの厚みを調べる方法**

壁に付いてるコンセントプレートを外す方法が簡単です。壁の断面が見えるので、材質や厚さが確認できる。

**■石膏ボード用クギ**

針のような細いクギを打ってフックを固定する。強度によってクギの本数が異なる。

**■石膏ボード用アンカー**

先端がカットされキリ状になっているので下穴をあける必要がない。そのままドライバーで締め付ける。

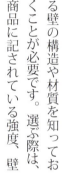

# ボルトナット・座金《ざがね》

## ネジよりも強度が必要な固定に便利

ボルト、ナット、座金は大きさや材質のみならず、形も多種多様。ここでは代表的なものを紹介します。ボルトを材料に通し、裏からナットで締め付ける、つまり材料をはさむように締め付けるため、ネジより接合力は強くなります。締め付けには、スパナやレンチを使います。座金は「ワッシャ」とも呼ばれ、ボルト、ナットの締め付け面との間にはさんで使います。ネジのゆるみ防止、材料が柔らかい場合は傷つき防止になります。ボルト、ナット、座金を個々に購入する場合は、サイズやネジのピッチ（ネジ山とネジ山の距離）が合うか必ずチェックしましょう。

**■チョウナット**
工具を使わず簡単に締めたりゆるめたりできるナット。

**■丸座金**
平らな形状で、材料が傷つくのを防ぐ。

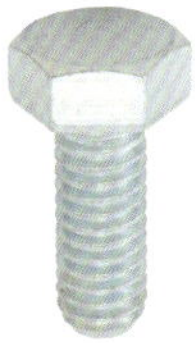

**■六角ボルト**
頭部が六角で、スパナやレンチなどで締め付ける。ネジ山は胴全体にあるものとないものがある。

**■鬼目ナット**
ネジがきかない材料やネジの強度が足りない場合に使う。ツバつきとツバ無しがあるり、ツバ無しは埋め込み深さの調整ができる。

**■チョウボルト**
頭部がチョウの羽根のような形状。工具を使用せず手で締め付けや取り外しができる。

**■六角ナット**
ボルトと組み合わせて締め付けるために使う。ネジ山が合うものを選びましょう。

# 丁番《ちょうばん》

## 扉の開閉に使う金具　用途により種類はさまざま

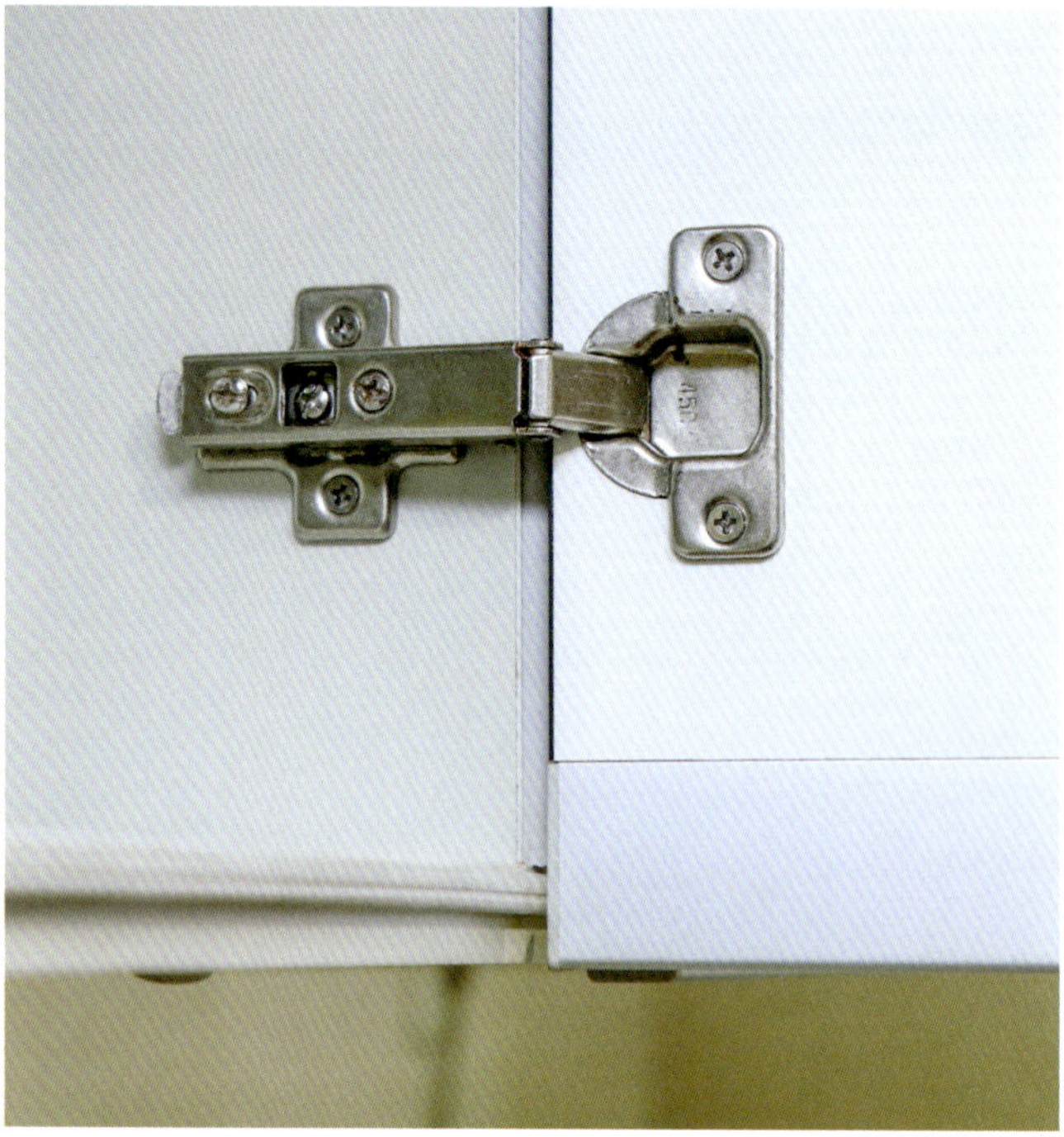

一般的な丁番は2枚の金属板と1本の軸からなり、その形が蝶に似ているため「蝶番《ちょうつがい》」とも呼ばれています。丁番は種類がさまざまあるので取り付ける場所に合わせて選んでください。扉と側板の厚みのサイズを測り、取付は可能か、彫りこみは必要か、右開きか左開きか、開閉角度はどのくらいか、などの確認をしましょう。基本的には丁番は2カ所以上に取りつけます。異なる種類を使うと扉のがたつき、スムーズに開閉できないなどの原因になります。必ず同種類の丁番を選びましょう。

**■トルクヒンジ**
開く角度を自由にな位置で止められる。箱もののフタなどに便利。

**■アングル丁番**
角をもつ丁番で、家具の扉に良く使われる。扉・側板の厚さに合わせて選ぶ。彫り込みが必要。

**■角丁番**
一般的なタイプの丁番。サイズ・材質も多様。彫り込みしない場合、丁番の厚み分のすき間ができる。

**■ピアノ丁番**
サイズは 150 ～ 1820mm 程度ある。通常のものより長いため、扉の反りを防ぎ、強度は高い。

**■ステー天開き用**
丁番と共に使い、扉を一定の位置で開いた状態を保つ。箱もののフタに使われることが多い。

**■左右兼用旗丁番**
抜き差しができる丁番のひとつで、扉側と枠側を簡単に分解できます。重量のある扉などに主に使用される。

# スライド丁番

扉を閉めたときに丁番が見えず、見栄えが良い。システムキッチン、キャビネットなどで多く使われる。種類により、扉の開き角度、扉側にあける穴のサイズ、側板に対する扉のかぶせ具合が異なる。大別すると3タイプに分かれるが、それぞれの金具の見た目はよく似ている。購入時にはパッケージを良く確認しよう。

**■曲がり丁番**

扉上下の小口に取り付け、扉が側板内に収まる。そのため丁番の厚み分のすきまが上下にできる。右開き・左開きでは上下の方向が違うので注意しましょう。扉側の彫り込みは不要。

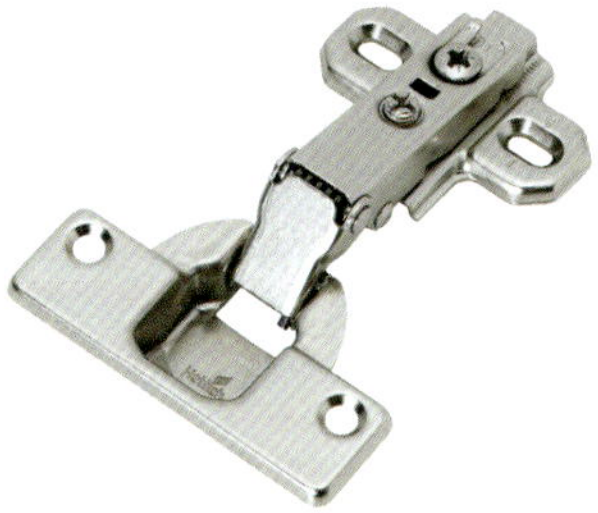

**■スライド丁番
全かぶせタイプ**

側板をすべて覆うように扉を取り付ける。

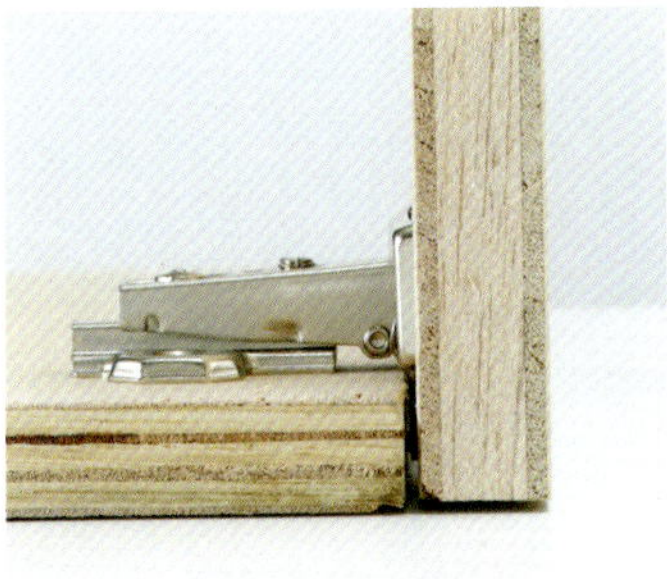

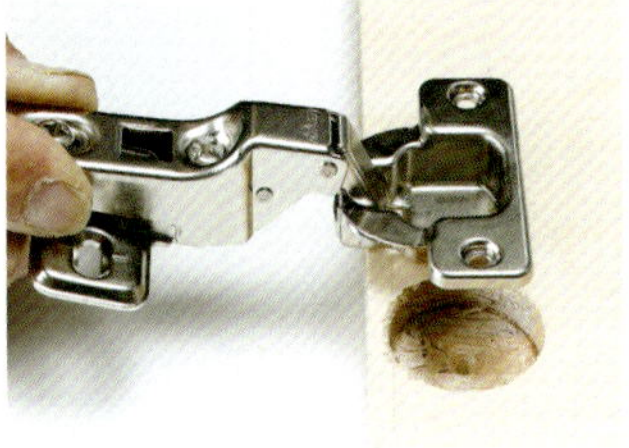

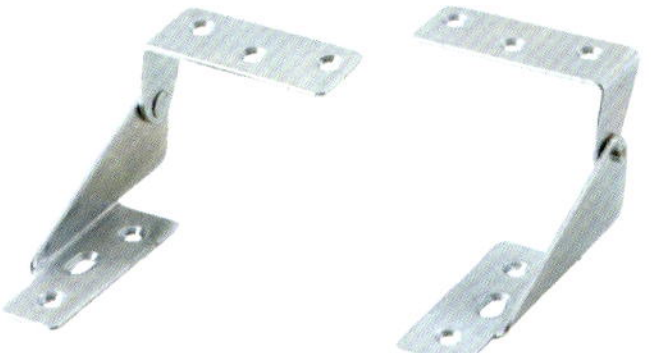

**■キャビネット丁番**

曲がり丁番同様キャビネットの扉に使われ、右開き・左開きでは上下の方向が変わる。側板を覆うように取り付ける。扉側の彫り込みは不要。

**■スライド丁番
インセットタイプ**

側板内に扉が収まる。

**■スライド丁番
半かぶせタイプ**

側板を半分程度覆うように扉を取り付ける。隣に接して扉をつける際、互いを干渉しないための仕組み。

# 棚《たな》受《う》け

## 取りつけスペースや、方法により種類が豊富

既成の食器棚や収納家具などにも棚を増やすことができます。モノに合わせて棚の高さを変えたり、棚板を増やすことで収納力がさらにアップします。また、棚受けを壁面に取り付ける場合は、壁の中の間柱や桟などしっかり固定できる場所に取り付けてください。棚板の幅や長さに合った棚受けを選びましょう。

**棚柱（ダボレール）**
複数の棚板を取り付けたい時に使う。壁面や柱に２本平行に取り付けて棚板を固定する。

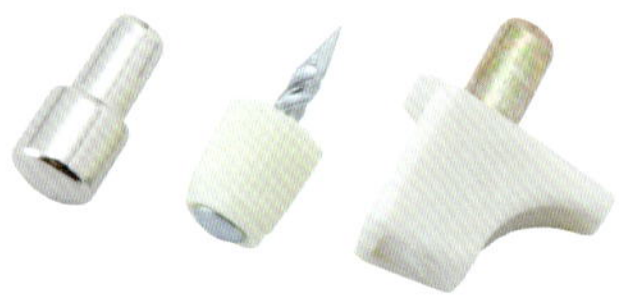

**棚受けダボ**
棚の側板に穴をあけて差し込むタイプ、穴あけ不要のねじ込みタイプなどがある。

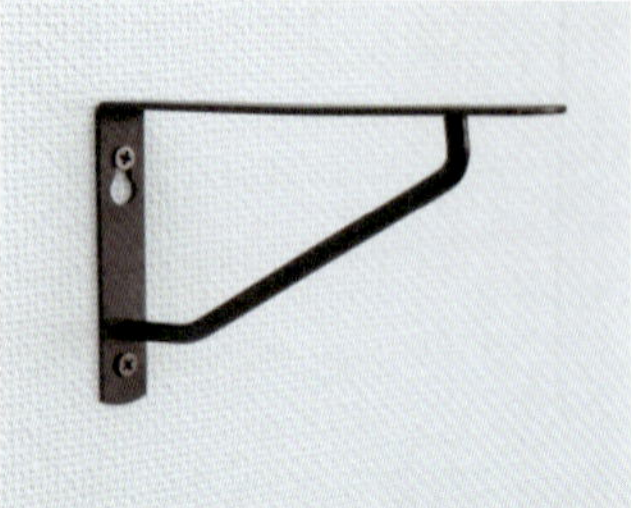

**棚受け**
柱や桟などに直に取り付けるタイプ。棚の幅に合わせて棚受けのサイズを選びましょう。

**棚受け溝付き支柱**
木製の支柱に等間隔の溝が付いています。溝の高さに合った棚板を差し込んで使用します。

**受け座タイプ**
側板にダボ穴をあけ、メスダボを埋め込んでからオスダボを留める。

**折りたたみ式棚受け**
使用しないときは折りたためるので、限られた空間を有効に利用できます。

# 取っ手

## 強度や使い勝手も選ぶポイント

握る、つまむ、引っ掛けるなどの開閉動作により取っ手の形状はさまざまです。木製、陶製、ステンレス製など材質をはじめ、アンティーク調やモダンなタイプのものなどデザインも多種多様。つい見た目で選びがちですが、使うことを考えてしっかり握って開閉できるか、でっぱりはじゃまにならないかなど、購入時には使い勝手を優先させることも大切です。取っ手をとり付ける際は、引き出しや扉などの板厚も確認して、付属のネジで固定できるか確認してください。取っ手を交換する場合は、取付穴の大きさとネジのピッチも確認して購入してください。

**取っ手を裏からとめる場合**
取っ手のネジピッチに合わせてネジ穴をあけ、裏側からドライバーでネジを締める。

**■引き戸用**
室内の引き戸に用いられる。とりつけには引き戸に彫り込みが必要。

**■つまみタイプ**
引き出しやクローゼットの開閉など、軽い力で開閉するもの向き。木製、陶製、ステンレスなど材質、形状はさまざま。

**取っ手を表からとめる場合**
固定ネジが裏側に飛び出ない長さを確認してとめてください。

**■回転タイプ**
回転させると取っ手が現れ、使用しないときは平らになる。床下収納の扉によく使われる。

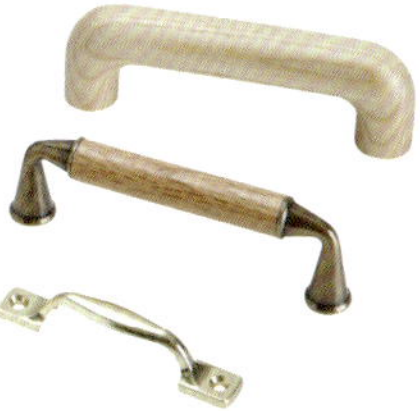

**■ハンドルタイプ**
扉や引き出しの表からネジを留めるタイプと裏から留めるタイプがある。裏の場合は仕上がり時にネジが見えなくなるが、ネジのピッチを正確に合わせる必要がある。

# 2×4金具

## 2×4材の固定や接合に便利

2×4材の板厚や幅に合わせた専用金具です。これまで小屋を建てたりウッドデッキを作るときなど、プロでなければできなかった2×4材の接合も、この金具を使うことでDIYで簡単に接合することができます。もともとは輸入住宅に使われているので、強度も十分あります。金具にネジ穴があいてるので、複雑な加工を施さずに簡単に木材同士を接続、固定できます。ここではごく一部を紹介しています。

**■デッキポストタイ**

柱をデッキの側根太や階段の桁に取り付けるコネクター。

**■サイズミック・ハリケーンタイ**

木材が交差する部分での接合に使用する。垂木やトラスを固定するのに良い。

**■ダブル剪断
フェースマウント・ハンガー**

梁に根太を接合するときなどに使う。ウッドデッキ作りでも使う。

**■ソーホース・ブラケット**

2x4 材で作業台の脚（ウマ）が簡単に作れる。

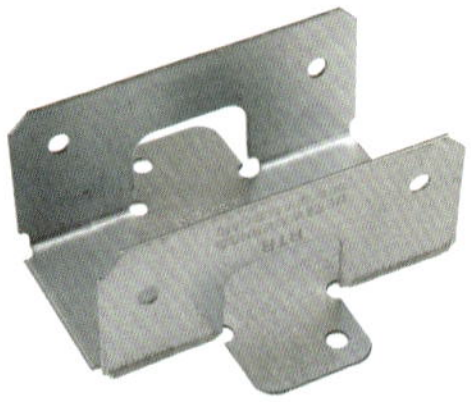

**■リジッドタイ・コネクター**

木材を交差して接合する部分に使用。ラティスや棚などの家具作りに最適。

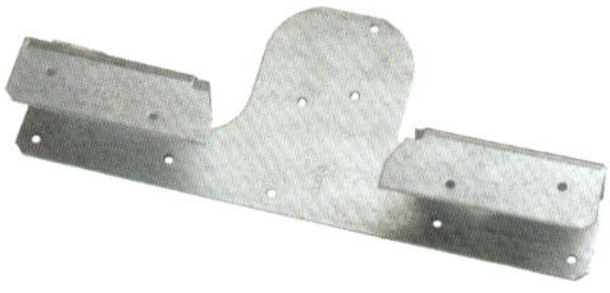

**■リジットタイ・フラット**

部材を垂直と水平に接合するのに使用する。

# キャスター・戸車《とぐるま》

## キャスターは動きや取付方法で選ぶ 戸車はレールの形状で使い分ける

キャスターを選ぶときはどのような動きが必要かを確認します。「自在タイプ」は360度車輪が動き、前後左右に方向を変えることができます。「固定タイプ」は、車輪の方向が固定され、直進的に動きます。また、用途によっては車輪の動きを止められる「ストッパー」機能があると便利です。取付方法は、ネジで4カ所留める「プレートタイプ」と、ボルトで留める「ネジ込みタイプ」に分かれます。引き戸の動きをスムーズにする戸車は、レールの形状に合ったもの、レールが不要なものなどがあります。車の材質には、鉄、ステンレス、ゴムなどがあります。

### 戸　車

**■平型タイプ**
車輪が平らで、レールのない引き戸に使用する。

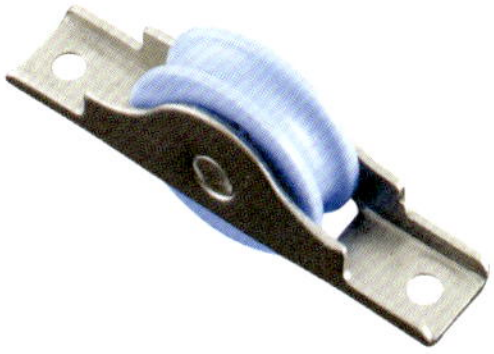

**■丸形タイプ**
レールの上を通るためのくぼみがある。他にも角型、V型などの形状がある。

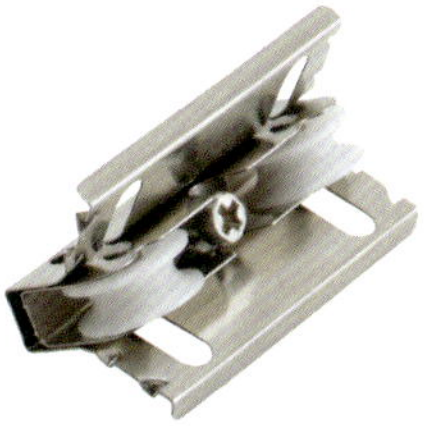

**■アルミサッシ網戸用**
取替用の戸車です。サッシの溝幅に合うものを選んでください。差し込むだけで簡単に取付できます。

### キャスター

**■ボールタイプ**
車輪が球状で、自在タイプより小回りがきく。

**■自在タイプ**
車輪が旋回するため、前後左右に向きを変え、フットワークよく動かすことができる。

**■双輪タイプ**
車輪が2つあり、床面が傷つきにくい。すっきりしたデザインで、ラック類によく使われる。

**■固定タイプ**
車輪の方向が固定され、直進的な動きに優れる。

**■ねじ込みタイプ**
取り付けはボルトでねじ込む、ナットで締め付けて固定します。

**■ストッパーつき**
移動しないときは車輪を固定できる。テーブルなど通常は固定して使うものに便利。

# スライドレール

## 引き出し、棚の動きがスムーズに

スライドレールは引き出しや棚の側面に取り付けることで動きをスムーズにする金具です。重い鍋やキッチン用品が入っていても、ラクに引き出せます。レールを底につけるタイプ、側面につけるタイプなどがあり、同じタイプでも引き出せる長さ（移動距離）は各種あるので、サイズも考慮して選びましょう。

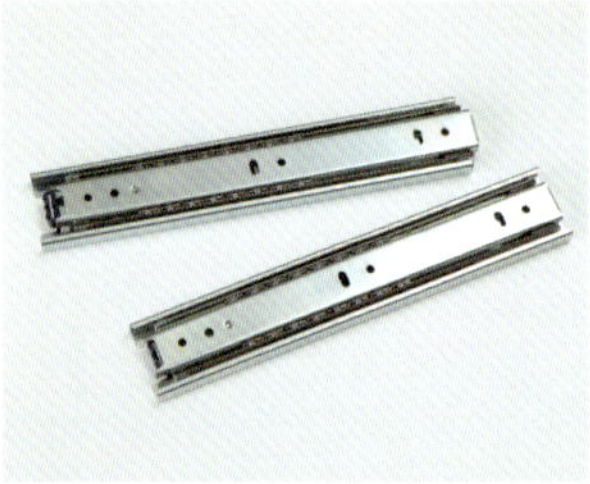

**■側面タイプ**
一般的に、動きがなめらかなベアリングタイプが多い。

引き出しを斜め上からレールに差し込むように入れる

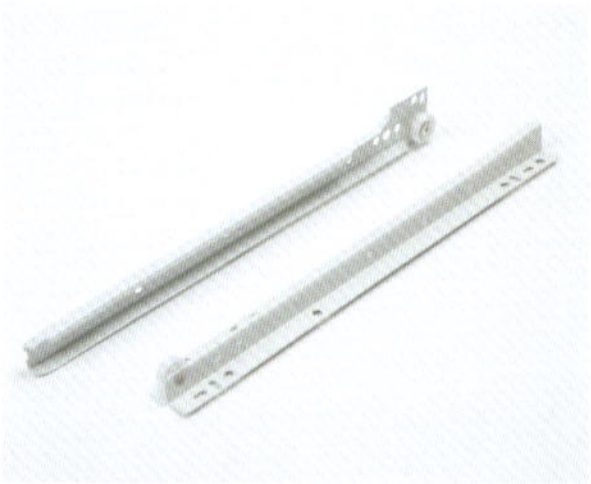

**■底付けタイプ**
引き出しの底にレールを取り付ける。写真は一般的なローラータイプ。

先に本体の側面にスライドレールを取り付ける。

レール同士が正しく入った状態。

引き出しの底に、内側のレールを取り付ける。

スライドレールを引き延ばして、引き出しを固定する。

ローラーが転がって軽く引き出せる。

本体の底部分に、外側のレールを取り付ける。

# パイプ・パイプ用金物

## 物を吊るしたり、掛けたりするときに便利

ステンレスやアルミのパイプなどは、パイプ用の金物と組み合わせて、タオルや洋服、キッチン用品のハンガーによく使われます。パイプは長さや太さが各種あるので、受けやジョイント用の金物と組み合わせる場合は、サイズを確認しましょう。また、クローゼットのハンガーなど、パイプに負荷がかかるものは、強度も考慮してください。

**■ソケット**
パイプ端の受け口。壁と壁、側板同士などを渡して取り付ける時に使う。

**■通しゲンコ**
パイプの中間に差し込んで、パイプを受け止める金具。

**■パイプ**
材質は、ステンレスやアルミ製が主で、直径は 9.5mm から 38mm まで各種あります。

**■パイプキャップ**
パイプの端にはめこみ、見栄えを良くするときに使う。

**■止めゲンコ**
パイプのエンドに差し込んで、パイプを受け止める金具。

**■ジョイント用**
パイプ接続用の金物、ストレート、クロス、3 方向など各種あります。

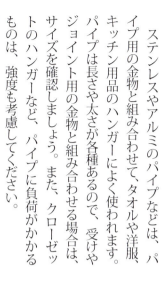

# 接着剤

## 広い面や点と点の接着に　種類によって固まり方、成分、塗り方、接着時間が異なる

接着剤には、接着できる素材とできない素材が記されています。材料に合った接着剤を選ぶとき、複数の接着剤が該当する場合は、接着時間、接着後に耐水・耐熱などの要素が必要か、有機溶剤の有無、価格など、条件をあてはめていくと自然と決まってきます。それでも接着するものの材質がわからない、いろいろな素材の接着に使いたい場合もあると思います。そんなときにおすすめなのが多用途タイプの接着剤です。多くの素材に対応しているだけでなく、凹凸面でもＯＫ、溶剤を使わず接着時間が早い、耐水性・耐熱性があり、屋外でも使える万能タイプもあり便利です。

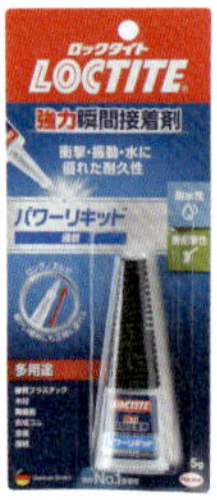


■シアノアクリレート系

空気中のわずかな水分と化学反応して硬化するタイプ。衝撃・振動・耐水性に優れている。

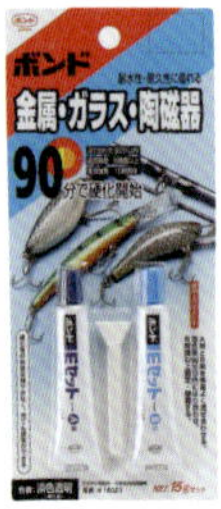


■エポキシ樹脂系

2液を混ぜると、化学反応して硬化するタイプ。金属・ガラス・陶磁器の接着に適している。耐水性・耐久性に優れる。

■酢酸ビニル樹脂エマルジョン系

水性なのでにおいが少なく、溶剤タイプより効果時間がかかる。乾燥すると透明になり、硬化後に切削加工できるため主に木工作業によく使われる。

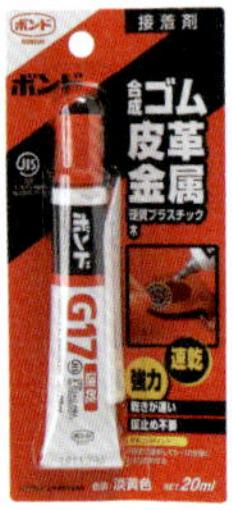


■合成ゴム系

初期接着力があり、早く乾き、柔軟性もある。接着する両面にヘラで均等に塗り、乾かしてからはり合わせる。

■シアノアクリレート系

空気中のわずかな水分と化学反応して硬化するタイプ。接着スピードが速く、瞬間接着剤ともよばれる。

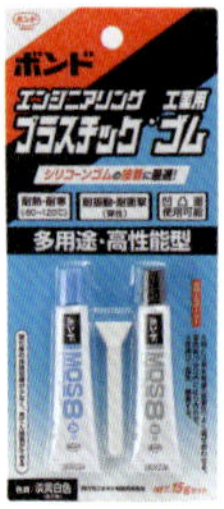


■エポキシ樹脂系

2液を混ぜると、化学反応して硬化するタイプ。プラスチックとゴムの接着に適している。耐熱性・耐水性がある。

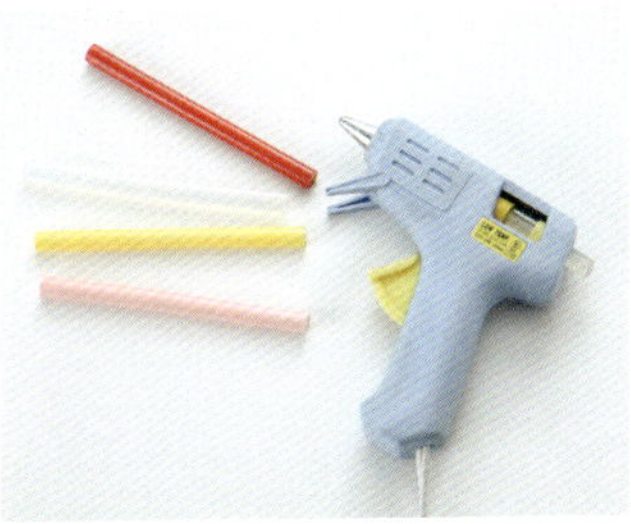

■ホットメルト系

水や溶剤は含まず、固形状。加熱して、冷えるときに固化して接着する。透明以外にさまざまな色もある。

▼

専用ガンでホットメルトを溶かし、接着する面に塗布する。

■布用

針や糸を使わず布に接着することができる。接着後にアイロンをあてるとさらに強力接着。

■壁紙用

壁紙用。壁紙のやぶれ、はがれ補修に最適。壁紙の裏側に塗ってはりつける。

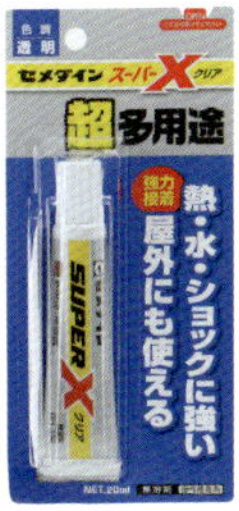


■多用途タイプ

これ1本でさまざまな素材に対応。ただし、ポリエチレン、ポリプロピレンなど、接着できない素材もあるので注意。

■プラスチック用

付属のプライマーでポリエチレン、ポリプロピレンの素材も接着できる。

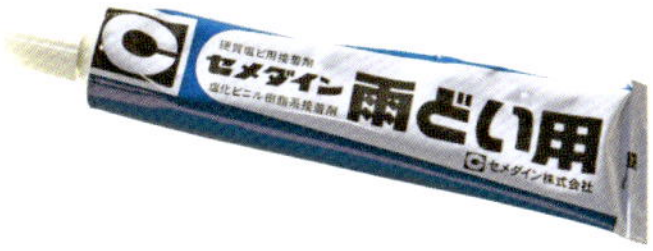


■雨どい用

硬質塩ビ同士を溶かして接着する。

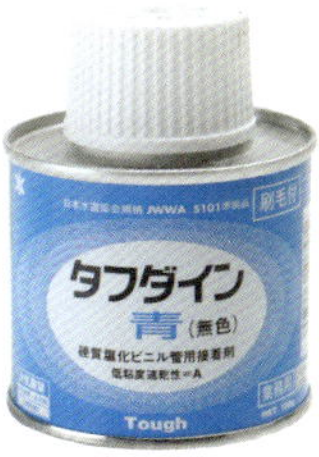


■塩ビ管用

塩ビ管用。水道管など塩ビパイプの接着に使う。塗った時は青く、硬化すると無色になる。

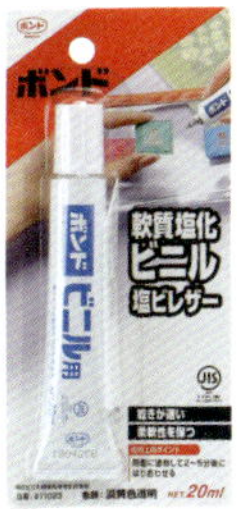


■塩化ビニル用

素材両面に接着剤を塗って2～5分後にはりあわせる。硬化後は柔軟性がある。

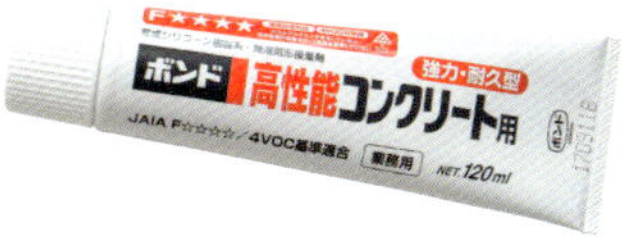


■コンクリート用

初期接着に優れ、コンクリートやモルタルと、木、タイルなどの接着に使う。

■発泡スチロール用

発泡スチロール同士や、発泡スチロールと紙、木、布などの接着に使う。

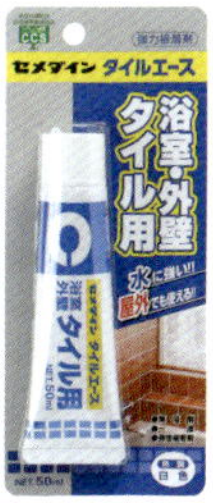


■タイル用

浴室や外壁のタイル接着に使う。水に強く、弾力性がある。

# 粘着テープ

## はるのもはがすのも簡単
## 両面テープをはじめ、用途別に種類が豊富

粘着テープは布、紙、アクリルフォームなどの基材に粘着剤を塗り、テープ状に加工したもの。接着剤との大きな違いは、完全に固まらずに接着することです。こん包に使うテープも粘着テープですが、ここでは、はり合わせ用の両面テープ、補修などに使うテープを紹介します。

粘着テープは用途はもちろんのこと、接着する素材、使用場所をよく確認して選びます。はる前には接着面の汚れやゴミを取り、乾かしてから作業します。冬季など気温が低い時は、粘着力が落ちるので、暖かい部屋で作業したり、接着面をドライヤーなどで温めてください。

はるだけで接着でき、作業はいたって簡単ですが、そのあとしっかり押さえつけて、圧着するのがコツです。初期粘着力はありますが、一般に粘着力は時間が経つとアップします。また、はり直すと接着力が落ちます。接着位置はよく検討してから作業してください。

粘着テープは容器から出すと、種類がわからなくなってしまうものが少なくありません。パッケージは捨てずにいっしょに保管しましょう。

**■屋外用（ゴム系）**
ゴム系のタイプは、防水性に富み、ベランダやバルコニー、玄関周りのコンクリート床面の接着に使用。

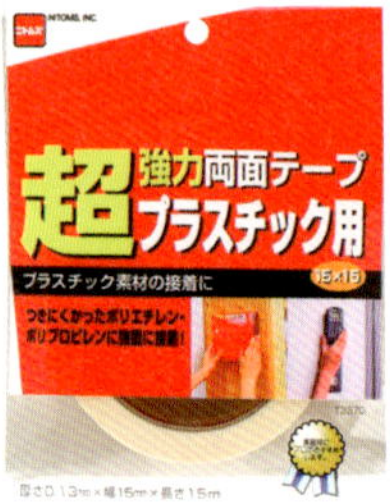


**■ポリエチレン・ポリプロピレン用**
今までくっつきにくかったポリエチレン、ポリプロピレンなどのプラスチック製品用。

**■一般材料用**
木材、紙、金属、プラスチックなどが接着できる。主に屋内使用で、ひとつ常備しておくと便利。

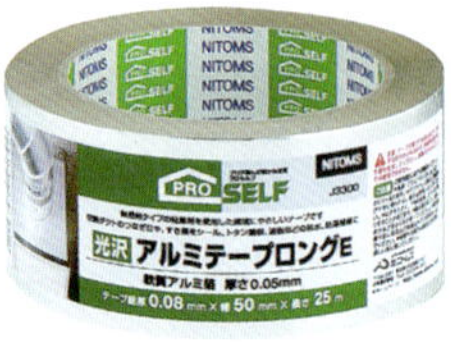


**■アルミテープ**
アルミ製のテープで、キッチンのシンクと調理台のすき間、ダクトの補修などに使われる。水、油、熱に強いのが特長。

**■カーペット用**
基材の表裏で接着剤が異なる。床面側ははがすことを考慮し、粘着力が弱くなっている。粘着剤を使用せず、はがしやすい吸着タイプもある。

**■金属用**
耐候性があり、鉄、真ちゅう、アルミ、ステンレスなどの接着に使う。

**■すき間テープ**
ドアなどにはってすき間風をふせぎ、冷暖房の効率をアップする省エネ目的のほか、戸当たりの音をやわらげる効果もある。

**■凹凸面用**
クッション性のある基材を使い、凹凸面やざらつく面にも接着できる。

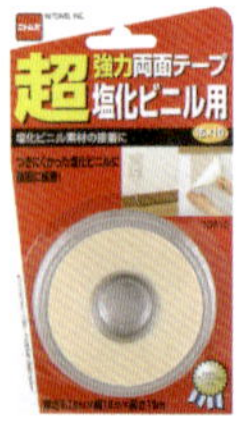


**■塩化ビニル用**
塩化ビニルに含まれる可塑剤の影響を受けない接着剤を使用。くっつきにくい塩ビ同士もしっかり接着。

# 充《じゅう》てん材

## すき間をふさぎ、穴埋めなど住まいの補修に活躍

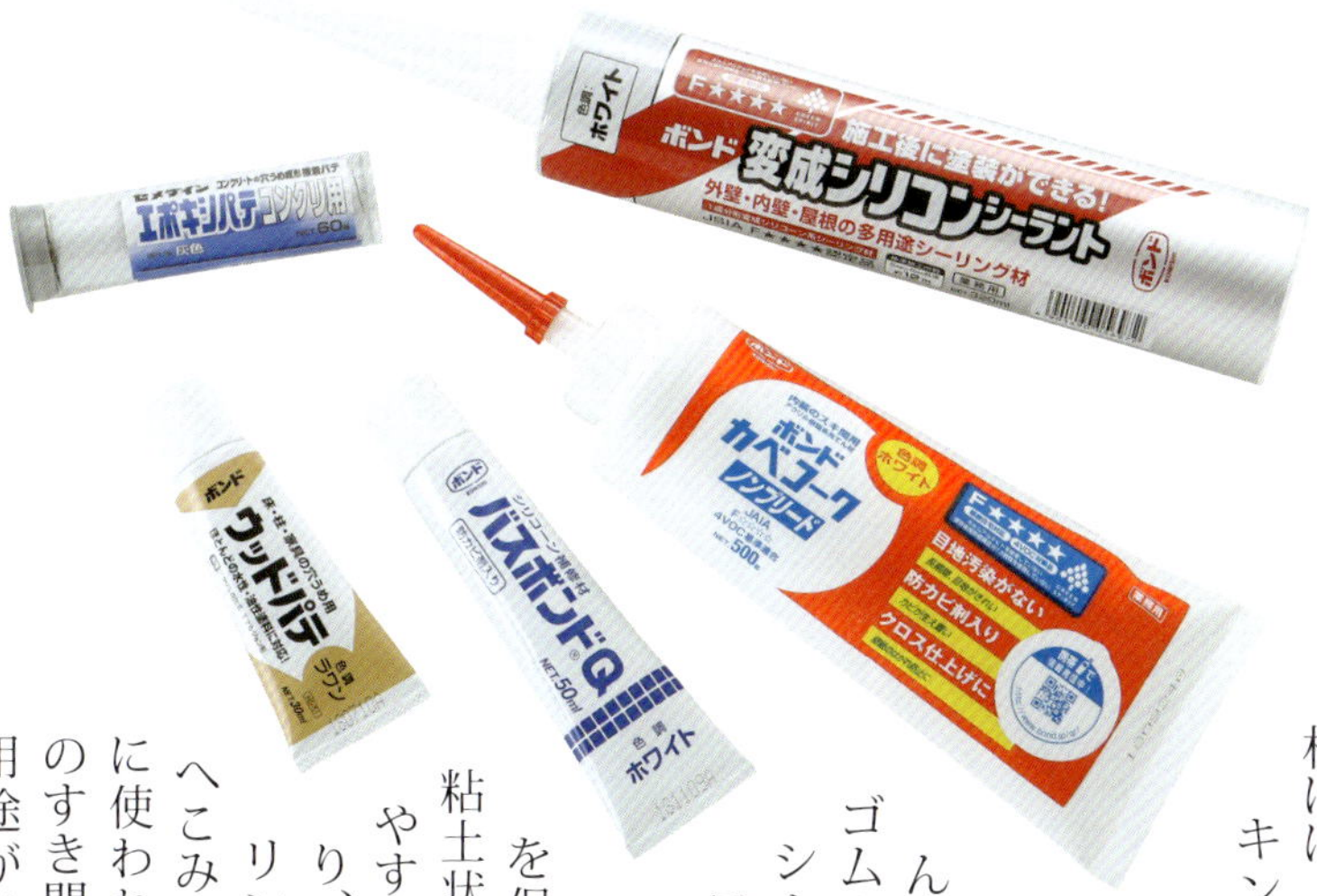


壁や床、水まわりのすき間、穴などを埋めるときに使われる充てん剤。充てん材には、シーリング材、コーキング材、パテ類などがあり、それぞれ成分や用途で種類が分かれます。目地やすき間を充てんし、内部も硬化してゴムのように弾性を持つシーリング剤に対し、コーキング材は表面だけ硬化し、内部は固まらずに弾性を保ちます。パテ類は粘土状で、多くは硬化後、やすりがけして成形したり、塗装できます。シーリング材に比べ、穴やへこみなど面積が広い分野に使われます。商品には壁のすき間、床の穴埋めなど、用途がはっきりと記され、比較的選びやすいものもありますが、充てん部分の素材や使用場所などよく確認して購入しましょう。

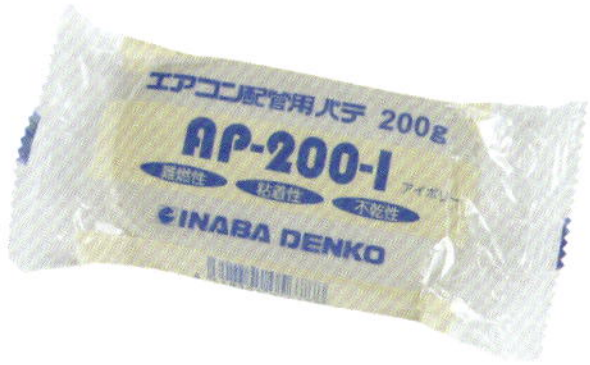


**■配管のすき間**
エアコンや洗面台、洗濯機などの配管と壁や床のすき間を埋める。粘土状のパテです。

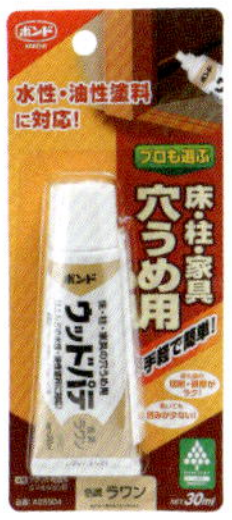


**■木部のキズ**
硬化後サンディングや塗装が可能。木製家具、柱、巾木などの補修にも使える。

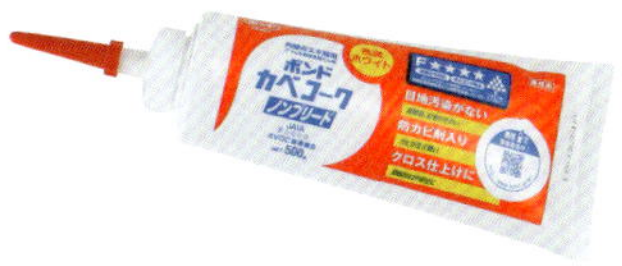

**■壁のすき間**
床や柱、天井と壁のすき間を補修。色は白以外にアイボリーなどもある。硬化後塗装できる。

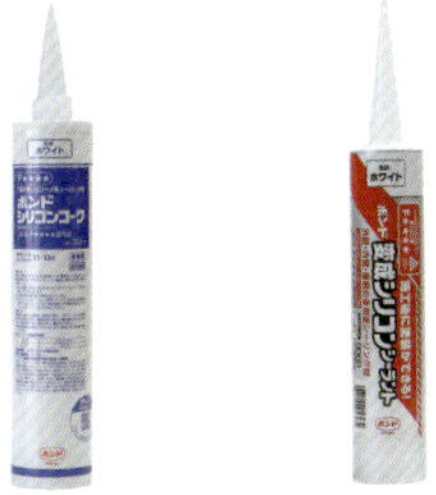

**■外壁などのシーリング**
カートリッジガンに装着して、長い距離でも続けて作業できる。窓枠やドア枠などにおすすめ。

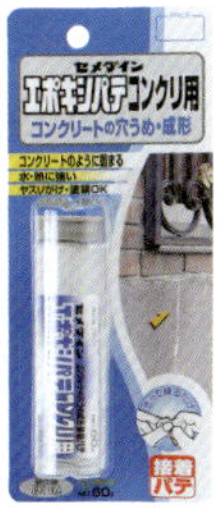


**■コンクリートの穴埋め**
コンクリートのように固まり、硬化後ヤスリなどで成形し塗装もできる。

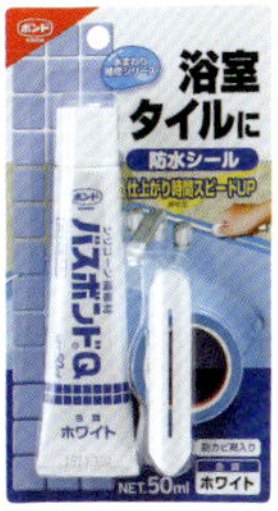


**■浴槽や洗面台との壁のすき間**
耐水性・耐熱性があり、乾燥後も完全に硬化せず弾力を保つ。

# 塗料の基礎

## 塗装の目的と塗料の種類

部屋の模様替えに壁を塗り直す、木工品の仕上げにステインで着色するなど、塗装は美しく仕上げたり、塗り替えでイメージチェンジをはかるのに効果的なＤＩＹです。しかし、塗装の目的は彩色だけではありません。乾くと表面に膜（塗膜）ができるので、汚れや風雨、日ざしなどから守る保護の役目もします。また、抗菌、防カビ、防腐、防虫などの効果をプラスした塗料もあります。塗料の主な成分は、塗膜になって残る樹脂、色をつける顔料、防腐防カビ剤など塗料の効果を高める添加剤、それらを溶かす水や溶剤などです。

### 木部用塗料

**ニス / ステイン**

ニスやステインは木目を生かす塗料で、ニスは表面に塗膜を作り、ステインは木に浸透します。どちらも水性と油性があり、扱いやすいのは水性タイプです。木肌はそのままに光沢を出したい場合は無色透明（クリアともよばれる）のニスを塗ります。木目を生かしつつ着色したい場合は、カラーニスやステインを使います。ステインは塗膜を作らないので保護効果を高めるにはニスを仕上げに塗るとよいでしょう。ウッドデッキなどには防腐防虫効果のある屋外専用ステインを使います。

ニス（左）/ ステイン（右）

### スプレー塗料

**水性 / アクリル系 / ラッカー系**

吹きつけるだけで塗装できる手軽さが特長です。薄く数回に分けて塗り重ねるとムラなくきれいに仕上がります。「水性」は乾く前なら水ぶき可能です。「アクリル系」はたれにくいので塗りやすく、「ラッカー系」は乾きが早く塗膜が硬くなりますが、ともに引火性があるので扱いは慎重に。作業は屋外で風のない日に行い、まわりを汚さないよう、広範囲にわたって十分に養生（マスキング）しましょう。

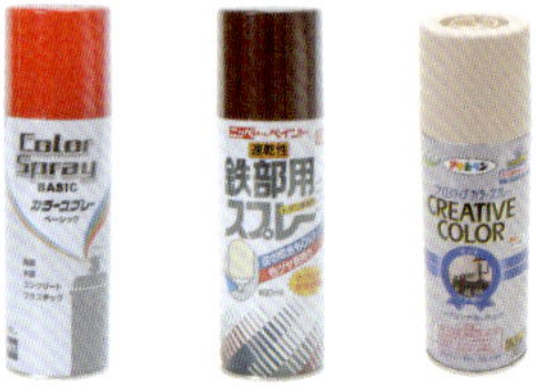


左から、水性 / アクリル系 / ラッカー系

### 一般塗料

**水性塗料 / 油性塗料**

一般的な塗料を大別すると、水性塗料と油性塗料の2種類があります。水性は「水」、油性は「ペイントうすめ液」に溶かしてあります。においが少なく、後片付けは水洗いでき、乾きが早いなどDIYには扱いやすい「水性塗料」がおすすめです。水性といっても乾いてしまえば水に溶けることはなく、屋外でも使えます。サビに強い塗膜を作って保護効果を高めたい場合などは主に「油性塗料」が使われます。

水性<左>、油性<右>

## 塗り替えるときは、下地との相性を確認する

すでに塗装してあるものの上に塗る場合は、注意が必要です。基本的に水性塗料の上に水性塗料、油性塗料に油性塗料など同じ塗料ならOKですが、異なる塗料を重ねる場合、ヒビ、はがれ、ムラなど、トラブルの原因になることがあります。特にラッカー系塗料を使う場合は気をつけてください。油性塗料にラッカー系塗料を塗ると、下地を侵しシワができてしまうことがあります。以前塗ったものがどんな塗料かわからない場合は、目立たないところで試し塗りをして確かめましょう。使った塗料をメモしておくのも方法です。

## 塗った色は、缶の中で見える色とは変わる

塗料には、乾くと色が濃くなる傾向があります。また、面積が大きくなると色の印象も大きく変わる場合があります。壁や天井などの広い面積を塗る場合は、大きめのボードに試し塗りをするとよいでしょう。少し明るくしたい、落ち着かせたいといった微調整なら、白や黒の混ぜて調色するのもいいでしょう。ただし、混ぜる場合は同じメーカーの同種類の塗料を使ってください。市販の塗料に好みの色が無い場合は、色見本を参考に好みの色に調色してくれるホームセンターや専門店もあるので利用してみましょう。

少量づつ、ようすを見ながら混ぜる。同じ色を作るのは難しいので、使う量を考えて少し多めに作るのがコツです。

## 購入前に注意書きを読もう

屋外か屋内か、また塗る対象物の材質などにより塗料の種類は異なるので、適したものを選ぶことが大切です。購入前に容器に記された注意書きを必ず確認してください。用途はもちろん、乾燥時間、塗れる面積、塗装できないもの、薄めたり、後片付けに使うのは、水かペイントうすめ液かなど、大事な情報が書かれています。誤って使うと、塗料がのらない、はがれるなどのトラブルの原因になります。

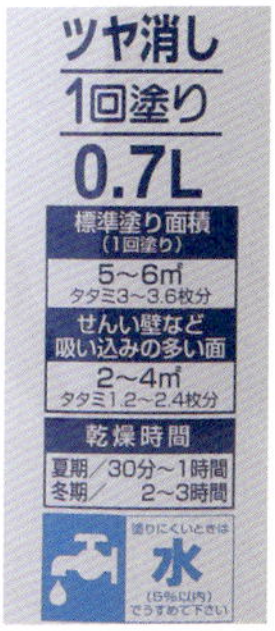


塗り回数は1回塗り、2回塗りがある。塗り回数によって標準塗り面積を確認する。重ね塗りは乾燥時間を目安に作業する。「ツヤ無し」「ツヤあり」は塗膜の光沢の有無です。

---

## 塗装時の副資材

残った塗料に塗料用固化材を入れてかきまぜる。

スポンジ状に固まるので、あとは地域のルールに従って廃棄する。

刷毛の洗い水や少量余った塗料を固めて捨てることができます。水性用と油性用があるので塗料に合わせて使い分ける。

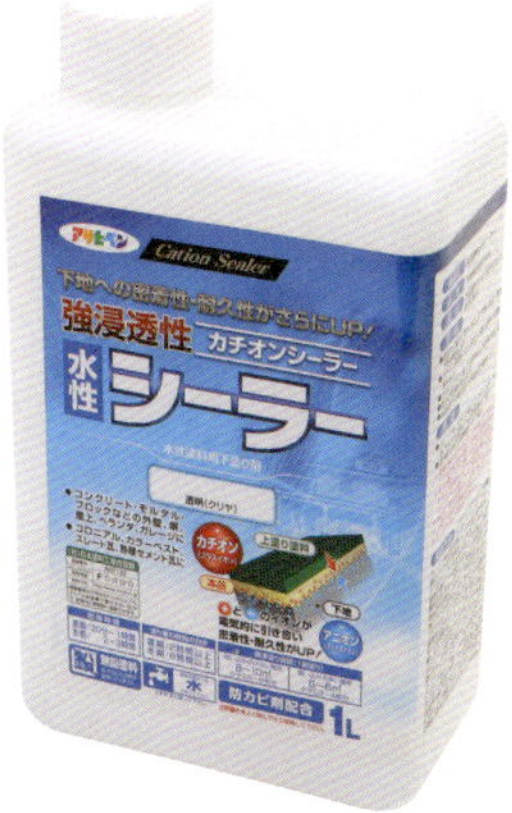


下地剤は、「シーラー」「プライマー」などとよばれる。塗料同様、容器に記された注意書きを確認して材質に合ったものを選ぶ。

# 屋内塗料

## 場所に合わせて選びましょう

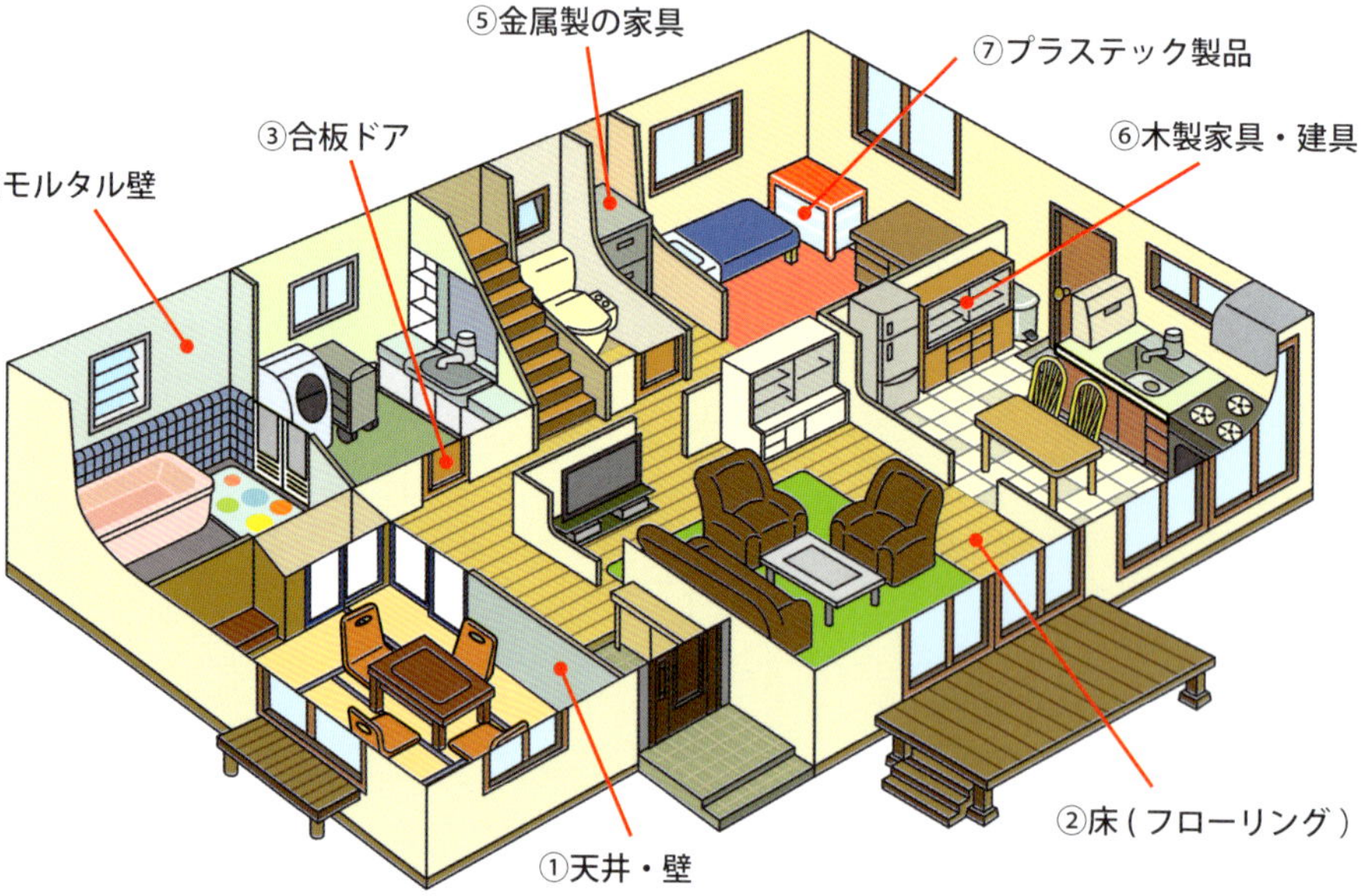

⑤金属製の家具
⑦プラスチック製品
③合板ドア
⑥木製家具・建具
④浴室モルタル壁
②床（フローリング）
①天井・壁


塗料を選ぶ場合、好みの色に目がいきがちですが、まず、塗装するものの材質が何でできているか、それはどんな場所で使われるかを頭に入れておきましょう。迷ったり、部屋の壁と門扉を塗りたいなど、一つの塗料で違う素材や場所に使いたい場合は、さまざまな素材や使用環境に対応する多用途タイプが便利です。ただし求める用途に適しているか、容器の注意書きで確認してください。

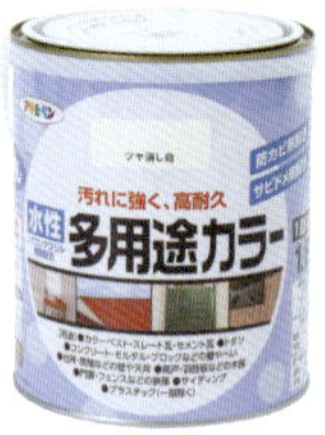

水性
多用途カラー
汚れに強く、高耐久


多用途タイプ塗料
木部、鉄部、屋内壁、屋外壁にも塗れる水性タイプ

### ①天井・壁

**室内用塗料**

室内用塗料の多くが、ビニール壁紙の上に塗れます。砂壁や繊維壁は塗料を吸い込みやすくはがれやすいので、表面を固めるための下地剤を塗ってから塗装します。表面がツルツルして塗料がのりにくいプリント合板には、塗料を密着させる下地剤を塗ってください。また、たばこのヤニやアクが目立つ場合はヤニ・アク止めの下地剤を塗ってください。

ヨーロピアン ピンク
水性塗料
屋内カベ用
0.7L

白系の壁紙に薄いブルーを塗ってみた。部屋が明るく見える。

フローリング床にワックス剤を塗った。

### ②床（フローリング）

**ニス／ワックス**

ニスとワックスの大きな違いは、塗膜の厚さ。ニスの膜はワックスより厚いので、一度塗れば1～2年もつ。ワックスのもちは種類によって異なるが、樹脂系のもちは6か月程度。どちらも塗る前に、床面をきれいに掃除しておくこと。ニスの場合は密着させるためのサンディングが必要。またワックスを塗ってある床にニスを塗る時、古いワックスははがし剤などではがしてから作業する。

水性
ニス
No.1
リンレイ
all
床用樹脂ワックス
約30畳分

## ⑥木製家具・建具

### ステイン、ニス、木部用塗料

大きく分けると、木目を生かすか、隠すかで塗料が違う。木目を隠す場合は、一般塗料を使う。木の地肌を活かす場合は無色透明のニス、木目を生かした着色にはステインを塗り、仕上げにニスを塗る。しっとりとウエットな質感に仕上げるなら、オイル&ワックス。木にオイルを染み込ませあ後、ワックスを塗って磨きをかけると、濡れたような深みのある表情になる。ニスとの違いは表面に塗膜を作らないこと。そのため耐久性ではニスより劣る。

ウエットな質感を出す、オイル&ワックス

木目を生かす、水性木部着色剤

## ⑦プラスチック製品

### プラスチック用プライマー

プラスチックの種類により、塗料との相性も変わり、塗料がのらない、表面が溶け出すなどのトラブルも少なくない。用途に合ったものを購入し、必ず見えないところで試し塗りをすること。塗料を密着させるためにプラスチック用プライマーで下地を作ることも重要です。

## ⑤金属製の家具

### 金属用プライマー、金属用塗料

スチールタイプのラックなど金属製の家具などには、塗料を密着させる下地剤を塗る必要がある。ハケやローラーを使ってもいいが、塗りあとが目立ちやすい。スプレーなら、ムラなく仕上がり、すき間部分も塗りやすい。スプレーは、屋外で風の無い日がおすすめ、飛び散りがあるので周囲を養生してください。

ミッチャクロン
金属はじめ、塗料がのりにくい素材の下地剤です。下地剤が乾いてから上塗りしてください。

## ③合板ドア

### 一般塗料

表面がツルツルした化粧合板は、塗料がのりのくい。塗料を密着させる下地剤をあらかじめ塗っておく。上塗り色は周囲の壁面と同色系にするか、アクセントになる色にするかで、部屋の印象が変わる。

## ④浴室モルタル壁

### 浴室用塗料

抗菌剤、防カビ剤などを配合し、「浴室用」と記されている塗料を使う。カビが発生している場合は、必ずカビ取り剤で除去しておくこと。カビの上から塗ると、一時的に見えなくなるが、時間がたつとカビが発生する。古い塗膜がはがれていたり、水を吸い込むタイプの壁は表面を固める下地剤を塗っておく。常に濡れている床面や、タイル、ユニットバスには塗れない。作業は、入浴後の湿気が多い状態ではなく、完全に乾燥させたあとに行う。

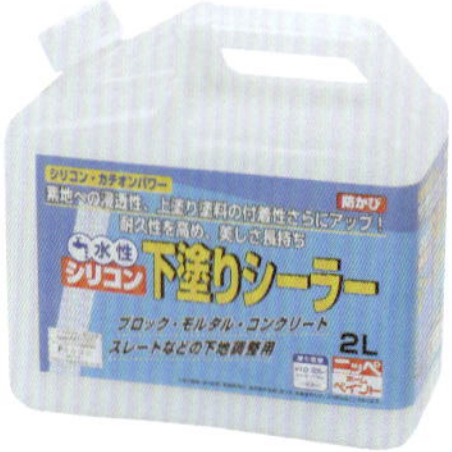


水性塗料用下塗り剤「水性シーラー」
上塗り塗料の密着性を高める。

# 屋外塗料

屋外で塗料を選ぶときチェックしたいのは、耐候性や耐水性など、風雨や日ざしに対する強さです。扱いやすい水性塗料も、屋外で使える表示のあるものは、塗膜が劣化しくいので問題なく使えます。防虫防腐用などには浸透性のよい油性塗料がいいでしょう。また、トタン用、瓦用、コンクリート床用など、場所を明記した塗料があります。用途が明確なら、多用途のものより、専用の塗料がいいでしょう。

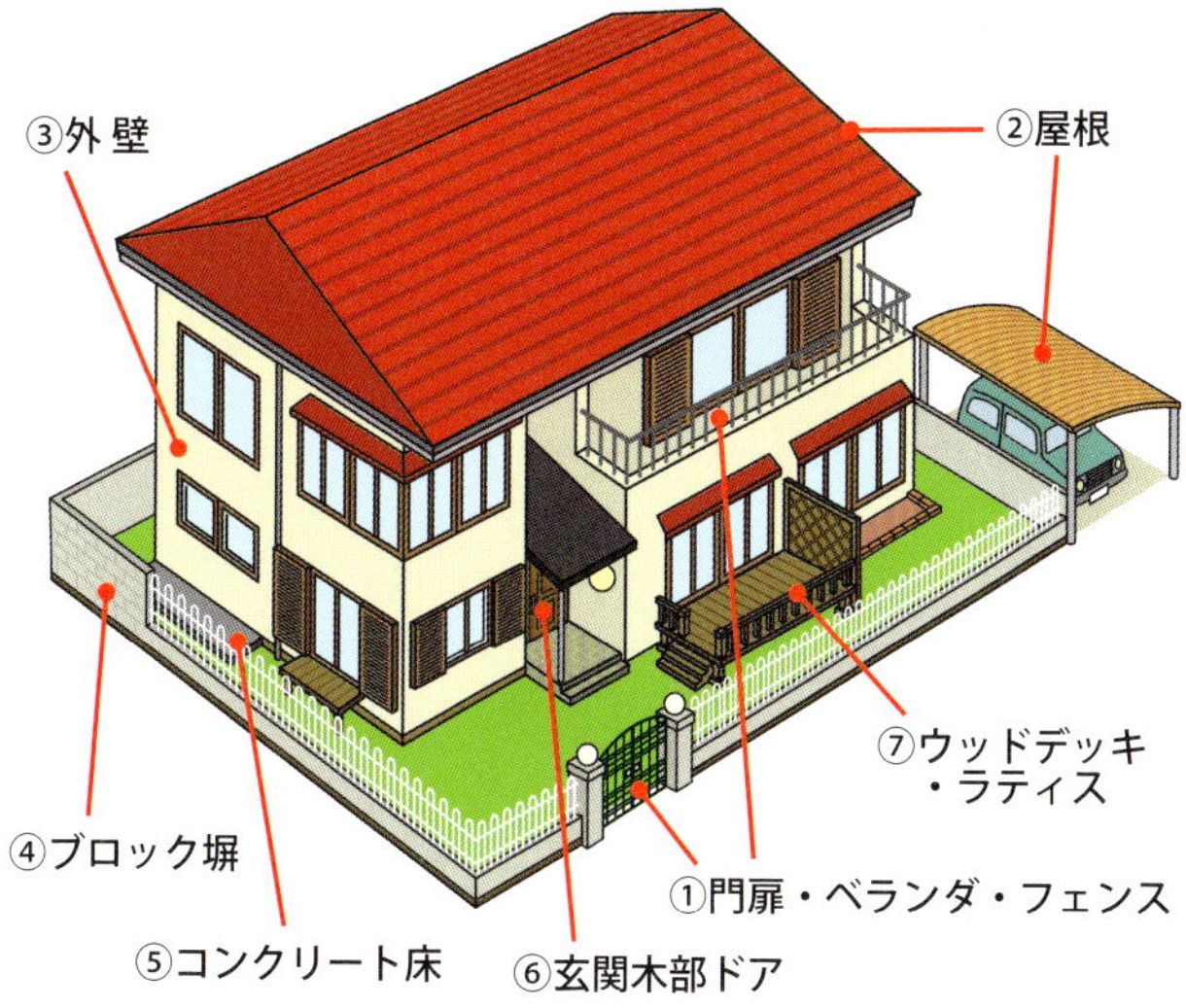


## 機能性で選びましょう

### ①門扉・ベランダ・フェンス

金属を塗装する場合は、鉄か非鉄（アルミ、ステンレスなど）かで、下地調整が異なる。劣化が目立つ素材や、塗膜に強さを求めるなら油性を、それほどでもなければ扱いやすい水性でもよい。

■アルミ・ステンレスの場合
－金属用塗料

アルミ、ステンレスなどの非鉄金属は、直接塗料を塗ると、のりにくく、はがれやすい。サンディングするか、塗料を密着させる下地剤を塗っておくとよい。白サビや青サビは、サンドペーパーなどで落とす。

■鉄の場合－鉄部用塗料

ワイヤブラシやスクレーパーでサビを落とし、サビ止めを塗る。サビ落としは手間がかかるので、大量にサビが発生しないうちに塗り替える。

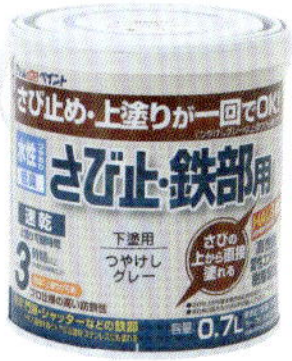


### ②屋根

風雨、日光に直接さらされる場所なので、耐水性や耐候性を備えた専用の塗料を使う。トタンと瓦の両方に対応しているタイプもある。作業は高所になるため、十分な安全対策が必要。雨上がりや、真夏日は避ける。不安がある場合は専門家に依頼するほうがよい。

■トタンの場合
－トタン屋根用塗料

基本的に、鉄製の門扉、ベランダ、フェンス同様、サビを落とし、必要ならサビ止めを塗ってから上塗りする。トタン用塗料には水性と油性がある。水性は乾きが早く扱いやすいが、サビにはやや弱い。油性は、塗料ののびがよく、経済的。

■洋風瓦の場合－瓦用塗料

日本瓦は基本的に塗装の必要は無いが、最近はスレート瓦とよばれる洋風の瓦が増えている。このような屋根は塗り替えが必要。塗料の吸い込みを防ぐ下地剤を塗ってから上塗りする。

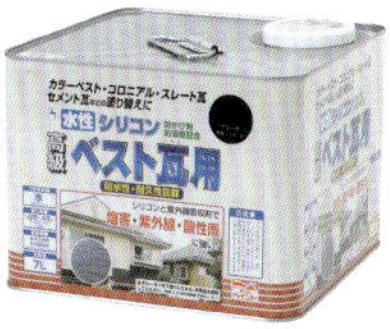


### ③外壁

屋根同様、汚れにくく、耐候性、耐久性に富んだ塗料を使う。壁の素材に合う塗料と下地剤を選ぶ。屋根も外壁もブロック塀もOKなオールマイティなタイプもある。

## ⑦ウッドデッキ・ラティス

### 防虫防腐塗料

風雨や日ざしを浴びるウッドデッキやラティスは、痛みが早いので、表面の色あせが目立つ前に塗り替える。ウッドデッキでよく使われるのは、外部用ステイン。塗膜は作らず、木に浸透することで、はっ水、防腐、防虫効果により耐久性を高める。

## ⑤コンクリート床

### コンクリート床用塗料

グレーで暗い印象になりがちな駐車場や庭先のコンクリート床。塗装すると、見た目にも美しく、明るいイメージになる。塗料の吸い込みを防ぐための下地剤を塗ってから上塗りする。上塗りの塗料には、雨や水で滑るのを防ぐ、滑り止め剤を混ぜるとよい。

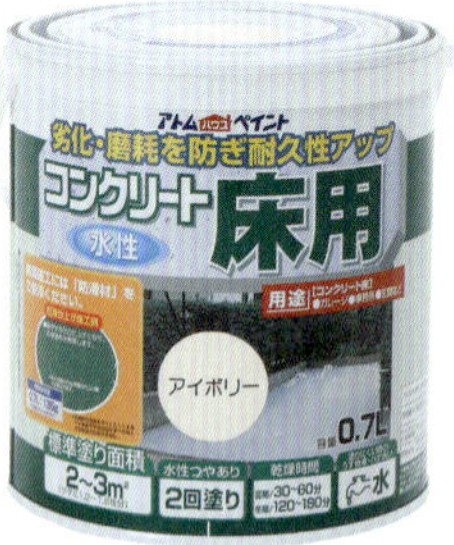


## ⑥玄関木部ドア

### ウレタンニス

木製の屋外用ドアは、ツヤがなくなったら、塗膜のはがれが目立たないうちに塗り替えたいもの。木の風合いを生かしつつ、塗膜を作り、耐水性、耐候性、防腐効果もあるニスを使用。屋外の木製の窓枠や戸袋などにも使える。

## ④ブロック塀

### 外壁用塗料

ブロック塀はそのまま塗ると、塗料を吸い込んでしまい、大量の塗料を使うことになるため、表面を固めるための下地剤を塗っておく。下地剤は水性でもよいが、風化が進んだブロック塀は油性のほうがよい。弾性塗料とも言われる凹凸塗料は、粘土が高いため、砂骨ローラーバケで塗ると表面に凹凸ができ、上質な仕上がりになる。

# 下地剤

**■水性カチオンシーラー**
ブロック、モルタル、コンクリートなどの吸い込み止め。

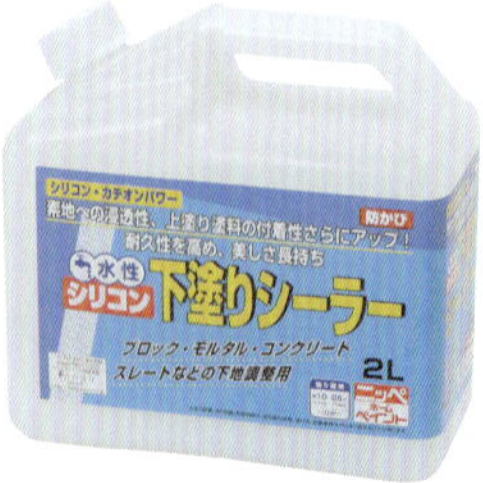


**■水性シーラー**
ブロック、スレート、モルタル、コンクリートの下地剤。

**■水性下地剤**
コンクリート床、スレート瓦の下地剤。

# 自然系塗料

## 身体や環境にやさしく人気

最近は、環境や健康の面から自然系塗料が注目されています。ミルクペイントは、ミルク原料のミルクカゼインを使用したもの。柿渋《かきしぶ》は、渋柿がもつタンニンを発酵させたもの。ベンガラは顔料で、酸化鉄が成分。防虫防腐効果があり、柿渋や亜麻仁油《あまにゆ》などに混ぜて使われます。亜麻仁油は、亜麻の実である亜麻仁からとれる油。植物油を主成分とした着色オイルやワックスも、子どもやペットのいる家庭で人気です。

**■亜麻仁油**
亜麻という植物の実から採取した植物油。

**■ミルクペイント**
ミルク原料を使用した天然由来ペイント

**■ワトコオイル**
亜麻仁油を主成分とした英国生まれの塗料。

**■無臭柿渋**
布染料としても使わている。

# 特殊塗料

## 独特な風合いや機能をプラス

年代物のような雰囲気に仕上がるアンティーク調は、使い込んだ擦れ汚れが簡単に表現できます。さらに表面にヒビ割れを再現できるクラッキング塗料はアンティーク感をさらに強調できるものです。長く使い込んだ家具や小物などを仕上げるのに今、高い人気があります。金属の古サビを表現できる塗料は、多肉植物の入れ物にもぴったりの仕上がり感です。木材や厚紙に塗るだけで黒板になるチョークボードペイントは、子どものお絵かきやメッセージボード作りにぴったりです。いろいろ組み合わせて使うのもDIYのたのしみです。

**■ラストメディウム**
こげ茶・赤茶のサビを表現

**■アンティークメディウム**
ブラウンで汚しをつける

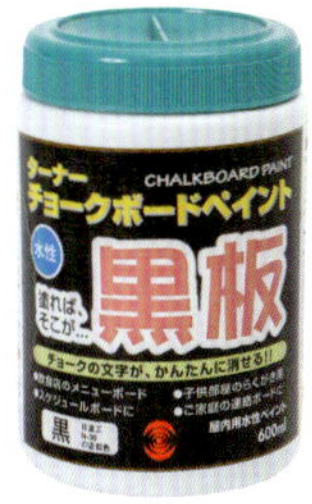


**■チョークボードペイント**
塗るだけで黒板になる

**■クラッキングメディム**
ヒビ割れを再現

# プラスチック補修剤

## 接着だけでなく、欠損部分の復元も可能

ここで紹介するプラスチック補修剤は、接着剤と違い、硬化するとそれ自体がプラスチックになるタイプのもの。割れたり、欠けたりした部品を接着できるだけでなく、欠けてなくなった部分を成型して復元できる造形補修ができるのが特長です。

液化プラスチックに紫外線をあてて硬化させるタイプ、合成樹脂パウダーに専用液を混合して硬化させるタイプなどがあり、補修箇所はプラスチックとしての強度を持ちます。家電やコンピューター部品、自動車部品の補修、模型やアクセサリーの製作などに幅広く利用できます。

写真は、先端部分の紫外線 LED ライトで硬化させるタイプの補修剤です。

### ■充填・穴うめ

欠けるなどしてへこんだ部分に流し込んだり、材料の穴をうめたりして、へこみをならす材料として利用できます。

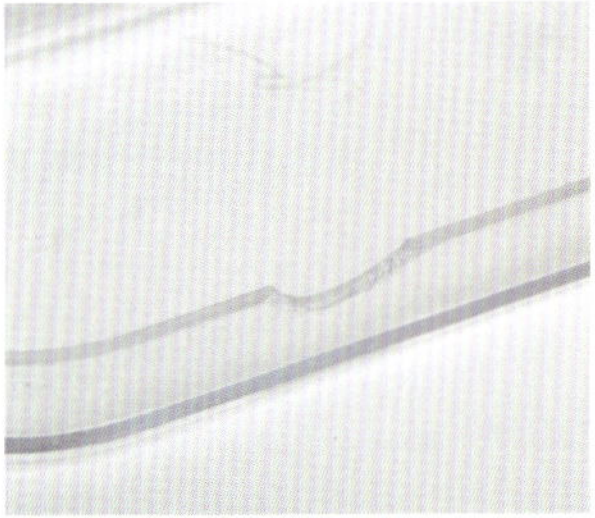

写真のような欠けやへこみは、充填して補修できます。

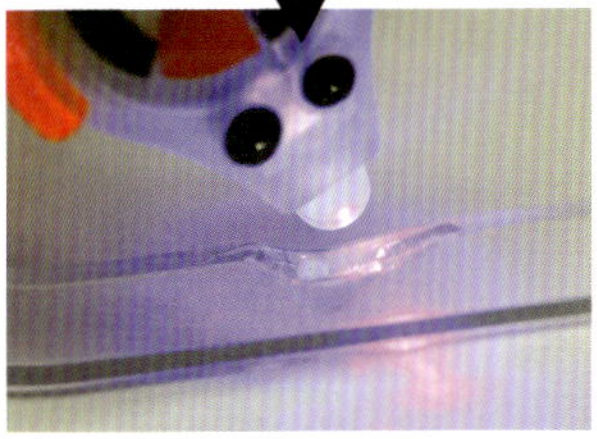

1mm 程度ずつ硬化を繰り返して、厚みを増していきます。

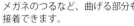

必要に応じて、プラスチック用塗料で着色することもできます。

### ■成型・複製

欠けてなくなった一部を肉づけ成型して復元したり、ほかの部分でかたどって部品を複製したりすることができます。

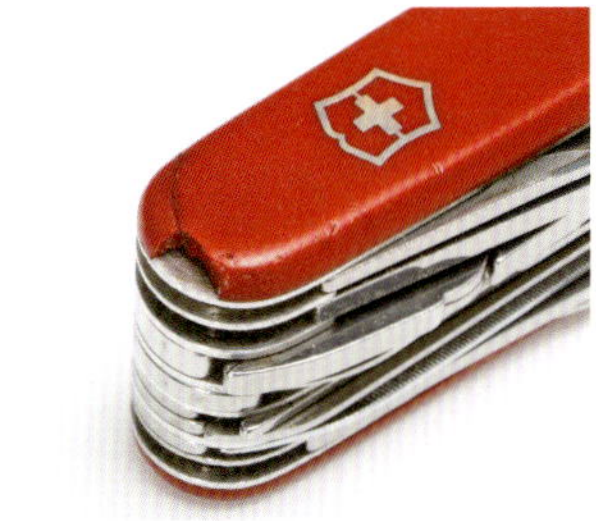

欠損した部分があっても、復元することができます。

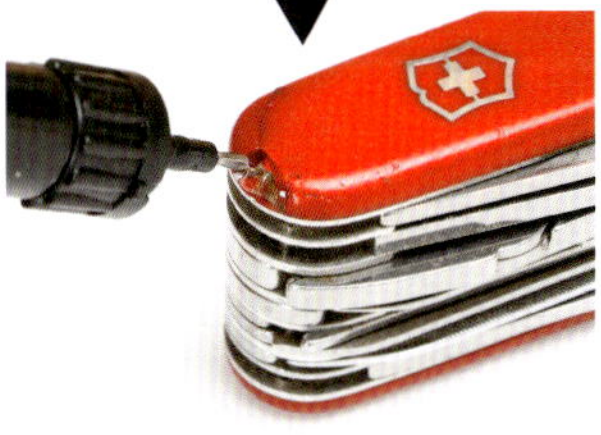

塗りと硬化を繰り返して、少しずつ肉づけしていきます。

周囲より盛り上がる程度にしてから、ヤスリで削って形を整えます。

### ■接着補修

割れたり、折れたりした部品を、接着して補修。硬化後は樹脂になるので、大きな力や振動の加わる部分の接着にも使えます。

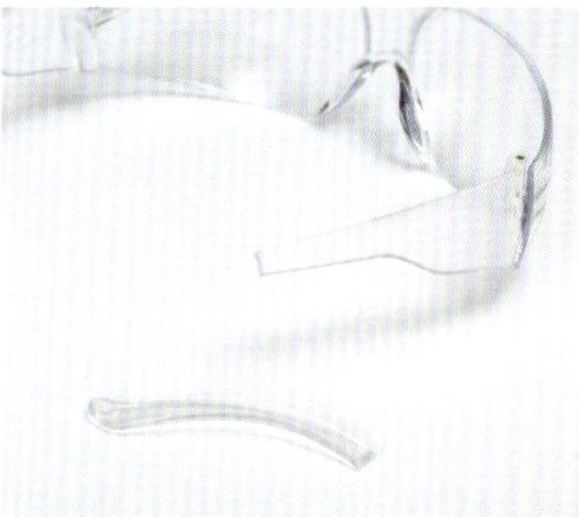

メガネのつるなど、曲げる部分も接着できます。

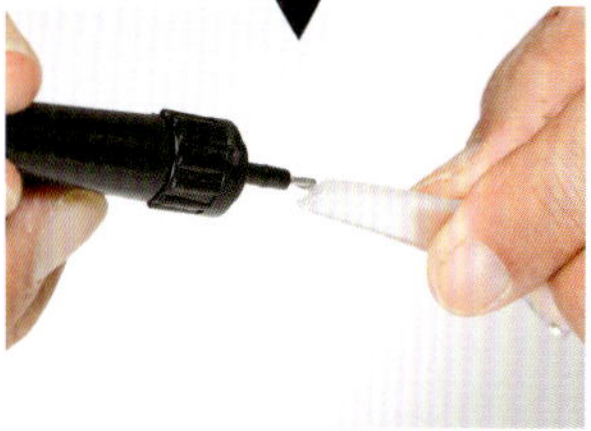

接着面にヤスリをかけてから、補修剤をつけます。

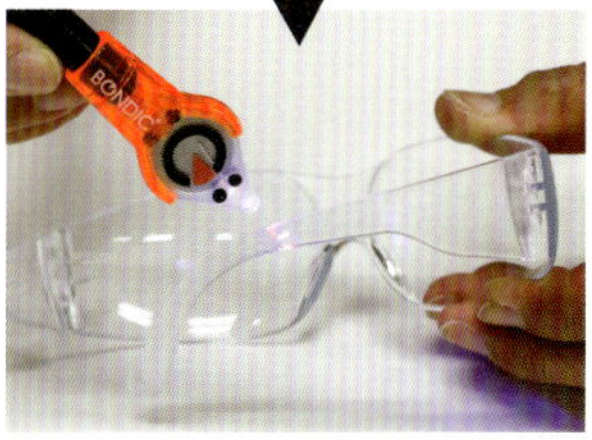

紫外線を 4 秒程度あてて接着。周囲にも補修剤をつけて強度を増します。

# ペイントテクニック

## 飾る・変える・遊ぶ

塗装の役割は、塗膜による素材の保護や塗り替えによる再生だけではありません。特殊な塗料や塗装方法を使うことで、さまざまな演出を加えることができます。すぐに活用できる代表的なテクニックを紹介しましょう。

### アイアン調塗装

木材や樹脂などを、塗るだけで鉄、その他金属のような質感に見せられる塗装です。家具の脚や雑貨のリメイクなどに。

アイアン調塗料、プライマー（下塗り塗料）、小さく切った台所用スポンジを使って塗装します。

プラスチックなど、滑面で塗料ののりが悪い素材に塗るときは、密着性を高めるためにプライマーで下塗りをします。

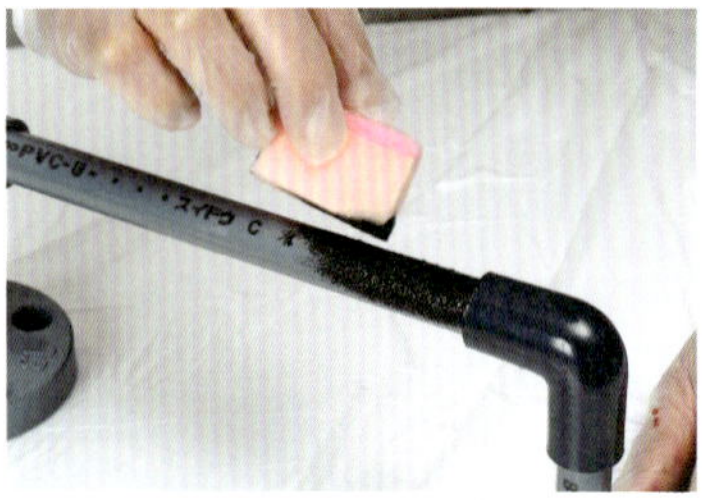

アイアン調塗料をつけたスポンジで、叩くようにして塗っていきます。一度に厚く塗らず、薄く塗り重ねましょう。

乾かしながら厚く塗ると、ぼってりと鋳物のような質感が出ます。ゴールド、シルバー、ブロンズなどの色もあります。

### アンティーク塗装

塗装がはげたり、汚れたりしたようすは、使い込んだものの味わいになります。その風合いを再現する方法です。

塗装済みの木材、アンティーク調塗料、ウッドワックスを用意。事前の下塗りの色が明るいほど効果的です。

ハケの側面を使い、木材の角部分にアンティーク調塗料をこすりつけます。濃淡があるほうが、自然な汚しになります。

ハケにつけた塗料を布などで軽く落とし、毛先を使って板の表面全体にカスレを表現します。塗り過ぎに注意。

ウッドワックスを布につけて薄く塗り、表面に軽くツヤを出します。布で余分な塗料をふき取って完了です。

## 浮造り＋塗装

浮造りとは、木の柔らかい部分を焼いて削り、木目を浮き上がらせる方法。さらに塗装して洋風に仕上げます。

ガスバーナーであぶって木材の表面をじっくりと焼きます。木質の柔らかい部分ほど、炭化が進みます。

木目に沿ってワイヤーブラシで強くこすり、炭化した部分を削り落とすと、燃え残った部分が浮かび上がります。

削って出た粉を布でよくふき取り、白やベージュなどの明るい色の塗料を、スポンジで軽くこするようにして塗ります。

塗料が乾いたら、80 番程度のサンドペーパーでこすり、塗装がはげかけたようすをセンスよく演出しましょう。

## ダメージ加工

道具を使って木材に傷やへこみをつけてから塗装することで、古道具のような使用感を出す加工方法です。

水性ステイン塗料のほか、傷をつける道具として金づちやクギ抜きを用意。ノコギリなどを使ってもよいでしょう。

道具を使って木材に傷をつけます。向きや間隔、道具を変えて、規則的にならないように傷をつけるのがコツです。

布を使ってステイン塗料を塗ります。傷を入れたところは塗料の吸い込みがよく、そこだけ色が濃くなります。

80 番程度の目の荒いサンドペーパーで縁の部分を木材ごと削って、丸く使い込んだ感じに演出します。

## ひび割れ塗装

塗装のひび割れは、長い年月、放置されていた風合いを表現します。専用塗料を使うと、簡単にひび割れの演出ができます。

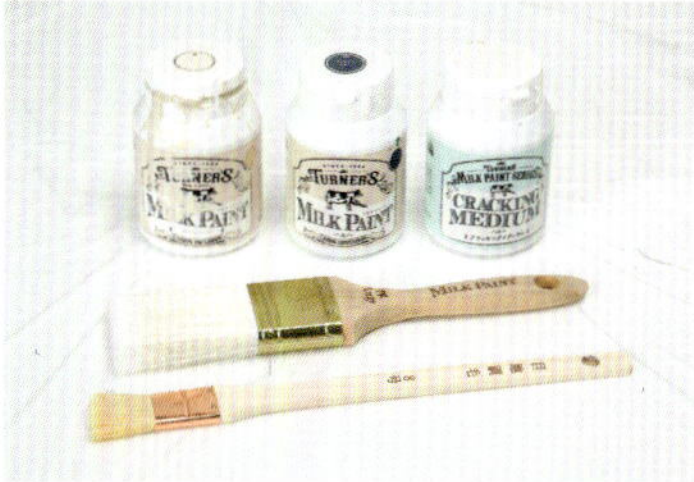

クラッキングメディウムと、２色のミルクペイントを使用。２色の色味の違いが大きいほど、ひびがはっきり出ます。

下塗りの色で、全体をまんべんなく塗ります。完成時には、この色がひび割れから見える色になります。

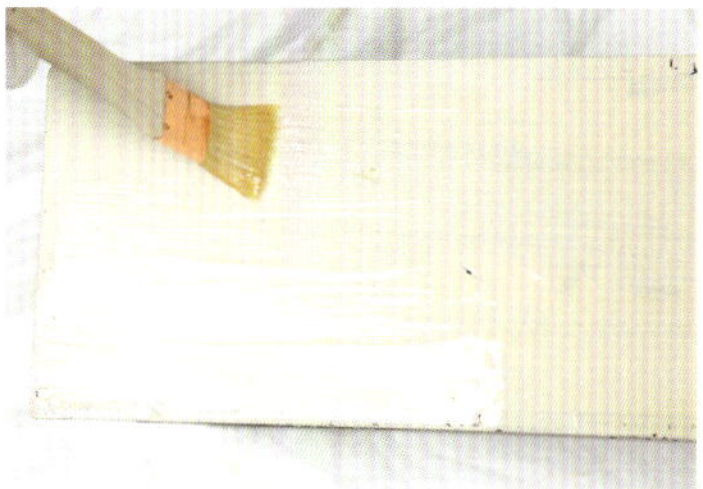

下塗りが乾いたら、クラッキングメディウムを塗ります。厚塗しないように、一方向にできるだけ平らに伸ばします。

粘着感はあるが指につかない程度に乾いたら、上塗りします。一筆で伸ばすように塗ると、すぐひび割れが起きます。

# レンガ、ブロック

## 敷く・積む・はるなど、使い勝手のいい素材

風合い、色、サイズなど、レンガにはさまざまな種類があります。気をつけたいのは、レンガを「積む」のか、「敷く」のか、用途に合わせて選ぶこと。レンガには、塀や花壇などに使う「積み用」と、テラスやアプローチなどに使う「敷き用」があります。他に特殊な用途として、バーベキューコンロ作りに使う「耐火レンガ」があります。

基本的には積む場合はどちらでも構いませんが、敷く場合は強度のある「敷き用」を選んでください。どちらかわからない場合は購入時に確認しましょう。また、同じ種類でも、焼き加減で一つ一つ微妙に色や風合いが異なります。必ずチェックしながら選びましょう。

■**耐火レンガ**

1200℃程度の高熱にも耐えられるレンガ。バーベキューコンロやピザ釜などにも使われる。

■**赤レンガ** 積み用

低価格でオーソドックスなタイプ。普通サイズに対し、厚さが 1/2 のものをハンペン、幅が 1/2 のものをヨーカン、長さが 1/2 のものをハンマスと呼ぶ。

■**外国製レンガ** 敷き用

種類が豊富になっているが、輸入物は在庫が安定しないので、必要数を確保して購入しよう。

■**穴あきレンガ** 積み用

穴に鉄筋を通し、モルタルをつめて強度を保ち高く積み上げることができる。

■**ブリックレンガ** 積み用

アンティーク風の質感をもつ装飾用レンガ。専用の接着剤で固定する。

■**アンティーク風** 積み用

アンティークレンガの風合いを真似て作られたもの。角が欠けていたり、凹凸があったり、古びた質感や味を持つ。

■**並型ブロック**

軽石が主原料の一般的な軽量ブロック

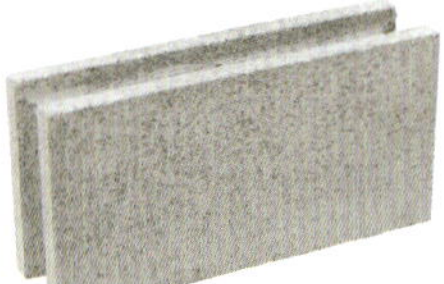

■**横筋型ブロック**

横に鉄筋を入れる時に使う。

■**隅型ブロック**

ブロックを積むとき端の部分に使う

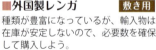

# タイル

## 屋外と屋内、そして床と壁
## 用途に合わせて選ぶのがポイント

■タイル用接着剤
手軽に使えるチューブタイプ。くしベラで接着剤を節目状に盛り上げ、塗り広げて使う。

■タイル用目地材
水を加えて練り、ヘラで目地に埋めます。欠けた目地の補修にも使える。

タイルは外壁や水まわりのほか、家具や壁のアクセント、小物類の装飾用に人気の素材で、形や質感などの種類も豊富です。使う目的に合うものを選ぶことがポイントです。

用途で大別すると外装用、内装用があり、さらに、床用、壁用に分かれます。ここではＤＩＹで扱いやすい内装用タイルを中心に紹介します。タイルは主成分や焼成温度の違いで、磁器質、せっ器質、陶器質の３種類があります。磁器質タイルやせっ器質タイルは、水をほとんど吸わず、硬くて厚みがあるため床や外壁に良く使われます。陶器質タイルは、釉薬をつけて仕上げたものが多く、色やデザインが豊富で主にインテリア装飾に使われます。

■タイルカッター
片端は刃に、もう一方はつかむ部分になっている。タイルを割るときに便利です。

モザイクタイル。
様々な形、サイズ、色がある。お好みで組み合わせて目地剤で固定する。

広い面を貼るときはタイル９個が裏紙で１枚になっているシート状を使うのが便利。

装飾性の高い模様入りのタイル。主に陶器質タイルです。無地タイルと組み合わせと良い。

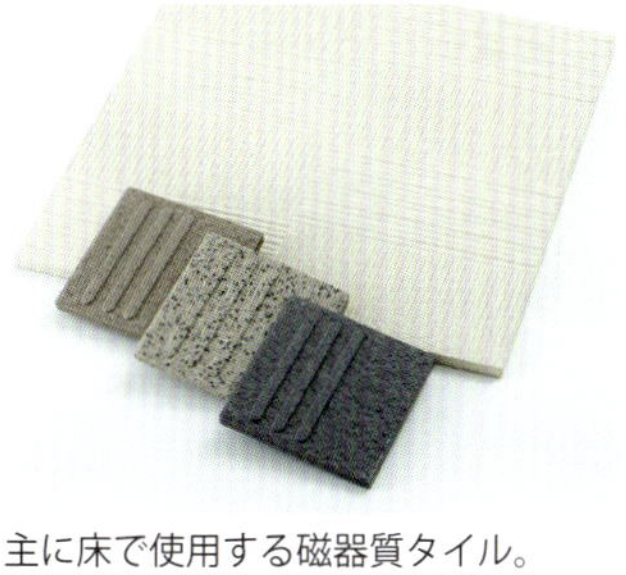

主に床で使用する磁器質タイル。
表面はすべり止めの仕上がりになっている。

裏面がネットでつながっているモザイクタイル。広い面に適して、はさみで細かくすることができる。

一般的な単色のタイプ。
スタンダードな色からポップな色まで各色ある。

# 敷《しき》石《いし》

## 選び方・並べ方で雰囲気は大きく変わる

庭の装飾や玄関アプローチなどに、敷石を活用する人が多くなってきました。ぬかるみや雑草防止といった実用目的以外に、庭や植物を美しく見せる効果があるからでしょう。

敷石は、平らな形状、ブロックタイプ、円形など、形状はもちろん、色合いも風合いも多種多様になりました。それぞれに天然石と人工石があります。自分好みにアレンジして選んでみてください。

ビギナー向けは平板タイプ（規格のそろった角形で、30㎜以上の厚みのあるもの）を選び、下地には砂を使うのがおすすめです。乱型タイプの石は見栄え良く並べるのに経験が必要で、薄い石は下地をモルタルで施工する必要があります。

**■エッジングタイプ直**

長い直線部分を縁取りするときに便利。

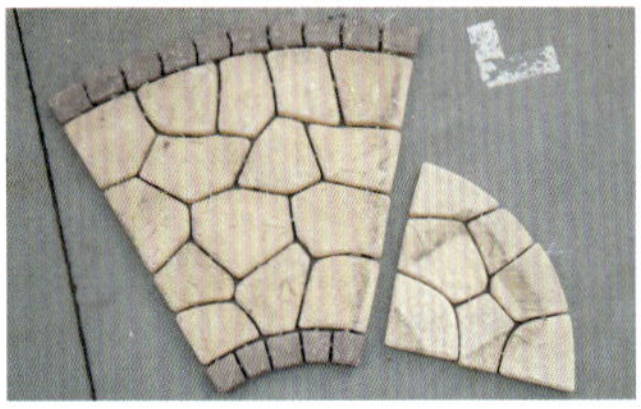

**■サークル型**

庭のアクセントにしたり、装飾性アップに活躍。樹木の縁取りにしても良い。

**■平板タイプ**

敷き詰めるときに便利な形。同じ素材でサイズや色違いがある場合は、組み合わせて使うと単調さを解消できる。

**■エッジングタイプ曲がり**

曲線と直線を組み合わせて、花壇の縁取りなどに便利。

**■ネットタイプ、レンガ風**

裏にネットが付いているので、一度に広い面積を貼れる。

**■ブロックタイプ**

厚みがあるため荷重がかかる場所にも使える。サイコロ状のタイプは曲線を描くこともできる。

**■コンクリート枕木**

枕木風の味わいがある。前面に敷き詰めたり、飛び石風に使うのも良い。

**■レンガ風**

平板タイプの一種で、レンガ模様になっている。

**■乱形タイプ**

自然に割れたような風合いを持つ。味があるが、うまく並べるには計画性と経験が必要。

# 砂利《じゃり》、セメント、砂

通路、縁取り、敷石のすき間埋めなどに使われる砂利も、最近は種類が豊富です。大別すると、角があるタイプと丸いタイプがあり、粒の大小、色合いなどに分けられます。どのタイプを選ぶかは、好みで構いませんが、基本的に、広く敷く場合は大きい粒、狭いすき間を埋めるときは細かい粒が使われます。また、大きな粒を使う場合、細かいタイプを混ぜておくと、すき間がなくなり密度が高まります。

地盤が柔らかい場合は、砕石を敷いてから砂利を敷きましょう。下地作りを怠ると砂利が土に埋まってしまい、大量に使うことになるので注意しましょう。

**瓦チップ**

廃瓦を粉砕して再利用したもの。

**煉瓦チップ**

堅く焼き上げたレンガを砕いた砂利で洋風ガーデンに最適

**寒水石《かんすいせき》**

天然玉砂利、茨城県北部から産する結晶質石灰岩で、白色や濃緑色・灰色のしま模様がある。

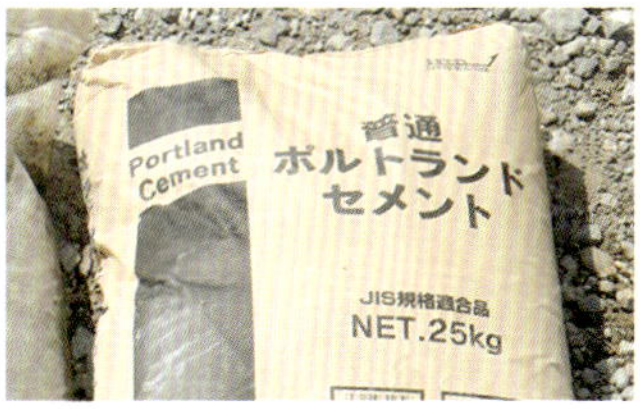


**セメント**

接着用の資材で、モルタルやコンクリートを作る主材料の一つ

**ゴールドイエローグラベラ**

洋風のガーデン周りに使いやすい美しい発色の砂利

**リバーストーン**

洋風にも和風にも合うホワイト系玉砂利

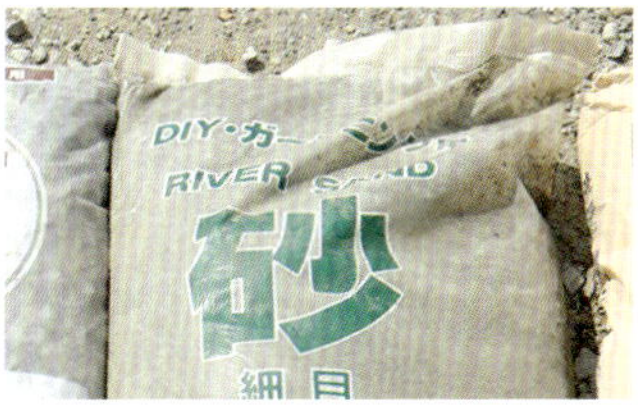


**砂**

モルタルやコンクリートを作る時に利用。レンガや敷石の下地にも使われる

**五色砂利**

複数の色の砂利が混ざったもので和風庭園に最適

**那智里《なちり》**

黒さを保つ玉砂利、土間等の洗い出し仕上げに最適

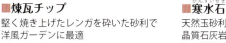

# デッキパネル

## 敷くだけでベランダが変身する

パズルをはめこむように敷くだけで、殺風景なベランダやバルコニーをイメージチェンジできる簡単さがデッキパネルの魅力です。花や緑もひきたち、部屋との一体感も生まれるなど、居心地のよい空間を手軽に演出します。素材は木、タイル、プラスチックなどいろいろなタイプが揃い、デザインも豊富。住まいの雰囲気や予算に合わせて選べます。

**■タイルタイプ**

雨や紫外線に強く、水はけもよい。タイルのもつ高級感が楽しめる。目地部分でカットも可能。

**■人工芝タイプ**

芝を模して作られ、古くからベランダアイテムとして親しまれている。水はけのよさとやさしい感触で根強い人気。

**■ウッドタイプ**

天然木や木目調のタイプは、ウッドデッキの雰囲気が楽しめる。

---

# ラティス

## 目かくしや植物を飾るなど手軽に設置

ナチュラルな木の質感を生かしたラティスは、草花を絡めたり、鉢を掛けたりと、植物との相性もよく、ガーデニングの人気のアイテム。目かくしやパーティション、塀などにも使われ、材質やデザインもさまざまあります。ウエスタンレッドシダーのように防虫防腐効果のある樹種を使ったタイプは、塗装の必要はありませんが、始めに塗装されてるものは、1～2年程度で塗り直したほうが長持ちします。

板を平行に並べ、斜めに取り付けたルーバータイプ、目かくし効果が高い。

スタンダードな斜め格子のタイプ、デザインやサイズなどバリエーションが豊富

サイズが豊富で、設置場所に合わせて選べる。

# 03

第 3 章

# 壁・床の修繕

# 壁紙の張り替え

## 部屋のイメージチェンジも簡単に

広い壁紙をはがし、貼り替える作業は、大きな労力をともないます。手順とポイントをしっかり押さえ、手際よく進めていきましょう。壁紙にはさまざまな種類がありますが、あらかじめ裏面に生のりが塗ってあり、裏紙をはがすだけで壁に貼り付けられるタイプがおすすめです。生のりタイプは、のりが乾く前に位置を微調整することも可能です。どんな部屋にも馴染む無地のデザインが人気ですが、空間の雰囲気を一新してくれる柄入りのタイプも捨てがたいところ。柄物を貼る場合は、合わせ目で柄のズレが生じないよう、慎重に作業する必要があります。

### ■生のり付き壁紙について

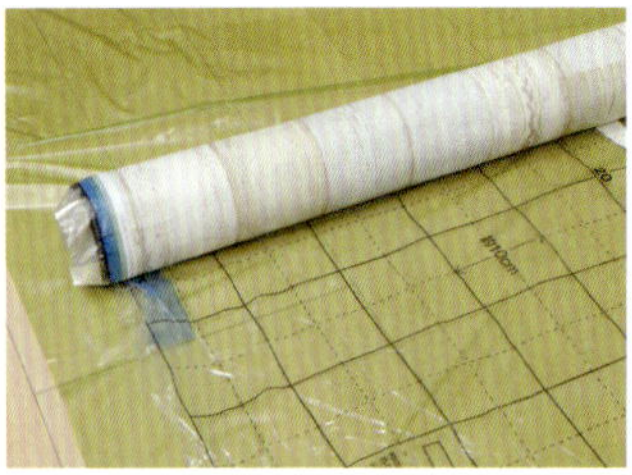

生のり付き壁紙は、接着面がフィルムで保護されています。封をしておけば１か月は接着力もつので、数回に分けて作業したいときにも便利です。

### 材　料

■壁紙（生のりタイプ）

### 道　具

■なでバケ
■地ベラ
■竹ベラ
■パテベラ
■スクレーパー
■マスキングテープ
■カッターナイフ
■押さえローラー
■マスカー
■はさみ
■下げ振り

## 準備をする

1

作業面にあるコンセントやスイッチのプレートをはずします。カバーを取り、ベースプレートも取り外しましょう。

2

取り外せないコンセントやスイッチは、マスキングテープを貼って、のりで汚れないようにしておきます。

3

のりで巾木や床が汚れないように、マスカーを貼って広げておきます。切り落とした壁紙も、この上に置きましょう。

4

作業中に壁紙が触れそうな天井、建具、エアコンなどもマスカーで覆い、シートの端をマスキングテープでとめます。

5

古い壁紙は、端っこをカッターなどで浮かし、壁と平行に引いてはがします。下地をはがさないように注意しましょう。

6

つなぎ目部分からはがすときは、つなぎ目と直角に切り込みを入れ、とっかかりを作ってめくりやすくします。

7

壁紙をはがし終えたら、下地に段差がないように整えます。はがれ残った古い壁紙はスクレーパーでこそげ落とします。

8

下地の紙がはがれたところは、補修用パテを盛ってへこみをならします。

9

パテはパテベラを使って薄く伸ばし、段差や盛り上がりがないように平らにならしておきます。

10

メジャーを使って、壁紙を貼る面の高さを測ります。

11

壁紙は実際の高さよりも10cm程度長くカットします。裏面の線を目安にして、まっすぐにカットしましょう。

12

カットした壁紙は、貼るときに広げやすいように、のりのついた面同士が重なるように屏風状に畳んでおきます。

# 1枚目の壁紙を貼る

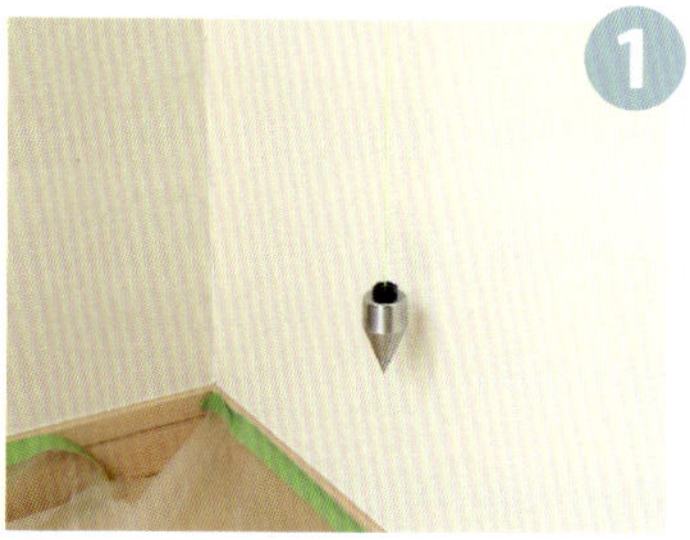
1

壁紙を真っすぐに貼る目安にするために、壁の上部から下げふりを垂らして垂直のラインを出します。

2

最初に上部を貼って位置決めをします。裏面のフィルムを上から 20cm 程度はがし、のりのついた面を出しておきます。

3

左（右）端と上側が切りしろとして 5 cm 程度はみ出すように位置を決め、垂直を確認しながら上部を貼ります。

4

貼った上部をなでバケで左右にしっかりと押さえて密着させます。

5

裏面のフィルムをすべて取り去ります。左右端についている色のついた細長いフィルムは、取らずに残しておきます。

6

この時点で垂直に貼れているかを確認し、曲がっているときは壁紙を浮かしながら引っ張って、位置を調整します。

7

壁紙のまん中を、なでバケを使って上から下へとなでて、しっかり密着させます。

8

続いてまん中から左右に、空気を追い出すように押さえます。シワができた場合は、はがして貼りなおしてください。

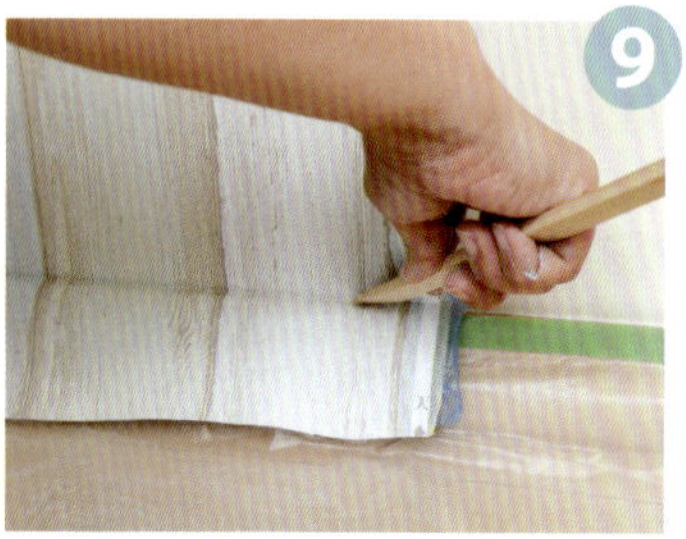
9

上下や角の縁を竹べらで押さえ、端までしっかり密着させます。浮いているとカット時に曲がりの原因になります。

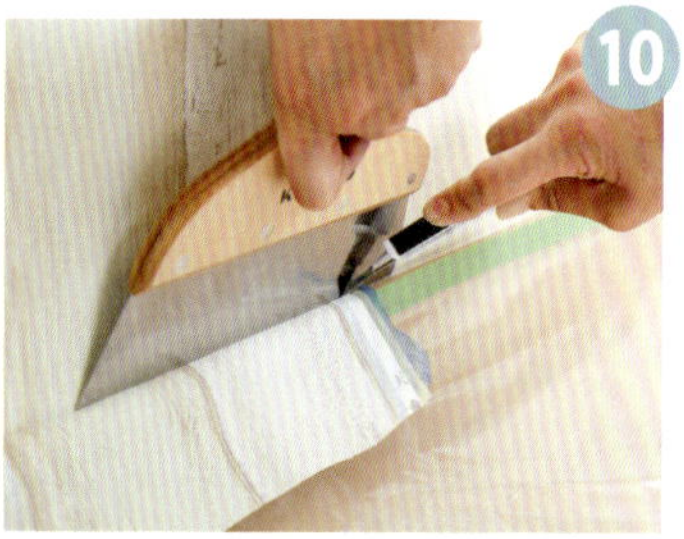
10

角に地ベラをあて、カッターでカットします。刃を途中で抜かないようにし、地ベラだけずらしながら切りましょう。

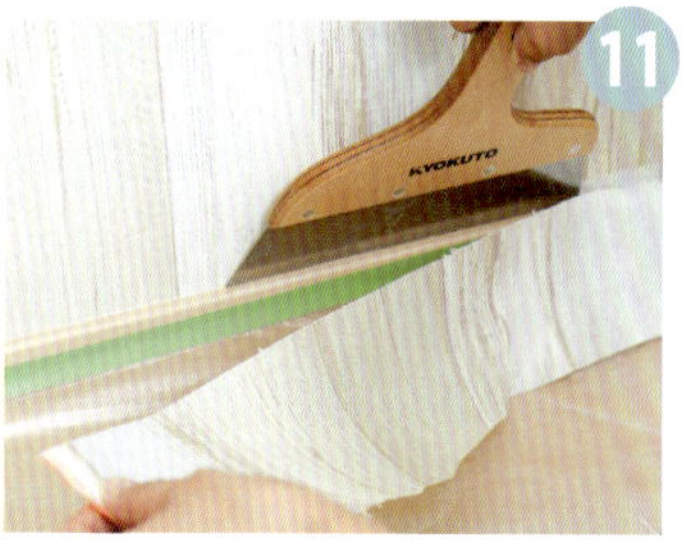
11

地ベラをあてて押さえた状態のまま、余分な壁紙を切り離します。

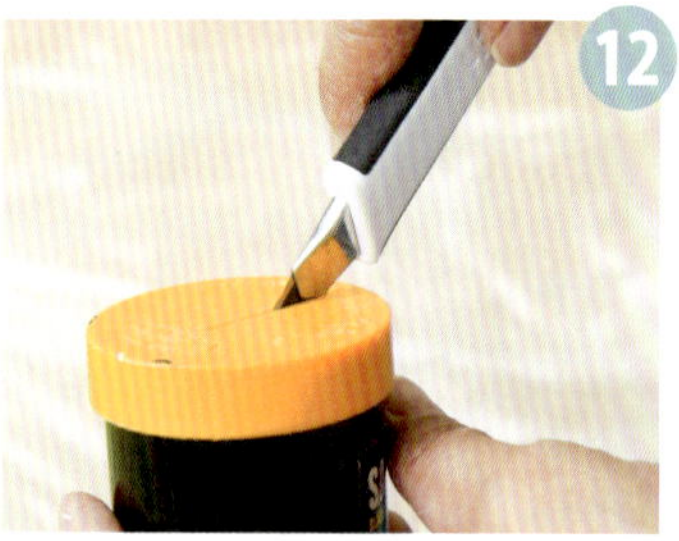
12

カッターは刃にのりが付着すると切れ味が鈍るので、こまめに刃を折りながら作業しましょう。

# 2枚目以降の壁紙を貼る

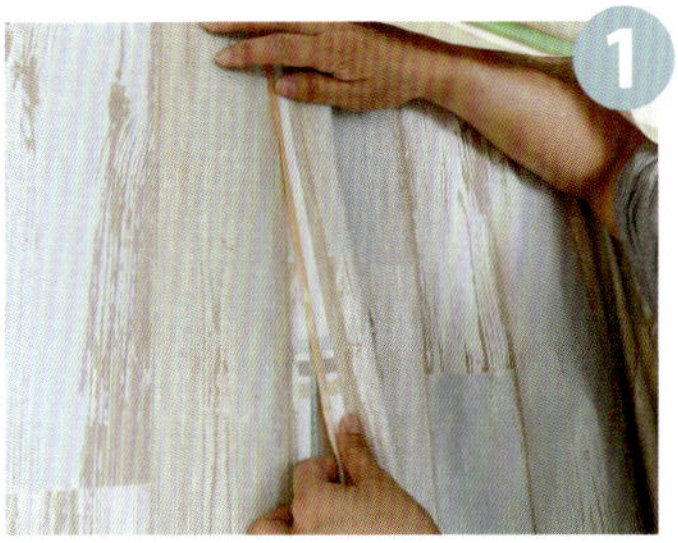

1枚目の端に2枚目の端を重ねて貼ります。裏面の左右端に貼ってある重ねしろ分のフィルムの幅を目安にしましょう。

1枚目と同じ要領で、シワができたり、空気が残ったりしないように気をつけながら、2枚目を貼ります。

壁紙がきれいに貼れたら、先に上下の余った部分をカットします。

重なった2枚を一緒にカットしてつなぎ目をあわせます。まず、2枚の重なり具合を確認します。

重なっている幅のまん中あたりに地ベラをあて、上から下までまっすぐに2枚一緒にカットします。

下側の壁紙の切り落とした部分を取り除き、残っているフィルムがあればはがします。

上側の壁紙に残っている裏面フィルムをはがします。

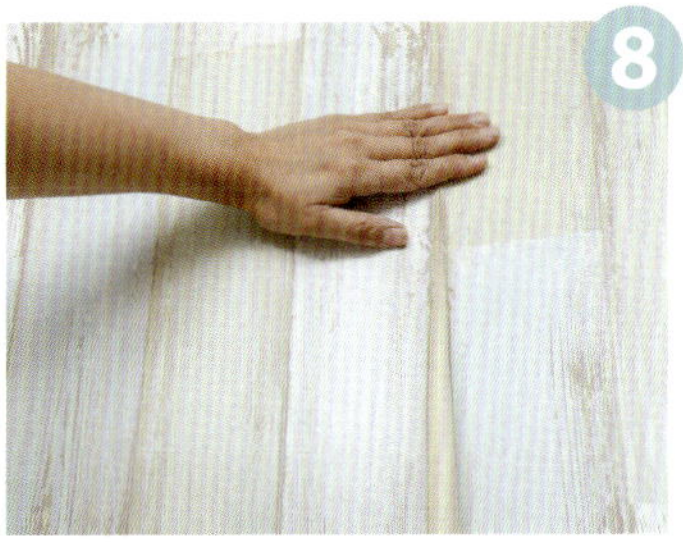

つなぎ目の部分を手、なでバケを使って押さえ、貼り合わせます。

つなぎ目の部分をローラーで押さえて、しっかりと密着させせます。はがれやすい部分なので、とくに念入りに。

スイッチプレートの部分を切り取ります。最初にX字に切れ目を入れ、穴の縁に沿ってカットしましょう。

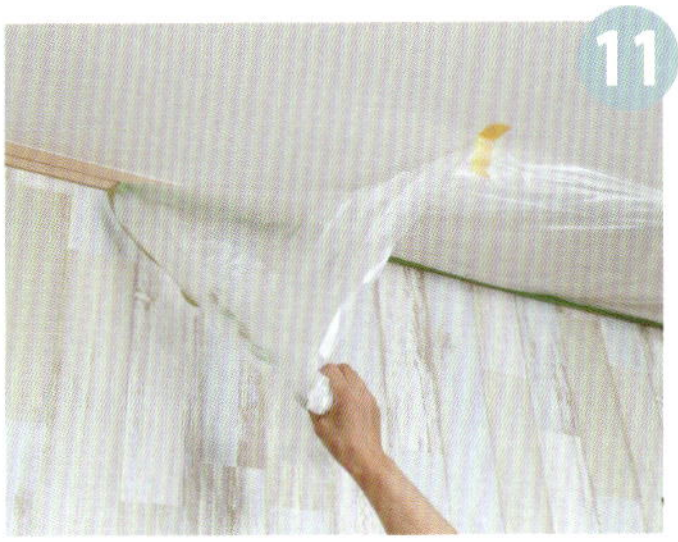

作業が終了したら、養生を取り外します。テープが壁紙と重なっていることがあるので、注意してはがしましょう。

浮きがないかを確認して終了です。今回紹介した重ね貼りは、無地や柄合わせの必要がない壁紙に向く貼り方です。

# 壁に珪藻土《けいそうど》を塗る

## 機能素材である珪藻土で壁をアレンジ

珪藻土は、壁に塗ることでざらっとした質感に仕上がり、部屋にナチュラルなアクセントを加えてくれます。また、調湿性能が高く、部屋の湿度を絶妙な状態に保つという機能も兼ね備えています。不快感の原因にもなる室内の余分な湿気を吸収し、冬場は結露なども防ぐ素材です。また、臭いを吸収し、抑える働きも期待できますので、ペットを飼っている家庭では重宝するでしょう。塗る前は非常に滑らかで柔らかい状態ですので、広い壁に塗る作業もスムーズに行えます。快適、かつ健康的な部屋作りのために、ぜひ導入を検討したい素材です。

### ■好みの模様を付けてみる

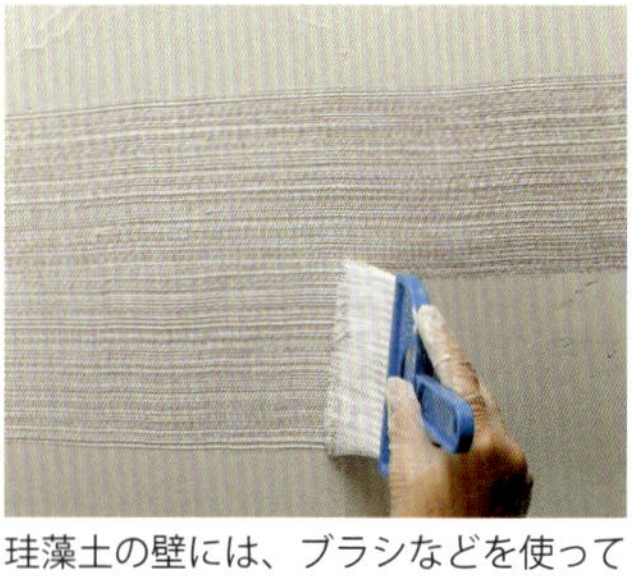

珪藻土の壁には、ブラシなどを使って模様を付けることもできます。乾く前に手早く作業しましょう。

### ■壁の隅々までまんべんなく

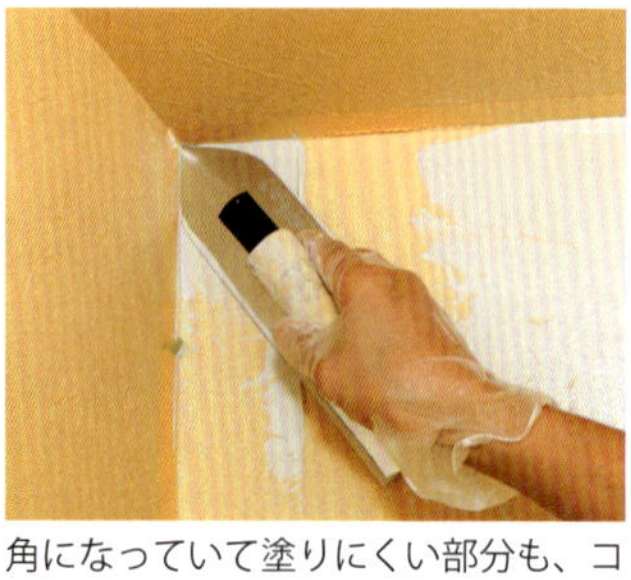

角になっていて塗りにくい部分も、コテの先や後ろを使って、しっかりと塗り付けましょう。

### 材料

■珪藻土　■プライマー

### 道具

■タッカー　■マスカー
■コテ　■コテ板
■おたま
■プライマー用トレイ
■マスキングテープ

## コテ塗り2回で仕上げる

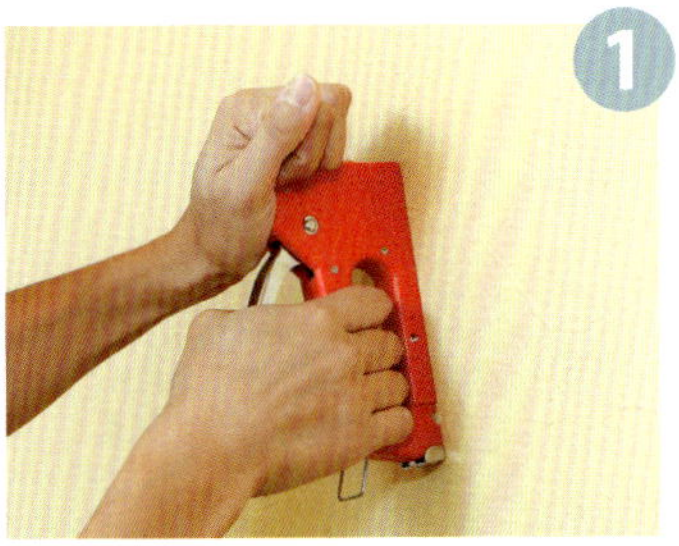

1 既存の壁紙の上に塗るため、珪藻土の重みで壁紙がはがれないようにタッカーで壁紙を補強する。

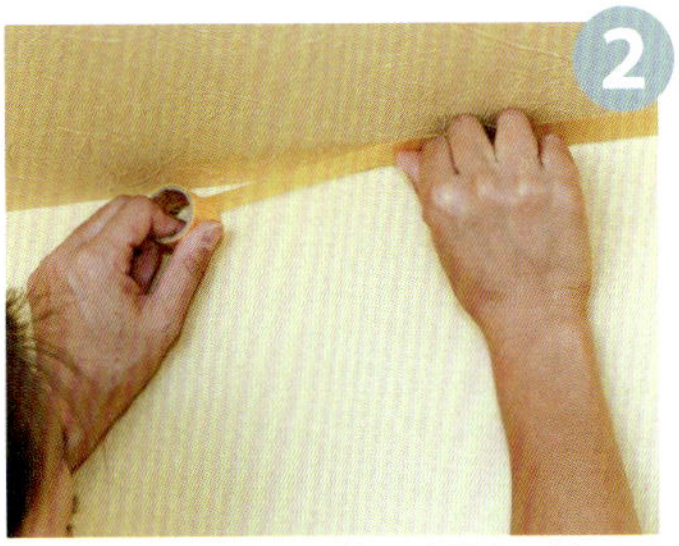

2 壁の周囲を養生します。珪藻土の塗り厚みを考慮して壁際から3mm程度離したところにマスキングテープを貼ります。

3 今回は塗らない腰壁部分と床面をマスカーで養生します。

4 壁紙の吸い込みで仕上げにムラができないように、プライマーを下塗りします。

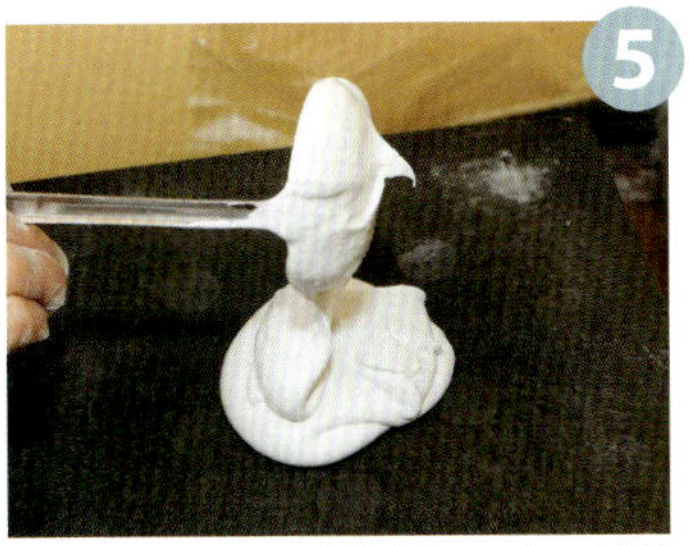

5 おたまを使って、珪藻土をコテ板に適量とります。

6 コテ板の上で、コテを使って練ると少し柔らかくなります。コテ板の横に適量のせます。

7 始めに下塗りです。壁に軽くあて、下から上に珪藻土を塗っていきます。コテは上を少し浮かせて動かすとなめらかにいきます。

8 次にコテを横に動かしながら、壁全体、均一に塗っていきます。下塗りでは下地が薄く見える程度で良いです。

9 壁全体にまんべんなく塗れたら、いったん乾かします。

10 下塗りが乾いたら､仕上げ塗りをします。下塗りと同じ要領で、下地が隠れるように均一に塗ってください。

11 均一に塗りが出来たか、少し離れて全体を見ます。。気になる凹凸や、下地が見えるところがあれば乾く前に修正してください。

12 表面が乾く前に、マスキングテープをとります。。テープの上に珪藻土が付いている箇所は珪藻土をとらないように丁寧にとってください。

# 壁に漆喰《しっくい》を塗る

## 和風、洋風問わず映える、伝統素材

漆喰は、古くから日本の建築物の壁や天井に使用されている、伝統的な素材です。断熱性、防火性、調湿性に優れ、壁の凹凸やひび割れを隠すのにもってこいの優れた建材として知られています。白を基調としたものが主流ですが、最近はカラフルな商品も数多く発売されていますので、部屋の雰囲気や好みに合わせて選ぶことも可能です。平らに塗るだけでなく、あえて凹凸を作るように塗れば、和室にも洋室にもマッチする、デザイン性に富んだ壁を演出することもできるでしょう。乾燥して固くなると扱いにくくなりますので、事前に作業手順をしっかりと把握し、手早く、効率よく作業することがポイントになります。

### 材料

- ■漆喰

### 道具

- ■コテ
- ■マスカー
- ■地ベラ
- ■コテ板
- ■おたま
- ■塗りバケ
- ■マスキングテープ
- ■プライマー用トレイ

### コテの使い方の注意点

コテを壁に当てる際、エッヂが立ちすぎると筋ができやすくなるので、極力面の部分を使うようにします。

### コテは洗いながら使う

コテについた漆喰が固まってしまう前に水で洗い流します。1度目の塗りが終わったら必ず洗いましょう。

# 薄く2回塗りで仕上げる

1

壁の周囲をマスキングテープで養生します。塗り厚みを考慮して壁際から3mm程度離してテープを貼ります。

2

床面はマスカーを貼って、広めに養生します。

3

下地の吸い込みを防ぐために、プライマーを壁全体にぬります。

4
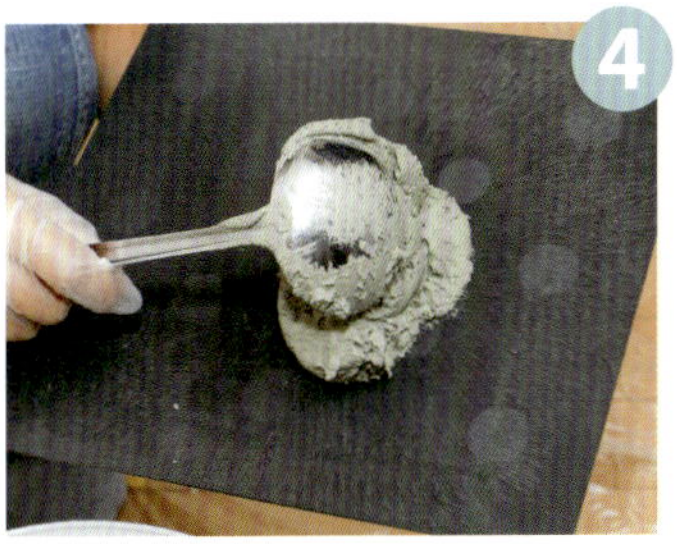
おたまを使って、コテ板の上に漆喰を適量のせます。

5

コテを使って練りを加えるとやわらかくなります。練りやすい固さに調整します。

6

コテの面の約半分程度を目安に漆喰をのせます。

7

1回目は下地塗りです。コテを壁に軽くあてて、下から上に向かって塗っていきます。コテの上を少し上げるとなめらかに塗れます。

8

壁の隅は、コテの先端を利用して塗ります。下地が見えないように塗ってください。

9
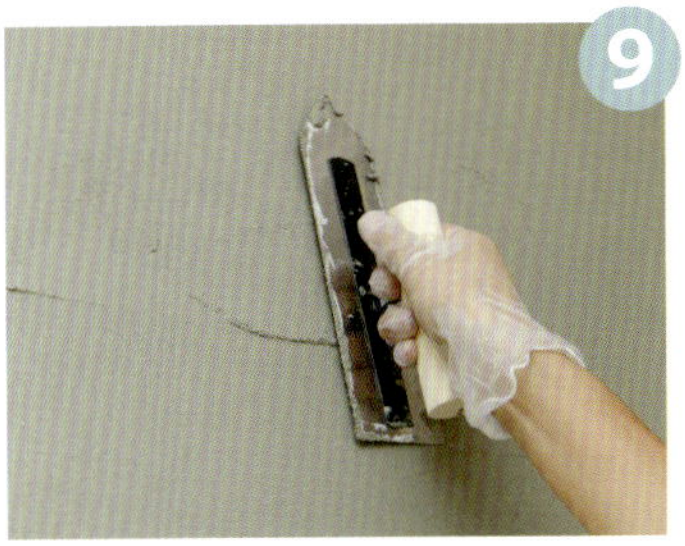
凹凸ができたり筋が入ったところは、コテを左右、上下に動かして均一になるように塗ってください。

10

1回目が塗り終わったらいったん乾燥させます。表面のしっとり感がなくなり色が少し変わってきたら乾いた状態です。

11

2回目は、下地が隠れるように全体を均一に塗っていきます。コテを少し強めにあてて表面をこするように動かすときれいに仕上がります。

12

最後に細かな凹凸を地ベラを使ってならします。漆喰が乾く前に養生テープを外します。

# 壁の塗り替え

## ムラなく、残さず、丁寧に塗ることが重要

### 材料

■室内壁用塗料

### 道具

■ダスターバケ
■ローラー
■ローラー用バケット
■ハケ
■マスキングテープ
■マスカー

壁の塗り替えは、汚れた壁を一気に刷新するのに最も有効な作業です。古い壁紙をはがしたりする工程もなく、万が一仕上がりの色や質感が気に入らなくても改めて塗り直すことが可能ですから、比較的気軽に行うことができます。しかも、壁紙の張り替えよりもローコストで済ませられます。注意するポイントは、液状の塗料で部屋や家具を汚さないよう、しっかりと周辺を養生をすること。そして、作業中は定期的に換気をすること。室内壁用の塗料は臭いもなく安全なものがほとんどですが、念のために小まめに空気の入れ替えをするようにしてください。

### ■高い所を塗る時は……

長い柄のローラーを使ったり、脚立に乗ったりしながら、天井に近い部分もしっかりと塗ります。

### ■塗料を扱いやすくする

塗料缶の開口部に養生テープをV字に貼り、注ぎ口を作れば、塗料が缶の側面などに垂れるのを防げます。

# 養生《ようじょう》し、壁を塗り替える

1

ダスターバケを使って、壁の表面に付着しているほこりなどを落とします。固まった汚れがある場合は、濡れた雑巾などで拭き取っておきます。

2

壁とその周りを養生します。壁の縁に沿ってマスキングテープを貼ります。幅木がある場合は、その面に沿って隙間なくテープを貼っておきます。

3

マスキングテープの上からマスカーを貼り、塗料で床を汚さないように養生します。天井部分も同様にマスカーを広げます。

4

周辺のドアなど、作業空間はもれなく養生を。スイッチプレートやコンセント周りには、縁に沿ってマスキングテープを貼っておきます。

5

塗料をよく振って混ぜてから、適量をバケットに移します。

6

まずはマスキングテープが貼ってある壁の縁、プレート周りから、縁取りをするように塗っていきます。

7

壁を囲むようにすべての縁を塗ります。これによって、全体を塗る作業の際に細かな部分を気にせず、効率よく塗っていくことができます。

8

スポンジ部分にだけ塗料が付くようにローラーに塗料を馴染ませます。バケツ内で軽く絞り、スポンジの表面が薄っすら見える程度の量を含ませます。

9

あらかじめ塗っておいた縁付近から、ローラーを使って全体を塗っていきます。塗料によって凹凸ができないよう、均等に塗っていきます。

10

塗るスペースを、手が届く範囲に区切りながら作業すると効率的。目の届きにくい高い所も脚立などを使って塗り、塗り残しのないようにします。

11

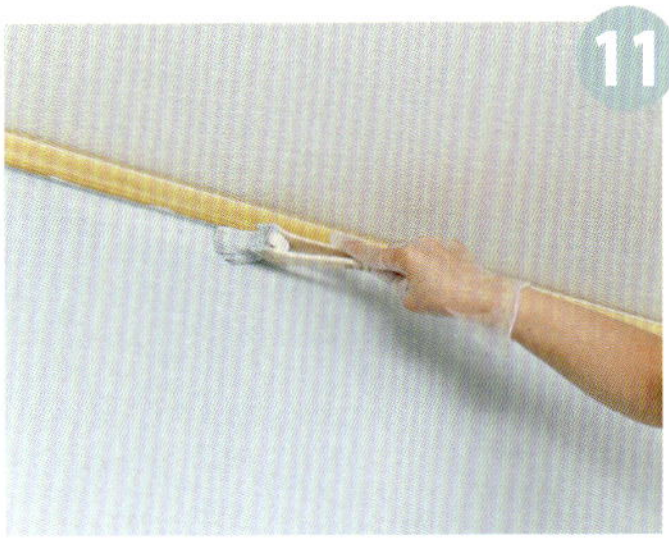

1度全体を塗り、表面のテカリが取れるまで乾かしたら2度目の塗り作業。1度目と同様に縁から塗り始めます。

12

全体をくまなく2度塗りしたら、塗料が乾く前にマスキングテープなどをはがしておきます。しっかりと乾燥させたら完成です。

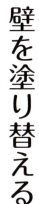

難易度 ★★★☆☆

# クッションフロアを貼る

## 簡単、安価な床の全面貼り替えにおすすめ

汚れや傷みが目立つようになった床の全面貼り替えには、塩化ビニール製のクッションフロアが便利です。薄く柔らかいシート状なので軽いですし、カッターやハサミでカットができて作業が簡単。また、既存のクッションフロアに、重ねて貼ることができる手軽さも魅力です。

クッションフロアはクッション性があって水や汚れに強いのが特長ですが、遮音性の高いタイプ、傷がつきにくいタイプなども選ぶことができます。水まわりやダイニング、子供部屋など、貼りたい部屋にあわせて機能を選ぶといいでしょう。

### クッションフロアを購入するさいの注意

クッションフロアは、ロール状のものをカットして販売するのが一般的です。購入時には長さの算出によく注意しましょう。フローリング調など縦と横で向きが異なる柄の場合、どちらの方向に貼るのかで必要な長さが変わります。広い部屋に貼る際には、つなぎ目の柄をあわせるために無駄になるぶんも計算しましょう。また切りしろとして上下、左右に10cm程度の余分が必要です。購入時は部屋の見取り図に寸法を入れて持参することをおすすめします。

### 道具

- 巾定規（地ベラ）
- カッター
- 目打ち
- 長い定規（長い板材）
- クッションフロア用両面テープ
- マスキングテープ
- 防水シール
- ローラー
- ハサミ
- メジャー
- 油性ペン

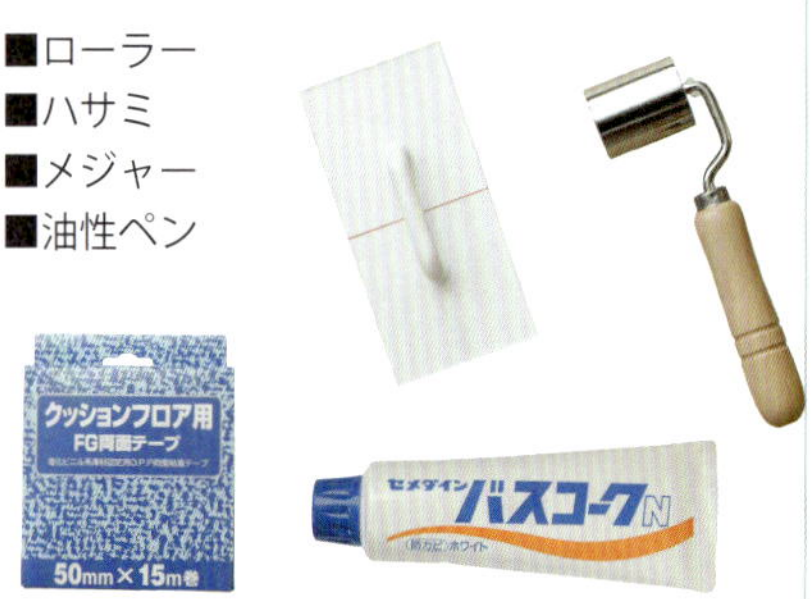


### 材料

- クッションフロア
- 型紙用の紙（新聞紙などでも可）

# トイレの床を貼るときは型紙を作ろう

**1**

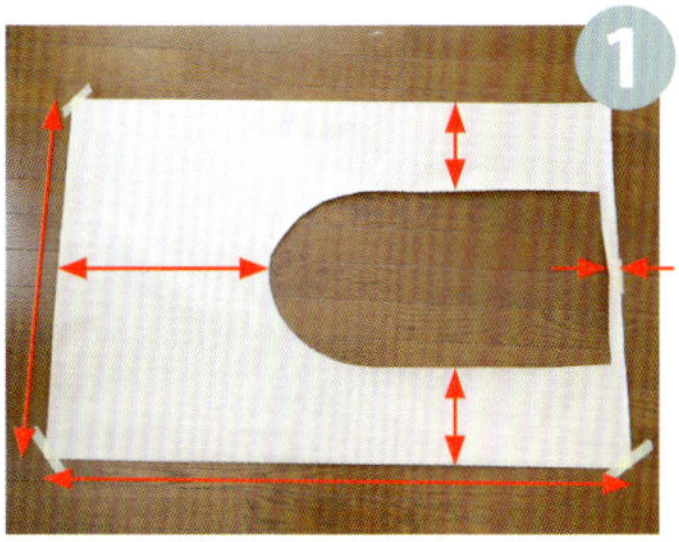

床の幅と奥行、四方の壁から便器までの距離を測り、型紙を作ります。穴あき部分は便器より一回り大きくあけます。

**2**

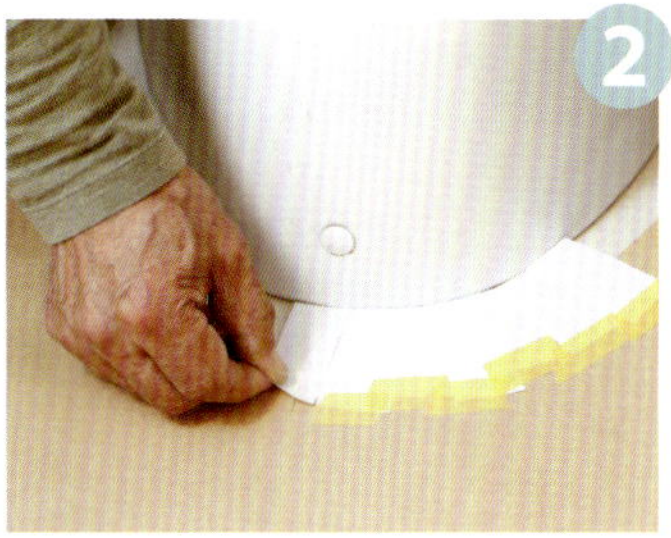

位置をあわせて床に型紙を置き、便器の曲線部分に沿って小さく切った紙を貼って型をとります。

**3**

裏返したクッションフロアに型紙を重ね､油性ペンで型どおりに線を引きます。便器の周囲は3mmほど大きくします。

**4**

型に沿ってクッションフロアをカットします。穴あき部分は、奥側から切り込みを入れてハサミで切り取ります。

**5**

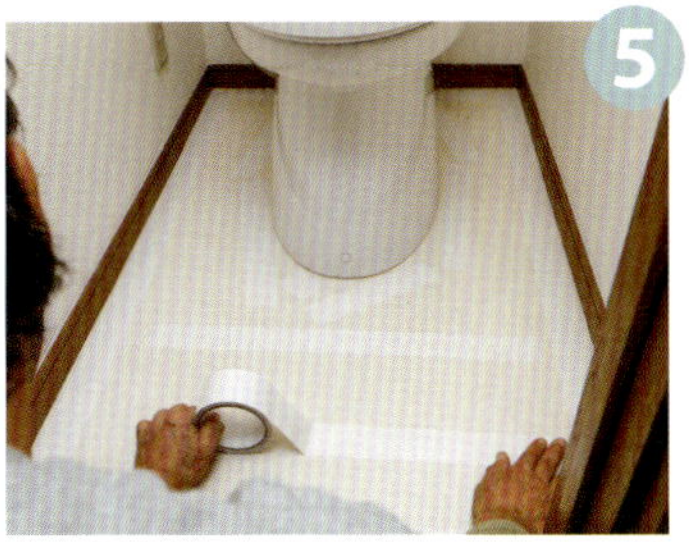

床を乾拭きしてホコリを取ってから、壁際、便器の周囲のほか、中央部にも両面テープを貼ります。

**6**

クッションフロアの位置をあわせて置き、ドア側から両面テープの剥離紙をはがしながら順々に貼っていきます。

**7**

端部は巾定規を床と壁に強く押し付けるようにしてクッションフロアを押さえ、隅まできっちりと貼り付けます。

**8**

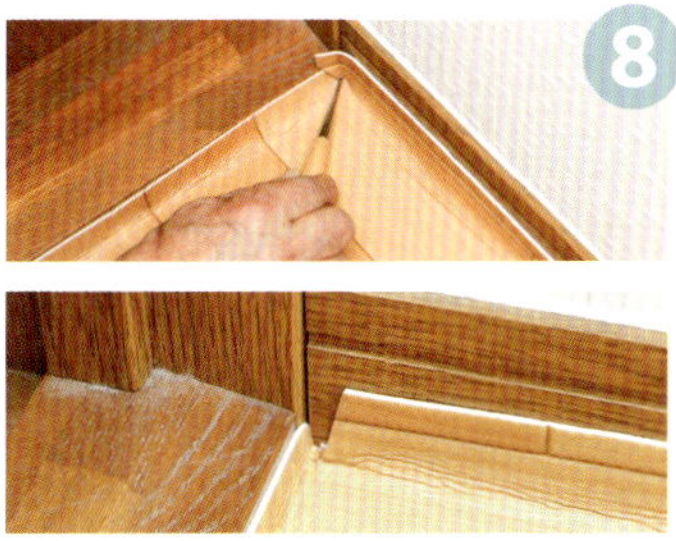

角の位置がわかるように目打ちで印をつけ、ハサミでV字にカットします。

**9**

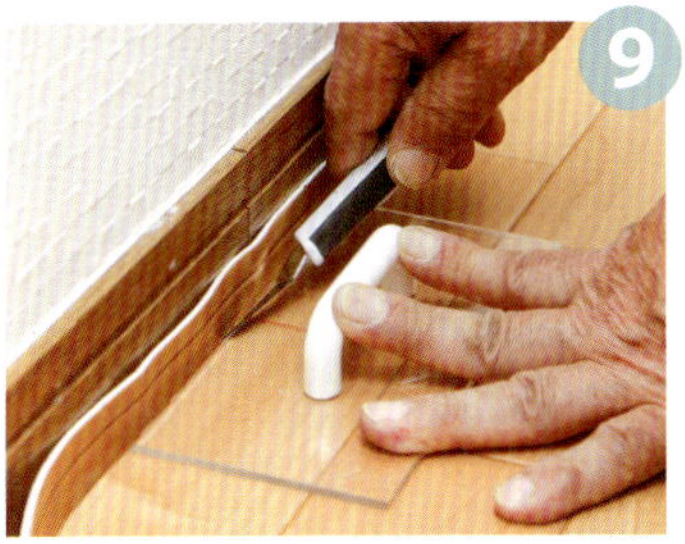

壁側に定規を押しつけ、余った部分をカットします。カッターの刃はこまめに折り、よく切れる状態で使いましょう。

**10**

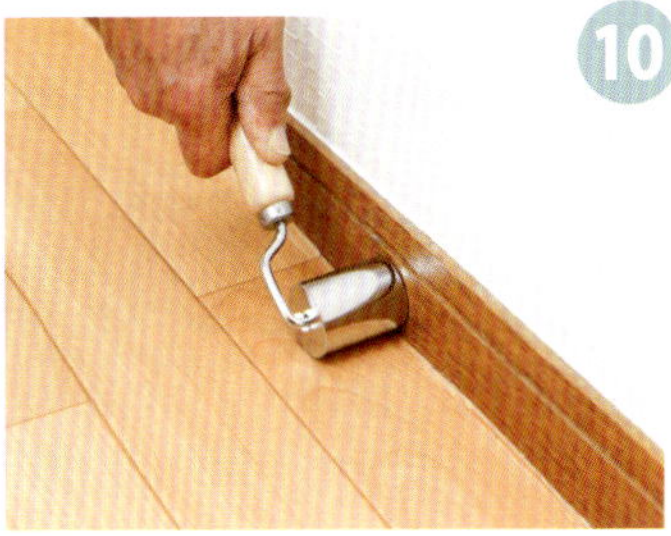

クッションフロアの端をローラーでしっかりと押さえ、浮いているところがないように仕上げます。

**11**

便器との際をマスキングテープで養生し、すき間に防水シールを充填します。ヘラできれいにならしましょう。

**12**

防水シールが乾燥するのを待ってマスキングテープをはがし、作業は終了です。

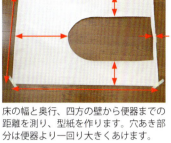

難易度 ★★★★★

# タイルカーペットを敷く

## 板床をクッション性のよいカーペット敷きに

タイルカーペットは、正方形や長方形にカットされたパネル状のカーペットを敷き詰める床材です。家庭用は30～50cmタイプの角にカットされているものが多く、それをフローリングの上に並べていけばいいので、1枚もののカーペットを敷くのに比べて作業は断然簡単です。クッション性や静音性のあるカーペットを板床に重ね敷きしたいときにおすすめです。

汚れたパネルだけをはずして洗うことができ、メンテナンスがしやすい点も特長です。裏面が滑り止めになっているタイプを選べば、接着剤を使わずに敷くことができます。

### 賃貸住宅におすすめ

裏面に筋状の粘着剤がついているタイプであれば、置くだけでOK。はがした後のノリ残りもありませんから、賃貸住宅や季節ごとの模様がえなどに便利です。

### 部屋の中心から階段状に貼る

タイルカーペットを貼るときは、部屋の中心点を割り出して4つのブロックにわけておき、中心から基準線にあわせて階段状に貼っていきましょう。

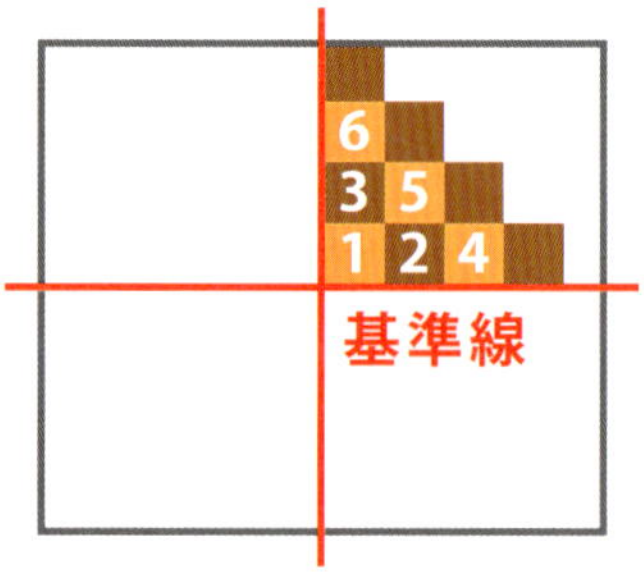


上図のような順番ですき間ができないように並べていくと、きれいに貼れます。

### 材料

■タイルカーペット
■タイルカーペット用接着剤
（何度も貼り直しができるピールアップタイプ）

### 道具

■ローラーバケ
■ローラートレー
■カッター
■定規
■マスキングテープ
■油性ペン

# 床全面に貼る

1

部屋の縦横の長さを測り、マスキングテープなどを使ってそれぞれに中心線を引き、部屋の中心点がわかるようにします。

2

床面を掃除してゴミやホコリを取り除き、4分割したうちの最初に貼る一角に、接着剤をできるだけ薄く塗ります。

3

接着剤が白色から透明になったら、中心点から基準の線に沿ってタイルカーペットを貼りはじめます。

ここがポイント!

カーペットの目には流れがあります。隣同士の流れがそろわないように交互に並べると、継ぎ目が目立ちません。

4

右ページで説明したように、階段状になる順番で貼っていきます。壁際の半端になる1列は残しておきましょう。

5

残った幅にあわせてタイルカーペットをカットします。端に敷いてある1枚の上に、カットするものをぴったり重ねます。

6

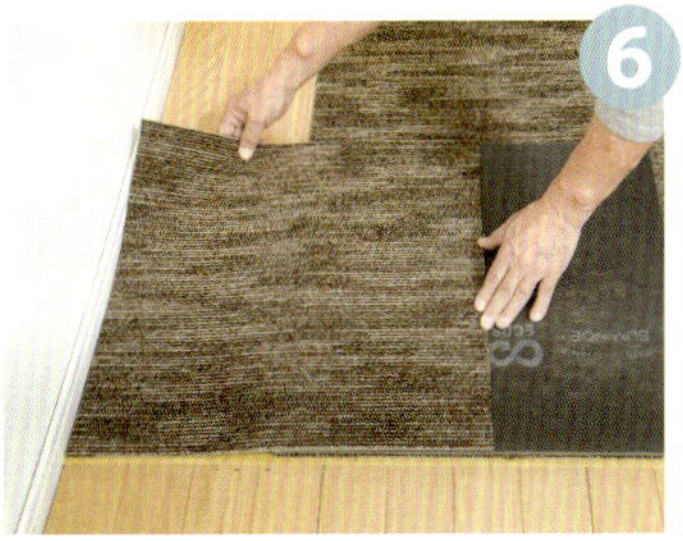

さらにその上からカットしていないタイルカーペットを、端が壁につくようにして重ねて置きます。

6

上に置いたタイルカーペットの縁に沿って線を引きます。重なっていない部分が、すき間と同じ寸法です。

7

先ほど引いた線に沿ってカッターやハサミでカットします。2枚目以降は切り出したものと同じ幅にカットしましょう。

8

カットしたカーペットを壁とのすき間に貼ります。カットしたほうを壁側にすると、継ぎ目がきれいに仕上がります。

9

柱が出っ張っているところなども先ほどと同じ要領で寸法をとり、カットしたものを貼ってください。

9

作業完了です。専用接着剤を使った場合は、角にヘラなどを差し込んでめくると、簡単にはがすことができます。

難易度 ★★☆☆☆

# 置《お》き敷《じ》きフローリングを貼る

## 重ね貼りするだけでフローリング調に

置き敷きフローリングは、傷んだフローリングや板張り床のリフォームに適した樹脂素材の化粧シートです。この床材の特長は、1.5～5㎜程度と薄く、今までの床に重ね貼りができるところ。古い床材をはがさなくていいため、作業時間が短く、廃材を処分する必要もありません。また、カッターで切って貼るだけと、作業性がいいところも、DIYでのリフォームにぴったりです。

通常のフローリングのように、板状にカットしてある床材を順番に貼っていくため、クッションフロアに比べると、作業の手間はかかります。ただそのぶん、継ぎ目や木目模様がフローリングに近い雰囲気になるため、本格的な仕上がりを望む場合におすすめです。

耐久性や防汚性、防音性などの機能のほか、貼り付け方法の違いで選ぶことができます。

### 貼り方もチェック

置き敷きフローリングは、貼り方の違いにより、両面テープや接着剤で貼るタイプ、裏面に粘着剤がついているシールタイプ、滑り止め加工がしてある置くだけタイプがあります。浮かないようにしっかり固定したい場合は両面テープなどで貼るタイプを、賃貸住宅などの模様替えには置くだけタイプを選ぶといいでしょう。

薄型の両面テープ貼りタイプは、貼り直しができず、作業の難易度が高くなります。

### 材料

- ■置き敷きフローリング用床材
- ■専用両面テープ

### 道具

- ■カッター
- ■メジャー
- ■定規
- ■サンドペーパー

# 両面テープを使って貼る

1

ホコリやゴミがないように、床をきれいに掃除します。ワックスが塗ってある場合は、クリーナーで取り除きましょう。

2

床材を仮置きして、短い方の継ぎ目がそろわないように、列の両端が短くなりすぎないように位置を調整しましょう。

3

列の端で、短い床材を貼る必要があるところは、その場所に床材をあててカットする位置に印をつけます。

4

印のところに線を引き、カッターで切り込みを入れます。カッターの刃をこまめに折るのが、きれいに切るコツです。

5

切れ目を上から折って切り離します。切り口をサンドペーパーで磨き、バリや角を落としておきましょう。

6

部屋の周囲の壁際すべてに、両面テープを貼ります。この時点では、剥離紙をはがさないでおきます。

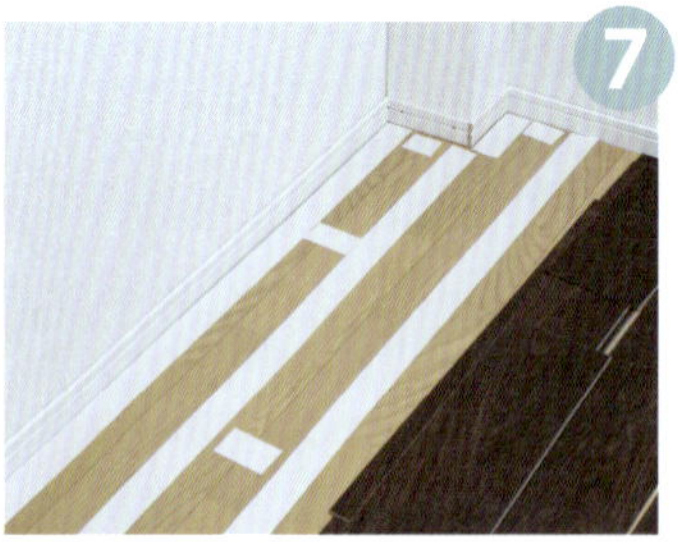
7

床材の継ぎ目がわかるように印をつけておき、長い方と短い方、すべての継ぎ目のところに両面テープを貼ります。

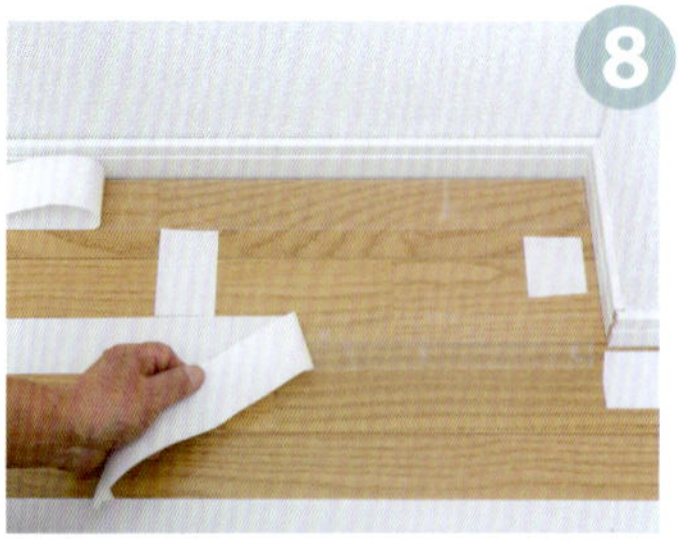
8

部屋の隅から、１枚ずつ床材を貼っていきます。両面テープの剥離紙を１枚分だけはがします。

9

端同士を重ねて貼るように、置き敷きフローリングの床材には、「サネ」という重ねシロがついています。

10

貼り進めていく方向の２辺に下側のサネがあるように、床材の向きに気をつけて貼り始めてください。

11

２辺のサネを重ね、浮きがないように確認しながら貼り進めます。粘着力が強いので、慎重に位置あわせをしましょう。

12

全体を貼り終えたら、浮いているところがないように、上から足で踏んで床材を圧着してください。

難易度 ★★★☆☆

# 砂壁《すなかべ》に壁紙を貼る

## 補修の難しい砂壁には壁紙を上張り

劣化が進んで全面補修が必要な状態になった砂壁。和室らしい風情を残しながら壁紙で補修したい場合は、壁の上半分を砂壁用塗料や漆喰・珪藻土で塗り直し、下半分に壁紙を貼って腰壁風に仕上げる方法がおすすめです。

昔から和室に使われている砂壁は、ザラザラとした独特の質感と趣のある風合いが特長ですが、経年劣化が進むと砂が落ちやすくなったり、ヒビが入ったりします。触らないのに砂が落ちたり、カビが発生するようになったら、補修をする時期です。

砂壁をはがして塗り直すのは難しいので、DIYではメンテナンスもラクな壁紙を貼る方法をおすすめします。壁紙には和室らしい単色のもの、和モダン調、風景など、さまざまなデザインがあります。思い切って洋室用の柄を選ぶこともできるので、雰囲気を大きく変えたいときにも効果的な壁材です。

たいていは表面の砂が落ちたり、はがれたりしているので、ベニヤ板を張って下地を作ってから壁紙を貼りましょう。

### 道具

- ■電動ドライバードリル
- ■パテヘラ
- ■なでバケ
- ■地ベラ
- ■押さえローラー
- ■カッター
- ■ハサミ
- ■マスキングテープ
- ■マスカー
- ■メジャー

### 材料

- ■生のり付き壁紙
- ■見切り材（9 × 30mm）
- ■ベニヤ板（厚さ 3 mm）
- ■補修パテ

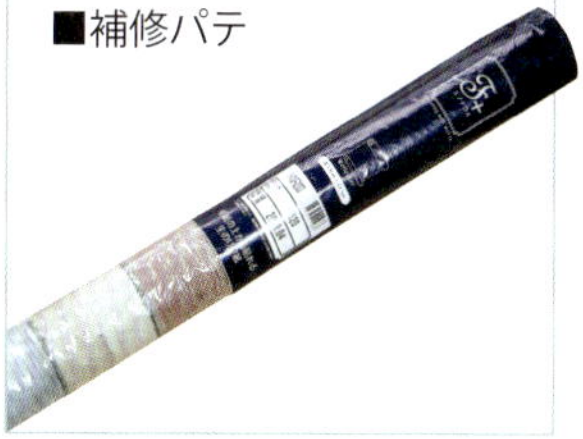

### 砂壁の表面を固めれば塗り替えも可能

砂壁の補修は、壁紙を貼るほか、和室壁用の専用塗料や漆喰・珪藻土を上塗りして補修することもできます。塗料などを使う場合は、塗装後に砂が浮かないように砂壁の表面を固めておく必要があります。ローラーバケなどで塗る専用下地材（シーラー）、スプレータイプの下地強化材を使って表面処理をしてから作業しましょう。

# 腰壁《こしかべ》風に壁紙を貼る

砂壁の下半分に木目調の壁紙を貼って、腰壁風に仕上げます。まず壁の幅にカットした見切り材を、25mm の木ネジを頭が沈むように打って固定しましょう。

ネジ頭を隠すためにウッドパテで穴を埋めます。パテは乾燥すると痩せるので少し盛り上げておき、固まってからサンドペーパーで平らに削ってください。

壁紙の下地にするため、厚さ 3 mm のベニヤ板を砂壁の上に張ります。作業範囲を測り、砂壁を覆うのに必要なベニヤ板を用意しておきましょう。

25mm の木ネジを 15 ～ 20cm 間隔で打って、ベニヤ板が浮かないように固定します。ネジ頭が出ないように沈め、板同士はすき間ができないようにくっつけます。

ネジ頭と板のつなぎ目の部分を補修用パテで埋め、下地の凹凸をなくします。パテが乾燥したら、盛り上がっているところをサンドペーパーで削りましょう。

壁紙ののりで汚さないように、マスキングテープやマスカーで周囲の木部や床を養生します。際にはすき間を残しておき、壁紙と重ならないようにしましょう。

壁紙は上下を 5 cm ほど長くカットし、上部の剥離フィルムを 20cm 程度はがしてベニヤ板に貼ります。上側は壁紙を 3 cm ほど余らせておきましょう。

壁紙がまっすぐに貼れていることを確認したら、なでバケで左右になでて密着させます。続いて残りの剥離フィルムをはがし、同様に下まで貼りましょう。

上下に余らせてある壁紙は、角にあてた地ベラの上にカッターの刃を入れて切り落とします。カッターは途中で抜かず、地ベラを移動しながら切り進めましょう。

２枚目以降は裏面の保護フィルムの幅だけ、隣りの壁紙に重なるように貼ります。重なったところを２枚一緒にカットすると、すき間がなくぴったり貼れます。

２枚が重なっているところを、上から下へまっすぐにカットし、切り落とした部分を取り除きます。下側を取り忘れないようにしましょう。

裏面に残った保護フィルムを取り除き、なでバケで空気を抜きながら貼り合わせます。つなぎ目や端っこをローラーで押さえて、しっかり密着させましょう。

※壁紙の貼り方についての詳細は、P102 ～ 104 を参照してください。

難易度 ★★★☆☆

# 腰壁《こしかべ》を張る

## 部分的に板を張って壁を装飾

室内壁の下部に、腰の高さほどに板材などを張った装飾壁を腰壁といいます。腰壁には単調になりやすい壁に変化をつけるとともに、傷や汚れがつきやすい場所を補強する効果があります。室内の雰囲気をがらりと変えたいときはもちろん、壁紙の傷んだ部分をカバーする目的で取り付けるのもおすすめです。

腰壁にはパネル式に連続して張ることができる「羽目板」という板材を使う方法が一般的です。壁の下地にネジを打つことができれば、壁紙の上からでも羽目板を組んで手軽に作ることができます。

### 材料

- ■羽目板（12 × 135mm）
- ■見切り材
- ■木ネジ
- ■隠しクギ

### 道具

- ■ノコギリ
- ■電動ドリルドライバー
- ■ドライバービット
- ■ジグソー
- ■ゴムハンマー
- ■タッカー
- ■金づち
- ■下地センサー
- ■さしがね
- ■メジャー
- ■木工用接着剤

羽目板を全体の３分の２くらいまで張ったら、上下それぞれで残りの距離を測ります。差がある場合は、少しずつすき間を調整しながら残りを張って修正します。

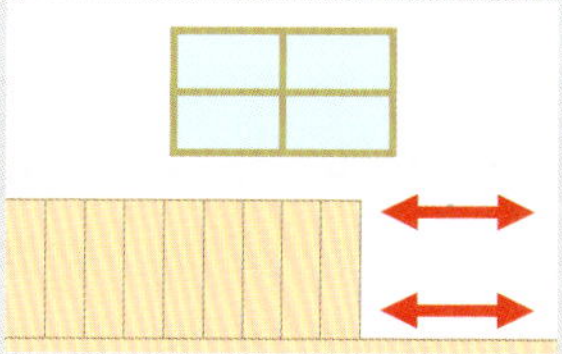

### 羽目板のしくみ

羽目板は写真のように両側が凸と凹の形状に加工されています。ここをはめ合わせることで、パネル状に連結した広い面を作ることができ、腰壁、天井などの材料としてよく使われます。

# クロス壁に羽目板を張る

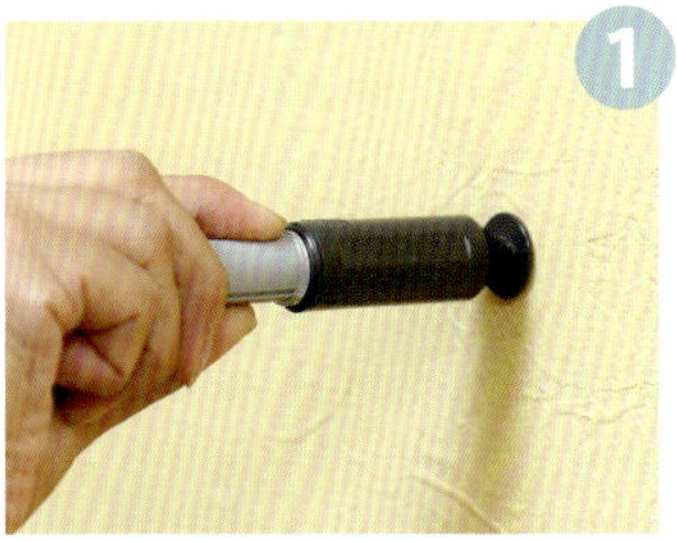

1 石膏ボードの壁にはネジが利かないので、下地センサーを使って壁裏に入っている間柱を探します。（P48-49 参照）

2 間柱の入っている場所と幅がわかるように、床にテープで目印をつけます。巾木が不要の場合ははがしておきましょう。

3 羽目板を張るところはタッカーを多めに打って壁紙を下地に固定し、板の重みで浮いてこないようにします。

4 裏に木工用接着剤を塗った羽目板を、傾かないように注意して壁裏の間柱にネジどめします。

5 ２枚目以降は、凸凹をはめ込んでつないでいきます。間柱の入っているところは、羽目板をネジどめします。

6 きつくてはめ込みにくいときは、当て木をして叩き入れます。壁を傷めないように気をつけましょう。

7 最後の１枚は残りの幅を測ってその寸法で羽目板をカットし、きれいに収めてネジどめします。

8 木工用接着剤を塗った見切り材を、羽目板の上部に取り付けます。

9 約 10cm 間隔で見切り材に隠しクギを打ち、接着剤が乾燥してから金づちで頭を折って取り付け完了です。

ここがポイント!

## 障害物を逃げる処理方法

コンセントやスイッチは、プレートの位置と大きさを測り、寸法にあわせてジグソーで切り抜きます。

隣の壁に巾木がついているなど出っ張りがある場合は、実際に羽目板をあててその高さと厚みを写し取り、ノコギリで切り欠きます。

# 原状回復可能な壁の作り方

賃貸住宅で不便を感じるのが、壁を自由に使えないことです。既存の壁の前に、ネジを打たずに設置できて、取り壊しも簡単な壁を作ると、壁紙を貼ったり、棚や照明をつけたり、自由に使うことができます。

決めた位置に柱を入れてアジャスターで仮どめし、前後と横の2方向で垂直を確認してから固定します。

## 1 柱を立てる

2×4材用アジャスターを2×4材に取り付けて、天井と床に突っ張ることで、壁や天井を傷つけずに柱を固定します。説明書に従って必要な長さの木材を用意し、アジャスターをセットしましょう。

柱を立てるときは、黒いつまみを回して調整ネジを伸ばし、しっかりと突っ張ったところでロックナットを閉めて固定します。同様のアジャスターは、数社から発売されています。デザインや取り付け方を比べて、使いやすいものを選びましょう。

## 2 下地を入れる

上に張るベニヤ板の配置やサイズにあわせて、ネジを打つ位置に下地となる2×4材を入れます。

下地材は広い面を前に向け、柱と前面をそろえてL字金具で固定します。

## 3 ベニヤ板を張る

ベニヤ板を下地にネジどめします。板の継ぎ目やネジのへこみをパテで埋めておくと、壁紙がきれいに仕上がります。

ベニヤ板を張り終えたら、壁紙を貼ったり塗装をしたりして、自由に模様替えを楽しみましょう。

# 04

## 第 4 章
## 家具を作る

難易度 ★★☆☆☆

# 基本のBOX作り

## 収納家具作りの基本をマスター

4枚の側板と底板をつなぎ合わせて作る箱は、収納ケースや棚などに発展する家具作りの基本形です。木工用接着剤で貼り合わせたり、クギや木ネジで固定したり、必要な強度に合わせてつなぎ方を選び、いろいろな箱を作ってみましょう。

サイコロ状の箱を並べたり重ねたりすれば、素朴な収納棚や下駄箱に。底板のない枠だけを壁に取り付ければ、壁つけ棚になります。基本のボックスで木材の組み付け方をマスターして、さまざまな家具作りにステップアップしていきましょう。

### 展開図

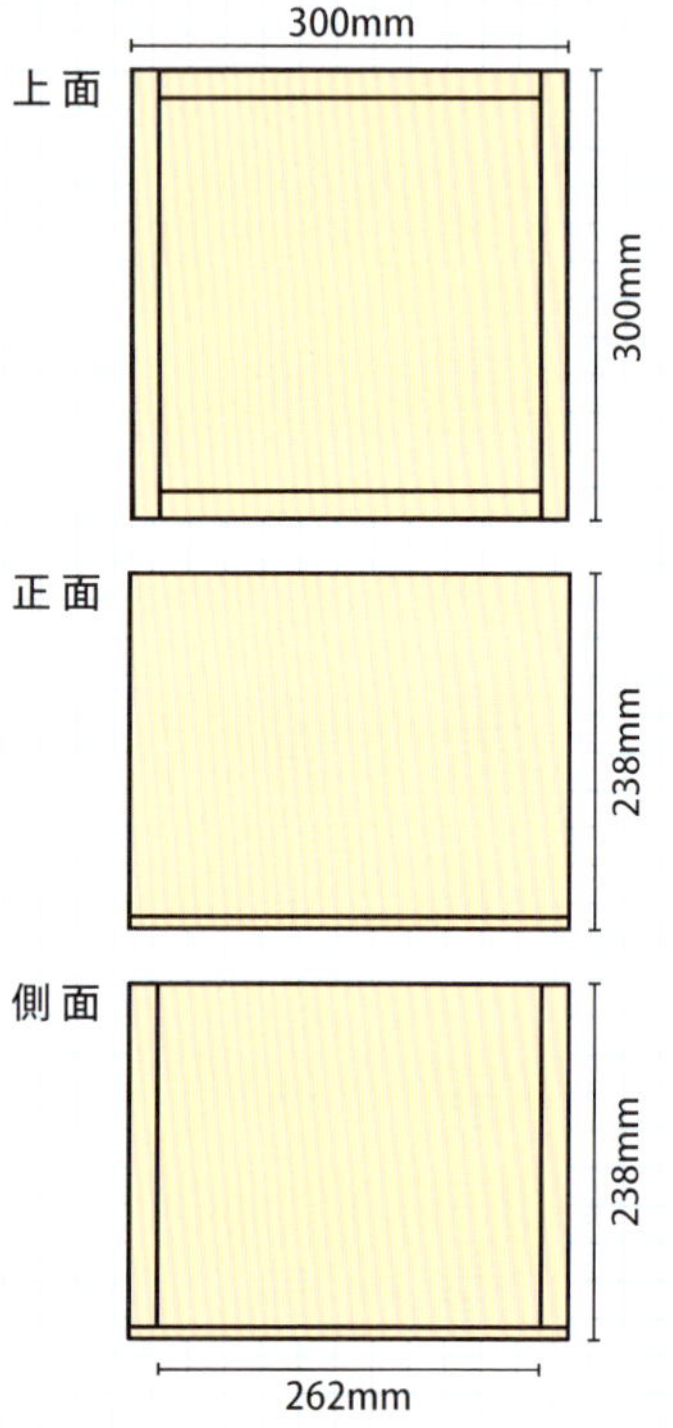

300mm
上面
300mm
正面
238mm
側面
238mm
262mm


### 道具

- ■電動ドリルドライバー
- ■ドリルビット（10mm ダボ穴用）
- ■ドライバービット
- ■金づち
- ■ダボ切りノコギリ
- ■クランプ
- ■マスキングテープ（幅 20mm）
- ■木工用接着剤
- ■サンディングペーパー（240 番）

### 材料

- ■SPF 1×10材（19×235mm）
  - 側板：長さ300mm　2枚
  - 側板：長さ262mm　2枚
- ■MDF（厚さ 3 mm）
  - 底板：300×300mm　1枚
- ■ダボ（径10mm）
- ■木ネジ　45mm
- ■クギ　32mm

# 無垢材でシンプルな箱を作る

**1**

300mm の側板の両端に、接合する板の厚みがわかる印をつけます。1×材を使うときは、20mm 幅のテープを貼ってもOKです。

**2**

ネジを打つ位置に印をつけます。木材の端は割れやすいので、指1本分以上は内側にしましょう。

**3**

径 10mm のダボ穴ビットの先端を先ほどつけた印にあわせ、深さ 10mm の穴をあけます。

**4**

262mm の側板の木口に木工用接着剤をつけます。木ネジで固定するときでも、できるだけ接着剤を使いましょう。

**5**

262mm の側板をクランプで作業台に固定し、45mm の木ネジで 300mm の側板をL字に組み付けます。

**6**

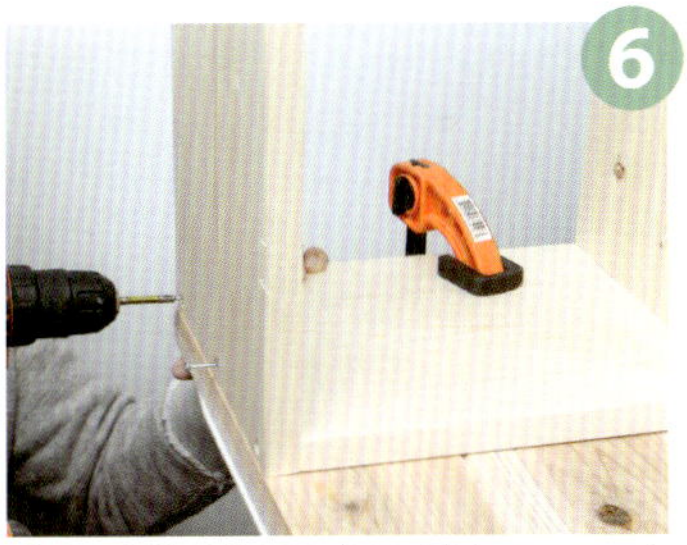

残りの側板を順番に組み付けて、ロの字型の枠を作ります。板を固定するときは、両端→内側の順番でネジを打ちましょう。

**7**

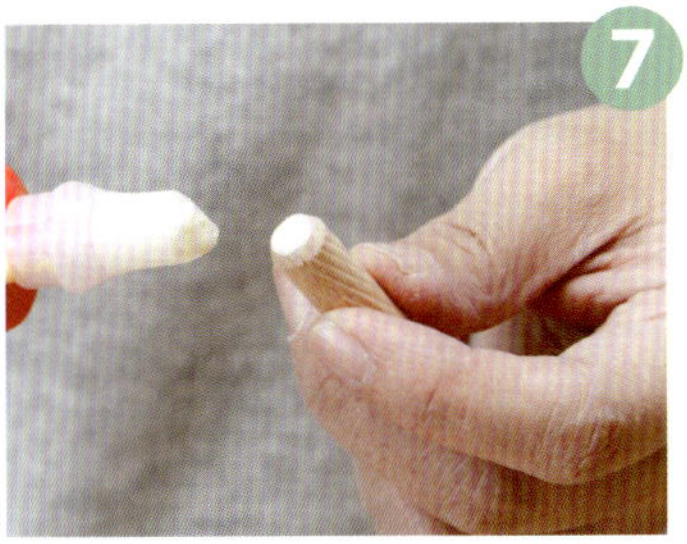

径 10mm のダボに、木工用接着剤をつけます。ダボのかわりに径 10mm の丸棒を使っても、埋木ができます。

**8**

金づちで軽くたたいて、止まるところまでダボを入れます。

**9**

ダボ切りノコギリで、余分なダボをカットします。刃を板の広い面にそわせ、浮かないように反対の手で押さえながら切りましょう。

**10**

ダボの切断面をサンディングペーパーで磨き、バリやノコ刃の跡などの荒れをとって滑らかにします。

**11**

32mm のクギを打って、枠に底板を固定します。最初に4か所の角をとめてから、その間を固定しましょう。

ここがポイント!

### 接着剤を併用しよう

木ネジやクギを使う場合でも、木工用接着剤を併用することで木材を面で接合でき、組み立て後の強度がアップします。家具のように力のかかる作品を製作する場合は、できるだけ接着剤をつけてから木ネジなどを打つようにしましょう。

難易度 ★★☆☆☆

# ワインボックス

## 収納ボックスとして部屋の整理整頓に貢献

杉の野地板《のじいた》を使い、さまざまな用途に活用できるプレーンなボックスを作ります。シンプルで見た目はどんな部屋にも自然に溶け込み、衣類収納、おもちゃ箱、新聞のストッカー、小物入れなど、多彩な使い方が可能です。材料となる野地板は、カンナがけを施していないナチュラルな風合いが特徴。そこにワックスで「汚し」を入れてアンティーク感をプラスすれば、使い込んだような、より味のある仕上がりになります。

### 材　料

■杉野地板
横　板：300 × 180 × 12㎜× 2 枚
前後板：400 × 180 × 12㎜× 2 枚
底　板：400 × 180 × 12㎜× 1 枚
　　　：400 ×　96 × 12㎜× 1 枚
■ワックス（チーク）
■ワックス（クリア）
■フロアクギ
■クッキングシート

### 道　具

■ランダムサンダー
■カナヅチ
■ノコギリ
■木工用接着剤
■インクジェットプリンター

### 展開図

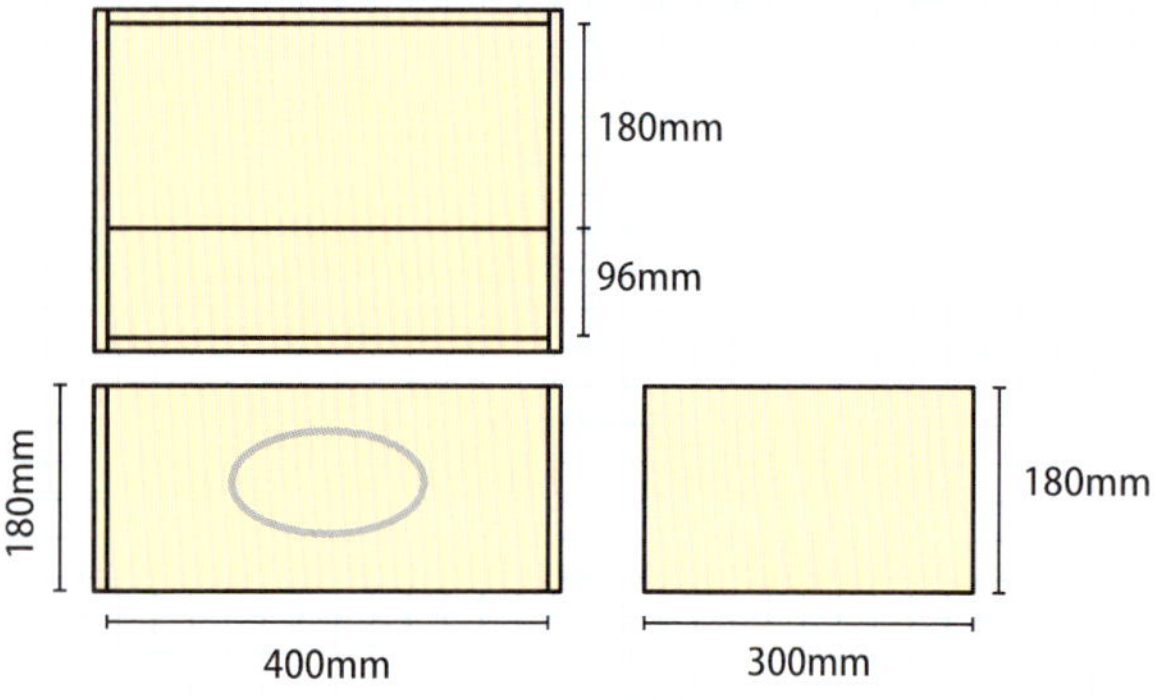

# 基本のボックスを作る

カットした杉野地板の表面、裏面、側面すべてにランダムサンダーをかけ、滑らかにします。

接合部の強度を高めるため、長い方の板の小口に木工用接着剤を塗ります。

前と後ろの板を横板でつなぎ、フロアクギで固定します。

1枚目の底板を、箱の上部となる側から入れ込みます。

カナヅチを使って位置を調整します。

底の隙間を埋めるサイズにカットした部材をはめ込みます。

2枚の底板をフロアクギで固定します。

模様となる絵柄をクッキングペーパーに印刷し、前面に転写します（方法の詳細は下記参照）。

全体にワックスを塗り、アンティーク感を演出します。最後にクリア系ワックスを塗り、ツヤを出します。

## 絵柄の転写の仕方

箱に転写したい画像や文字を、インクジェットプリンターでクッキングペーパーに鏡面印刷します

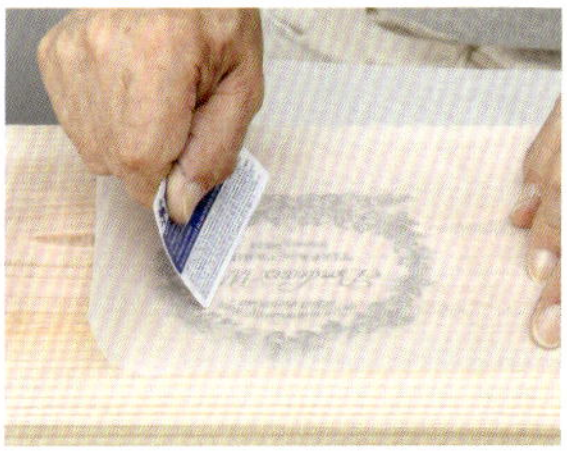

インクの付いた面を転写したい部分に当て、プラスチックのカードなどで上から擦り、写し取ります。

**難易度 ★★★★☆**

# リビングテーブル

## 家族がくつろぐ空間にお気に入りの1台を

リビングやダイニングに置く大型のテーブルは、部屋の中心になるインテリアです。サイズ、デザインともに要望にピッタリで、愛着を持って使い続けられるものを作りましょう。

最近は、古材やアイアンのテーブル脚など、趣のある素材が入手しやすくなり、個性的なテーブルを作りやすくなりました。取り付けが簡単で強度の高いガス管や、表面仕上げがきれいですき間なく並べられるフローリング材など、本来とは異なる用途で素材を使ってみるのもおもしろいでしょう。

### 材　料

■ランバーコア合板（21mm厚）
　天板ベース：900×1350mm　1枚
■スギ　フローリング材(15mm厚)
　天板：135×1150mm　7枚
　　　　135×900mm　2枚
■SPF　2×3材（38mm厚）
　天板補強：63×1310mm　2枚
　　　　　　63×785mm　3枚
■ガス管（1/2サイズ）
　脚：ロングニップル 500mm　4本
　　　ロングニップル 150mm　4本
　　　継手ソケット　4個
　　　継手キャップ　4個
　脚座金：ねじ込みフランジ　4個
■タッピングネジ　6×16mm　16本
■木ネジ
　長さ35mm、45mm、75mm

### 道　具

■電動ドライバードリル
■ノコギリ
■サンダー
■プラスチックハンマー（木づち）
■クランプ
■ドライバービット
■パイプレンチなど
■さしがね
■メジャー
■木工用接着剤
■木工用パテ

### 展開図

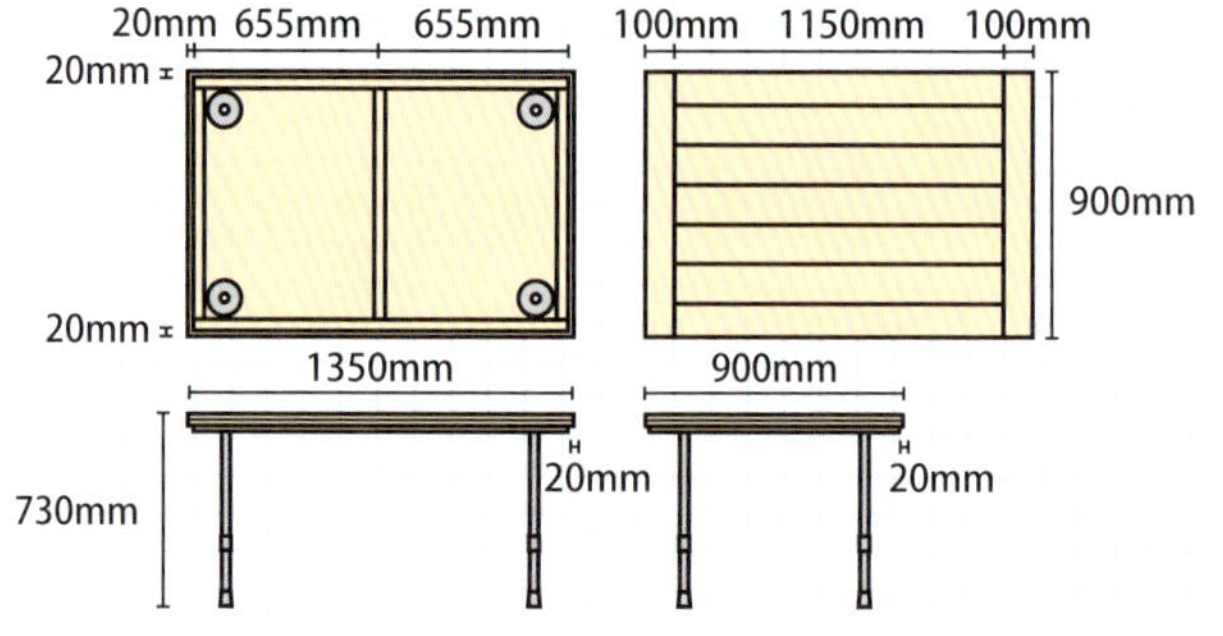

# フローリング材を利用してテーブルを作る

1

天板補強材に 75mm の木ネジを打ち、日の字型に固定します。接合面にはすべて、木工用接着剤を塗ります。

2

❶の補強枠に 4 辺のはみだし方が均等になるように天板ベースを重ね、上から 45mm の木ネジを一周打って固定します。

3
100mm

長さ 900mm の天板 2 枚を、100mm 幅にカットします。必ずはめ合わせの凸側を切り落とすようにします。

**ヒント**

フローリング材には凸と凹のはめ合わせ部分があります。天板の端で使う場合は、切り落として平らな面を外側にします。

4
カットした面が外側

❸で切った 1 枚をベースの短い側、凹側をカットした長さ 1150mm の天板を長い側に、35mm の木ネジで固定します。

5

天板に木工用接着剤を塗り、プラスチックハンマーで叩き込みながら、1 枚ずつ順にはめこみます。

6

最後のはみ出しはそのままにしておき、❸で切ったもう 1 枚の材料を、並べた天板を挟むようにネジどめします。

7

裏側から、天板 1 枚につき 2 本ずつ 8 列のネジを打って固定します。メジャーで測り、天板の幅を確認しながら作業します。

8

はみ出した天板を、天板ベースに沿ってノコギリでカットします。

9

天板の表面をサンダー（240 番）できれいに磨いて仕上げます。これで天板の組み立てが完了しました。

10

天板裏面の 4 隅に、タッピングネジでフランジを取り付けます。ネジが入りにくい場合は下穴をあけてください。

11

フランジに、ニップル 500mm、ソケット、ニップル 150mm の順にパイプレンチやプライヤーを使って締め込みます。最後に脚の先端にキャップをねじ込んで完成です。

難易度 ★★★☆☆

# ブックシェルフ

## 空いたスペースに無駄なく設置できる

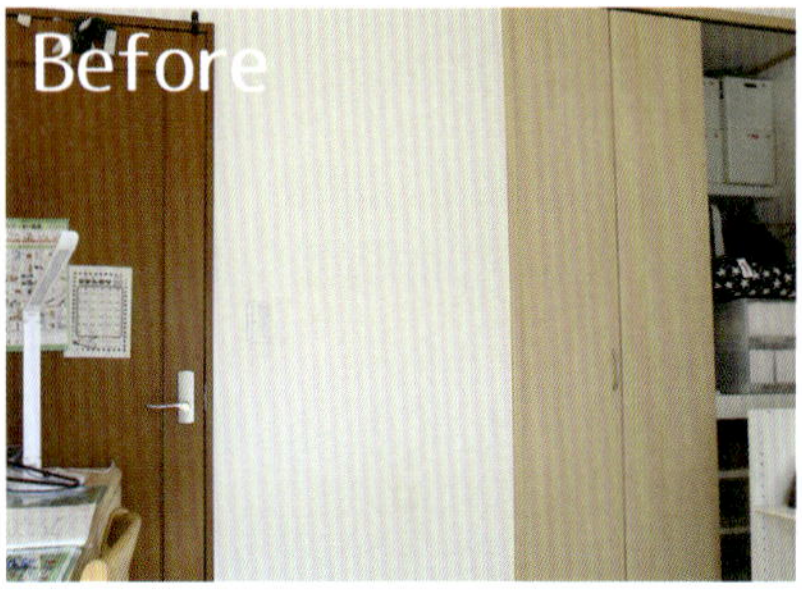
Before

設置したい場所にぴったりと合うサイズで作れるのが大きなメリットです。棚板の数も自由に設定できるので、所有している本や飾りたいものが効率よく収納できます。完成サイズは天井まで届く大きなものですが、材料の取り回し、組み立て、設置などの作業をより簡単に行うために、上下2段に分けて作るのがポイント。地震で倒れてくることもなく、また天井から5㎜ほどの隙間を開けておけば天井を傷つける心配もありません。

### 道　具

- ■電動ドリルドライバー
- ■電動サンダー
- ■ダボ切りビット
- ■ダボ切りノコ
- ■木工用接着剤
- ■ハケ
- ■ノコギリ
- ■金ヅチ
- ■メジャー
- ■三角定規
- ■鉛筆

### 材　料

■シナ合板（18mm 厚）
1800 × 240mm　4 枚（側板用）
1800 × 230mm　6 枚（棚板用）
■角材（25mm）
長さ 210mm　2 本
■ひのき材（9mm 厚）
長さ 900 × 60　1 枚
■木ネジ　長さ 35mm、30mm
■屋内用水性塗料　■ダボ 8mm

### 展開図

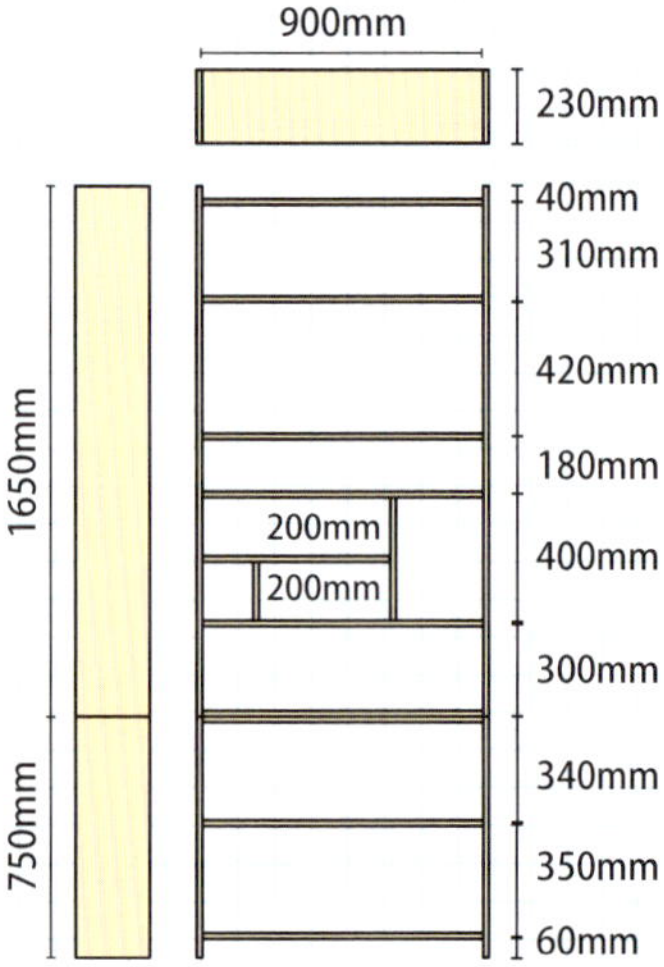
900mm
230mm
40mm
310mm
420mm
180mm
200mm
200mm
400mm
300mm
340mm
350mm
60mm
1650mm
750mm

# 2段構成の下段を製作

1
シナ合板の側板用を長さ 750mm で 2 枚、棚板用を長さ 900mm で 3 枚カットする。

2
側板の端から 60mm のところに幕板用の線を引く。

3
幕板をとめる位置（端から 50mm）にダボ切りビットで穴をあける。

4
強度を高める
大切な作業
角材に木工用接着剤を塗り、幕板となるひのき材をあてて位置を決める。

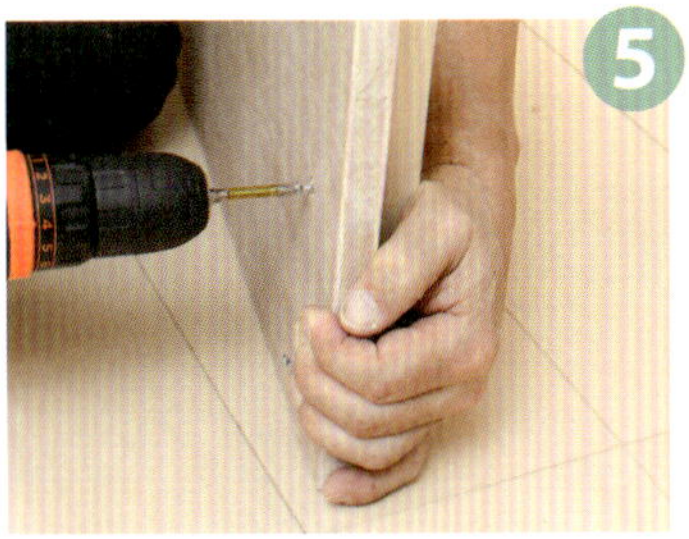
5
角材は、ダボ穴の位置に 30mm の木ネジを入れてとめる。同じようにもう一枚の側板にもとめる。

6
側板の反対側（天板になる）にも棚板を 35mm の木ネジでとめる。

7
天板が上、幕板部分が下になるように立てます。

8
下側にも棚板を取り付けます。幕板用に取り付けた角材に 30mm の木ネジでとめます。

9
壁際に巾木がある場合は、巾木の厚み分をのこぎりでカットしてください。

10
枠を一度床に寝かせて、中間の棚板を取り付けます。棚板の位置は本に合わせてください。

11
ダボ穴に 8mm のダボを金づちで打ち込み、ダボ切りノコで平らにカットする。

12
これで 2 段構成の下段が完成。今回、下段は高さ 750mm で作りましたが、収納する本に合わせて下段、上段の高さを決めてください。

## 2段構成の上段を製作して、下段と連結

13 シナ合板の側板用を、長さ 1650mm で２枚、棚板用を長さ 900mm で５枚カットする。

14 側板にダボ穴をあけ、35mm の木ネジで棚板をとめる。棚板の間隔は本の高さに合わせください。

15 壁面にスイッチやコンセントがある場合は、仕切りを設けて操作できるスペースを作る。

16 上段、下段を固定する。30mm の木ネジで４か所程度とめてください。

17 下段の一番下にひのき材の幕板をとめる。

18 これで完成です。天井までの高さで作ったブックシェルは、スペースを有効に活用できます。

### プラスαテクニック

お好みの塗料で仕上げましょう。今回は水性ステインを塗ってみました。幅の広い面はローラーバケで塗ると良いでしょう。

### 棚板の固定方法

#### ダボ

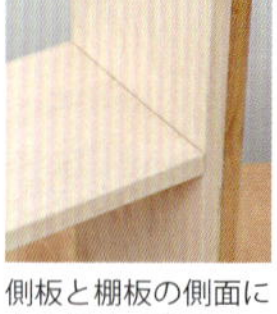

側板と棚板の側面に穴を開けてダボでつなぐため、スッキリとした印象になります。

1 ダボ用マーカーで印を付ける

2 ダボ切りビットにテープを巻く

3 棚板の側面に穴を開ける

4 ダボでつなぐ

#### L字差し込みダボ

L字差し込みダボで支える場合は、棚板が自由に動かせるメリットがあります。

1 ダボ切りビットで穴開け

2 L字ダボを差し込む

# 子ども椅《い》子《す》

## 部屋のアクセントにもなる椅子の基本形

難易度 ★★★☆☆

### 道 具

- ■電動ドリルドライバー
- ■ドライバービット
- ■ドリルビット 10mm ダボ穴用
- ■ダボ切りノコ
- ■クランプ
- ■さしがね
- ■メジャー
- ■サンドペーパー（240番）
- ■木工用接着剤

### 材 料

■SPF（30×30mm）
前脚：長さ300mm　2本
後脚：長さ550mm　2本
脚つなぎ：長さ200mm　8本
■SPF　1×3材（19×63mm）
背板：長さ200mm　1枚
座板：長さ280mm　4枚
■丸棒
ダボ埋め用：径10mm　適宜
■木ネジ　長さ30mm、45mm

### 展開図

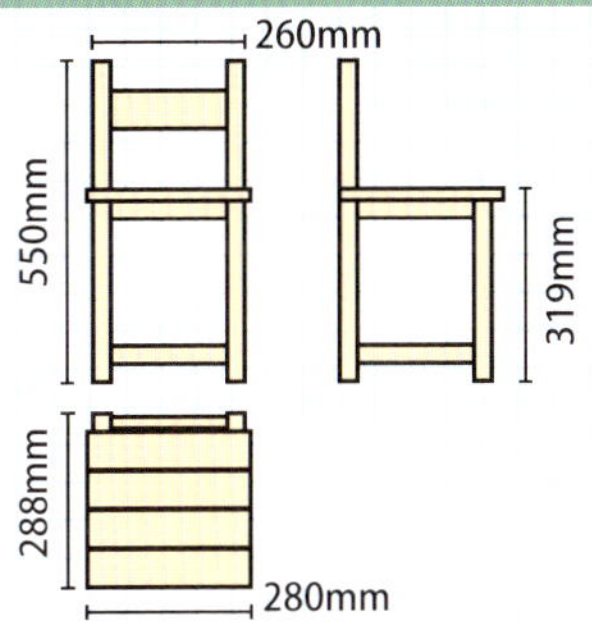


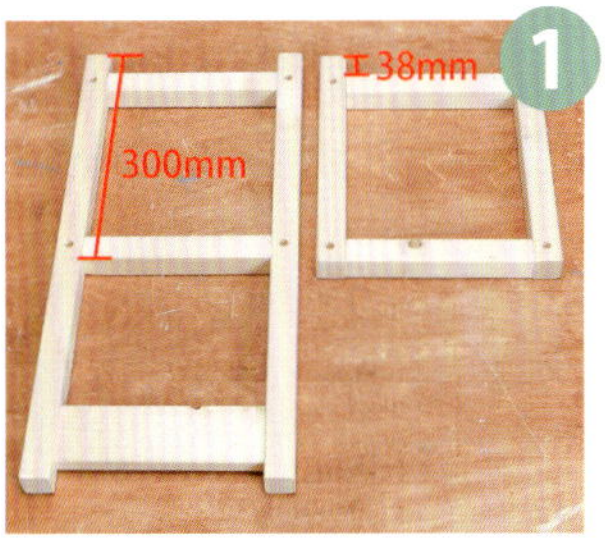


**1** 前脚と後脚に、脚つなぎと背板を45mmの木ネジで固定します。木ネジを打つところには、先にダボ穴をあけておきます。

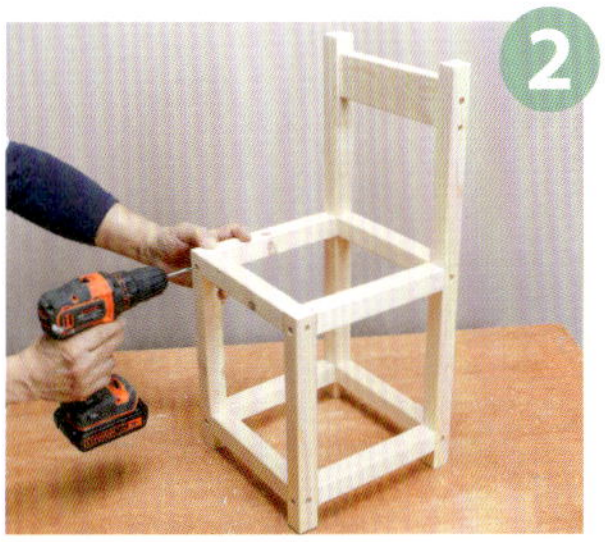

**2** 前脚と後ろ脚の部材を、脚つなぎをネジどめして組み立てます。先に打った木ネジと干渉しないように注意します。

**3** 左右が10mm出るように座板を並べ、後側から厚さ2mmの板ですき間をそろえながら30mmの木ネジで固定します。

**4** いちばん前の座板は、両側の木ネジを後ろ寄りにし、まん中も固定します。すべてのダボ穴を丸棒で埋めて完成です。

**ヒント**

作業台の上で脚を組み立てるときは、固定した木材で脚をそろえてネジどめすると、ゆがみが出にくくなります。

難易度 ★★★☆☆

# 壁に棚を付ける

## 好みや用途に合った棚を設置して、整理整頓を快適に

部屋の壁の空いている部分に、棚を設置することで、デッドスペースを有効活用。プラスアルファの収納を手に入れることができます。新しい棚は、部屋の雰囲気にアクセントを加えてくれるでしょう。ここでは、基本となるシンプルな棚、コンパクトに折りたためる棚、デザイン性のある箱型の棚という、使い勝手や見た目の印象の違う3種類の棚を設置する工程をご紹介します。日用品を整理して収納するもよし、飾り棚としてデコレートするもよし。最も必要としている用途のために、最適な棚を設置しましょう。

壁に棚を設置する際は、壁の裏にある間柱を探し、そこに木ネジを打ちます（詳細は次ページ）。隠れた間柱を見つけるために必要なのがスタッドセンサーなどの下地探し工具。電子センサーで探すタイプ（上写真）のほか、針を壁に刺して探すタイプもあります。

### 道　具

■スタッドセンサー
■マスキングテープ
■ドライバードリル
■水平器

### 材　料

棚 1
■棚受け金具
■棚板

棚 2
■折りたたみ式棚受け金具
■棚板

棚 3
■棚受け
■棚板
■側板／前板／底板

共通
■木ネジ
（棚受け金具に付属のものでは長さが足りない場合もあるので注意）

## 間柱を探し、棚を設置する位置を決める

間柱は、部屋の角や扉の縁から約45㎝感覚で設置されていることがほとんどです。

スタッドセンサーなどを用いてその位置を特定し、マスキングテープで印を付けておきます。その位置が、棚受けを設置するために木ネジを打つ場所になります。

壁に石膏ボードが貼られている場合はコンセントプレートなどを外してボードの厚みを確認し、最適な長さの木ネジを選んでください。

## 棚1（基本の棚）

間柱の位置を確認したら、設置したい高さを決め、片側の棚受け金具を木ネジで固定します。

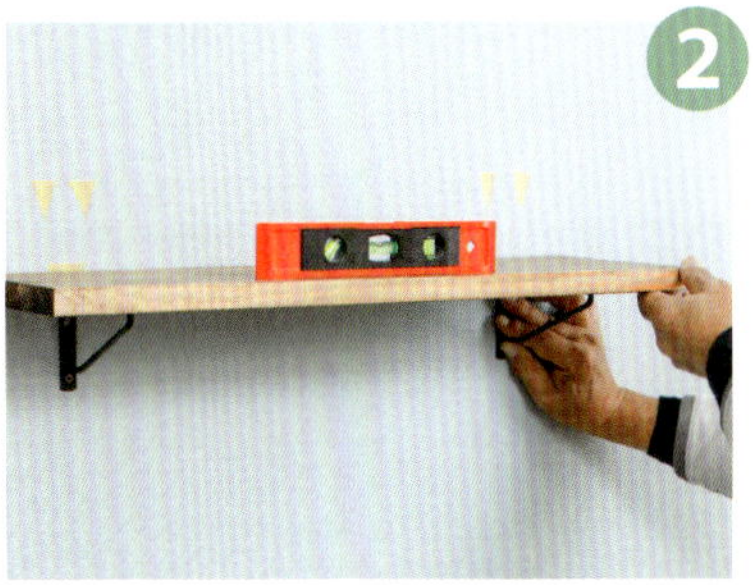

間柱の間隔に合った幅の棚板を用意し、棚受け金具に片端を乗せ、水平を取りながらもう片方の金具の位置を決めます。

左右両方の棚受け金具を壁に設置したら、木ネジで棚板を金具に固定して完成です

## 棚2（折りたたみ式棚）

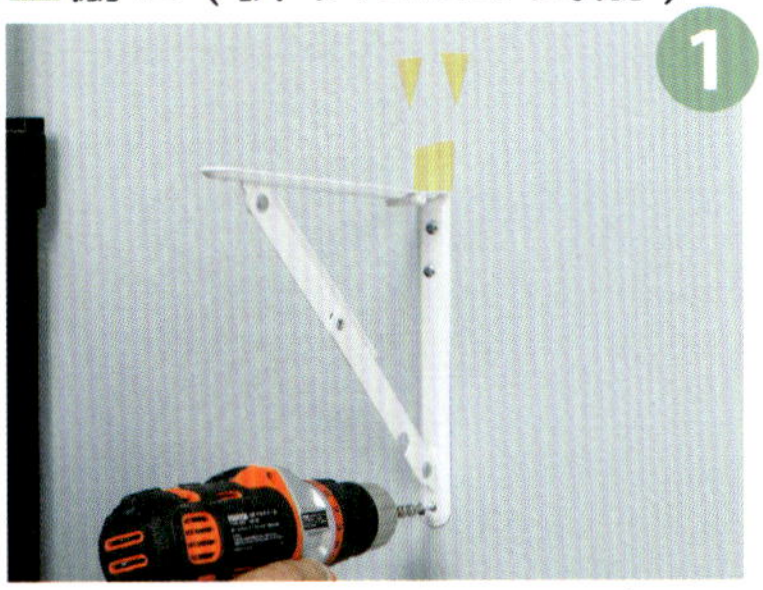

不要な時は折りたためる棚を、簡易デスクとしても使えるよう、床から 70㎝程の位置に設置します。

基本の棚と同様、水平を取りながら棚受け金具を設置し、棚板を固定します。

完成です。折りたためるタイプの棚は、不要の時は周辺スペースを広く使えるため便利です。

## 棚3（箱型の棚）

間柱の間隔に合った幅の棚板に、側板、前板を木ネジで固定します。

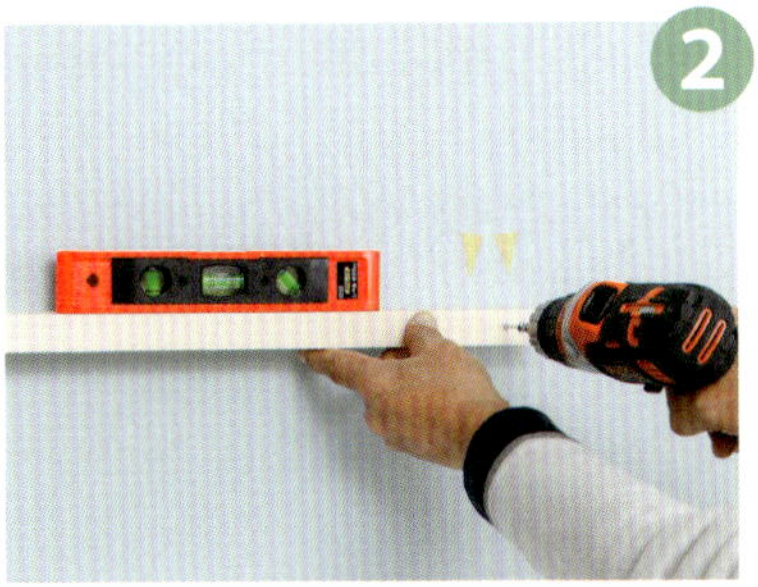

棚受けとなる材を間柱と間柱の間に渡し、水平を取りながら設置。木ネジで固定します。

棚板を棚受けに被せ、棚板の上から木ネジで固定します。

棚板と同サイズの底板を下からフタをするように木ネジで留めます。木ネジは、側板、前板、棚受けとの接地面に打ちます。

難易度 ★★★★☆

# 勉強机

## シンプルで長く使える一台を

小学校入学に備えて用意する勉強机は、上質で長く使える一台を送りたいものです。無垢材を主に使い、木の質感を活かしたシンプルなデザインにするとよいでしょう。

学年があがると、教科書やノート以外にもプリントや資料、文房具など、学習に必要なものは増えていきます。将来のことを考えて天板の広さや引き出しの数を決めることが大切です。

### 道　具

■電動ドリルドライバー
■サンダー
■ドライバービット
■ダボ切りノコギリ
■クランプ
■メジャー
■ドリルビット
■ノコギリ
■プラスドライバー
■さしがね
■木工用接着剤

### 材　料

■パイン集成材（18 × 600mm）
天板：長さ 1000mm　1 枚
■ SPF2 × 4 材（38 × 89mm）
縦枠：長さ 514mm　4 本
横枠：長さ 560mm　4 本
横補強板：長さ 900mm　2 本
引き出し補強板：長さ 400mm　2 本
■ヒノキ（15 × 90mm）
引き出し枠：長さ 330mm　4 枚
長さ 350mm　4 枚
■ツガ（12 × 100mm）
引き出し前板：長さ 427mm　2 枚
■スライドレール：310mm　2 組（4 本）
■アジャスター（M10）　4 個
■アジャスターベース（M10）　4 個
■取っ手　2 個
■木ネジ　15mm、25mm、32mm、60mm、90mm
■シナベニヤ
引き出し底板
330×380×4mm
2 枚

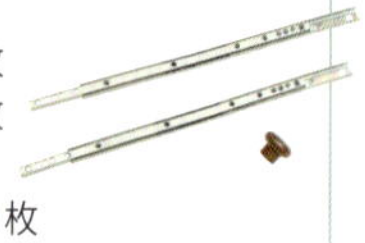

### 展開図

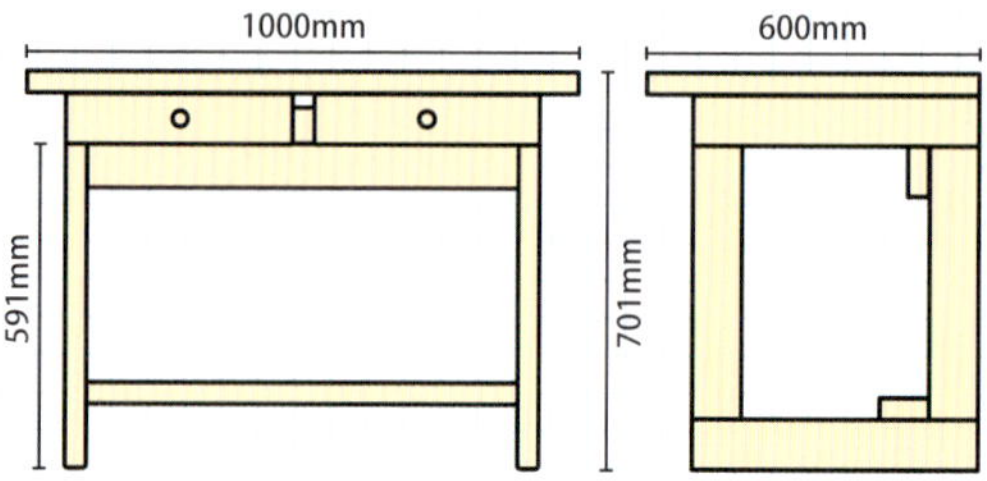

1000mm
600mm
591mm
701mm

# 高さを調整できる勉強机を作る

**1**

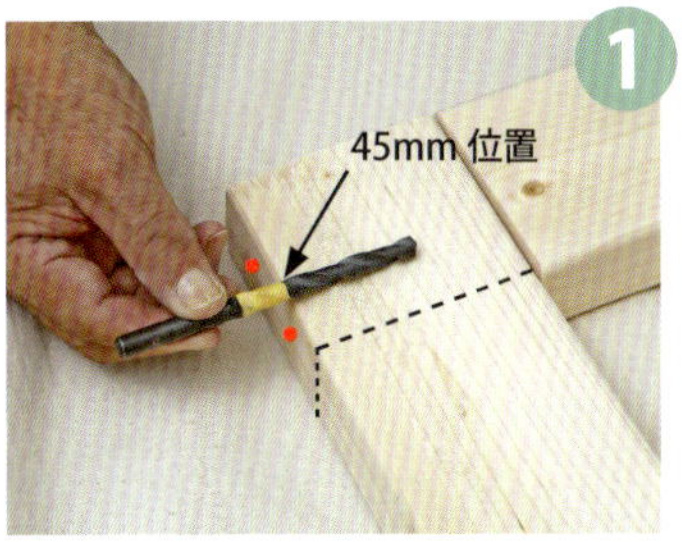


幅の広い枠材にネジを打つため、径8mmのドリルビットで、横枠の両端に深さ45mmの穴を2つずつあけます。

**2**

横枠と縦枠を90mmの木ネジで固定します。接合面には、木工用接着剤を塗っておきます。

**3**

アジャスターをねじ込めるように、径10mmのドリルビットでネジ長より深く穴をあけます。

**4**

枠にあけた穴と位置をあわせて、25mmの木ネジでアジャスターベースを取り付けます。

**5**

4か所のアジャスターベースに、アジャスターをねじ込んで取り付けます。

**6**

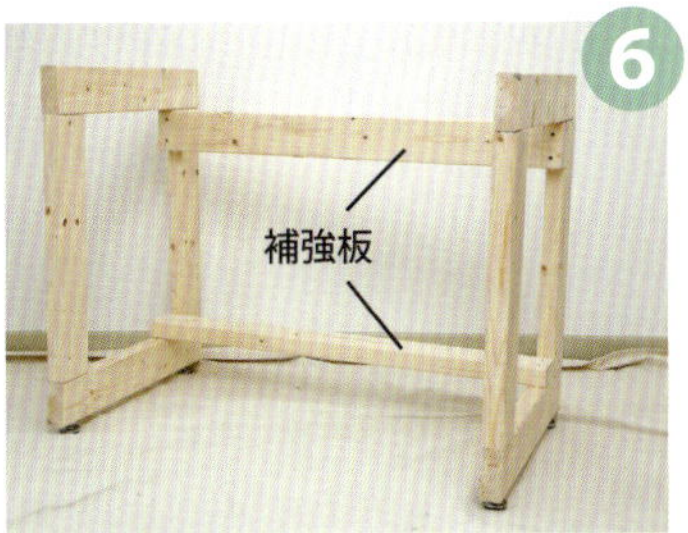


左右の枠を2本の補強板でつなぎます。枠と補強板が直角になるように、さしがねで確認しながらネジどめしましょう。

**ヒント**

まず補強板にネジを1本打って枠に仮どめし、直角を確認してから2本目を打つと楽に調整できます。

**7**

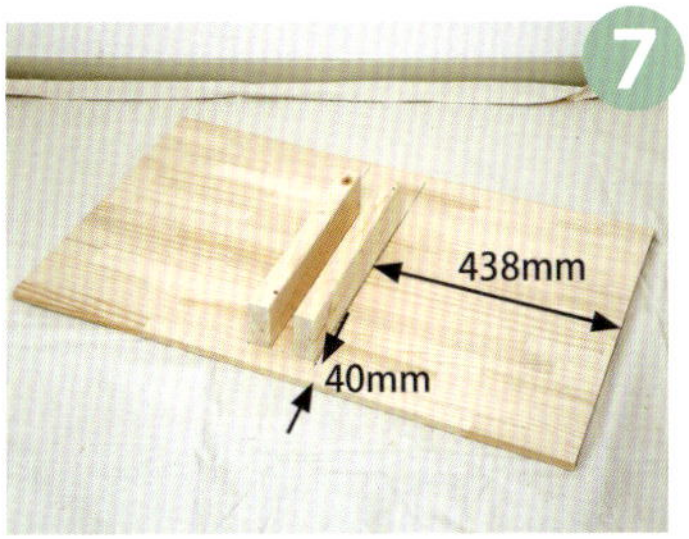


天板の下に、木工用接着剤で引き出し補強板を固定します。上からダボ穴をあけて25mmの木ネジで固定します。

**8**

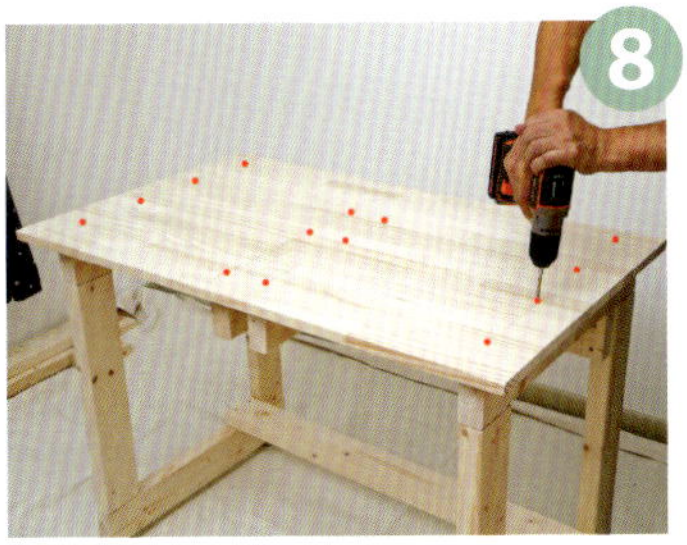

天板の左右を50mm、前を40mmはみ出させ、木ネジで枠に固定します。ダボ穴をあけておき、埋木処理をします。

**9**

32mmの木ネジで引き出し枠を組み立て、続いて15mmの木ネジで底板を取り付けます。

**10**

説明書に従ってスライドレールを取り付けます。レールは左右の高さが同じで、ともに水平になるようにします。

**11**

引き出しの内側から32mmの木ネジで前板を固定します。まん中に貫通穴をあけ、取っ手をネジどめして完成です。

難易度 ★★★★☆

# 食器棚

## 可動棚にするひと工夫でたっぷり収納できて整理もらくらく

食器棚は、食事の準備、後かたづけと、一日に何度も出し入れをする収納です。収納力と耐久性はもちろんのこと、種類や大きさにあわせて整理しやすい可動棚にするなど、使い勝手を考えたつくりにしましょう。

市販の大型棚などに使われているランバーコア合板は、強度が高く、曲がりやソリなどのくるいが生じにくいため、DIYの工作にもおすすめ。店舗のカットサービスを利用し、このように同じもの2台を連結する方法なら、難しい作業がなく頑丈な食器棚を作ることができます。

### 展開図

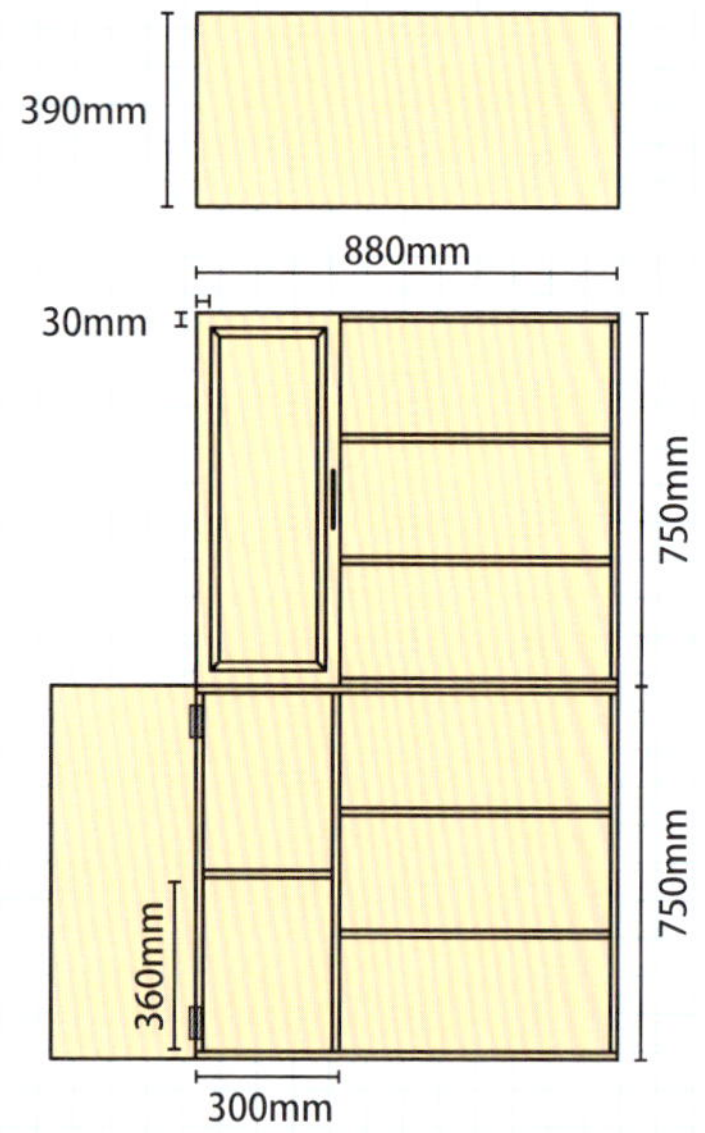


### 道具

- ■電動ドリルドライバー
- ■ノコギリ
- ■金づち
- ■プラスチックハンマー（木づち）
- ■ドライバービット
- ■ドリルビット
  10mm ダボ穴用、4mm、15mm
- ■ドライバー
- ■さしがね
- ■メジャー
- ■サンドペーパー（240番）
- ■木工用接着剤
- ■木工用パテ

### 材料

■ランバーコア合板（15mm厚）
天板、底板：390×880mm　4枚
側板、中板：390×720mm　6枚
左側棚板：390×270mm　2枚
右側棚板：370×565mm　4枚
■シナランバーコア合板（15mm厚）
扉：300×750mm　2枚
■シナ合板（4mm厚）
背板：745×875mm　2枚

■薄板材（6mm厚）
扉装飾：18×690mm　4枚
扉装飾：18×240mm　4枚
■木ネジ　長さ15mm、25mm、45mm
■隠しクギ
■取っ手
■丁番
■ローラーキャッチ
■棚受けダボ（メス52個、オス16個）

# 棚位置自在の食器棚を作る

右側の側板と中板に、前から 50mm、後から 30mm のところに、上から 50mm 間隔で径 10mm のダボ穴をあけます。

❶のダボ穴に、メスダボを打ち込みます。メスダボは径の小さい方が奥になるように、入れる向きに注意しましょう。

側板と中板でダボの高さが違うと、棚板が傾いたり、がたが出たりします。注意して位置決めします。

天板に左右の側板と中板を、45mm の木ネジで固定します。中板は左端から 300mm の位置に右側面をあわせます。ネジ頭はすべて 2mm 沈ませます。

続けて底板を固定し、左側は底板から 350mm の高さに棚板の下面をあわせ、45mm の木ネジで固定します。

背板を 15mm の木ネジで各部材に固定します。すべての木ネジを木工用パテで埋め、乾いてからサンディングします。

扉の装飾材はそれぞれ両端を 45 度にカットし、扉の端から 30mm ずつあけて、木工用接着剤と隠しクギで固定します。

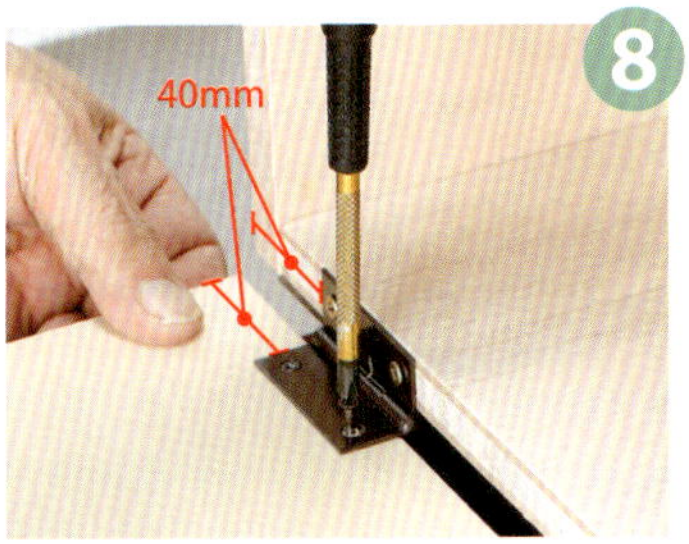


天板と扉の上下端から 40mm のところに丁番を固定します。扉側は付属の木ネジ、本体側は 25mm の木ネジを使います。

取っ手のネジ穴間の距離を測り、取り付けたい位置に印をつけます。径 4mm のドリルビットで穴をあけ、裏側から付属のネジを締めて固定します。

中板から 30mm 離してローラーキャッチをネジどめします。位置あわせのツメで扉に跡をつけ、受け側を固定します。

棚板を重ねて仮どめし、ダボを受ける溝を作ります。重ねた側面のあわせ目に、前後とも端から 30mm のところに、径 15mm、深さ 12mm の穴をあけます。

**ここがポイント！**

ねじ込みタイプのダボは、棚の高さの設定や変更が簡単にでき、自由度の高い棚を作ることができ、食器棚におすすめです。

難易度 ★★★☆☆

# トイレ収納

## 狭い空間を有効活用して収納アップ

戸建住宅に多い0.5坪タイプ（1畳）のトイレは、幅800mm、奥行1600mmというサイズ。この狭い空間で、出入りや立ち座りのじゃまにならず、圧迫感なく収納を作るには、タンクより奥を上手に使えるかがポイントです。

トイレに収納がないと、トイレットペーパーのストックや掃除用品などを仕舞えず不便です。ただ、戸建てやマンションに多いトイレの大きさは、0.5坪程度と限られています。新たに収納を作るときは、タンクの両脇や壁の上部など、動線のじゃまにならないスペースを有効に利用するのがポイントです。

トイレに収納を新設する場合の注意点は、掃除や機器のメンテナンスを考えて、移動しやすくしておくことです。また、給水管やレバーの位置にあわせて、サイズを決めたり、形を工夫したりする必要があります。

### 道　具

■電動ドリルドライバー
■ドリルビット　■ドライバービット
■ノコギリ　■ジグソー
■クランプ　■さしがね
■メジャー　■サンドペーパー
■木工用接着剤

### 材　料

■SPF　1×2材（19×38mm）
　側板補強材：長さ　267mm　4本
■SPF　1×4材（19×89mm）
　側板：長さ900mm　6枚
　棚背板：長さ900mm　2枚
　棚板：長さ216mm　7枚
■SPF　1×10材（19×235mm）
　棚側板：長さ843mm　1枚
　　　　　長さ805mm　2枚
　　　　　長さ643mm　1枚
■SPF　1×12材　（19×286mm）
　天板：長さ900mm　1枚
■木ネジ　45mm

### 3種類のパーツで構成

タンクの両脇に置く収納棚と小物を置ける天板を、壁にネジを打たずに製作します。これらに天板を支える側板を加え、3種類のパーツを組み合わせる構成です。

■側板

壁際に立てて、天板を固定する柱の役目をします。

■天板

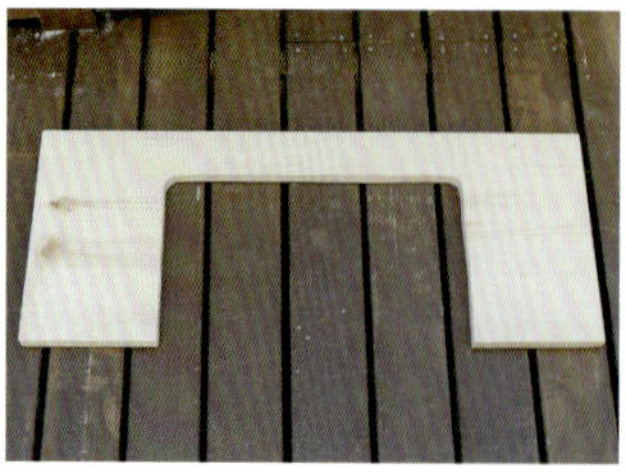

手洗いボウルを残しながら、タンクの目隠しになります。

■収納棚

簡単に動かせる独立型。片方は掃除ブラシなどの収納用に。

## 側板に天板を取り付ける

1

側板用の1×4材を3枚並べ、上下に側板補強材をネジどめして固定し、左右の側板を作ります。

2

2枚の側板を、トイレの壁際に立てます。

3

天板にタンクより少し大きく寸法を取ります。取り付ける高さに天板をあわせ、タンクの位置がわかる印をつけます。

4

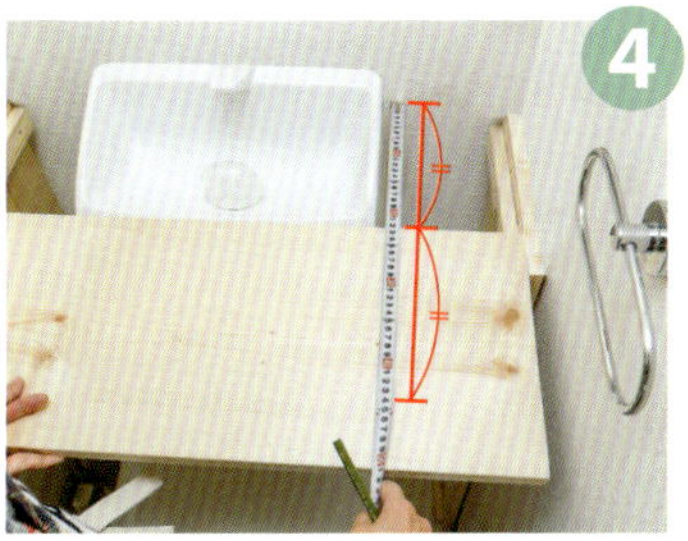

同じ高さでタンクの奥行きを測り、その寸法で天板に印をつけます。印を結んで、切り取る部分がわかる線を引きます。

5

先ほど引いた線に沿って、タンクの入るところをジグソーを使って切り落とします。

6

側板補強材の上に天板を乗せると、側板を壁に押し付ける状態になるため、ネジどめしなくても固定できます。

## 収納棚を作る

1

棚側板は壁側に805mmを、レバーのあるところに643mm使い、上端をそろえて組みます。棚の高さに線を引きます。

2

先ほど決めた棚板の位置に、ドリルを使って木ネジを打つための下穴をあけます。

3

左右と背面の側板を45mmの木ネジを打って固定します。側板補強材に乗せる壁側は、38mm上げた状態になります。

4

45mmの木ネジを打って棚板を固定していきます。レバーに干渉しないように、左側だけ短くなっています。

5

各パーツを好みの塗料で塗っておき、まず壁際に立てた側板の上に天板を乗せます。

6

両側に収納棚を置くと、タンク周りのスペースを有効活用できるトイレ収納の完成です。

難易度 ★★☆☆☆

# コートハンガー

## 玄関スペースを有効に使えて壁のアクセントにも

コートハンガーは、出かけるときによく使う上着や帽子、バッグなどをかけておくととても便利です。玄関や廊下などの狭いスペースでも場所をとらず、作成も簡単な壁掛けタイプをまずは作ってみませんか。

つくりがシンプルなぶん、木材や塗料にこだわったり、デザイン性の高いフックを選んで楽しみましょう。今回はアレンジの一例として、小物を飾れる棚とメッセージやイラストを書ける黒板をつけました。使い方の自由度が高まるようなひと工夫を、ぜひ考えてみてください。

## 道具

- ■電動ドリルドライバー
- ■ノコギリ
- ■さしがね
- ■金づち
- ■メジャー
- ■ドライバー
- ■ハケ
- ■クランプ
- ■マスキングテープ
- ■下穴用ビット
- ■サンドペーパー
- ■ドライバービット
- ■木工用接着剤

## 材料

■シナ合板（12mm厚）
　ベース板：300×700mm　1枚
■SPF　1×4材（19mm厚）
　棚板：89×700mm　1枚
■SPF　1×3材（19mm厚）
　フック台座：63×700mm　1枚
　棚受け:63×200mmほど(端材)　1枚
■薄板材(スギ、ツガなど)(6mm厚)
　黒板枠：24×910mm　2枚
■フック　3個
■屋内用水性塗料
■黒板塗料
■木ネジ　長さ25mm、35mm
■隠しクギ
■ビスキャップ

## 展開図

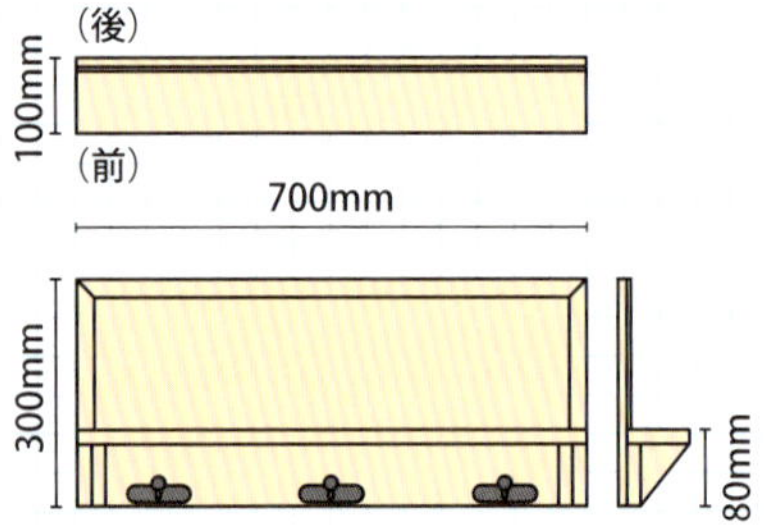


### ヒント　木ネジの頭を簡単に隠す

ビスキャップを使うと、見せたくないネジ頭を簡単に隠せます。座金を木ネジにつけて一緒に締め込み、最後にキャップをはめればOKです。

# メッセージボードつきコートハンガーを作る

1

フック台座の上に棚板をL字にあわせ、35mmの木ネジで固定します。木材の接合部には、木工用接着剤を塗ります。

2
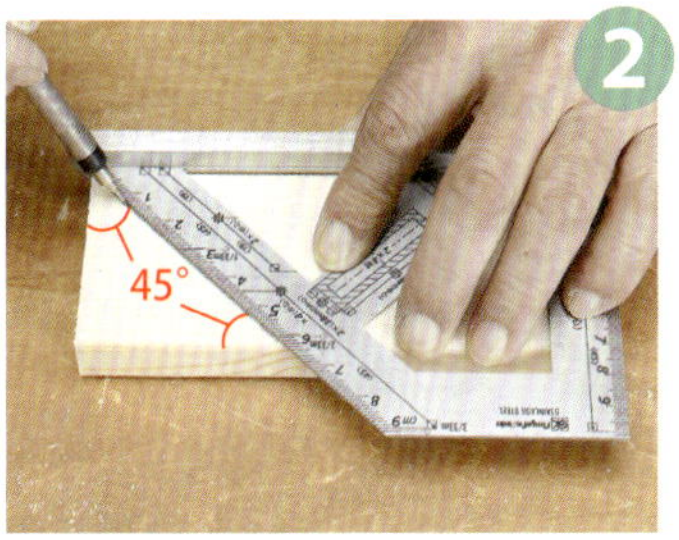

フック台座の端材に、木材の端から45度の線を引きます。45度を持っている止め型スコヤを使うと簡単です。

3

線に沿ってカットし、棚受けを2つ作ります。端材は捨てずにとっておくと、いろいろと利用できます。

4
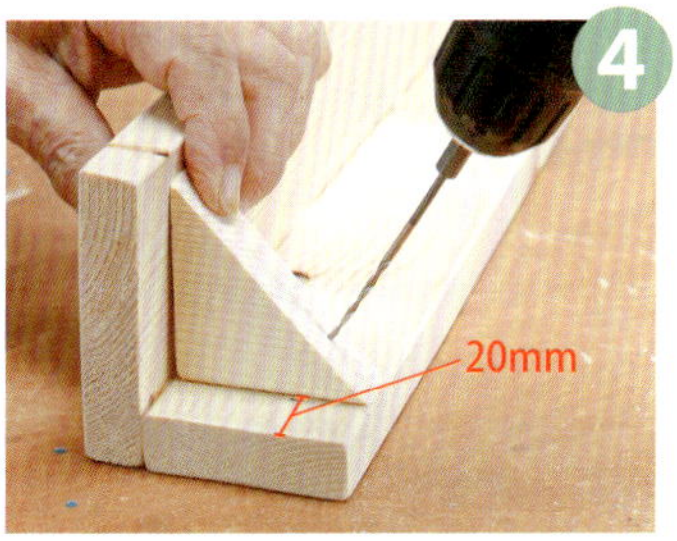

フック台座の両端から20mm内側に線を引いて棚受けをあわせ、垂直の下穴を2か所にあけます。

5
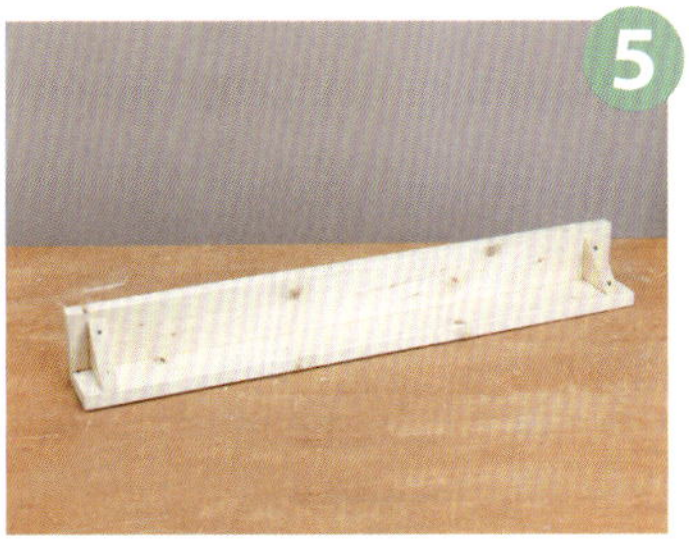
両側の棚受けを35mmの木ネジで2か所ずつとめて、棚板とフックベースの組み立てが完了です。

6

④の部材に木工用接着剤を塗り、ベース板の下端にクランプで固定。裏側から25mmの木ネジで4か所をとめます。

7

主な部材の組み立てが完了しました。引き続き、棚の上部を黒板にするため、加工していきます。

8

上部と左右の3辺に黒板枠を取り付けます。枠材を縦横の長さにあわせ、角になる部分をそれぞれ45度にカットします。

9

枠材に木工用接着剤を塗り、ベース板の縁にあわせて固定。隠しクギを打ち、接着剤が乾いたらクギの頭を折りましょう。

10

棚の上の面に黒板塗料を塗ります。先に周囲をお好みの塗料で塗り、マスキングテープで養生をしてください。

11

ドライバーを使い、付属のネジでフックを固定します。先にセンターに取り付け、残りを等間隔に配置すると整います。

12

壁の下地を探して（P49ページ参照）印をつけ、水平を確認しながら35mmの木ネジでコートハンガーを取り付けます。

難易度 ★☆☆☆☆

# 自転車ラック

## 省スペースで自転車を室内保管

自転車は雨ざらしにしておくとサビや傷みが進みます。大切に乗りたい自転車は、屋根つき、できれば日差しや吹き込みを避けられる屋内保管が理想です。ガレージやトランクルームなど、余裕のある保管スペースを確保できない場合は、家のなかの空間を上手に利用しましょう。

解決方法のひとつが、床を専有しない自転車用ハンガーを利用した壁かけです。賃貸やコンクリート壁の家で壁つけができない場合は、2×4アジャスターを活用してはいかがでしょうか。突っ張りタイプの支柱を立てれば、お望みの場所に自転車をかけて保管できます。

### 道具

■電動ドリルドライバー
■ノコギリ
■メジャー
■水平器

### 材料

■2×4アジャスター　1セット
■SPF 2×4材（38×89mm）
支柱：長さ＝天井高－95mm
1本
■自転車用ハンガー　1個

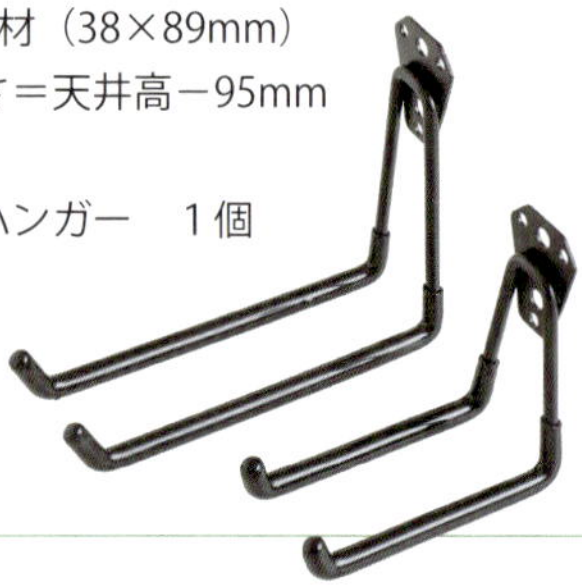

### ■2×4アジャスターとは？

規格サイズである2×4材の両端に取り付けて使う DIY 向けアイテムです。天井と床を上下に突っ張ることで、ネジやクギを使わずに支柱を立てることができます。同様の商品は数社から販売されているので、デザインや取り付け方法を比べて選びましょう。

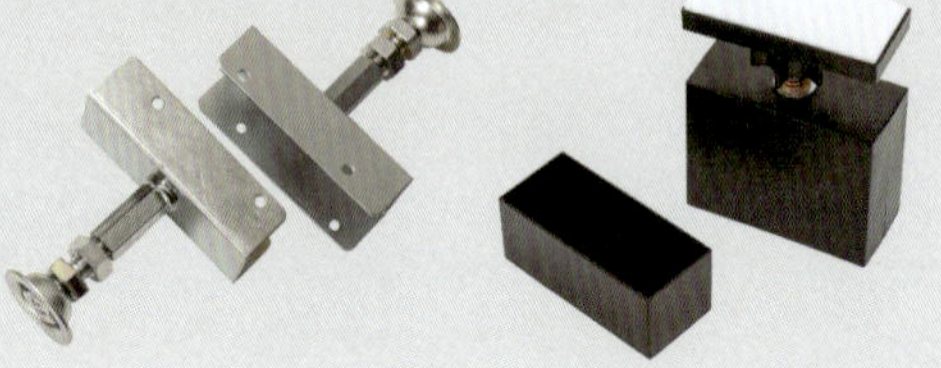

# 突っ張り型の支柱を立てて自転車ラックを設置する

1 自転車ラックを設置したいところの床から天井までの高さを、メジャーを使って測ります。

2 天井高から上下アジャスターの高さを引いて、支柱の長さを割り出します。詳しくは製品の説明書を確認しましょう。

3 ノコギリで支柱をカットします。アジャスターには調整幅があるので、あまり神経質になることはありません。

4 インテリアにあわせて、ウッドワックスなど好みの室内用水性塗料で支柱を塗装します。

5 アジャスターのついているほうが上になるようにして、支柱の上下にキャップを取り付けます。

6 決めておいた設置場所に支柱を立ててセットします。

7 上部についているジャッキノブを回してアジャスターを伸ばし、天井に突っ張って支柱を固定します。

8 支柱の前面と側面に水平器をあてて2方向の垂直を確認し、ずれている場合は微調整します。

9 自転車をかける高さを決め、自転車用ハンガーを木ネジを打って支柱に取り付けます。

10 設置が完了しました。一般的な 2.4 mの天井高で耐荷重内であれば、自転車を2台までかけることができます。

## 位置確認の注意

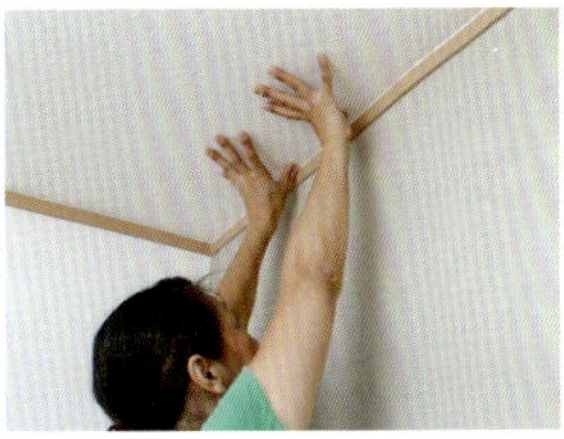

支柱を立てたいところの天井を叩いたり押したりして、下地が入っていてたわまないことを確認します。

ハンガーの高さを決めるときは、じゃまにならないか、掛け外しがしやすいかを、実際に自転車を持って確認しましょう。

難易度 ★★★☆☆

# すき間ストッカー

## キッチンや洗面所の気になるすき間を利用して収納力をアップ

冷蔵庫や洗濯機の横にできるわずかなすき間を有効活用し、収納を増やせるのがすき間ストッカーです。キャスターでスムーズに引き出せるため、奥行きをムダなく利用でき、ものの出し入れも便利。前面を目隠しにすれば、見た目はすっきりおさまります。

1×8材などからすき間に近い幅の板材を選んで使うと、加工の手間も少なくできます。収納したいものの種類や大きさを考えて、棚の段数や高さを決め、使いやすいオリジナルサイズのストッカーを作りましょう。

### 道具

- ■電動ドリルドライバー
- ■ドリルビット
  10mm ダボ穴用、2.5mm、4mm
- ■ドライバービット
- ■ノコギリ
- ■ダボ切りノコ
- ■ドライバー
- ■クランプ
- ■さしがね
- ■メジャー
- ■サンドペーパー（240番）
- ■木工用接着剤

### 材料

■SPF　1×8材（19×184mm）
　前板、後板：長さ750mm　2枚
　天板：長さ600mm　1枚
　底板、棚板（横）：長さ550mm　2枚
　仕切り板：長さ415mm　1枚
　　　　　　　　250mm　1枚
■SPF　1×1材（19×19mm）
　落下防止バー：長さ300mm　2本
　　　　　　　　　　230mm　2本
■丸棒
　ペーパー立て：径30×200mm　1本
　引っ掛け棒：径10×240mm　2本
　ダボ埋め用：径10mm　適宜
■キャスター
　前用：38mm自在タイプ　2個
　後用：38mm固定タイプ　2個
■木ネジ
　長さ10mm、35mm、45mm
■取っ手　1個

### 展開図

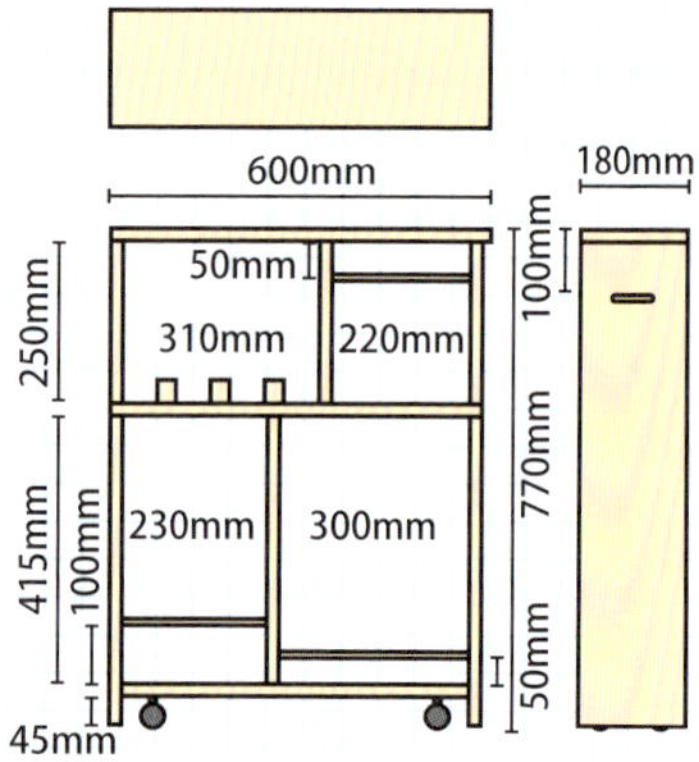

# キッチン用のすき間ストッカーを作る

1

底板を前後板の下から 45mm のところに、45mm の木ネジで固定します。接合面はすべて木工用接着剤を塗ります。

2

天板を前側が 10mm 出るように、前後板に 45mm 木ネジで固定します。先に径 10mm のダボ穴をあけておきます。

3
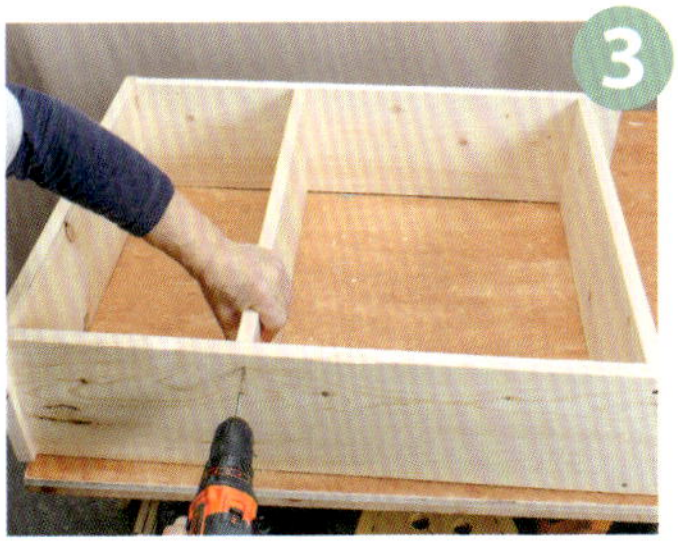
前後板の上から 250mm のところに、棚板を 45mm の木ネジで固定します。棚の高さは、収納するものにあわせます。

ここがポイント!

棚の段数や高さなどの仕切り方を検討するときは、実際に収納したいものを置いて、出し入れしやすい寸法にしましょう。

4
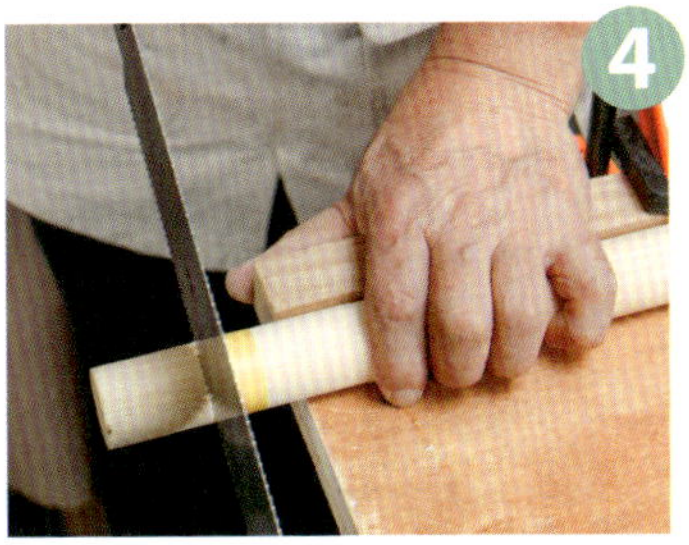
径 30mm の丸棒を、長さ 40mm で 3 本カットします。作業台に固定した角材などで押さえると、丸棒が安定します。

5

ペーパーの太さを測って間隔を決め、下側から 35mm の木ネジで固定します。今回は写真の寸法にしています。

6

下段は、長さ 415mm の仕切り板を前から 300mm のところに、45mm の木ネジで固定します。

7
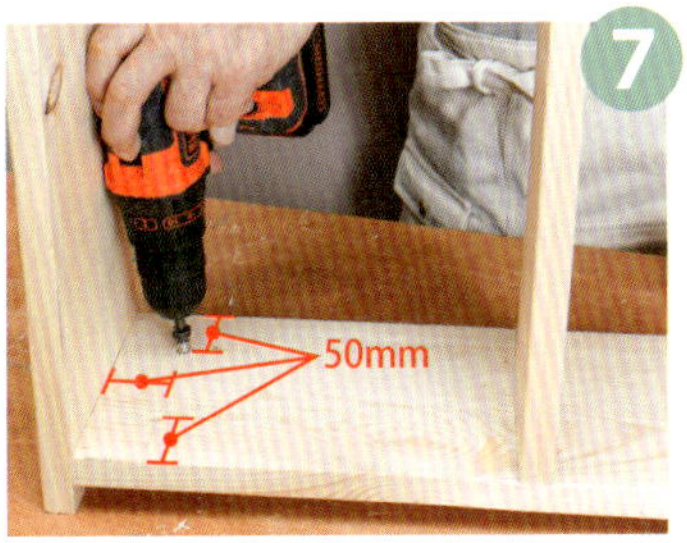

長さ 250mm の仕切り板と前板に、上から 50mm、左右端からそれぞれ 50mm のところに、径 10mm、深さ 10mm の穴を 2 か所ずつあけます。

8

❼であけた穴に 2 本の引っ掛け棒を差し込みながら、前から 220mm のところに 45mm の木ネジで固定します。

9

下段に落下防止バーを 35mm の木ネジで固定します。前側は 50mm、後側は 100mm の高さにします。

10

前側に自在、後側に固定のキャスターを、10mm の木ネジで固定します。横を向いても、はみ出さないよう位置に注意。

11

取っ手のネジ穴の間隔を測って、天板上面から 100mm のところに 4mm の貫通穴をあけ、付属のネジで固定します。天板のネジ頭をダボ埋めして完成です。

難易度 ★★

# 家具のリメイク 1
# テーブルの塗り替え

## 手軽にできて リメイク効果が抜群！

木製家具の汚れや色あせが気になるとき、印象を変えたいときに、あまりコストをかけず効果的にリメイクできるのが塗り替えです。

家具に使える室内用の水性塗料は、種類も色も豊富。木目をいかしたり、インテリアにあわせてまっ白にしたり、塗料選びでお好みの外観に生まれ変わらせることができます。

テーブルやイスなどの実用家具は、最後にクリア塗料やニスを塗って仕上げましょう。色落ちしにくく、水や熱にも強い保護効果があります。

今回リメイクした無垢材の折り畳みテーブルは、木目をいかすステイン塗料で塗装したもの。それを、膜をつくるタイプの水性塗料を2色使って、イメージチェンジをしています。ステイン塗料に比べて、表面の細かいキズを目立たなくすることもできます。

### 道　具

■サンダー
■サンドペーパー各種
（# 180 ～# 240 程度）
■ハケ各種
■マスキングテープ
■ドライバーなど分解に必要な工具

### 材　料

■水性塗料
■保護塗料（クリアー、ニスなど）

ここがポイント！

### できるだけ分解しよう

折り畳みテーブルの脚、棚の扉など、可動部分のすき間、金具との境目などは、なかなかきれいに塗りきれません。可能な限り分解して作業すると、よりていねいな仕上がりになります。はずしたネジなどは、場所ごとに袋に入れ、合番をふって管理しましょう。

### 仕上がりを左右する下地調整

塗る面の汚れ、古い塗膜のはがれなどをそのままにして新しい塗料を塗ると、仕上がりが凸凹したり、塗料がはがれたりします。240番程度のサンドペーパーで表面を磨き、キズやへこみを木工用パテで埋めて整えておきましょう。塗る面がツルツルしている場合は、軽く荒らして塗料の密着性をよくしてください。

細かいところは、サンドペーパーやサンディングスポンジを使い分けて、ていねいに作業しましょう。

# 傷んだテーブルを塗り替える

1 塗料の密着性を高めるために、＃240程度のサンドペーパー（サンダー）で、塗装面を荒らします。

2 サンディングで出た細かい木の粉が、表面に付着しています。濡らして固く絞ったタオルで、をきれいに拭き取ります。

3 塗りたくないところを養生します。ネジ穴など細かい部分は、マスキングテープを貼ってからカッターで切り取ります。

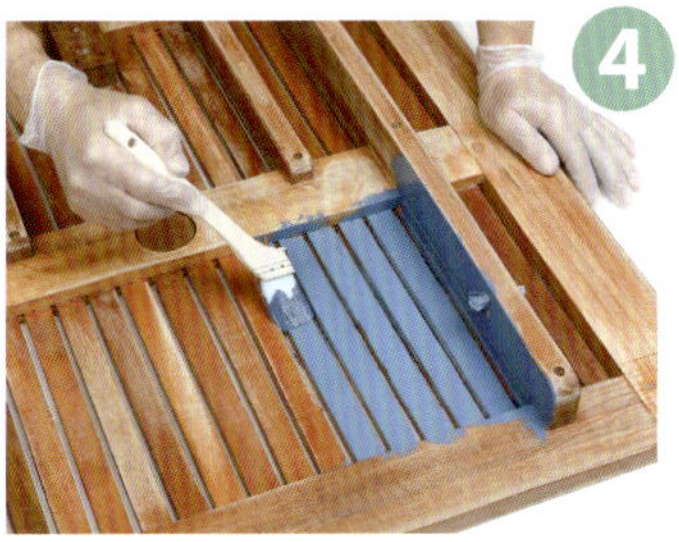

4 1回目の塗装。細かいところ、塗りにくいところから塗り始めると、塗り終えた箇所に触れず、ラクに作業ができます。

5 ハケを適材適所で使い分けると、効率的に作業できます。桟やルーバーのすき間などは、すき間用ハケを使うと便利です。

6 最後に天板などの広い面を塗ります。平面には、ハケ跡が出にくいローラーバケやコテバケを使うのもおすすめです。

7 乾燥させてから2回目を塗ります。仕上がりに関わるので、塗り残しやムラがないように、ていねいに仕上げましょう。

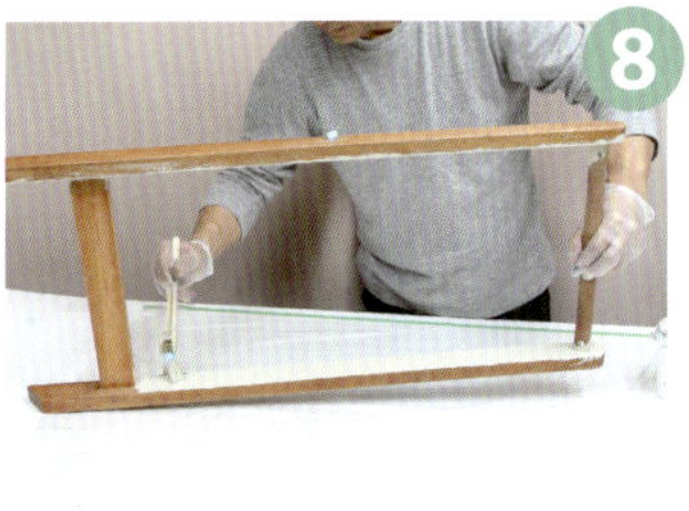

8 脚など、天板以外のパーツを同じ要領で塗装します。分解すると、ラクな姿勢で細部までていねいに塗ることができます。

9 塗り進むと、材料を手で持てなくなります。端材をゲタにして浮かせるなど、作業しやすい工夫をしましょう。

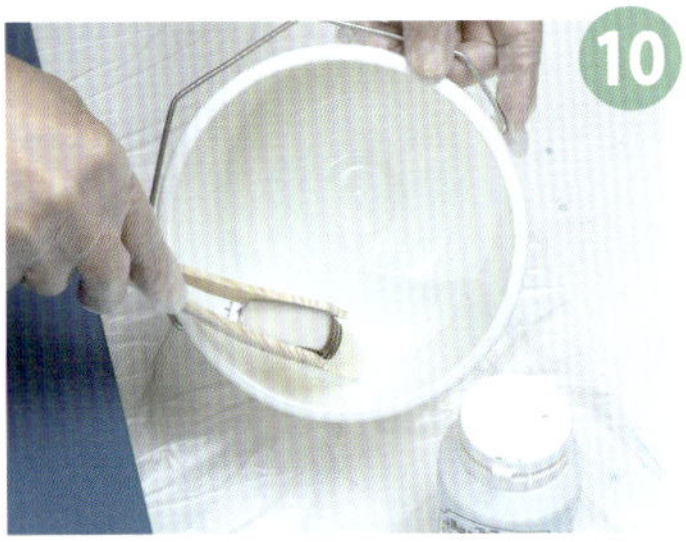

10 テーブルや椅子などは、こすって色落ちしないように、クリアやニスなどの保護塗料を塗って仕上げます。

11 塗料が乾燥する前に、養生をはずします。乾燥してしまうと、塗料も一緒にはがれやすくなるので注意しましょう。

12 塗装の工程が終了しました。十分に乾燥させてから、分解したときと逆の手順で組み立てて、塗り替えの完了です。

難易度 ★★★☆☆

# 家具のリメイク2 座面の張り替え

## 傷んだ座面の印象と座り心地を一新

ダイニングチェアなどのクッションつきの座面は、長年使っていると、張り地の汚れや色あせ、すり切れなどが目立つようになります。そのころにはクッションもへたってきます。傷みが気になるダイニングチェアは、座面を張り替えてリフレッシュしましょう。

もともと同じ素材や色でリフォームしてもよいですが、まったく異なる張り地でリメイクすると、ダイニングの雰囲気を変えることもできて一石二鳥です。

長持ちさせるために、擦れや引き裂きに強い生地を選ぶことが、リメイクを成功させるポイントです。気に入った生地を見つけて、センスよく作り変えましょう。

張り替えの場合は、取り外した座面を裏返し、ステープル抜きやマイナスドライバー、ペンチを使って針を抜いてください。

左ページで紹介しているように、木製座板の椅子を座り心地のよいクッション座面にリメイクすることもできます。

### Before

一般的にはクッションつき座面の張り替えを行うことが多いですが、硬い木製座面をクッションつきにすることも可能です。

### 道具

■六角レンチ(プラスドライバー)
■ハサミ
■油性ペン
■両面テープ
■金づち
■タッカー

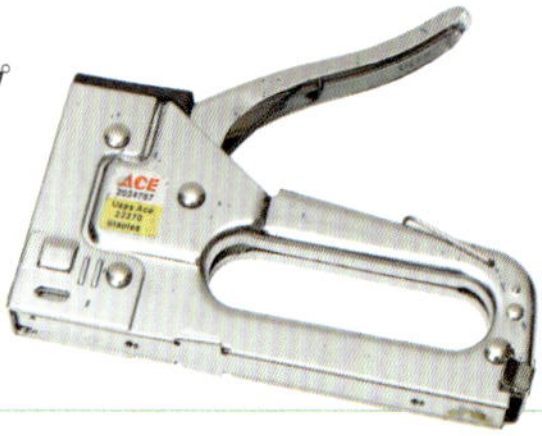



### 材料

■クッション材:チップウレタン(3cm厚)
■張り地(透けないもの、伸びないもの)

### ウレタン選びで好みの座り心地に

7〜10年使用しているダイニングチェアは、クッションもへたっているので、ウレタンを交換することをおすすめします。ここでは、やや硬めでつぶれにくい3cm厚のチップウレタンを使用していますが、2cm厚のチップウレタンの上に、2cm厚の軟質ウレタンや低反発ウレタンを重ねると、よりソフトな座り心地になります。

## クッション材を加工する

1

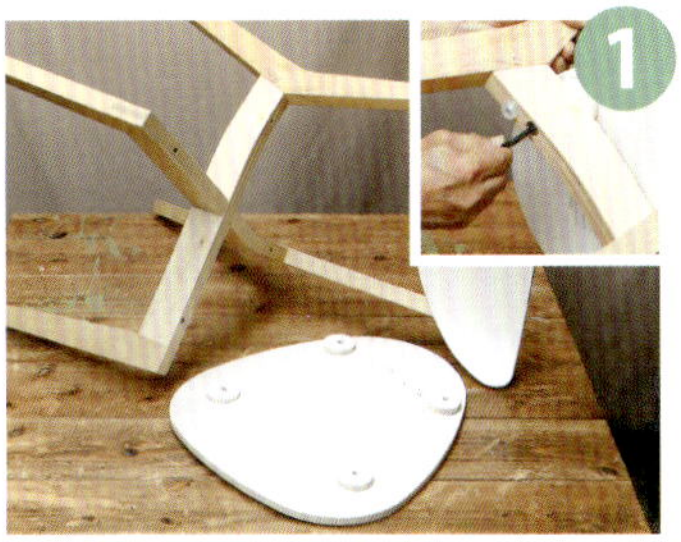

脚や枠に固定しているネジを緩め、座板を取り外します。クッションつきの場合は、古い張り地とウレタンをはずします。

2

ウレタンの上に座板を置き、周囲がひと回り大きくなるように、油性ペンで型を取ります。

3

線に沿って、ハサミでチップウレタンをカットします。切り口が凸凹になったところは、できるだけ整えておきましょう。

4

チップウレタンがずれるのを防ぐために、座板の上面に両面テープを貼ります。端と真ん中は必ず貼ってください。

5

下にチップウレタンを置き、周囲のはみ出しが均等になるように、位置をあわせて座板を貼り付けます。

6

クッション材の加工が完了しました。はみ出したウレタンは、張り地が座板に当たって擦り切れるのを防ぎます。

## 張り地を張る

1

裏返しに広げた張り地の上に座板を置き、×印の４か所にタッカーを使って張り地をとめます。

2

先にとめた２か所の真ん中あたり（四角い座面の場合は角）を、張り地を軽く引っ張りながら、タッカーでとめます。

3

丸い座面や四角い座板の角は、ヒダを作りながらタッカーでとめます。タッカーはヒダの山の部分に打ってください。

ここが
ポイント！

最後に、針が連なるくらいにすき間なくタッカーでとめておくと、張り地が破れにくくなります。浮いた針がないように、金づちでしっかり打ち込んでおきます。

4

タッカーでとめたところから１cm 程度を残して、あまった布をハサミで切り落とします。

5

必要に応じて、裏面に合わせてカットした不織布をタッカーで張ってください。座板をフレームに取り付けて完成です。

難易度 ★★☆☆☆

# ガーデンベンチ

## 庭先やベランダで過ごす時間を優雅に演出

暖かい日差しの下でスローな時間を楽しむなら、ガーデンベンチがオススメです。外の空気を吸いながらお茶や読書ができるため、のんびりとしたり、気分転換をするのに最適な場所となってくれます。また観葉植物のディスプレイ台としても使えるなど、アイデア次第で使い道はさまざま。次項のガーデンテーブルと組み合わせれば、より統一感が生まれ、テラスやウッドデッキを素敵なくつろぎ空間へと変えてくれることでしょう。

## 展開図

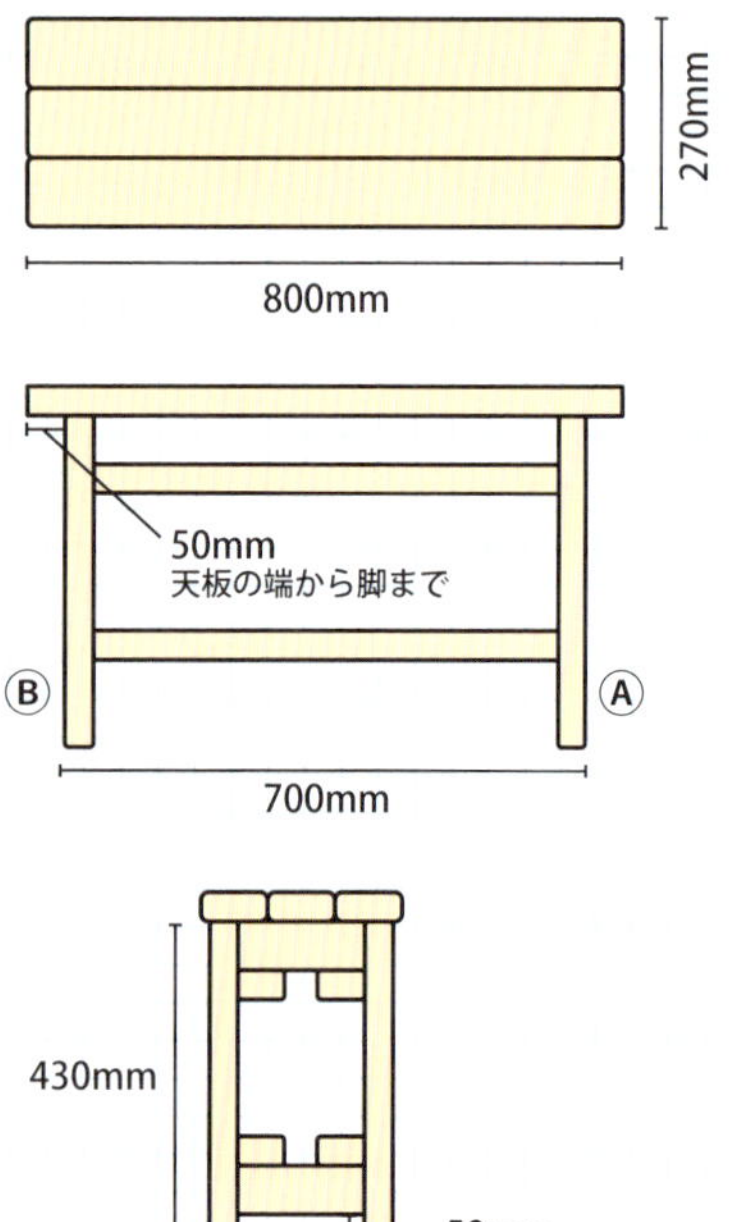
270mm
800mm
50mm
天板の端から脚まで
Ⓑ
Ⓐ
700mm
430mm
50mm
137mm

## 材　料

- SPF1 × 4 材
  長さ 800mm　3 本
- SPF2 × 3 材
  長さ 700mm　4 本
  長さ 430mm　4 本
  長さ 170mm　4 本
- 木ネジ　長さ 35mm
- 屋外用水性塗料

## 道　具

- 電動ドライバードリル
- サンダー
- ノコギリ
- 下穴ビット
- メジャー
- 直角定規
- 耐水性木工用接着剤
- ハケ

# シンプルで丈夫なベンチを作る

切り出した板材すべてのカット面をサンダーで磨き、荒れやバリを取ってきれいに整えます。

脚の縦材となるSPF2×3材の下から50mmのところに線を引きます。4本すべてに行いましょう。直角定規を使うと簡単に直角の線を引くことができて便利です。

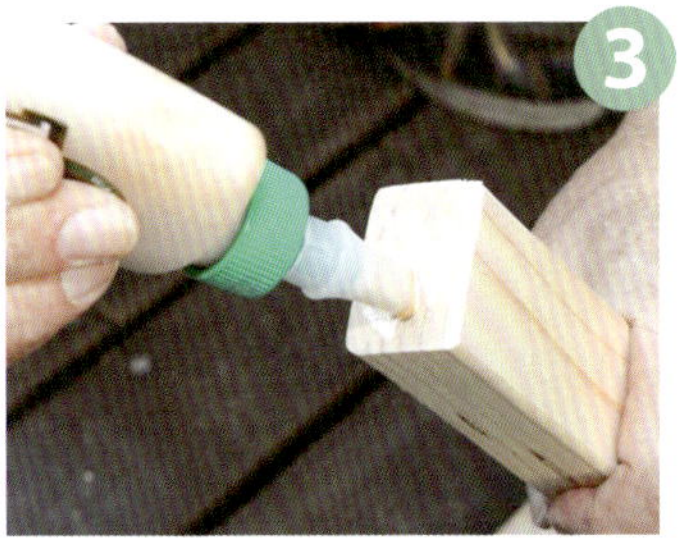


脚の横材となるSPF 2×3材の木口に、組み付けたときの接合強度を高めるため、耐水性の接着剤を塗っておきます。

横材に縦材をあわせ、ネジどめしていきます。割れを防ぐために下穴をあけてから、ネジを2本打って固定します。

反対側にも縦材をあわせ、2か所ネジどめをします。ここでも接合面には耐水性木工用接着剤を塗りましょう。

❷で引いた縦材の線を目印に、もう1本の横材を置き、2か所ネジどめします。同じものをもう1セット作ります。

脚の内側角に700mmつなぎ材を端がはみ出さないようにあわせ、2か所ずつネジを打って固定します。

同じようにして4か所の内側角につなぎ材をネジどめし、2組の脚を固定すると脚部の組み立てが完了です。

天板となるSPF1×4材を脚部の中央にあわせます。両側のはみ出しが50mmになるように位置を調整しましょう。

位置あわせができたら、座板と脚が直角になっていることを確認して、2か所ずつネジを打って固定します。

固定した板の両側に、3mm程度のすき間をあけて残りの2枚を固定します。ベニヤなどで厚さ3mmのスペーサーを作っておくと、すき間調整に便利です。

以上でガーデンベンチの完成です。耐水性や防腐性のある屋外用塗料を塗って、好みの色に仕上げてください。

難易度 ★★★☆☆

# ガーデンテーブル

## 心地よいカフェタイムが自宅で味わえる

ナチュラルウッドの温かみがもたらすおしゃれな雰囲気はもちろん、家族が集まる場所として、また友人を招いたホームパーティなど、人と人を自然に繋げてくれるアイテムです。屋外バーベキューや休日ランチといった、ゆったりとした心地よい時間を過ごすのにぴったり。自宅の庭でいつでもアウトドアスタイルを楽しむこともできます。ガーデンテーブルを取り入れて、優雅なライフスタイルを堪能しましょう。

### 展開図

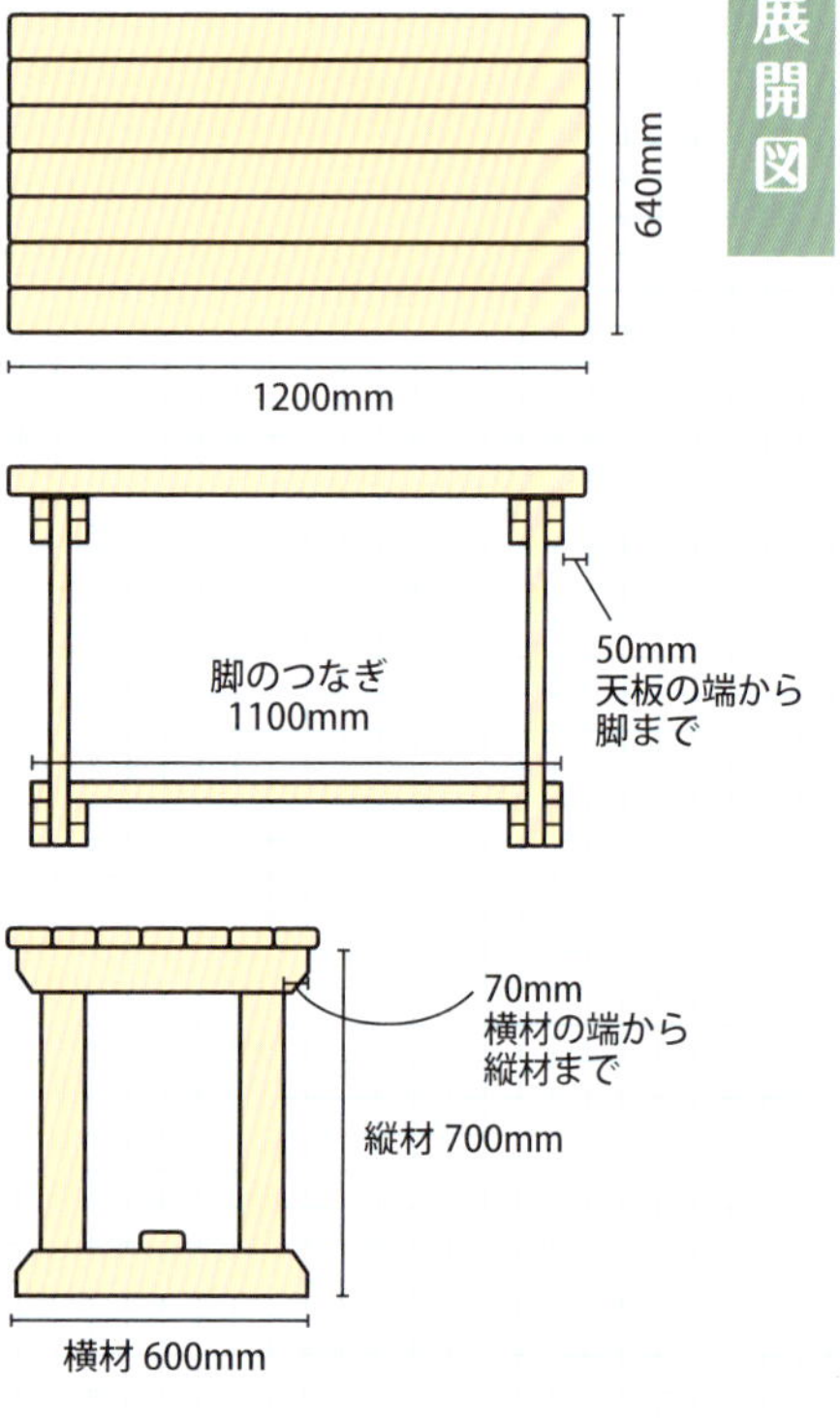

640mm
1200mm
脚のつなぎ
1100mm
50mm
天板の端から
脚まで
70mm
横材の端から
縦材まで
縦材 700mm
横材 600mm


### 材料

- SPF2 × 4 材
  - 長さ 1200mm 7 本
  - 長さ 1100mm 1 本
  - 長さ 700mm 4 本
  - 長さ 600mm 8 本
- 木ネジ 長さ 65mm
- 屋外用水性塗料

### 道具

- 電動ドリルドライバー
- サンダー
- ノコギリ
- さしがね（直角定規）
- メジャー
- 耐水性木工用接着剤
- ハケ

# 2×4材でウッディなテーブルを作る

脚と天板受けの横材を 8 本用意し、それぞれの角から 50mm のところに印をつけ、45 度の線を引いてカットします。

カット面はサンダーで磨いて荒れやバリを取り、きれいに整えておきましょう。

横材の端から 70mm のところに印をつけ、直角に線を引きます。この作業も 8 本すべて両端に行います。

横材を 2 本並べ、❸で引いた線に沿って縦材を置きます。接合面には、耐水性の木工用接着剤を塗りましょう。

縦材を取り付けるときは、先に木ネジを 1 本打ち、定規をあてて直角を確認してから 2 本目を打って固定します。

同様にして、2 本の横材の上に 2 本の縦材を直角に固定します。

縦材を挟むように上から横材を置き、横材に引いた 70mm の線にあわせて 2 か所ずつネジどめします。

反対側も、縦材をはさむように横材を固定し、上下が対称の脚を作ります。同じものを 2 組作りましょう。

横材のまん中につなぎ材を直角に固定します。直角を確認しながら 4 か所をネジどめし、両側の脚を取り付けます。

両端が脚から 50mm ずつはみ出すように位置決めして、天板を取り付けていきます。まん中から外側に向けて作業するのが、バランスよく固定するコツです。

天板を 3 mm 間隔でネジどめしていきます。3mm 厚のスペーサーを作っておくと作業がはかどります。

あとはお好みの塗料を塗って仕上げれば完成です。

難易度 ★★★☆☆

# 収納付きキッズベンチ

## 散らかりがちなおもちゃなどをまとめて収納

子ども部屋やリビングの一角など、お子さんがよく遊ぶ場所に置いておきたい、収納とベンチを兼用する家具です。自分専用の収納があると、遊んだおもちゃを片づけたり、読みたいときに絵本を取り出したりと、持ち物を管理する習慣づけにも役立ちます。

座面は座るほか、お絵かき用のテーブルとしても使えます。

ここでは子ども用として紹介しましたが、インテリアや用途にあわせたデザインやサイズでつくってみるといいでしょう。

### 道具

- ■電動ドリルドライバー
- ■ジグソー
- ■ドリルビット
- ■プラスドライバー
- ■メジャー
- ■マスキングテープ
- ■サンダー
- ■ドライバービット
- ■クランプ
- ■さしがね
- ■木工用接着剤

### 展開図

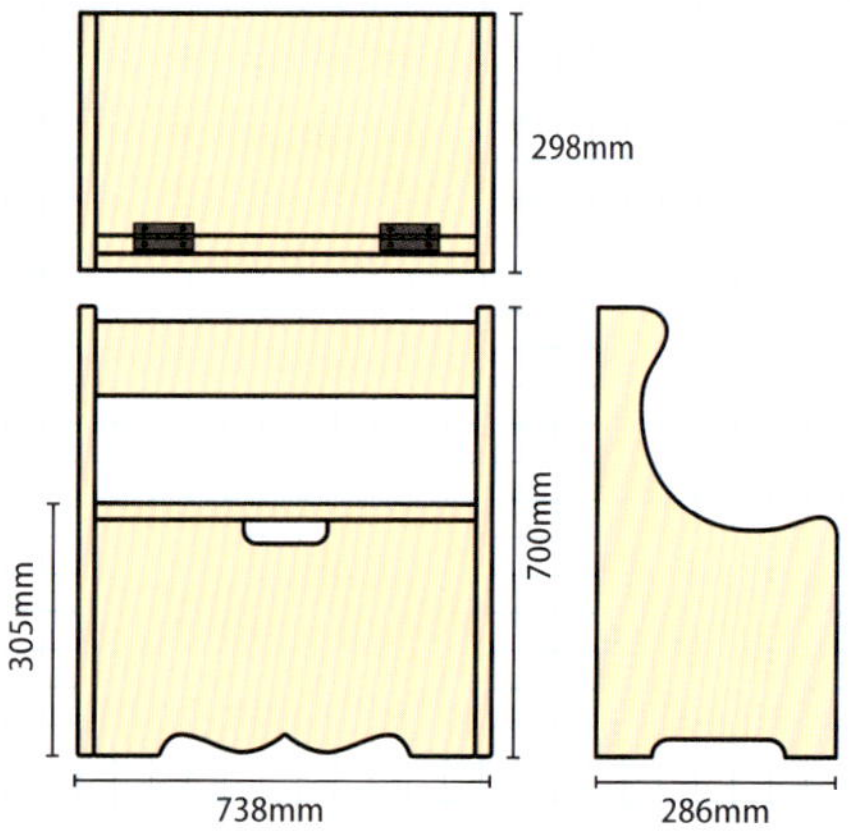


### 材料

■ SPF 1 × 12 材（19 × 286mm）
側板（左右）：長さ　1100mm　1 枚
前板、後板　：長さ　700mm　2 枚
底板：長さ 700mm（幅 248mm にカット）1 枚

■ SPF 1 × 10 材（19 × 235mm）
座板（フタ）：長さ 700mm　1 枚

■ SPF 1 × 4 材（19 × 89mm）
背板：長さ 700mm　1 枚

■ SPF 1 × 3 材（19 × 63mm）
フタ支持材：長さ 700mm　1 枚
フタ受け材：長さ 248mm　2 枚

■丁番　1 組

■木ネジ
30mm、45mm

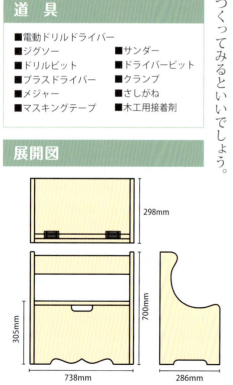

# たっぷり収納できるキッズベンチを作る

**1**

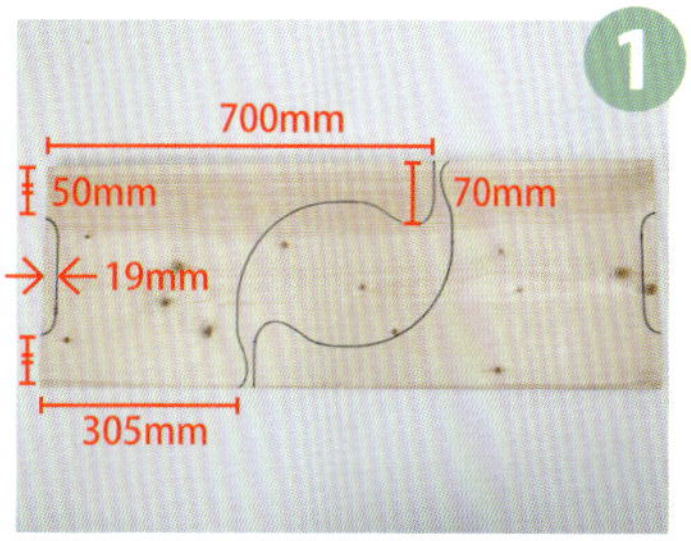


1100mmの1×12材から無駄なく2枚の側板を切り出せるように、写真の寸法で下絵を描きます。

**ヒント**

テープや缶、バケツなど、ちょうどよいサイズの丸いものを定規がわりにすると、簡単に曲線を描くことができます。

**2**

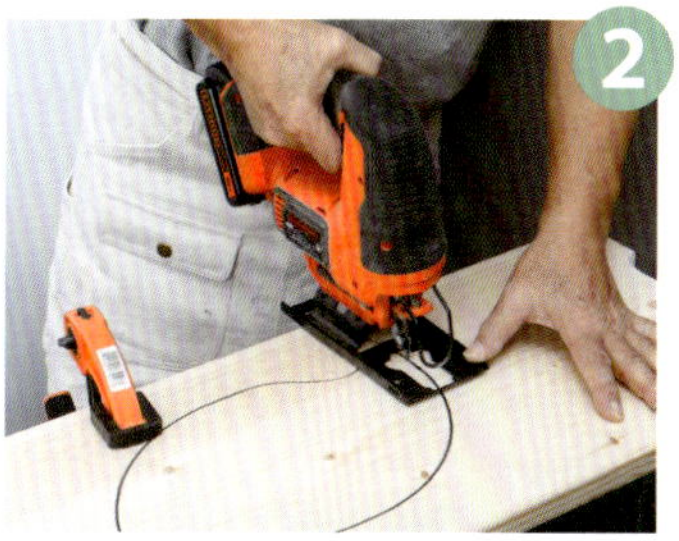

クランプで木材を固定し、下絵の線に沿ってジグソーで左右の側板を切り出します。

**3**

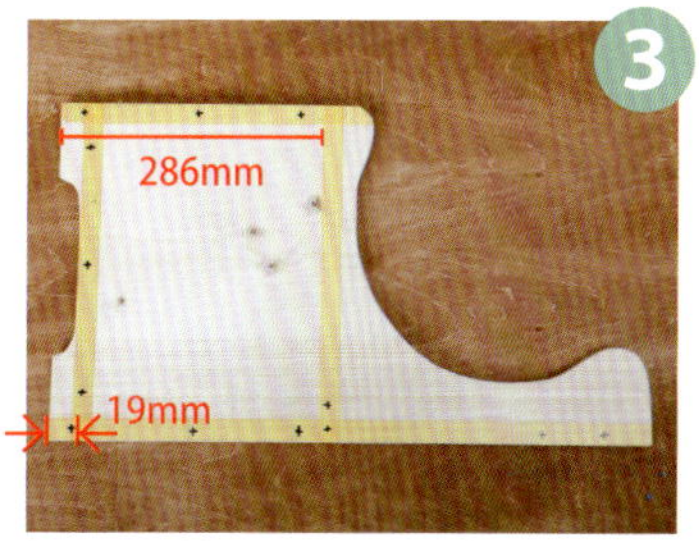


板を取り付けるところに、板厚に近い幅20mmのマスキングテープを貼り、ネジ位置に印をつけます。

**4**

側板の外側からダボビットで下穴をあけ、45mmの木ネジで後板を固定します。接合部分は木工用接着剤を塗ります。

**5**

同じようにして、側板と後板に底板を固定します。底板の高さは19mmなので、下に1×材を挟むと簡単に調節できます。

**6**

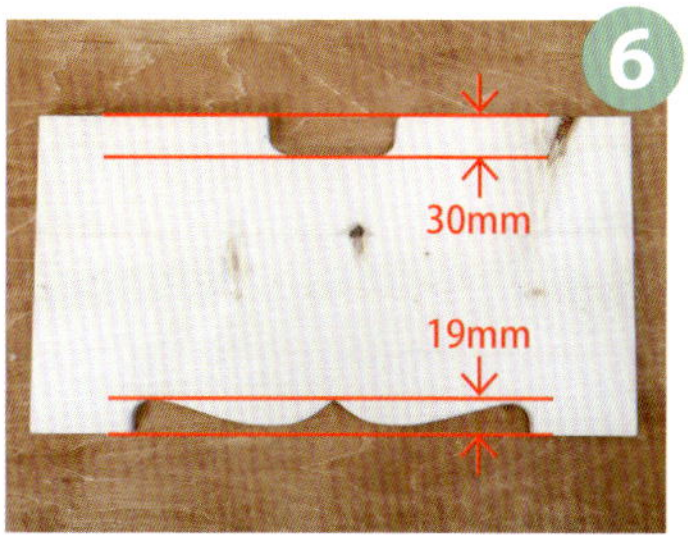


前板に写真の寸法で下絵を描いてジグソーでカットします。寸法があっていれば、模様は好みでOKです。

**7**

側板と前面、下端をあわせ、45mmの木ネジを打って前板を固定します。

**8**

側板の上から10mmのところに、45mmの木ネジで背板を固定します。

**9**

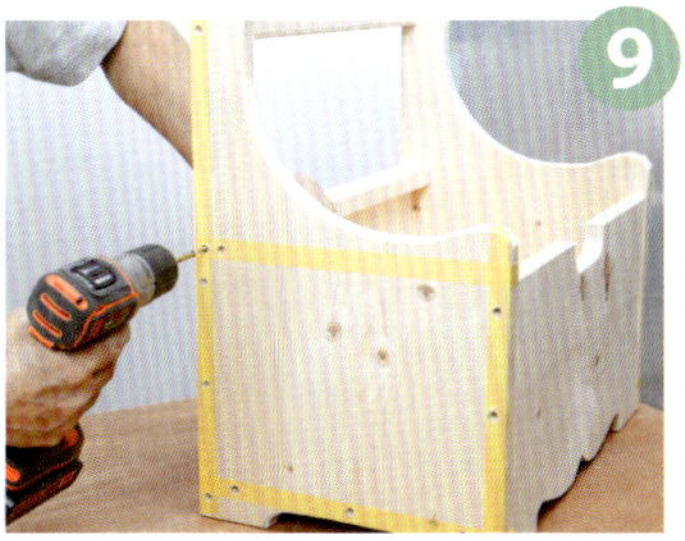

フタ支持材を後板の上端にあわせ、左右の側板に45mmの木ネジを打って固定します。

**10**

前板、後板と上端をそろえて、側板の内側に30mmの木ネジでフタ受け材を固定します。

**11**

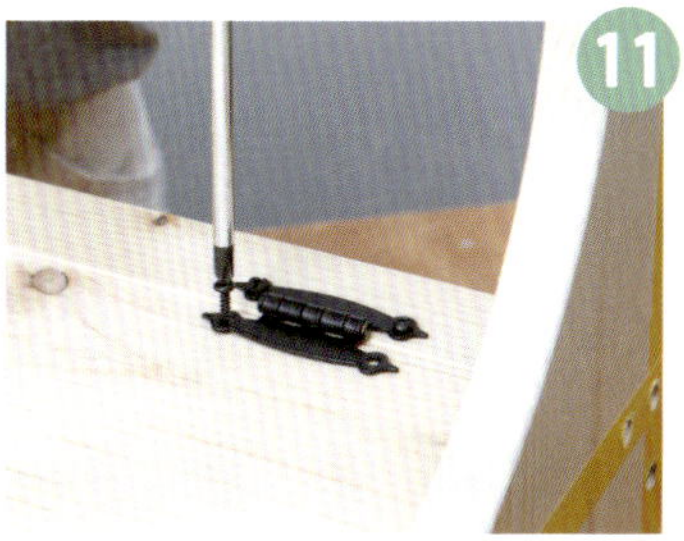

フタ支持材に丁番でフタを取り付けて完成です。丁番に付属している小ネジは、手回しで締め付けましょう。

# オリジナルミラーの作り方

透明なプラスチック板を鏡にすることができるミラー調スプレーを使うと、オリジナルミラーの製作がとても簡単。ラケットミラーを例に、作り方を紹介します。

ミラー調スプレーは、透明なアクリル、ポリカーボネート、塩ビ、PET樹脂などに吹き付けると、反対面を鏡状にできる塗料です。吹き付け面の掃除に、静電気防止クリーナーを使うと、きれいな鏡面に仕上がります。

## ■おすすめ素材

ハサミやカッターで簡単にカットでき、加工しやすいのが0.5mm塩ビシート。曲線や複雑な形があるときにおすすめです。

1 0.5mmの塩ビシートの上にラケットを置いて、油性ペンで型を取り、線に沿ってハサミでカットします。

2 ホコリや指紋は、鏡に跡が出てしまいます。静電気防止クリーナーで、吹き付け面をきれいに掃除しましょう。

3 ミラー調スプレーの缶をよく振り、20cm程度離れたところから、面と平行に動かしながら薄くを吹き付けます。

4 乾いたら、均一に薄く塗るように気をつけながら、さらに2回塗ります。乾く前に触らないように注意しましょう。

5 塩ビのミラーに熱いグルーを直接つけると溶けるので、小さい押さえ用の材料を用意し、グルーをつけます。

6 フレームの内側にミラーを置き、グルーをつけた押さえ材をフレームに接着して、ミラーを固定して完成です。

# 05

## 第５章
## ガーデニング

難易度 ★★★★☆

# ウッドデッキ

## 開放感あふれるスペースで至極の幸せが味わえる

屋外スペースにおけるDIYで人気なのがウッドデッキです。優しい木のぬくもりに囲まれた空間では、家族や気の合う仲間と会話をしたり、季節を肌で感じたりと魅力はたくさん。テーブルやチェアを設ければ食事もできるなど、屋外ならではの開放感とともに、ゆったりとした時間を過ごすことができます。一見、作るのが難しそうに見えますが、構造を理解しておくと初心者でもシンプルな作業で作ることができます。仲間たちと一緒に作る時間も楽しく、完成したときの達成感は格別。憧れのウッドデッキを作ってみましょう。

### 道　具

■電動ドリルドライバー
■サンダー
■ジグソー
■ノコギリ
■ゴムハンマー
■メジャー
■スコップ
■ハケ
■直角定規
■水平器
■クランプ

### 材　料

■2×4材（防腐剤注入剤）　長さ 1800mm　40本
■4×4材　長さ 1800mm　60本
■2×6材　長さ 1800mm　2本
■2×10材　長さ 1800mm　1本
■木ネジ　長さ 45mm、35mm
■羽子板付き束石　12個
■砕石
■屋外用防虫防腐塗料

# 基礎づくり

## 基礎となる束石《つかいし》を設置する

1 基準となる建物側に等間隔で束石を置き、そこから直角になる線上に庭側の配置を決めます。中心同士の間隔が、最大で900mmに収まるようにしましょう。

2 土が柔らかい場所には、穴を掘って砕石を入れ、角材などを使ってしっかり突き固めてから束石を設置しましょう。

3 それぞれの束石の水平を確認します。床の水平は根太で調整するので、束石の高さをそろえる必要はありません。

4 基礎の設置が完了しました。外周部分に配置する束石は、束柱を固定する金具（羽子板）が内側にくる向きにしておきましょう。

# 束柱《つかばしら》を立てる

## 束石の上に4×4材の束柱を立てる

1 家の掃き出し口より100mm程度高くなる長さに束柱をカットしておき、家側の束石に取り付けます。

2 家側と庭側で束石の高さが違う場合は、掃き出し口から板を水平に伸ばし、束石からの高さを測って必要な束柱の長さを割り出します。

3 固定した束柱に水平器をあてて、垂直を確認します。写真のような柱用の水平器を使うと、調整しやすく便利です。

4 束柱を立てる作業が完了しました。フェンスを取り付けるため、外側の束柱は余裕を持って床面より1m以上高くなる長さにしてあります。

# 根《ね》太《だ》をつける

## 束柱と根太（2×6材）をつなぐ

1 床面の仕上がりを掃き出し口の高さにあわせるため、サッシの上に水平器をあてて、束柱の同じ高さに印をつけます。

2 床面の高さから、さらに床板（2×6材）の厚み分となる38mm下に印をつけ、水平をとりながら束柱に線を引きます。

3 束柱の線に根太の上端をあわせてネジどめしていきます。最初は根太の両端にネジを1本ずつ打って高さをあわせます。

4 位置が決まったら、1か所に2本ずつネジを打って根太を固定します。根太を継ぐ場合は、束柱のまん中であわせます。

5 建物を基準にした直角方向の根太を取り付けた状態です。根太は床板の基準になるので、1本ずつ水平を確認しながら固定しましょう。

6 次は建物に対して平行に根太をネジどめしていきます。根太が入る長さに2×6材をカットして準備しおきましょう。

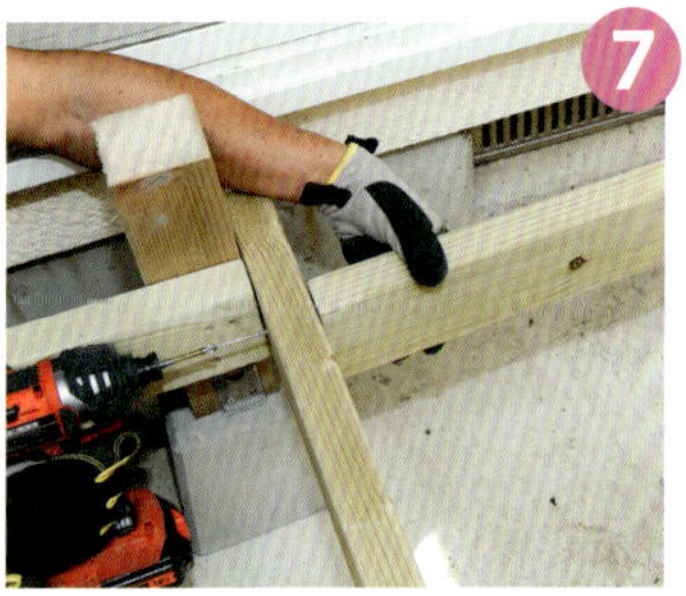

7 先に束柱に固定できるところの根太を取り付け、束柱のないところは直角方向の根太に固定してください。

8 床板を受ける部材である根太は、床板を張りたい方向と直角に取り付けます。今回のように根太を組んでおけば、どちらの方向にも張ることができます。

9 フェンスの支柱にする以外の短い束柱を、根太の高さにあわせてノコギリでカットします。

根太は専用の受け金具で取り付ける方法もあります。ネジどめより強度が高まります。

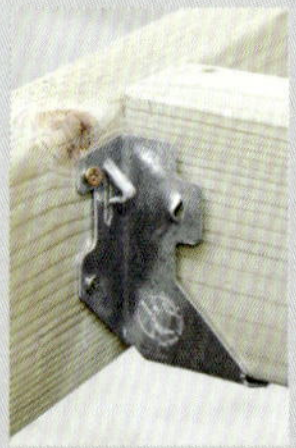

シンプソン
LUS24 ESR-2523

シンプソン
A3Z ESR-2523

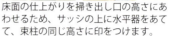

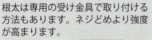

# 床板を張る

## 根太に床板（2×6材）をネジ止めする

1 床板の2×6材を張っていきます。長い束柱にかかる部分を切り欠くため、板の位置をあわせて寸法をとります。

2 束柱との間に数ミリのすき間ができるように線を引いておき、ジグソーを使って不要な部分をカットします。

3 両側から束柱をはさむように板を張るため、切り欠きの深さは束柱の太さの半分にあわせています。

4 床板を根太にネジどめしていきます。保護効果を万全にするため、床板は側面や木口まで塗装しておきましょう。

5 続けて床板を張っていきます。雨水が落ちるように板同士の間隔は5mm以上に。スペーサーを挟んでおくと、均等のすき間をとることができます。

### 2つのポイント

**節がある場合は下穴を開けておく**

木に節があると固くてネジが入りにくいため、下穴をあけてからネジを打ってください。

**ネジ頭はわずかに沈む程度に！**

ウッドデッキは人が歩いたり手で触れたりするので、ネジ頭が出ないように、丁寧にネジどめしましょう。

6 床板を途中で継ぐ場合は、板の端が根太にかかる長さにカットしておき、必ず端の部分をネジどめしてください。バリが出ているところは、サンダーをかけておきましょう。

7 床板が張り終わったら、端を切り落とます。水切れを確保するため、塀などからは50mmほどあけましょう。

8 サンダーが使いにくいところは、ノコギリを使って手作業でしましょう。

# 手すりをつける

## 束柱の上に2×6材をつける

1 手すりをつけたい高さを測ります。床面から900～1000mmの高さが目安です。

2 印をつけた高さに水平器をあてて水平の線を引き、余分な部分をノコギリでカットして高さをそろえます。

3 コーナーにかかる板は、寸法の長さに切ったあとで、つなぐほうの端をそれぞれ45度にカットします。

4 45度にカットした部分をコーナーの束柱にネジどめします。最初に1本打って角度を確認してから固定しましょう。

5 そのほかの束柱にも3か所ずつネジどめしてきましょう。好みの色を塗れば手すりの完成です。

# フェンスをつける

## 手すり下部の装飾をつくる

1 束柱と束柱の間の寸法に合わせて上下の縁になる2×4材を2本カットし、好みの本数と間隔で2×3材を配置します。

2 縁の反対側からネジを打って、格子を固定します。格子の下に端材をかませると、簡単に高さをそろえられます。

同様にして必要な数のフェンスを組み立て、屋外用塗料で塗装しておきます。

3 水切れをよくするため、床面から間隔を設けてフェンスを取り付けます。下に端材をかませて高さをそろえ、きついときはゴムハンマーなどで微調整しましょう。

4 フェンスの縁から束柱に向けて斜めにネジを打ち、四隅を固定します。斜めの下穴をあけておくとよいでしょう。

## ステップをつくる

### ウッドデッキへのアクセスが容易に

地面から床面までの高さを測ります。高さが決まれば、2×6材を仮置きして2×10材でステップの位置を決めます。

角度を決めた状態で地面に定規がわりの板を置き、2×6材の下端に地面と平行の線を引いてカットします。

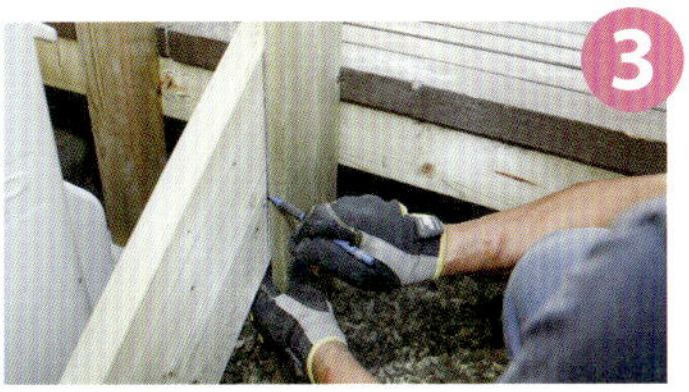


2×6材の上端にデッキ側面と平行の線を引いてカットします。

踏み板の位置を下端と平行にカットし、段の下に補強の端材を取り付けます。

ステップの幅を決めたら、2×10材の踏み板をネジどめして取り付けます。

組み上がったステップをデッキの取り付け位置にあわせ、L字金具を使って確実に固定します。

上り下りしやすいように、踏み板の幅は余裕をもって600mmにしています。

## 棚をつける

### 用途が広がる棚板を設置

2本の束柱の間に棚を取り付けます。棚受けにする端材を250mmにカットし、束柱の上端に水平に固定します。

45度にカットした板を束柱にあわせ、反対側を棚受けにあわせ線を引いてカットします。

斜めの棚受けを束柱ともう一方の棚受けにネジどめし、しっかりと固定します。反対側の束柱にも棚受けを作ります。

仕上がりの長さにカットした2枚の2×6材を、棚受けにネジどめして完成です。ラティスをつけてもよいでしょう。

以上でウッドデッキの完成です。部屋から見たウッドデッキの光景は開放感にあふれています。

難易度 ★★★☆☆

# 室外機カバーを作る

## 庭になじむウッディな外観に

庭やベランダに設置されて野ざらしになっているエアコンの室外機は、周囲の雰囲気にそぐわず、美観を損ねていることがほとんどです。年数がたつと、汚れや傷みも目立つようになります。

また、夏場に日差しを受けて室外機の温度が上昇すると、エアコンの冷房効率が低下するといわれています。室外機をカバーで覆うことは、美観と機能の両面で有効な方法です。室外機カバーは、市販品に頼らなくても木材を使って簡単に自作することができます。庭の雰囲気にあう素敵なデザインを考えて、製作してみましょう。

### 設計するときの注意

設計時は、室外機の幅、高さ、奥行を測り、用途や周囲のスペースにあわせて完成サイズを決めましょう。排気口の前にルーバーなどをつけると、冷房効率が低下するので、ふさがないように設計してください。今回は、幅700×奥行250×高さ550mmの室外機のサイズにあわせて製作しています。

### 上部の空間を有効に活用！

ただ室外機を隠すだけでなく、この作例のようにカバーの上部を棚や作業台として使えるように作ることもできます。作業台にしたいときは、天板の高さを750～900mm程度にすると使いやすくなります。

### 道具

- ■電動ドリルドライバー
- ■ドライバービット
- ■メジャー
- ■さしがね

### 材料

SPF材
- ■縦格子：1×3材　730mm 10枚
- ■後部フレーム：1×3材　1600mm 2枚
- ■つなぎ材：30×40×350mm 4本　/　30×40×850mm 2本
- ■天板：1×2材　910mm 2枚　/ 1×4材　910mm 2枚
- ■横格子：1×2材　850mm 3枚　/ 1×4材　850mm 1枚
- ■笠木：1×4材　910mm 1枚
- ■木ネジ　長さ45mm
- ■フック　3個

# 作業台を兼ねた室外機カバーを作る

1

350mm のつなぎ材に縦格子３本と後部フレームを等間隔にならべ、側面のパネルを作ります。

2

つなぎ材は縦格子の上端と、下から30mm の高さにあわせ、45mm コーススレッドで固定します。

3

左右のパネルが向き合ったときに対称になるように、木材の位置に注意して組み立ててください。

4

850mm のつなぎ材を左右のパネルの前端にあわせ、45mm の木ネジで固定します。

5

上下とも側面のつなぎ材にくっつくようにし、パネルの外側から２か所ずつ木ネジを打ちます。

6

後部フレームの上部に、45mm 木ネジを打って笠木を固定します。両端は均等にはみ出させます。

7

前面つなぎ材の左端にそろえて、45mm の木ネジを打って縦格子を１枚固定します。

8

室外機の排気ファンと重なるところを避け、等間隔で右側の縦格子を固定します。お好みで格子の数を決めてください。

9

上部に天板用の１×２材と１×４材を交互に並べ、45mm 木ネジでつなぎ材に固定します。

10

後部フレームに、上から等間隔で横格子を固定します。道具用のフックを取り付ける１×４材を下に取り付けます。

11

防水・防腐効果のある屋外用塗料で塗装し、横格子に必要な数のフックをねじ込みます。

12

完成した室外機カバーを室外機にかぶせ、傾きやぐらつきがないように地面の高さを調整してください。

# バーベキューコンロ

## 自宅の庭でバーベキューを満喫！

耐火レンガを積み上げて、バーベキューコンロを作ります。自宅で手軽にバーベキューを楽しむことができれば、家族はもちろん、気の合う仲間と充実した時間を過ごす機会も増えるはず。各種のコテを駆使してレンガを積んでいくことが作業の大半。トロフネの中のモルタルが固まらないよう、水を加えながら作業すること。レンガを積む際は常に水平をとるのを忘れないことがポイントになります。

### 道具

■トロフネ
■練りグワ
■左官ゴテ
■目地ゴテ
■コテ板
■ハンマー
■タガネ
■スポンジ
■水平器

### 材料

■耐火レンガ
■重量ブロック
■インスタントモルタル
■砕石
■バーベキュー用網×２（焼き網用、炭床用）
■バーベキュー用鉄板（火受け皿用）

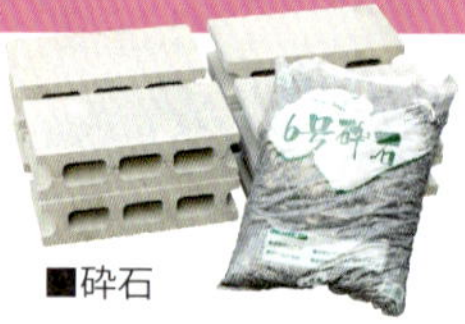

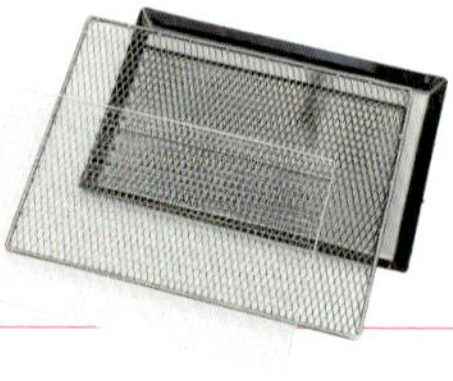

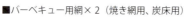

# 耐火レンガを8段積む

1

完成形のサイズを決めたら、必要な数のレンガを用意。耐火レンガは半日以上水に浸け、十分に水分を吸収させることで、モルタルがよく馴染みます。

2

施工場所の雑草や石を取り除き、平らにならした後、砕石を撒きます。砕石をならしたら、水平をとります。

3

モルタルに少しずつ水を加えながら練りグワで練ります。基礎部分に使うモルタルはやや柔らかめに練っておきます。

4

砕石を敷いた場所に基礎用のモルタルを流し込み、左官ゴテで平らにならします。砕石がすべて隠れる程度の厚さに仕上げます。

5

基礎のモルタルが乾ききる前に、水平をとりながら重量ブロックを並べます。

6

並べた重量ブロックの上に、基礎用のモルタルをまんべんなく塗ります。

7

レンガのサイズを調節します。まずはレンガのカットしたい部分に4面とも線を入れます。

8

全ての線にタガネで筋を入れたうえで、1か所の筋を選び、タガネを当ててハンマーで強く叩いてカットします。

9

重量ブロック上のモルタルが乾いたら、レンガに左官ゴテでモルタルを塗りつけながら並べます。モルタルは基礎用よりやや固めに練っておきます。

10

レンガとレンガの間はモルタルで埋めます。間隔は目地ゴテで整えます。隙間ができた場合は、目地ゴテを使ってモルタルを加えます。

11

水平を取りながら必要なレンガを並べ、すべての目地を隙間なく埋めたら1段目が完成。ここには後ほど火受け皿になる鉄板を設置します。

12

2段目はレンガのサイド部分にモルタルを塗り、その面を1段目に乗せるようにして積んでいきます。

1段目とは置く位置をズラし、目地が互い違いになるように積みます。

3段目は1段目と同様、レンガを横に寝かせるように積みます。

レンガを寝かせた3段目を内側に張り出させ、炭床用の網を乗せる場所にします。

4段目は2段目と同じ積み方にします。目地のモルタルが固まる前のこの段階で、目地ゴテで目地を整えます。

5段目は、焼き網を乗せる場所を作るために、レンガを横にして積んでいきます。

5段目が完成。焼き網、炭床用の網を設置できる構造になっています。

6段目以降は飾りの段になるので、階段状に積むなどして好みのデザインに仕上げましょう。

レンガ上にはみ出したモルタルを、水を含ませたスポンジで拭き取ります。固まる前にすべて拭き取っておく必要があります。

コンロの内側と外側をまんべんなく確認しながら、目地を整えます。目地に穴や隙間があれば、モルタルを足して調整します。

8段目まで積み、目地を整えたらコンロの外枠は完成です。

1段目に火受け皿となる鉄板、3段目の張りだした部分に炭床となる網を、引っ掛けるようにして設置します。

使用する際は5段目に焼き網を設置します。

# バーベキューの楽しみ方

## 手間をかけずに アウトドアパーティーを満喫！

コンロが完成したら、さっそく家族や友人を集めてバーベキューを楽しみましょう。炭や着火剤を常備しておけば、あとは食べたい食材を調達するだけです。

炭の置き方を調整して、火力の強いところと弱いところをわけておきましょう。こまめに火加減を見て食材をこがさないようにすれば、炭火がこんがりと美味しく焼きあげてくれます。

常設のバーベキューコンロがあると、お父さんの活躍シーンが増えるのは確実です。

太陽の下で楽しむバーベキューに、家族の会話も盛り上がります。

炭で焼いた食材は、こんがり、ジューシー。手間をかけなくても格別のおいしさです。

### 用意するもの

## 失敗しない炭のおこし方

### 1 着火する

着火剤を囲うように炭を置き、ライターで着火します。炭同士を密着させるのが失敗しないコツです。

### 2 炭をおこす

炭に火がまわるまで 20 分ほどかかります。急ぐときは着火剤の火が消えてからうちわで扇ぎます。

### 3 食材を焼く

あるていど火がまわったら、白くなったほうを上に向けて炭を広げ、網の上で食材を焼きはじめます。

### 4 片づける

燃え残った炭は水を張ったバケツに入れて消火し、灰と一緒に自治体のルールに従って処分しましょう。

# レンガアプローチ

## おしゃれで歩きやすい 庭の小道を作る

Before

庭にレンガを敷いてアプローチを作ります。自宅の庭を舗装して、アプローチやテラスを設けることには、たくさんのメリットが考えられます。まず、見た目がおしゃれになり、フラットで歩きやすくなるという点が挙げられるでしょう。また、むき出しになっている土の部分を覆うことによって、雑草が生えることや、大量のほこりが舞ったり地面がぬかるんだりするのを防ぐこともできます。雨上がりに水たまりや泥はねを避けながら洗濯物を干すといった苦労からも解放されます。今回はレンガを敷き詰めて、デザイン性に富んだ見た目にも美しいアプローチに挑戦します。色の異なるソフトレンガを組み合わせていくことで、コントラストのある美しいアプローチに仕上げます。

### 仕上げには珪砂を使用

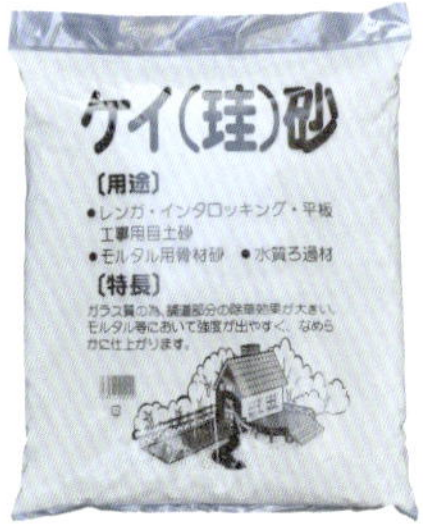


珪砂は非常に粒の細かい砂で、目地に充てんしやすく、しっかりとレンガを固定することができます。

### 道具

- ■スコップ
- ■角材
- ■石工ハンマー
- ■タガネ
- ■水平器
- ■左官ブラシ

### 材料

- ■赤レンガ
- ■敷きレンガ
- ■砂
- ■珪砂

# レンガを敷き並べる

設置する場所の表面を水平にならし、縁になる部分は赤レンガを埋めるために溝を掘ります。

基点となるレンガを置き、それと水平になるようにレンガを仮置きしていきます。

エッジのレンガをいったん外し、溝に砂を入れて縁の高さを調節したうえで、角材などで平らにならします。

赤レンガは並べながら石エハンマーの柄で軽く叩いて落ち着かせます。これを繰り返し、エッジを作ります。

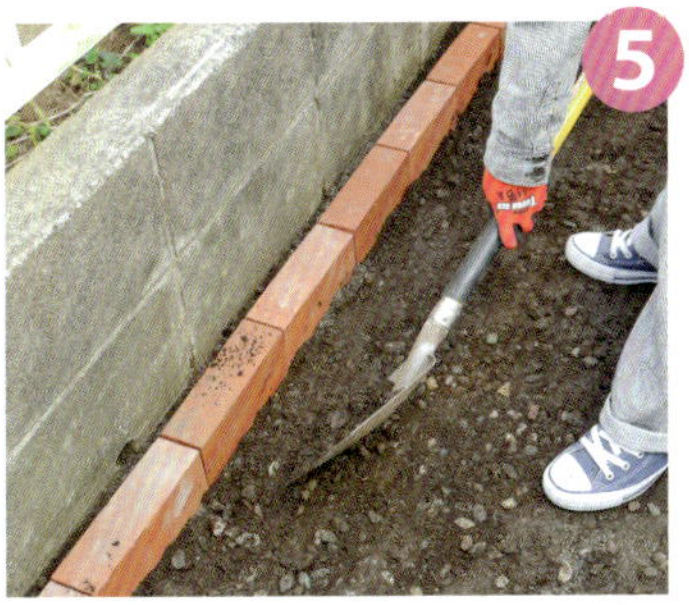

溝を掘った際の土を埋め戻して足で踏み固め、赤レンガが動かないように固定します。

全体に砂を撒き、角材などを使って水平にならします。

あらかじめ決めておいたパターンに沿ってレンガを敷きます。レンガは隙間ができないように並べます。

大きな隙間ができるようなら、石エハンマーとタガネでその隙間のサイズにレンガをカットし、埋めます。

施工面のすべてにレンガを敷いたら、凹凸がないかを確認。全てのレンガが水平に並ぶよう微調整を。

レンガの面に珪砂を撒き、左官ブラシでまんべんなく広げて目地を埋めたら完成です。

## ■レンガの敷き方パターン

ランニングボンド

ヘリボーン

ジャック
オンジャック

バスケット
ウィーブ

# 固まる土で防草

## 見た目よく、メンテナンスの楽な庭に

固まる土は、自然の質感を出しながら雑草を抑制できる舗装材です。アプローチや自転車置き場など、地面の露出を少なくして、メンテナンスを楽にしたい場所にはまさにうってつけ。コンクリートほどの強度や耐久性はありませんが、水をまくだけで簡単に固められ、それでいて比較的長持ちするため、DＩYで使うにも便利です。

崩れやひび割れができにくいように、施工には注意が必要です。平らに整地し、端っこまできっちりと土を入れ、下まで浸透するようにたっぷり水をまくのがしっかり仕上げるコツです。

### 防草シートを併用する

固まる土は敷き詰め方や固め方が十分でないと、端っこから崩れてくることがあります。またアプローチなどのよく歩くところは、ひび割れができる可能性があります。そうしてできたすき間には雑草がはえやすくなるので、防草効果を確実にするためには、地面に防草シートを敷いてから固まる土を入れることをおすすめします。

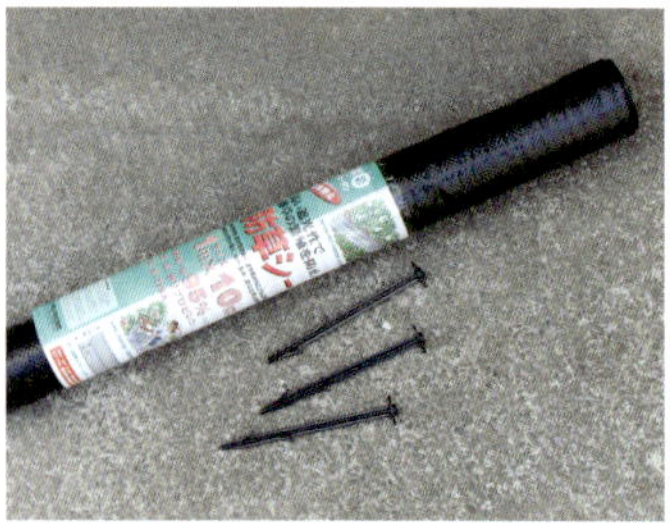

### 勾配をつける

固まる土には透水性がありますが、雨量が多いと水はけが悪くなる場合があります。よく歩くところ、広く敷くところは、少し勾配をつけて水はけをよくしておくほうがいいでしょう。

### 道具

■スコップ
■ハンマー
■角材 or 板材
■散水ホース or ジョーロ
■ハサミ

### 材料

■固まる土
■防草シート
■シート用ピン
■ブリック
■インスタントモルタル
■円形板

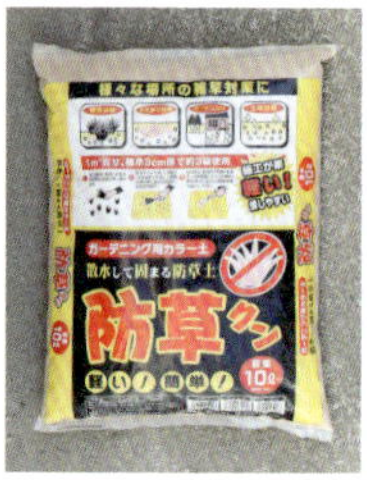

# 地面に固まる土を敷く

固まる土を敷く場所に生えている雑草を取ります。草取り用の道具などを使って、根を残さないように抜いてください。

地表に出ている大きな石などを取り除き、できるだけ凸凹がないようにスコップなどを使って地面をならします。

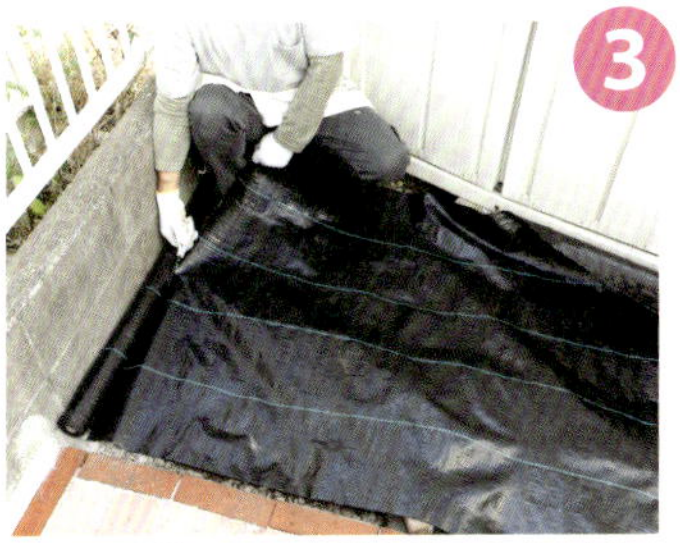

地面に防草シートを敷き詰めます。端っこやつなぎの部分にすき間ができないように、シートは大きめにカットします。

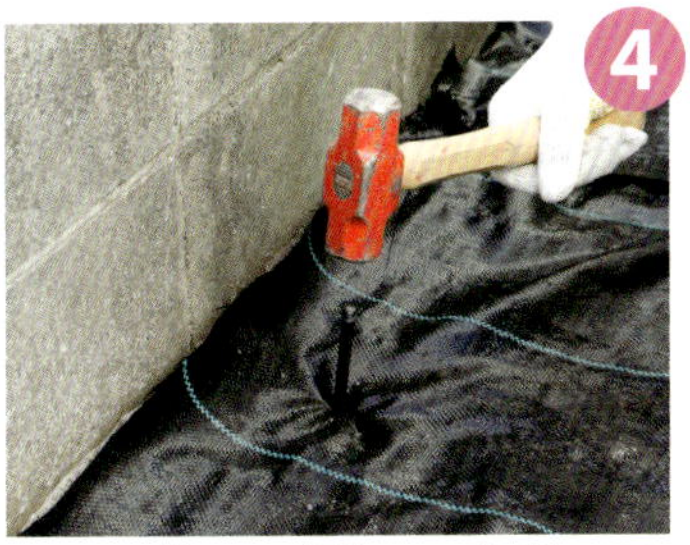

シートの端っこは塀やエッジに沿って3cmほど立ち上げておき、ずれないようにシートピンで固定します。

防草シート同士はすき間ができないように10cmほど重ね、ずれないようにテープで貼っておきます。

隅から固まる土を入れていきます。一度に全体に敷き詰めず、上に乗らずにならす作業ができる範囲にだけ土を入れます。

板やコテを使って、高さを調整しながら土の表面をならします。水平、もしくは排水する方向に勾配をつけます。

へこみができないように、ていねいに仕上げます。まわりに付着した固まる土は、散水前にハケなどで落としてください。

表面を濡れる程度に霧状に散水します。1時間ほど硬化させ、土全体に浸透するようにたっぷりと散水します。完全に乾いて硬化したら完成です。

## 点検マスを残すには

雨水マスや排水マスなどがある場合は、レンガや装飾用の石を土どめに使って囲み、点検ができるようにしておきます。普段は簡単に取り外せるフタを置いて、段差がないようにしておきましょう。

木材などを使って穴の深さと同じ厚みのフタをつくって置きます。すき間に土などがつまってきたら取り除いてください。

水で練ったインスタントモルタルをマスの周囲に敷き、レンガや装飾用の石をすき間なくならべます。

難易度 ★★★☆☆

# レンガ花壇《かだん》を作る

## 手作り花壇で洋風ガーデンの雰囲気をアップ

庭の景観が単調にならないように、視覚的なポイントにできるのが花壇です。フェンスに沿って細長く作ったり、丸く小さく囲ったものを数か所に作ったり、形や配置で庭の印象を変えることができます。

洋風花壇の素材としておすすめなのがレンガです。手ごろなサイズで作業がしやすく、植物の生育に適した通気性や透水性を備えています。ホームセンターでも、一般的な赤レンガのほかに、ベルギーレンガやアンティークレンガなど、色や質感の異なる種類が選べるようになりました。これらを利用して、自由なデザインで作ってみましょう。

### 土壌が悪いときには改良を

排水性などが悪い土壌に、根を深く張る植物を植える場合は、事前に地面を 30 ～ 50cm ほど掘り起こして堆肥などを入れ、土壌を改良しておきましょう。

### 道　具

- ■レンガゴテ or ブロックゴテ
- ■ヘラゴテ
- ■トロ舟
- ■左官グワ
- ■スコップ
- ■タガネ
- ■ハンマー
- ■バケツ
- ■スポンジ

### 材　料

- ■レンガ
- ■インスタントモルタル
- ■砂

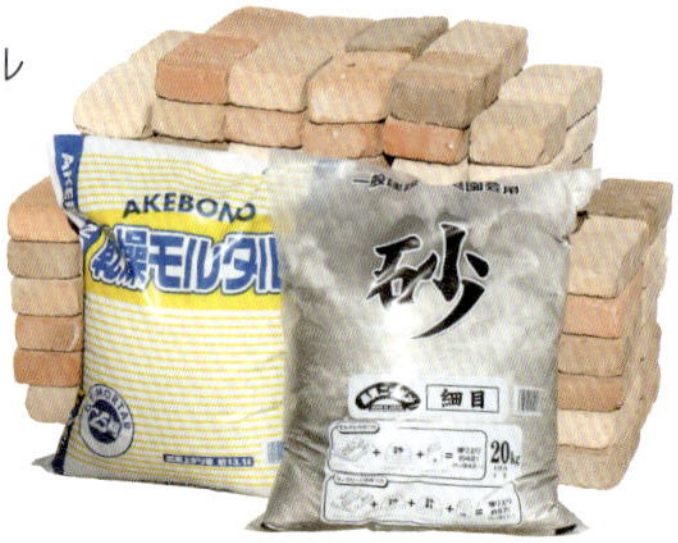

# 立体感のある2段式花壇を作る

大きい石や雑草などを取り除いたあと、レンガを仮置きしてレイアウトを決め、スコップなどで地面に印をつけます。

レンガを置くところをスコップやクワを使って5cmほどの深さに掘り下げ、沈まないようによく踏み固めます。

溝のなかに2cm程度の厚みになるように砂を敷き、平らにならしたあと、レンガでたたいて固めます。

イメージしたレイアウトどおりに1段目のレンガを並べます。内側にすき間ができないようにし、高さをそろえましょう。

1段目と半分ずらして2段目を積みます。水で練ったモルタルを2列に置き、それを押しつぶすようにレンガをのせます。

両端には半分に割ったレンガをのせます。タガネを使ったレンガの割り方は、P169を参考にしてください。

1個ずつ高さと水平をそろえながら積みます。縦目地にもモルタルを入れ、目地の幅は1cm以上にしておきます。

同じように3段目以降を積みます。固まる前にはみ出したモルタルをかき落とし、ヘラゴテで目地を整えます。

内側の花壇を積み終えたところです。レンガの面より少しへこむように目地を作ると、素材の立体感が強調されます。

外側の花壇を、同じようにして2段低く積みます。わざと間隔を変えたり、曲げたりすると、より手作り感が出ます。

水を含ませたスポンジでレンガをふき、表面についたモルタルを取り除きます。足もとの土を埋め戻して完成です。

2～3日おいてモルタルが固まったら、植えたい植物にあった園芸用土を入れ、植栽を楽しんでください。

難易度 ★★☆☆☆

# おしゃれな外《そと》水栓《すいせん》を作る

## シンプルな立水栓を装飾カバーで素敵にアレンジ

屋外の立水栓は、植物への水やりや洗車などにとても便利ですが、樹脂製のシンプルなものが一般的で庭の雰囲気にあわないことがあります。立水栓を交換するとなると業者による工事が必要ですが、既存の立水栓にかぶせるカバー方式であれば、費用を抑えて簡単に好みのデザインに変えることができます。

木材を四角い柱状のカバーに組み立てて屋外用塗料で塗装するだけでもOKですが、漆喰を塗ったり、タイルを貼ったりすると、さらに素敵なアレンジができます。新しい装飾カバーにあわせて水栓金具を交換するのもおすすめです。

Before

### 立水栓を装飾するさいの注意

カバー取り付けのために水栓金具を取り外す場合は、必ず作業前に止水栓を閉めて水を止めてください。また、カバーを取り付けたあとは、水もれしないようにシールテープを使って水栓金具を取り付けましょう。

※止水栓の開閉、水栓金具の取り付けはP202、P204を参照してください。

### 装飾にはシートタイルが便利

ひとつずつが小さいサイズのモザイクタイルは、一般的にはシート状にユニット化されています。サイズあわせは目地に沿ってカットすればよく、広い面に貼る場合でも作業はとても簡単です。タイルの表面に紙を貼り付けてあるタイプもありますが、写真のように裏面にネットを貼り付けているタイプは、ネットごと接着剤に貼ればよく、作業しやすくおすすめです。

## 道　具

- ■電動ドリルドライバー
- ■ドライバービット
- ■ドリルビット　20mm
- ■ハサミ
- ■接着剤用クシ目ゴテ
- ■ゴムベラ
- ■マスキングテープ
- ■バケツ
- ■スポンジ

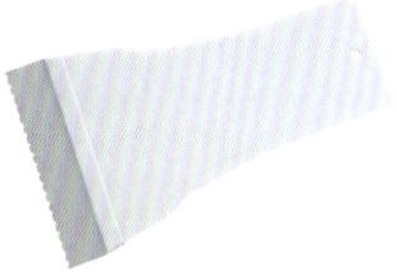

## 材　料

＜70mm 角立水栓用＞

- ■スギ材　(12 × 90mm)
  - 側板：600mm 4枚
  - 天板：56mm　2枚
- ■モザイクタイルシート
- ■タイル用目地材
- ■タイル用接着剤
- ■木ネジ　長さ 30mm
- ■シールテープ

# タイル貼りの立水栓カバーをつくる

1
立水栓の水栓取り付け穴の位置にあわせて、20mm のドリルビットを使って穴をあけます。

2
30mm の木ネジを使って 4 枚の側板を柱状に組み立てます。まん中が正方形になるように板を組み合わせてください。

3
組み上がった柱の上部にフタをするように、30mm の木ネジで 2 枚の天板を固定します。

4
既存の立水栓にかぶせる柱状のカバーができあがりました。この箱が装飾のベースになります。

5
モザイクタイルのシートを仮置きして、タイルの配置を検討します。幅や長さは目地に沿ってカットして調整します。

6
タイルを貼る面にタイル用接着剤をたっぷりと出します。

7
クシ目ゴテを使って、接着剤を平らに伸ばします。

8
モザイクタイルを貼り、表面が平らになるように均等な力で強く押さえます。シートの間の目地幅をそろえましょう。

9
一面ごとにマスキングテープを貼って固定し、上面まですべて貼ったら接着剤が乾くのを待ちます。

10
穴をマスキングテープで養生し、水で適度な固さに練った目地材を、ゴムベラを使って目地に塗り込みます。

11
水で濡らしたスポンジでタイルの表面についた目地材をふき取ります。目地部分を取らないように注意しましょう。

12
目地が乾いたら既存の立水栓にかぶせます。水栓金具のネジ部分にシールテープを巻いて立水栓にねじ込んで完成です。

難易度 ★★☆☆☆

# ブロック塀の塗装

## 汚れた表面をリフレッシュし紫外線や雨による劣化を防ぐ

Before

ブロック塀は砂やホコリで汚れるばかりでなく、カビやコケが発生すれば変色が進みます。ひび割れから内部へ劣化が広がるおそれもあります。年月とともに汚れたブロックの化粧直しには、表面の保護効果もある塗装が最適です。屋外用多用途や外壁用の水性塗料は、厚くて強い塗膜を作るため、紫外線や雨による劣化、カビやコケの発生をおさえます。好みの色で塗って、外観の印象を変えることもできます。塗装の持ちをよくするために、汚れをしっかり落とし、シーラーを塗布してから上塗りをするのがポイントです。

### 境界線を確認する

ブロック塀を塗装するときは、土地の境界線を確認しましょう。塀が境界線上にある場合はお隣りとの共有物となり、塗装するには許可を得る必要があります。

埋設された境界標を見て、ブロック塀の位置を確認します。

ブロック塀の天面を塗りたい場合は、念のためお隣りの了承を得ましょう。塗らない場合は養生しておきます。

### 道　具

- ■ローラーバケ（外装用）
- ■ハケ
- ■ローラー用バケツ
- ■養生テープ
- ■マスキングテープ
- ■マスカー
- ■ブラシ

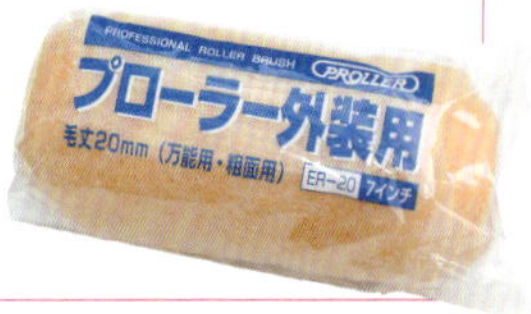


### 材　料

- ■屋外用水性塗料
- ■水性シーラー（下塗剤）

## 掃除と養生をする

1

ブロックの表面や目地についた砂やカビなどの汚れを、毛が硬いブラシで強くこすってかき落とします。

2

高圧洗浄機、もしくは水とブラシを使って、くぼみなどに残っている汚れをきれいに洗って落とします。

3

1日乾かし、養生テープを貼りやすいようにブロックのきわをほうきで掃いて、砂を取り除きます。

4

塗装しないところの境界部分に養生テープを貼ります。テープの浮きや曲がりがないように注意してください。

5

道具から落ちる塗料で汚さないように、作業場所のコンクリート土間にマスカーを広げて養生をします。

6

フェンスやポストなどの養生も忘れずに。建物や車が近くにある場合は、飛び散りに備えて念入りに養生しましょう。

## 下地を整えて塗装する

1

ハケを使い、目地や縁などの細かくて塗りにくいところに、下地剤のシーラーを塗ります。

2

残った広い面に、ローラーバケを使ってシーラーを塗ります。

3

塗料を使った上塗りも、シーラーを塗るときと同様に、作業しにくいところをハケを使って先に塗ります。

4

ローラーバケを使って広い面を塗ります。外装用ローラーは毛足が長いので、凹凸のあるブロックも塗ることができます。

5

塗料はローラーにたっぷりつけてからネットの上で軽くしごき、塗りやすい量を全体に含ませるのがコツです。

6

塗料が乾く前に養生をはがして作業は完了です。完全に乾くまで、「ペンキ塗りたて」の注意書きを貼っておきましょう。

難易度 ★★☆☆☆

# 花壇《かだん》に板塀《いたべい》を作る

## 素敵な背景で草花を引き立たせる

### 道 具

■電動ドリルドライバー
■ドリルビット
■サンダー
■ハンマー
■ノコギリ

### 材 料

■支柱：角杭　30 × 40mm　長さ 1200mm　本数は適宜
■横桟：角材　30 × 40mm　長さ、本数は適宜
■縦板：スギ材　9 × 90mm　長さ、本数は適宜
■ステンレスコーススレッド　25mm、75mm

1 塀を作る範囲を決め、両端と中間に支柱の杭を打ち込みます。できるだけまっすぐにし、高さをそろえるようにします。

2 支柱の間隔にあわせてカットした横桟を、支柱の上部に 75mm のコーススレッドを打って固定します。

3 中ほどの高さのところにも、寸法をあわせてカットした横桟を、75mm のコーススレッドを打って固定します。

4 塀のデザインに動きを出したい場合は、横桟より高くなる長さで、好みの長さ、形に縦板の先端をカットします。

5 縦板の並べ方を決め、ローラーバケを使って屋外木部用塗料で塗装します。

6 25mm のコーススレッドを打って、横桟に縦板を固定します。すき間をそろえるには、適度な厚みの端材で調整します。

# 06

第６章

# メンテナンス

# 壁紙補修

## 小穴も大穴も目立たないよう元どおりに

難易度 ★★☆☆☆

### 小穴を埋める

画びょうやネジを抜いてできた小穴は、小さいものでも目立ちます。壁紙の色にあわせて選べる専用の補修剤を使って埋めておきましょう。小穴のほか、尖ったもので引っかいた小キズ、つなぎ目のすき間などを目立たなくすることができます。

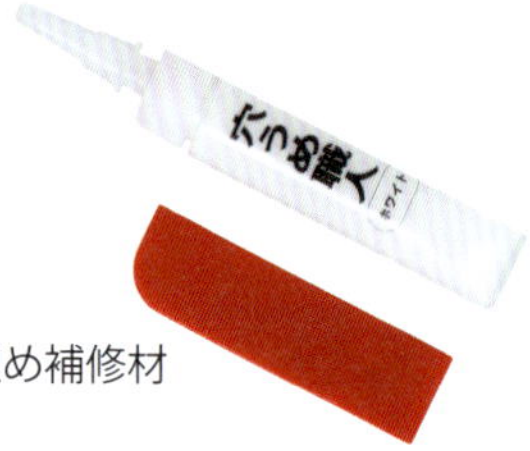

■穴埋め補修材

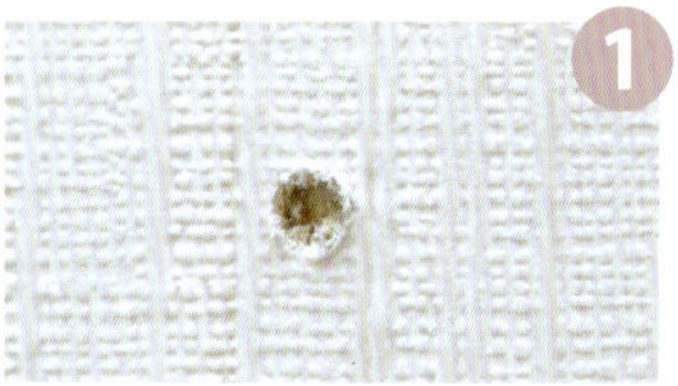

数色ある種類のなかから、壁紙に近い色を選ぶのが上手に跡を隠すポイントです。

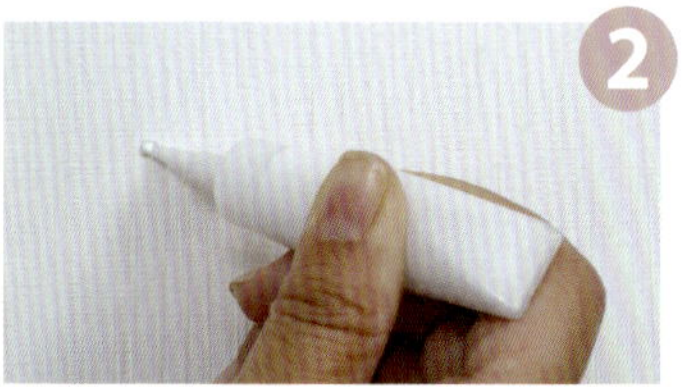

補修材のノズルの先端を穴にあて、少し盛り上がるくらいまで押し出します。

付属のヘラを使って凸凹をつけたりして、壁紙の表面となじむように整えます。

### シミ・汚れを隠す

壁紙の表面についたシミ、落書きなど、通常の拭き掃除では落とせない汚れには、塗って隠す補修材が有効です。つや消しタイプで色の透けも押さえられるので、周囲と比べて違和感がない状態に補修できます。

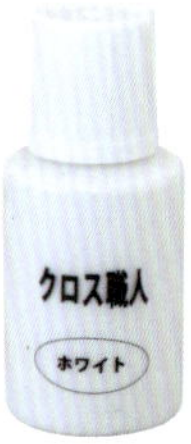

■着色補修材

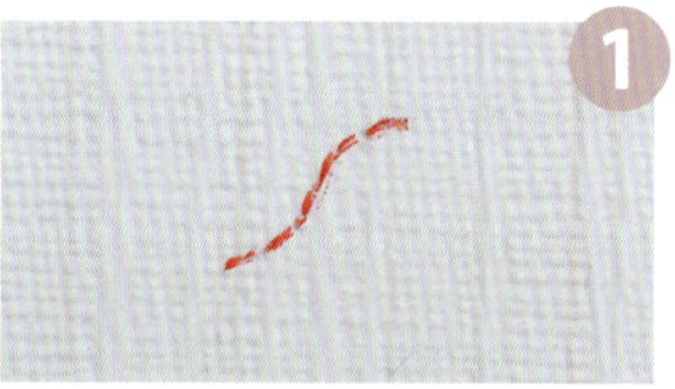

油性ペンやクレヨンなどの汚れは、洗剤を使ってもきれいに落ちない場合があります。

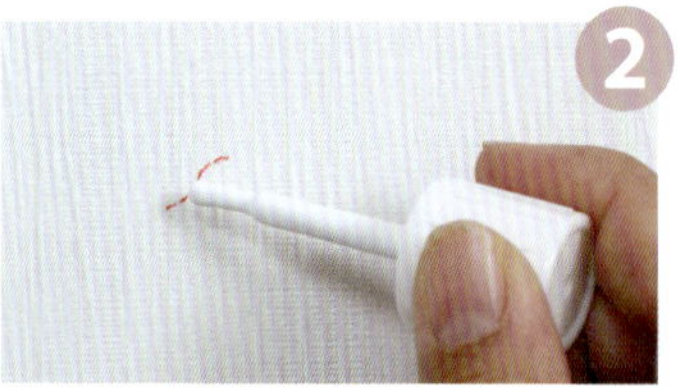

フタについているハケを使い、汚れの上に置くようにして均一に色をのせます。

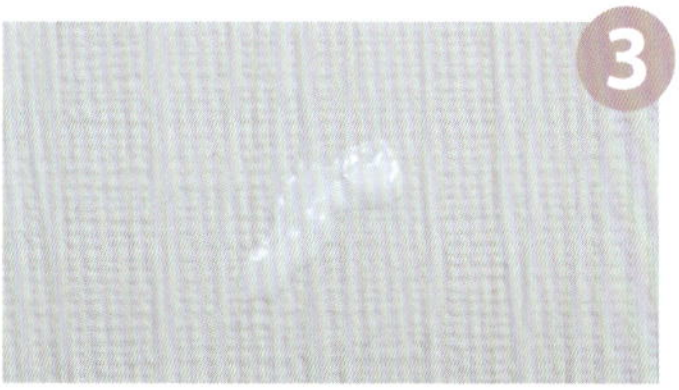

透けやすい濃い色の汚れでも、3～4回重ねて塗ると、隠すことができます。

### はがれを貼りなおす

壁紙がはがれてきたのを、そのままほうっておくと、どんどん範囲が広がってしまいます。人がよく通る場所の場合、引っかけて破いてしまうこともあるので、気づいたら壁紙用接着剤を使って早めに補修しましょう。

■はがれ補修キット

はがれた壁紙がそったまま硬化している場合は、霧吹きなどで湿らせて柔らかくします。

接着面についたホコリを取ってから壁紙の裏側に接着剤を塗り、2～3分乾燥させます。

貼り直した部分にローラーをかけて接着し、はみ出した接着剤はふき取っておきます。

# 壁にあいた大きい穴を補修する

## 石こうボードの穴をふさぐ

壁材の石こうボードが破損している場合は、まずその穴をふさぐ必要があります。

＜材料・道具＞
補修用シート、補修用パテ、ヘラ、地ベラ、カッター、ローラー、サンドペーパー

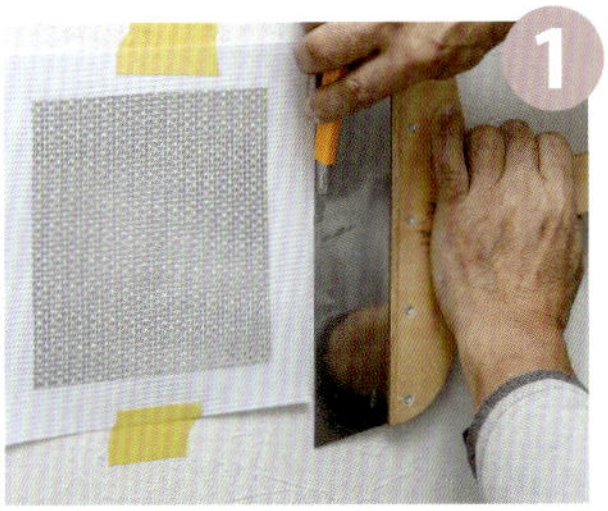

穴をカバーするように補修用シートを仮どめし、その縁に沿って下の壁紙をカットします。

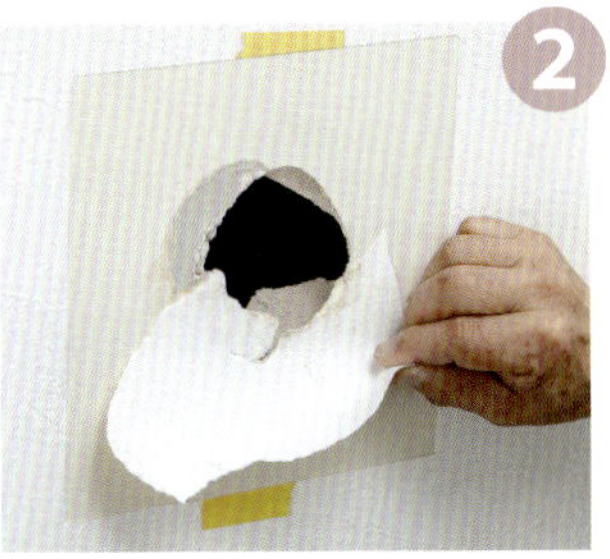

カットした部分の壁紙をはがし、破損した石こうボードを取り除きます。

補修用シートを貼り、ローラーをかけてよく接着します。

シートの周囲をマスキングテープで養生し、厚みが均一になるように補修用パテを伸ばします。

半日以上パテを乾燥させ、凹凸がなくなるようにサンドペーパーで磨きます。

## 壁紙を貼りなおす

壁紙が破れただけの場合も同じ方法で補修できます。

＜材料・道具＞
補修用壁紙、壁紙用接着剤、地ベラ、カッター、ローラー

補修する場所がわかるように、マスキングテープを貼って目印をつけます。

補修箇所より一回り大きくした補修用壁紙を仮どめし、下の壁紙と重なる部分をカットします。

既存の壁紙のカットした部分をはがします。

補修用壁紙の剥離紙を上から10cm程度はがし、位置をあわせてから全体を貼ります。

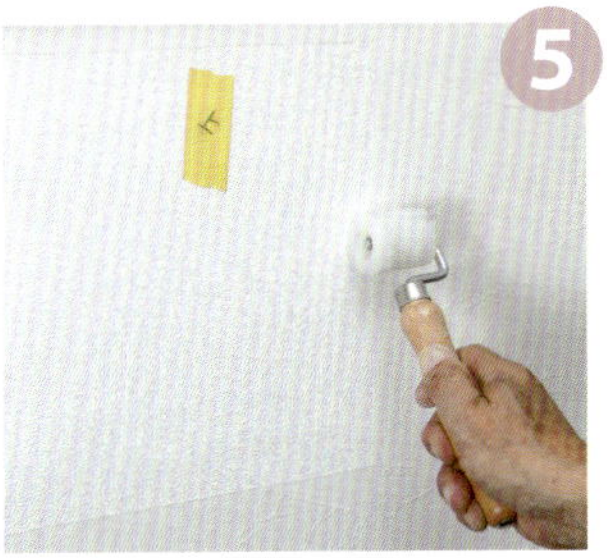

壁紙の端が浮かないように、ローラーをかけてしっかり接着して補修は完了です。

難易度 ★★☆☆☆

# ふすまの張り替え

## 板ふすまへの重ね張りなら手間なく簡単

部屋を彩るふすまに、汚れや色あせ、やぶれが目立つようでは、和室の雰囲気が台なしです。劣化が気になりはじめたら、張り替えでリフレッシュしましょう。昔ながらの本ふすまの場合は枠をはずす手間がかかりますが、ベニヤ板などを下地に張った板ふすまと呼ばれるタイプであれば、枠を触らずに作業できるので簡単です。

張り替え用のふすま紙には、簡単に張れるアイロンタイプ、シールタイプなどもありますが、仕上がりがきれいな再湿タイプがおすすめです。2枚程度までであれば、古いふすま紙の上に重ね貼りができます。

### 道　具

■なでバケ　■ハサミ　■カッター
■かなづち　■スポンジ　■クギ締め
■マスキングテープ　■ビニールシート
■ピンチ（大）

■カット定規

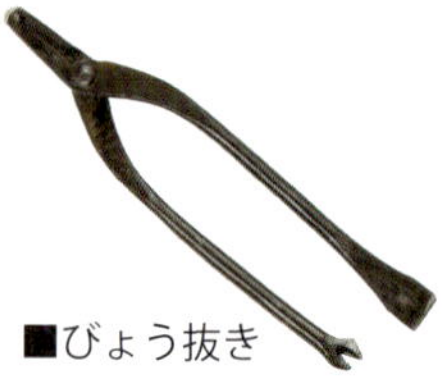

■びょう抜き

### 材　料

■ふすま紙
（再湿タイプ）

### ■穴を補修しておく

破れをそのままにして新しいふすま紙を貼ると、その部分が浮いてきれいに仕上がりません。先に下貼り紙や茶チリで補修しておきましょう。

### ■巻きぐせを取る

1枚分のサイズにカットしたふすま紙は、作業しやすいように巻きぐせを取っておきます。角の部分から斜め方向に逆巻きすると、シワにならずにくせを取れます。

ここがポイント！

### ■裏面につける水はたっぷり400cc

ふすま紙の裏面についているのりを戻すには、水をたっぷりつける必要があります。水の量は、ふすま1枚分につき約400cc（コップ2杯分）が目安です。強くこするとのりが取れるので、スポンジで軽く叩くようにして全体を濡らします。その後は紙が伸びきるまで3～5分待ち、指で触ってぬるぬるしてきたら貼りごろです。

# 板ふすまを張り替える

1 びょう抜きのヘラを引き手金具の下に差し込んで少し持ち上げ、浮いたクギの頭をびょう抜きでつかんで引き抜きます。

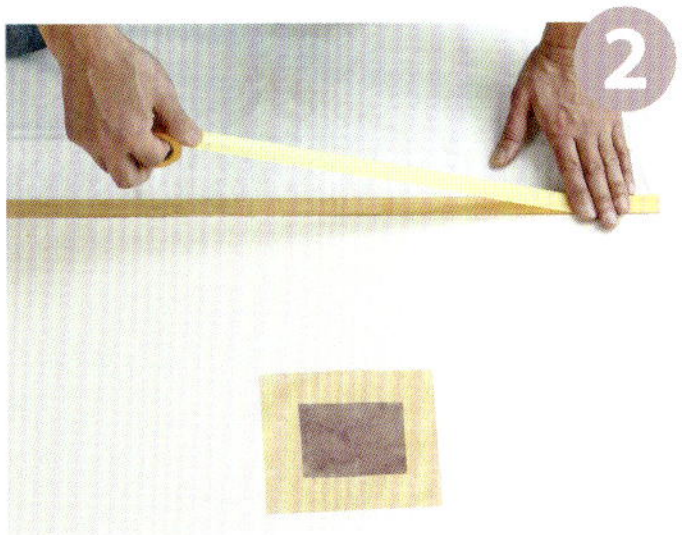

2 作業中、枠にのりがついて、汚れないように、枠の幅より太いマスキングテープを張って養生します。

3 ふすま紙の端をふすまの上端にピンチで仮どめし、軽く引っ張りながら下まで伸ばします。

4 伸ばしたふすま紙の下側を、枠の外側に沿ってハサミでカットします。ふすま紙が短いと作業しにくいので注意します。

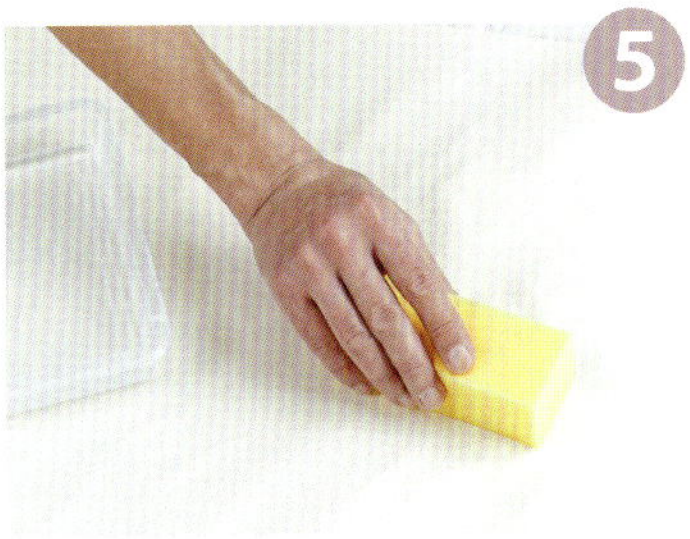

5 たっぷりと水を含ませたスポンジで、ふすま紙の裏面を叩くようにして濡らし、のりを戻します。

6 端の余りが均等になるように、ふすま紙をふすまの上にのせ、上端を縁に沿ってなでバケで押さえて位置決めします。

7 なでバケを使って真ん中を下へ、さらに左右へ空気を追い出すようになでます。シワができたときは、一度はがして押さえなおしてください。

8 縁の部分はなでバケで叩きながら押さえて、隅まできちんと貼ります。浮いているようなら、ヘラで押さえてください。

9 縁にカット定規をあて、カッターの刃ができるだけ奥に入るようにして余りをカットします。途中でカッターをはずさず、定規をずらしながら１辺を切ります。

10 浮いた縁の部分をなでバケでなでて押さえなおします。張ったあとにできたたるみは、乾燥とともに張って消えます。

11 ふすま紙の上から引き手の穴を探し、カッターで十字に切り込みを入れて指で押さえます。

12 クギ穴の位置が上下になるように引き手金具をはめ込み、クギ締めでクギをしっかりと打ち込んで固定します。

難易度 ★★★★★

# 障子《しょうじ》の張り替え（のり貼り）

## 半紙判の障子紙を使い、手早く作業する

半紙判の障子紙

扱いやすく、使い勝手のいいサイズの障子紙を使用。

障子紙は、日焼けで黄ばんだり、ホコリで黒ずんだりするだけでなく、うっかり穴を開けてしまうこともあります。小さな損傷なら部分的な補修で済みますが、障子紙全面を張り替えるとなるとつい尻込みしてしまう人もいるでしょう。ただ、張り替えのポイントさえ掴めば、比較的手軽にまっさらな障子を復活させられます。障子の張り替えのポイントは、古い障子紙を残さずきれいに取り去ること。そして、新しい障子紙をシワができないように焦らず丁寧に貼ることです。何度かに分けて貼る半紙判の障子紙を使えば、張り替えに慣れていなくても簡単に作業を進めることができます。

### 小さな破れの補修

全体を張り替えるまでもない小さな穴や破れは、障子紙を適当なサイズにカットし、貼り付けて補修します。

### 道具

■スポンジ
■ウェス
■霧吹き
■プラスチックヘラ

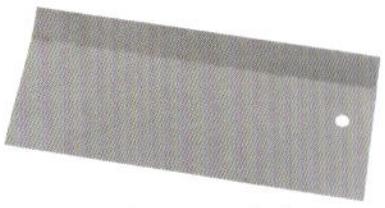

■カット定規

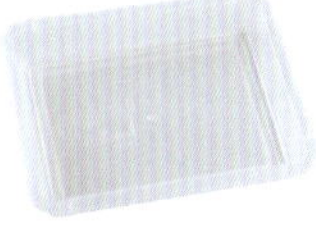

■のり用トレイ

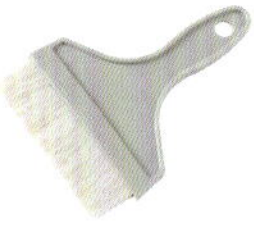

■のりバケ

■カッター

### 材料

■障子紙（半紙判）
■マスキングテープ
■はがし液

■障子のり

# 障子の張り替え工程

1

ビニールシートや新聞紙を敷いて床を養生し、紙が貼ってある側を上にして障子を寝かせ、桟に沿ってはがし液を塗ります。

2

桟に紙がのり付けされている部分すべてにはがし液を塗り終えたら、5 分ほど放置し、液を浸透させてのりを十分に溶かします。

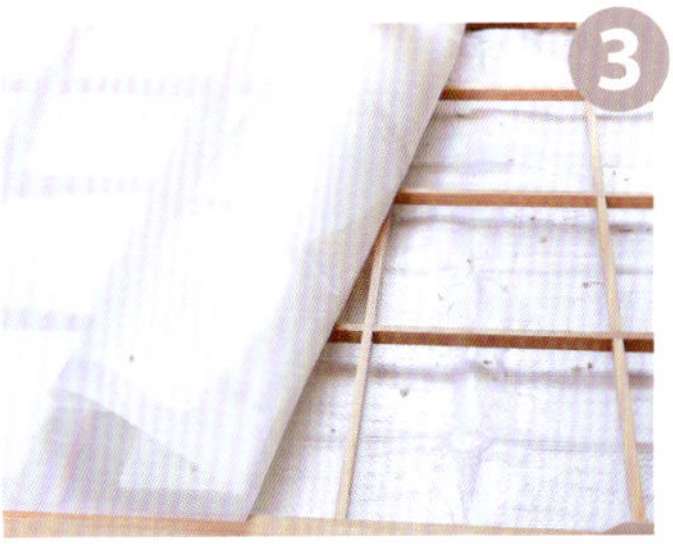

3

障子の端から、巻き取るように紙をはがしていきます。溶けたのりが乾いて再び固まってしまう前に、手早く作業しましょう。

4

紙を完全にはがしたら、桟にところどころ残っている固まったのりを、プラスチックヘラでこそげ落とします。桟が傷つかないよう注意しましょう。

5

さらに、桟に付着している溶けたのりや、落としきれなかった固まったのりは、水に濡らして固く絞ったスポンジで残さず拭き取ります。

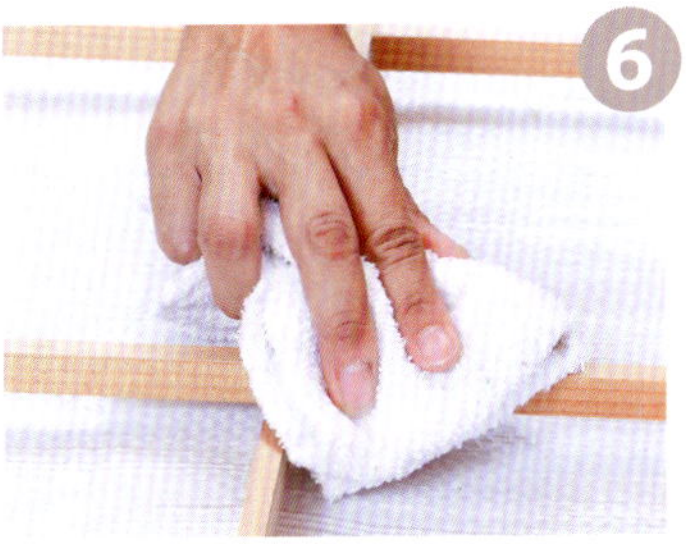

6

ここまでの作業で障子枠全体が濡れているので、乾いたウェスを使って乾拭きします。水気を取ったら、1 ～ 2 時間陰干しして乾燥させます。

7

枠に沿って新しい障子紙を広げ、片側をマスキングテープで留めるておくと作業しやすくなります。

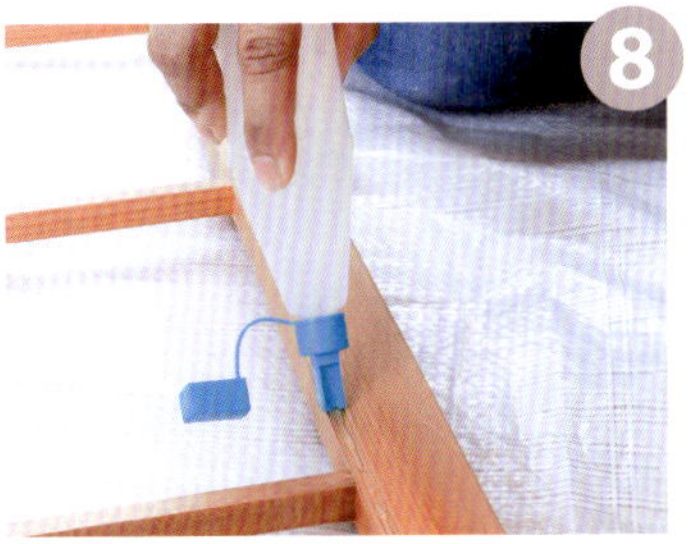

8

フチには、紙の位置を決めるための段差（紙じゃくり）が設けられています。まずはそのラインに沿ってのりを塗ります。

9

続いて、本体内側の桟にものりを塗っていきます。まずはカットした障子紙、1 枚で隠れる部分の桟に塗ります。

10

のりを塗り、紙を貼るという作業を繰り返し、すべての桟が覆われるように新しい障子紙を貼っていきます。

11

周囲のフチに沿ってカット定規を当て、カッターで余分な部分を切り落とします。カッターは極力寝かせて使い、刃はこまめに折って切れ味を保ちます。

12

最後に障子枠を立て掛け、霧吹きで紙全体にまんべんなく水を掛けます。陰干しをして乾けば紙がピンと張り、シワなく仕上がります。

難易度 ★★★★★

# 網戸の張り替え

## 気になる破れ、汚れをすっきりきれいに

アルミサッシについている網戸なら、道具をそろえれば簡単に張り替えることができます。

張り替え用のネットは、網目の大きさと色を意識して選びましょう。小さい虫の侵入が気になるお宅には、目の細かいタイプがおすすめです。

色はグレーが一般的ですが、黒は室内から外をきれいに見通せます。銀面と黒面がある2色コンビのネットは、外からは見えにくいのに、室内からはすっきり見やすい特長があります。

### 材　料

■網戸ネット
■網押さえゴム

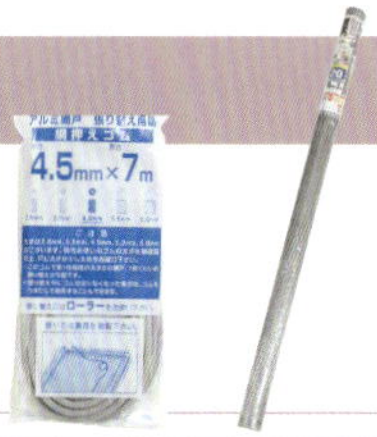


### 道　具

■マイナスドライバー
■クリップ
■ハサミ

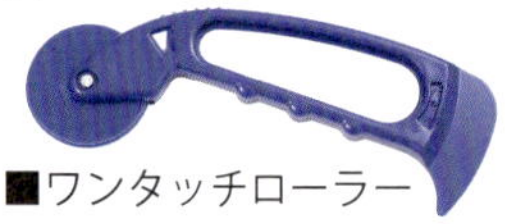

■ワンタッチローラー

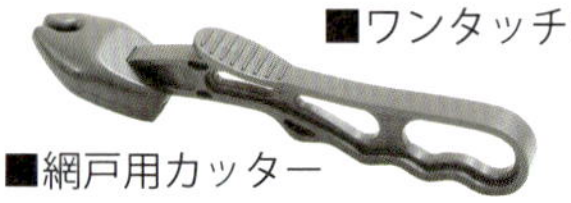

■網戸用カッター

### 網目の大きさ

網戸用のネットには、目の細かさの違いでいくつもの種類があります（P69 参照）。目が細いほど虫は侵入しにくくなりますが、風通しが悪くなったり、ホコリがつきやすくなるなどのデメリットがあります。せっかく交換するのですから、ご自宅の環境を考えて、室内をより快適にできる網目のものを選びましょう。

### 網押さえゴムの太さ

網押さえゴムの太さは、一般的に 3.5mm、4.5mm、5.5mm、6.8mm の４種類です。溝のサイズを測るか、ゴムの切れ端を持参して、適した太さのものを購入しましょう。網押さえゴムが細すぎると使えませんが、太い場合は細く伸ばして使うことができます。迷ったときは太めのものにするか、太さを変えられるタイプを選んでください。

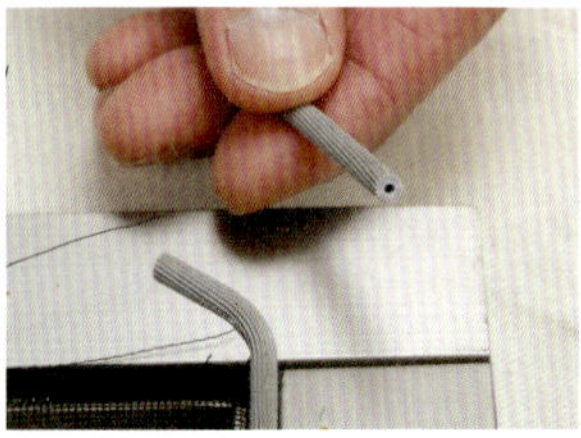

古いゴムはやせていることが多いので、切り取ったサンプルを持参して、それに近くて太めのものを選びましょう。

### 網戸の付け外し方法

網戸には脱落防止のために「外れ止め」がついています。網戸をレールから取り外すときには、側面上部の両側についている外れ止めを解除してください。また、網戸を取りつけた後は、忘れずに外れ止めを再セットしておきましょう。

固定ネジをプラスドライバーで緩めて外れ止めを下げ、再びネジを締めておきます。

### 戸車のメンテナンス

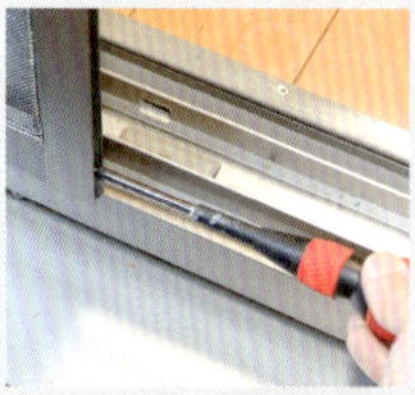

ガタつきやすき間の原因である傾きを修正するには、側面下部の調整ネジを回して、戸車を上げ下げしてみましょう。

網戸の動きが悪い場合は、レールと戸車の周辺を掃除し、戸車の軸の部分にシリコンスプレーを吹きかけて回りをよくします。

## 専用の道具を使って網戸を張る

**1**

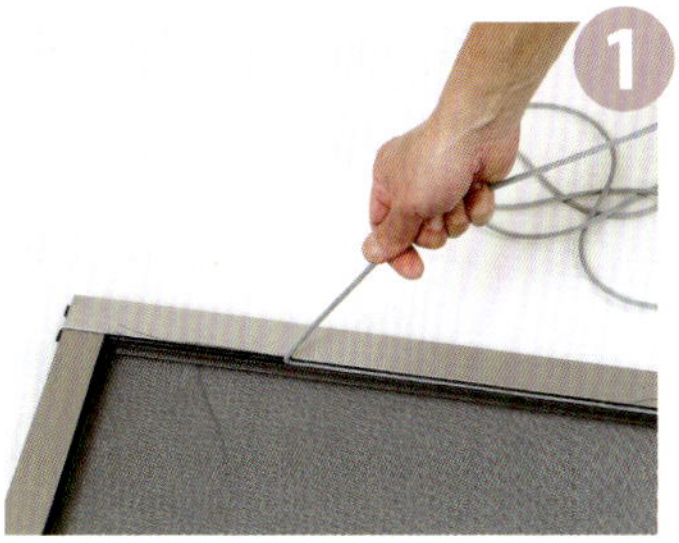

ネットを固定している押さえゴムの端を、マイナスドライバーなどで起こしてはずし、古いネットを取り除きます。

**2**

押さえゴムが入っていた溝をブラシで掃除し、ゴミやホコリを取り除きます。

**3**

上下を均等に余らせてネットを裏へ折り込み、クリップでとめます。裏表のあるものは面の向きに注意してください。

**4**

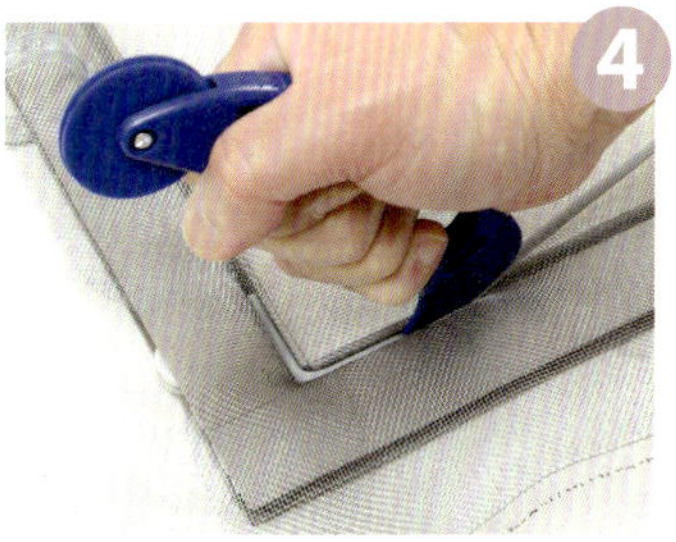

短い辺の終わり3cmのところに、ヘラの部分でゴムの先端を押し込み、そのまま角の先までしっかりと固定します。

**5**

張り始めたAの角からBの角までまっすぐにゴムを置き、Bの手前のところでゴムを押し込んで仮どめします。

**6**

AからBに向けて、ローラーを使って直線部分のゴムを押し込みます。初めの2辺は手でネットを押さえずに作業します。

**7**

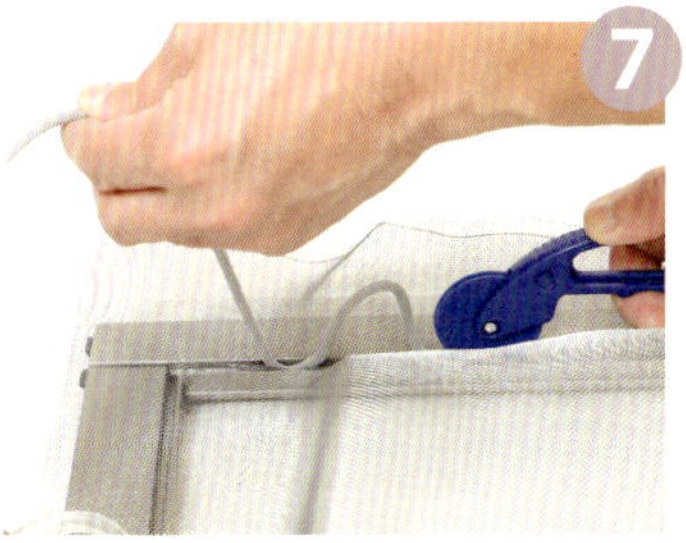

Bの手前までできたら、仮どめしていたゴムをはずしてヘラで角を押し込みます。同様に次の角までゴムを固定します。

**8**

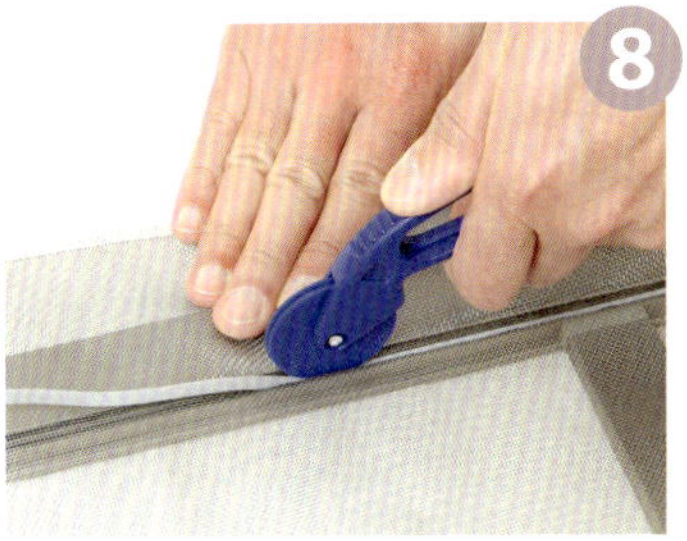

残りの2辺は、ネットが枠の内側に落ちないように、片手で押さえながらゴムを押し込みます。

**9**

ゴムが一周したら少し短くカットし、ローラーで押し込みます。ネットにたるみができていないかを確認しましょう。

**10**

底が浮かないように網戸カッターを滑らせて余分なネットをカットします。飛び出した線はハサミでカットします。

**ここがポイント!**

### たるみを修正する

余分なネットを切り落とす前であれば、修正が可能です。作業手順❽のところで気になるたるみを見つけたら、その部分のゴムをはずして張り直してください。

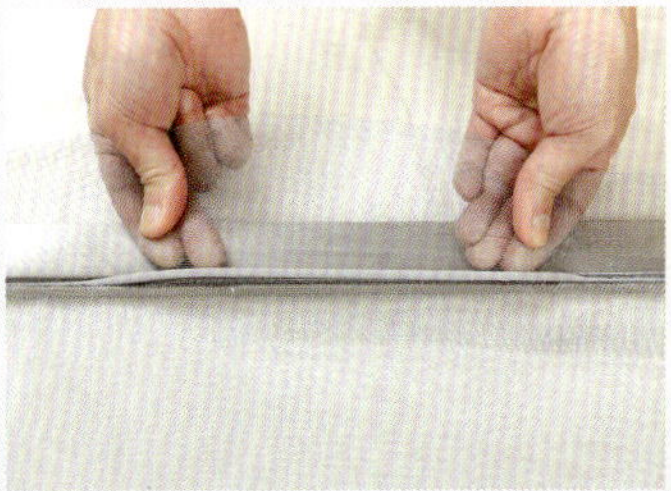

ネットを引っ張ってゴムを持ち上げ、張った状態で再びゴムを押し込みます。

# フローリングのキズ補修

## へこみ、キズを専用キットで埋めてリペア

難易度★★★★★

## へこみの補修

1 表面の色が剥げていないへこみの場合は、透明スティックで埋めるだけで目立たなくできます。

2 電気ゴテが十分に加熱したら、充填剤スティックを溶かして先端部分にのせます。

3 床面から少し盛り上がる程度まで、へこみに充填剤を繰り返し流し込みます。

4 充填剤が硬化したら、スクレーパーのギザギザの面で大まかに削り、先端部分を使って平らにします。

5 最後にスチールウールで軽くこすってテカリを取り、補修部分を自然に仕上げます。

### 道具

■電気ゴテ　■充填剤スティック
■木目ペン　■スクレーパー
■スチールウール

## 深いキズの補修

1 キズの輪郭部分にできた盛り上がりを、先が丸くて硬いものを使って内側に押しつぶします。

2 床と同じ色の充填剤がない場合は、少し明るい色を選び、電気コテで溶かしてキズに流し込みます。

3 1色で色が合わない場合は、複数の色をキズのなかで溶かしながら混ぜ合わせて調整します。

4 硬化したらスクレーパーとスチールウールで表面を整え、木目ペンを使って木目を点描します。

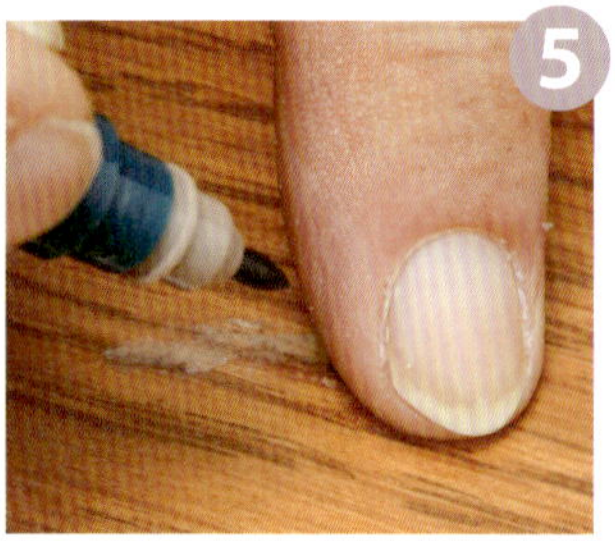

5 インクが乾く前に、木目の流れに沿って指で擦ってなじませると、線で描くよりも自然になります。

6 近くで見れば修復痕はわかりますが、離れると気づかないほどきれいに補修できます。

難易度 ★☆☆☆☆

# 玄関扉のメンテナンス

## 日常のお手入れで各部の動きをスムーズに

## 日常的なお手入れ

### ドアの動きを軽くする

可動部についたホコリなどが原因で、気づかないうちにドアの動きが重くなっていることがあります。ドアクローザーのアームや蝶番には、定期的にシリコンスプレーを噴いて滑りをよくしておきましょう。

### 鍵の作動を改善する

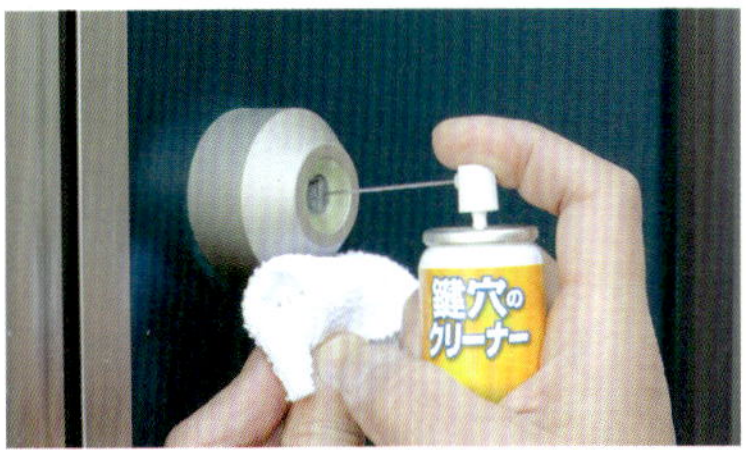

鍵の抜き差しがしにくくなったときは、住居用鍵専用のクリーナーを使って鍵穴の洗浄と潤滑をしてください。一般用途の潤滑剤は作動不良の原因になる場合があるので、使わないようにしましょう。

### 可動部にはシリコンスプレーを

シリコンスプレーは表面にシリコン皮膜を形成し、滑りをよくする潤滑剤です。潤滑オイルのように臭いがなく、ホコリがつきにくいので、室内での使用に最適です。カーテンレールや敷居、引き出し、キャスターなど、さまざまなところのメンテナンスに使えます。

### 扉の保護とツヤ出し

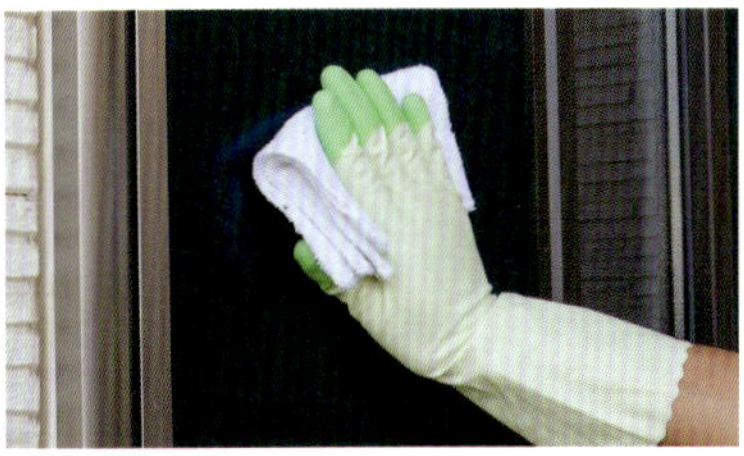

扉掃除の仕上げには、専用ワックスを使います。乾拭きしてホコリを取り除いたあと、乾いた布にスプレーして全体に塗り広げます。表面のツヤ出しと色あせを防ぐ保護効果があります。

---

## ドアクローザーの調整

ドアクローザーがついている玄関扉は、閉まる速度の調整が可能です。扉が勢いよく閉まると、危ないと感じたり、閉まるときの音がうるさくなります。反対に、ゆっくり過ぎるとイライラしたり、風が強いときに閉まりきらないことがあります。小さいお子さんやお年寄りのいる家では、安全性も考えて適切な速度に調整しましょう。

速度調整弁は本体の側面にあります。調整弁を時計回りに回すと閉じる速度は遅くなり、反時計回りに回すと速くなります。

### 速さの調整方法

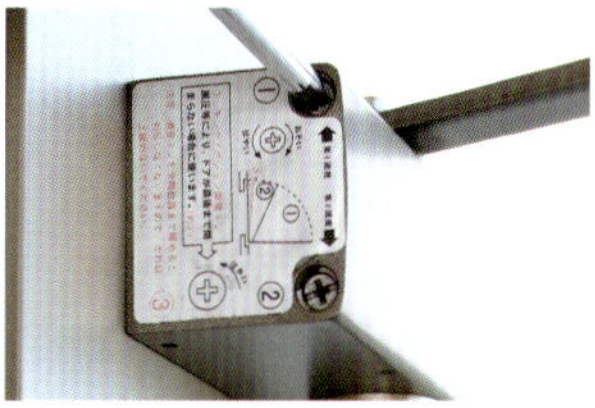

「1」の表示がある第一調整弁で、閉まり始めからの速度を調整します。ドアの動きを見ながら調整してください。

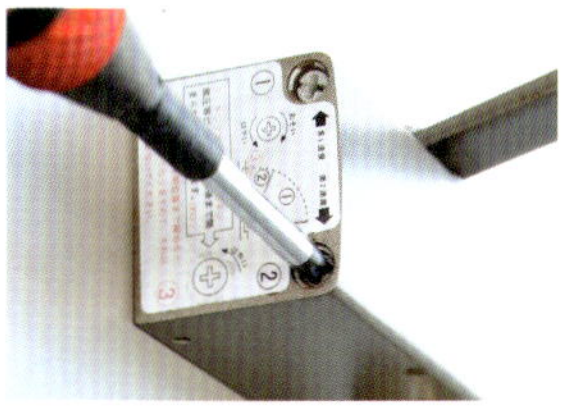

「2」の表示がある第二調整弁で、閉まりきる直前の速度を調整します。ゆっくり静かに閉まるように調整してください。

### ガタつきのチェックもお忘れなく

開閉や操作のときの振動で、各部のネジが緩んでいることがあります。動く頻度が高い蝶番やよく操作する内鍵、U字ロックは、ガタつきやネジの緩みがないかをチェックし、緩んでいる場合はドライバーで増し締めをしておきましょう。

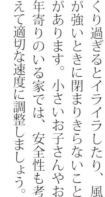

難易度 ★★★★★

# ドアノブの交換

## 開閉しやすいレバーハンドルに

ドアの丸い握りのことを『ドアノブ』と言い、開閉や施錠・解錠するための機械を含めるときは『ドア錠』と呼びます。このドア錠には、その仕組みの違いによっていくつかの種類があります。ここでは室内ドアによく使われているチューブラー錠から、レバーハンドルへ交換する方法を紹介します。

### レバーハンドルを用意する

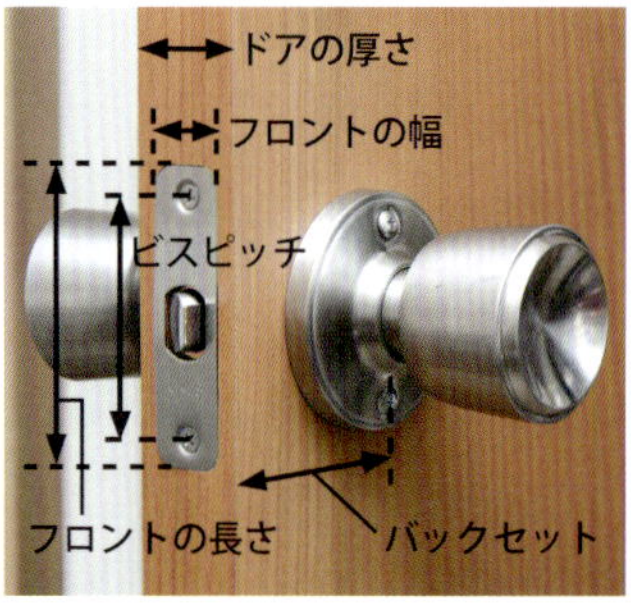


ドア錠は、メーカーや製品によってサイズがまちまちです。使用中のドア錠で写真で示した各サイズを測り、サイズが同一で取り付けが可能な新しいドア錠を用意してください。

レバーハンドルは、たいていラッチなど一そろいがセットになっています。トイレ用などに、内鍵つきのタイプもあります。

台座部分のネジでドアに固定されているのが、チューブラー錠です。ドライバーでこの固定ネジを緩めます。

内側と外側のノブは、中心に通っている角芯でつながっています。それぞれのノブを引き抜いて取り外しましょう。

フロント（側面の金属板）を固定しているネジを緩めて、ラッチ（留め金）をドアから引き抜きます。

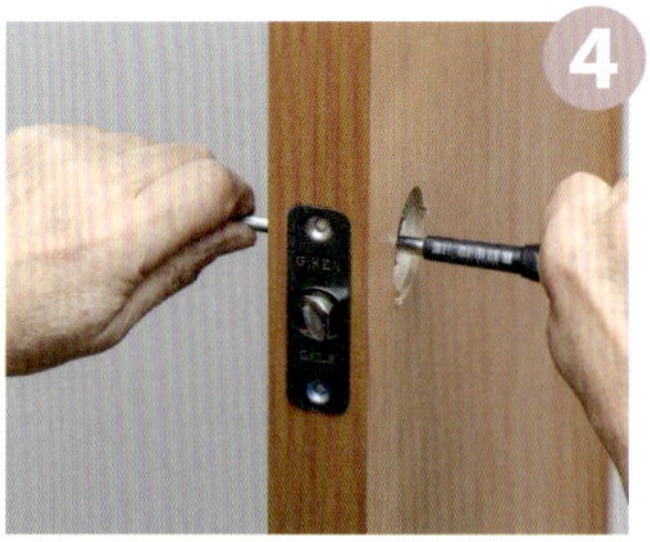


ラッチが手で抜けない場合は、ラッチの角穴にドライバーを差し込んで、両手で持って引き抜いてください。

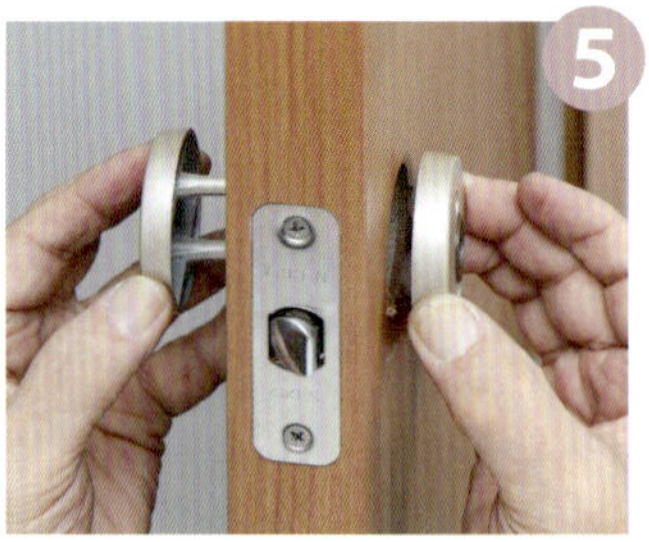


新しいラッチを、丸みのあるほうが閉める方向を向くように取り付けます。次にドアの両側から台座をはめ合わせます。

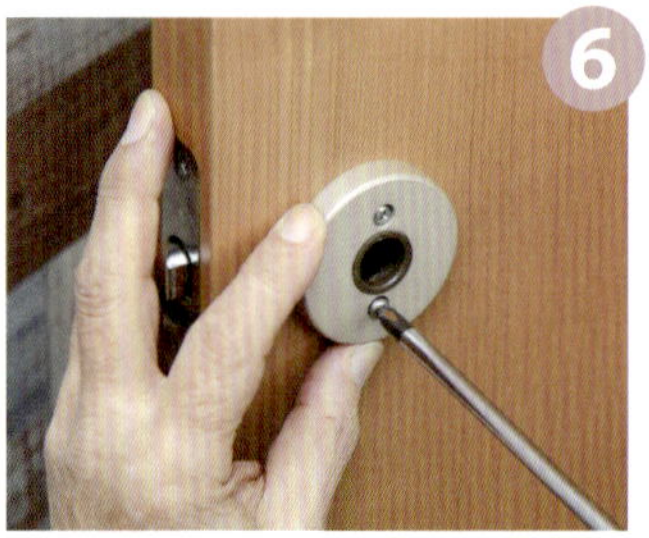


ネジを締めて台座を固定します。この時点では仮どめしておき、ラッチの動きを確認してから、しっかり固定しましょう。

角芯がついている方のハンドルを、水平にしてラッチの角穴に差し込み、続いて反対側のハンドルを角芯に取り付けます。

ハンドルの首部分についている固定ネジを締め込んで、ハンドルが抜けないように固定します。

ハンドルを操作して、ラッチが引っかかりなく正常に動くことを確認します。これで交換は完了です。

難易度 ★★☆☆☆

# サッシ窓のメンテナンス

## 戸《と》車《ぐるま》をメンテナンスする

### ■戸車の高さを調整する

窓の滑りが重く、スムーズに開閉しない。窓を閉めても、すきま風が入ってくる。それは窓がまっすぐに立っていないためかもしれません。窓を少し開けてみて、離れた位置から眺めてみて、窓枠が傾いて見えたら、戸車の高さを調整してみましょう。

調整時は、枠の上部にある「外れ止め」の固定ネジを緩めて下げておきます。調整が済んだら、必ず外れ止めを上げて固定しなおしてください。

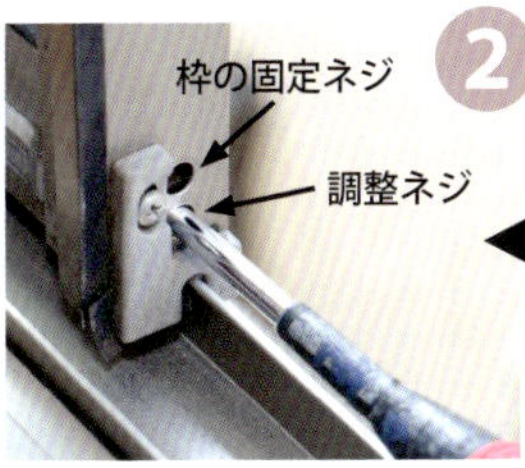

枠の側面下部にある調整ネジを回し、左右の戸車の高さをあわせます。時計回りに回すと戸車が上がり、反時計回りに回すと下がります。

### ■戸車を交換する

高さの調整で開閉の不具合が解消できなくなったときは、摩耗などによる戸車の寿命が考えられます。スムーズな動きを取り戻すためには、戸車を交換する必要があります。同じ戸車が入手できない場合は、汎用の「取替用戸車」を取り付けます。

取替用戸車は、枠の溝幅、溝の深さ、車輪の形状を確認して、適合するものを選んでください。

枠の側面下部にある固定ネジを緩めて枠をはずし、古い戸車を取り外します。

古い戸車をはずした場所に取替用戸車をはめ込みます。調整ネジを回して、左右の高さをあわせます。

### ■戸車の回転をよくする

窓の動きが悪くなったときに、まず試したいのが戸車の潤滑です。一般的な潤滑オイルは、油にホコリや砂が付着して回転を悪化させせます。戸車の潤滑には、必ずシリコン系の潤滑スプレーを使ってください。

シリコンスプレーは、戸車全体ではなく、回転軸の部分を狙って適量を吹き付けます。

## 窓の動き、錠の開閉を滑らかに改善

### クレセント錠の調整

クレセント錠を開け締めするときの引っ掛かりが強く、スムーズに動かないときは、錠本体と受け金の位置を微調整します。戸車の高さを調整したり、戸車を交換したときも、錠の調整が必要になります。

上下の調整は錠本体で。カバーをはずし、２本のネジを緩めて上下に動かして位置を微調整します。

左右の調整は受け金で。２本のネジを緩めて左右に動かし、錠がスムーズに掛けられる位置に調整します。

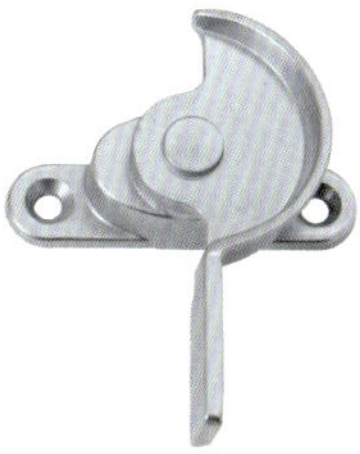
錠本体がガタつくときは、新しい錠に交換します。枠内部の留め金を落とさないため、２本のネジを同時にはずさないようにしましょう。

難易度 ★☆☆☆☆

# 玄関タイルの補修

## はがれ、割れ、かけは早めに対処を

タイル仕上げの玄関土間や階段は、上り下りでよく乗る縁のタイルが、はがれたり、割れたりしやすいものです。1枚でも放っておかず、破損が連鎖的に広がる前に補修を行いましょう。下地のモルタルがしっかりしていれば、接着剤でタイルを張りなおすだけと簡単です。

**材料・道具**

- ■インスタントモルタル
- ■コンクリート用接着剤
- ■左官コテ
- ■ブラシ
- ■ヘラ

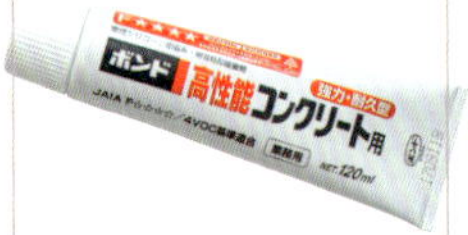

縁のタイルのはがれは、玄関でよく見る破損です。はがれたタイルを放っておくと、破損箇所が広がります。

モルタルのかけらを取り除き、平らにならします。モルタルが使える場合は、砂を取り除きましょう。

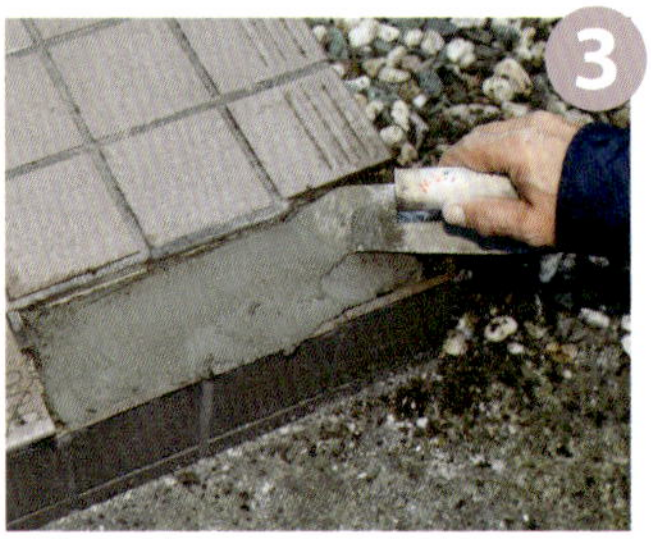

表記された分量の水で練ったインスタントモルタルを、左官コテでならしながら敷きます。

モルタルは残っている目地の高さにそろえます。上に乗らないように注意して、丸1日乾燥させましょう。

はがれたタイルの裏面に、コンクリート用接着剤を筋状につけ、隣りのタイルと高さをそろえて接着します。

タイルがずれないようにマスキングテープを貼って圧着し、接着剤が乾燥するまで1日おきます。

タイルのかけらが紛失しているところは、インスタントモルタルやコンクリート用パテで成型します。

目地を入れるときに汚したくないタイルの縁を、マスキングテープを貼って養生します。

コンクリート用接着剤か目地補修材を目地に充填し、2日ほど乾燥させて補修は完了です。

# 窓の結露対策グッズ

## 冬の窓に発生する結露の予防や除去に活用

冬になると起きる、うっとうしいことのひとつが窓の結露です。朝になると窓やサッシにたくさんの水滴がつき、それがホコリを呼んで頑固な汚れやカビの原因になります。わかっていても、毎日雑巾でふき取るのは大変です。

最近は、さまざまな結露対策グッズが発売されています。窓についた結露を効率よくふき取れるもの。結露がレールに落ちる手前で吸い取るもの。結露が発生しにくくするもの。それぞれ特長の異なる商品を上手に活用して、家事の手間を省いてはいかがでしょうか。

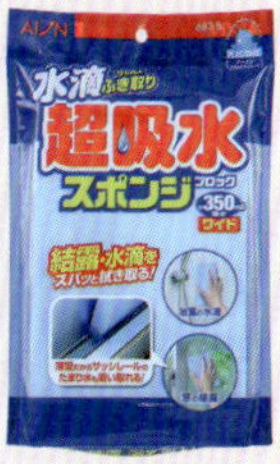


**高吸水スポンジ**
通常のスポンジよりも吸水力が高く、一度に多くの結露を吸い取ってくれるため、効率よくふき取りができます。ガラス面はもちろん、レールに溜まった水を吸い取るにも便利です。

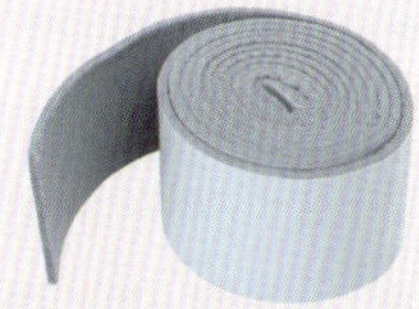

**サッシ枠用　断熱・吸水テープ**
熱が伝わりやすい金属製のサッシ枠は、ガラス面と同じように結露が発生します。サッシ枠にこのテープを貼ることで、枠表面の断熱効果があり、室内の冷えと結露を軽減することができます。

**窓ガラス用　結露吸水テープ**
窓ガラスの下部に貼っておくと、流れ落ちてきた水滴をキャッチして、その後で自然に蒸発させます。結露が多いときでも、レールに水がたまらないので、汚れやカビの発生、木部の腐食を防ぐ効果があります。

**水滴ワイパー**
ハンドル部分がタンクになっている窓用ワイパーで、水を下に落とすことなく集めて処理できます。タンクが一杯になったら、はずして水を捨てるだけですから、手を濡らさずに作業ができます。

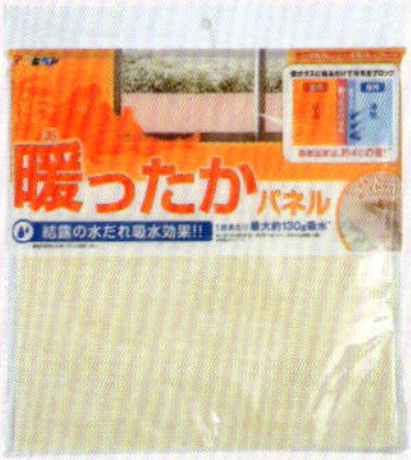


**窓ガラス用　断熱・吸水パネル**
用途は結露吸水テープと同様です。貼る面を大きくすることで、ガラス面の断熱と吸水の効果がより高くなります。窓からの冷気が気になる場合におすすめです。

### ■窓ガラスの断熱性アップで対策

窓に結露ができる原因は、屋外の温度がガラスや金属サッシの室内側に伝わることです。冷えた窓は、室内の空気から熱を奪い、暖房効率も悪くします。

窓の断熱対策としては、窓と屋内の間に空気層を設けることが効果的です。本格的な方法としては、複層ガラスや内窓がありますが、費用を抑えたいのでしたら、2重のビニールで空気層を作る窓用断熱シートを試してみましょう。自分で貼ることができ、簡単に窓ガラスの断熱性をアップすることができます。

難易度 ★★★★☆

# 階段手すりの取り付け

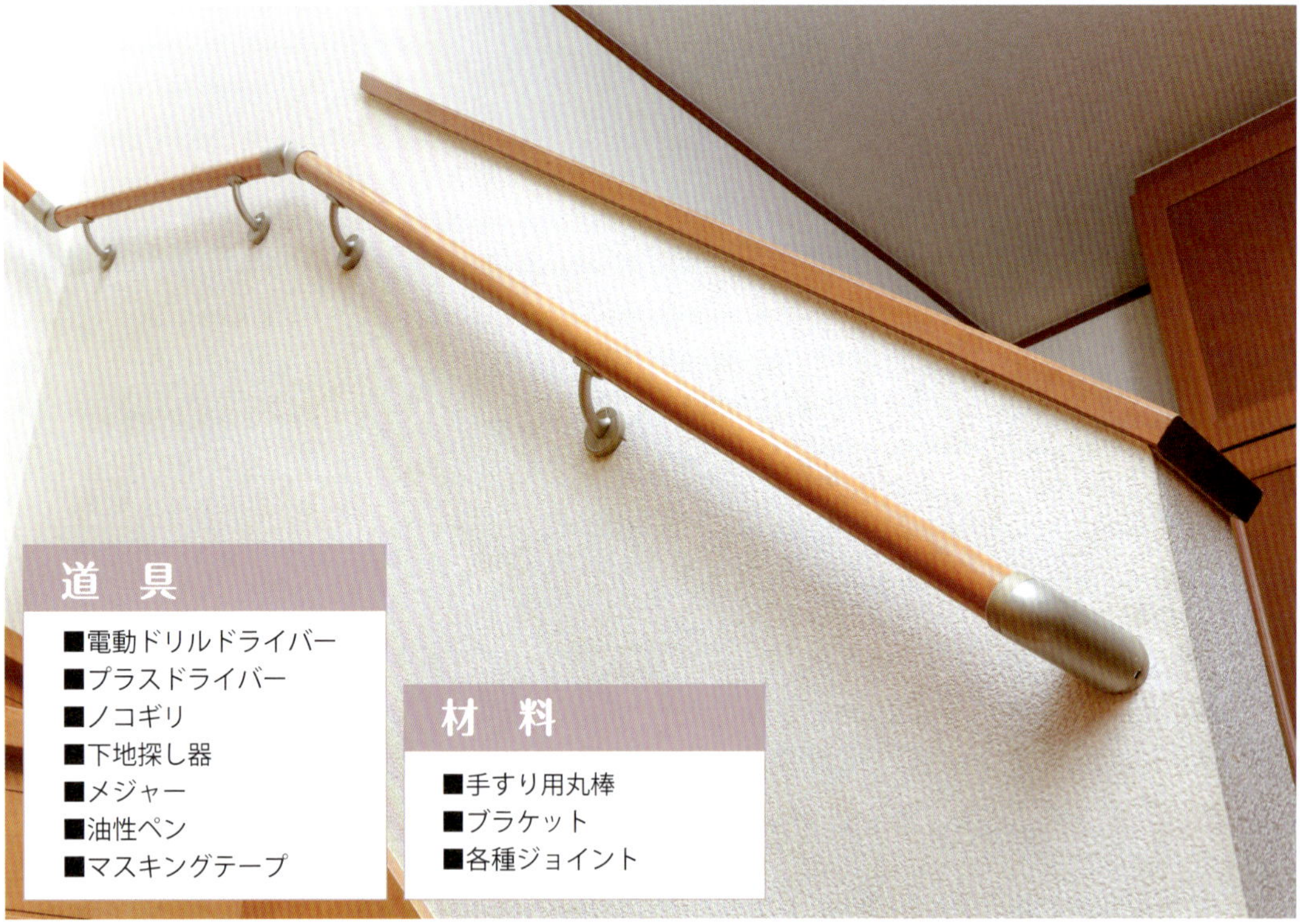

## 道　具

■電動ドリルドライバー
■プラスドライバー
■ノコギリ
■下地探し器
■メジャー
■油性ペン
■マスキングテープ

## 材　料

■手すり用丸棒
■ブラケット
■各種ジョイント

住まいのなかで事故の起こりやすい場所のひとつが階段です。昇降をサポートし、転倒や転落を防ぐ効果が高い手すりの設置は、優先して行いたい階段まわりのリフォームです。

市販の丸棒手すりや専用金具を利用すると、構成が複雑になる回り階段でも、確実に、見ばえよく設置できます。

## 手すりの高さ

手すりは、一般的には図のような高さが使いやすいといわれていますが、住宅では使用する人、とくに手すりを頼りにするお年寄りや子供が握りやすいことを確認して決めましょう。大人用と子供用を2段でつける方法もあります。

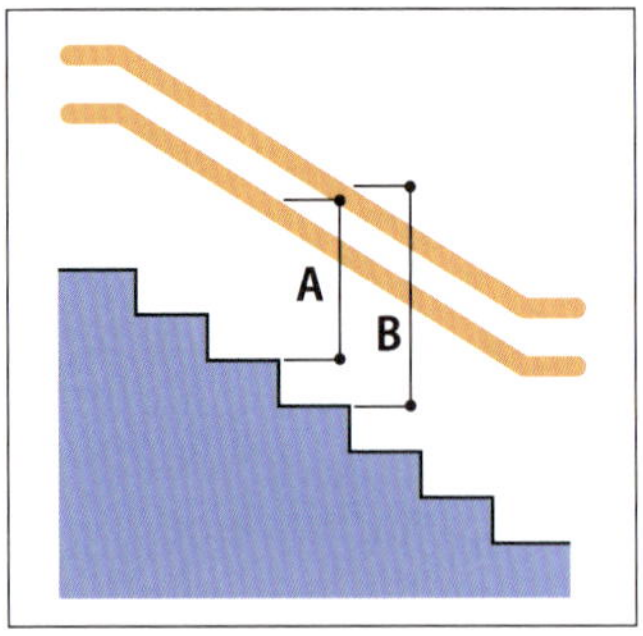


子供用の標準 600mm 程度 (A)。
大人用の標準 700 ～ 800mm 程度 (B)。

## 階段の安全性アップに効果的

手すりの材料としては、シンプルな丸棒タイプが一般的です。太さは直径35㎜のものが標準ですが、子どもや小柄な方には直径32㎜の細めのものが握りやすいでしょう。公共の建物と違い、使用する人が限定される住まいでは、家族にあわせて太さや高さを決めることが、使いやすさにつながります。

### 階段の安全には滑り止めも有効

階段の安全性を高めるためには、滑り止めをつけるのも簡単かつ効果的です。角の部分にクッション性のあるタイプにすると、万が一の転倒時には衝撃をやわらげる効果があります。

裏紙をはがしてシールで貼るだけと、取り付けは簡単です。

# 取り付けの基本

階段の踏み面の後ろ側にメジャーを垂直に立て、手すりの高さに鉛筆やピンなどで印をつけます。

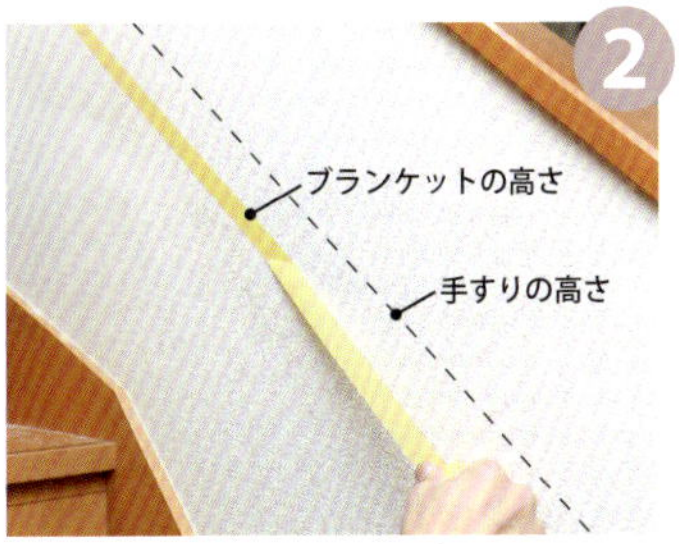


手すりの高さと平行に、ブラケットの取り付け高さがわかるようにマスキングテープや糸を使って印をつけます。

下地探し器を使って壁裏にある柱や間柱を探し、ブラケットを固定する柱の幅がわかるように印をつけます。

丸棒の両端を支えるブラケットを、ぐらつかない程度にネジを締め付けて仮どめします。

両端のブラケットに手すりを渡して下穴をあけてからネジどめしたら、ブラケットを本締めして壁に固定します。

### 間柱の幅が狭い場合

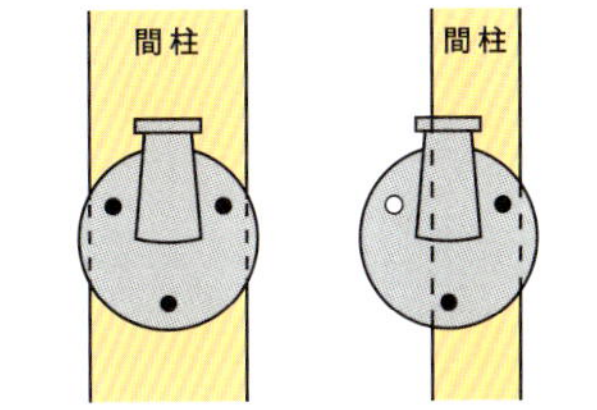


ブラケットのネジ穴の間隔より間柱の幅が狭く、すべてのネジを打てない場合は、上側と下側の1か所ずつで固定してください。

# 各部の取り付け方

### エンド部の取り付け方

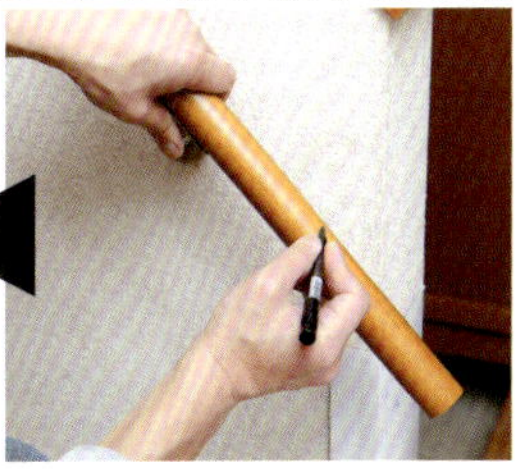

手すりをブラケットに仮置きし、油性ペンでカットしたいところに印をつけます。

ブラケットからはずし、印をつけたところをノコギリでカットします。

### コーナーのつなぎ方

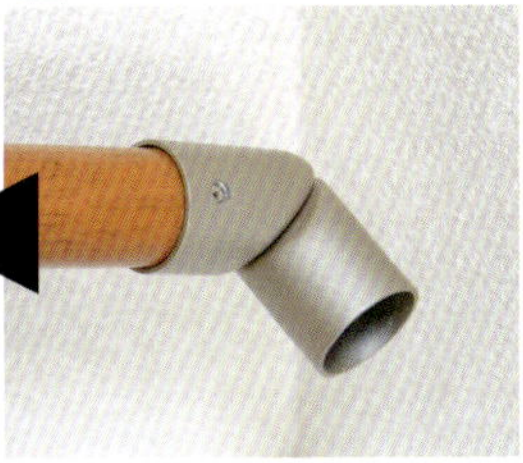

コーナー部分は、角度自在のフリージョイントや直角のエルボーでつなぎます。

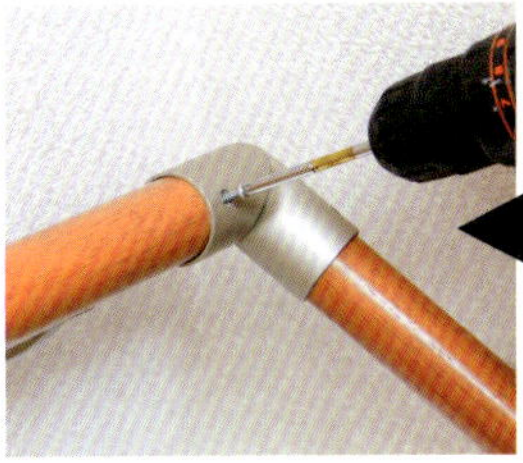

しっかり位置合わせをしてから、各部のネジを締めて手すりを固定します。

### 好きな位置にブラケットを取り付ける方法

ブラケットを取り付けたい位置に間柱がない場合は、補強板や専用の手すりベースを間柱に固定して、そこにブラケットを取り付ければOKです。

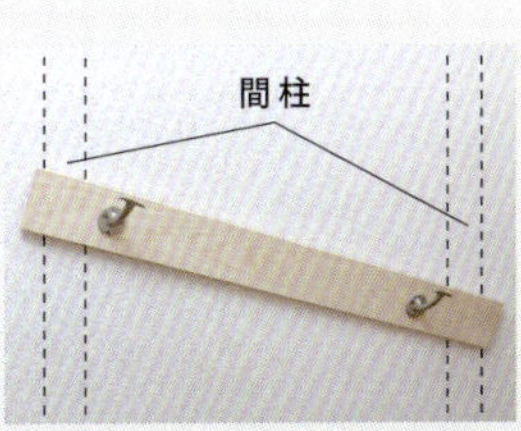


補強板には厚さ15～20mm程度の木材を使用しましょう。

### エンド部の処理

エンドブラケットを使えない場合は、端部にエンドキャップを被せます。

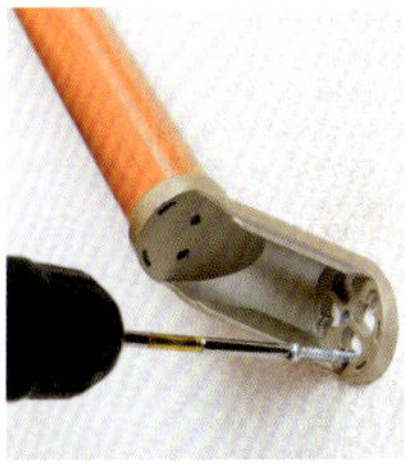

終端にちょうど間柱がある場合は、手すりの端部を隠すエンドブラケットで固定できます。

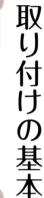

難易度 ★★☆☆☆

# 窓フィルムを貼る

## 窓にデザインや機能をプラス

プライバシー保護や省エネ、防犯、防災など、窓にさまざまな効果をもたらす窓フィルム。装飾性の高いデザイン柄も充実してきて、ますます使いやすくなっています。窓の条件に適したフィルムを選んで、気になっていた住まいの悩みや問題を解消しましょう。

**材料**

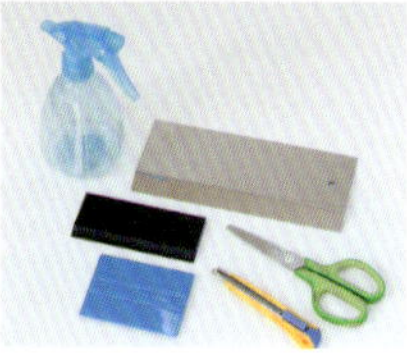

■スキージー
■カット定規
■ハサミ　■カッター
■スプレー
（中性洗剤２％水溶液）
■油性ペン■メジャー

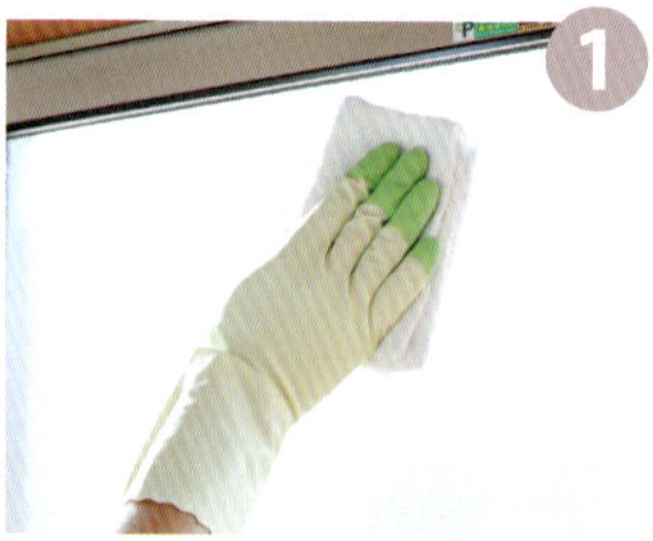

1 カーテンなどを取り外し、濡らしたくないところを養生してから、ガラスの汚れやホコリを拭き取ります。

2 測ったガラスのサイズより、縦横とも５～６cm程度大きくなるように線を引いて、ハサミでカットします。

3 ガラス全体にたっぷりと水溶液を吹き付けて膜を作ります。少ないとフィルムが張り付いて、作業しにくくなります。

4 フィルムの角のところから、裏面のセロファンをはがします。両面にセロテープを貼って引っ張ると簡単です。

5 フィルムの接着面にもたっぷりと水溶液を吹き付けます。この作業は２人で行うと確実です。

6 フィルム上端の両角を持って、ガラス面から均等にはみ出すように位置を決め、上部を貼ります。

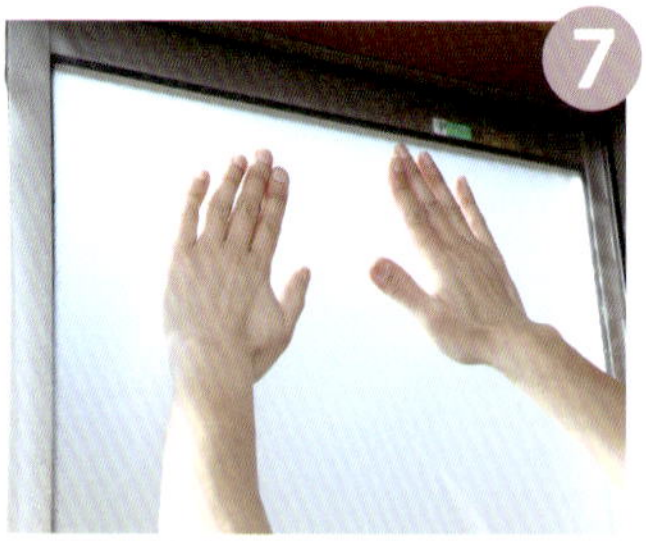

7 フィルムがずれていたら、真っすぐになるように調整し、動かないように上部を手で押さえてしっかりと貼り付けます。

8 スキージーは中央部を上から下に、さらに左右へ動かして空気と水を押し出し、ガラスとフィルムを密着させます。

9 フィルムの端からガラスの角まで切り込みを入れ、ゴムパッキンにカット定規をあてて余分な部分をカットして完了です。

# 畳の補修

## 汚れや小さな傷みは市販品を上手に活用

難易度 ★☆☆☆☆

### 日常のお手入れ

畳の手入れをするときは、畳表やへりを傷めないように気をつけましょう。通常の掃除は、畳の目に沿ってやさしく掃除機をかけ、乾いた雑巾で拭くのが基本。どうしても取りにくい汚れがあるときだけ水拭きにして、変色を防ぎましょう。

皮脂や食べこぼし、ペットのおしっこなどで畳を汚したときは、畳専用の掃除シートを使うのも有効です。

専用掃除シートは、アルコール成分のウェットシートなので、畳表を濡らさずにさらっと拭けます。

### 床下からのすきま風を防ぐには

床下からの湿気やすきま風を防ぐために、以前は畳の下に新聞紙を敷く習慣がありました。しかし、定期的に畳を干さない環境では、湿気を吸った新聞紙がかえって畳を傷める原因になるとして、最近は推奨されていません。床下からの冷えが気になる場合には、防虫・防湿効果のある畳保護シートを使うとよいでしょう。

### こげ跡やシミをカバー

畳表のこげ跡やシミを目立たなくする方法として、簡単なのに効果的なのが畳補修シールです。耐久性はさほどありませんが、表替えをするまでの汚れ隠しカバーと考えれば十分でしょう。

畳と色合わせができるように、数色がセットになっています。

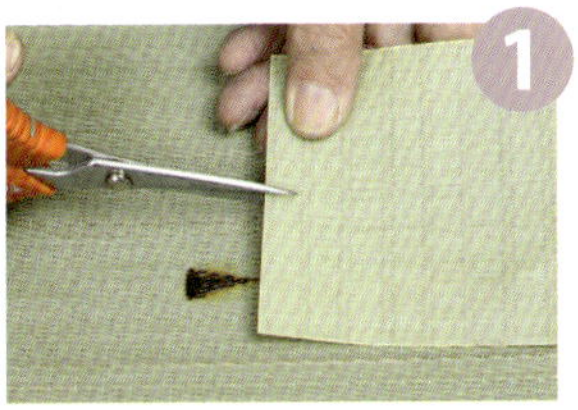


畳の色に近いシールを選び、隠す部分より一回り大きくカットします。

畳との境目が目立たないように、シールの端をギザギザにカットします。

畳と柄の目がそろうようにシールを貼り、しっかりと押さえます。

近い距離ではわかるものの、遠目には目立たなくなります。

### へりのすり切れやほつれに

畳のへりがすり切れるなどして傷んだときに、重宝するのが、い草上敷き（ござ）用のヘリテープです。シールなので補修効果は一時的ですが、似た色柄のものを選べば、傷んだ部分を簡単に隠すことができます。

真ん中で折りやすいように、剥離紙は二分割されています。

畳のへりの傷んだ部分をハサミでカットします。

切り取った部分よりも少し大きいサイズに、ヘリテープをカットします。

剥離紙の片方をはがし、真ん中を畳の角にあわせて貼ります。

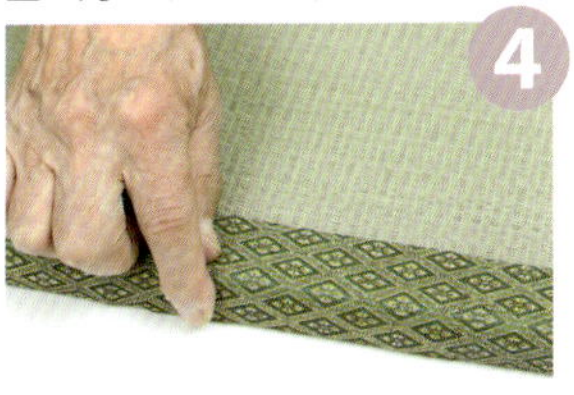


残った剥離紙をはがして側面に貼り、しっかりと押さえれば目立ちません。

# キッチンをリメイク

## 傷んだキッチンのパネルを素敵なシートで変身

キッチンは日々の生活に欠かせない大切な場所です。また、キッチンでダイニングルームの印象が決まるといっても過言ではありません。見た目だけでもオシャレにしたい人におすすめなのが、リメイクシートを使ったDIYです。

リメイクシートは簡単に貼れてデザインのバリエーションが豊富なことから、さまざまなインテリアのリメイクに使われている人気のアイテムです。しかも、100円ショップでも購入できるお手ごろさも大きな魅力。リフォームをすると大掛かりなキッチンもアンティーク調のウッドテイストに、華麗に変身させることができます。

### 道　具

- ■ドライバー
- ■ハケ
- ■バケット
- ■スキージー
- ■カッターナイフ
- ■ハサミ
- ■ドライヤー
- ■定規
- ■ゴム手袋
- ■マスキングテープ
- ■ぞうきん

### 材　料

- ■リメイクシート
- ■専用プライマー

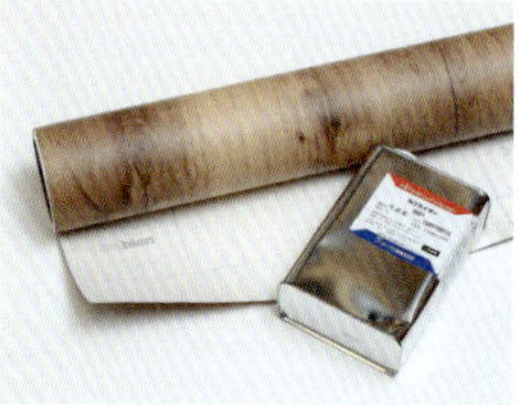

# リメイクシートを貼る

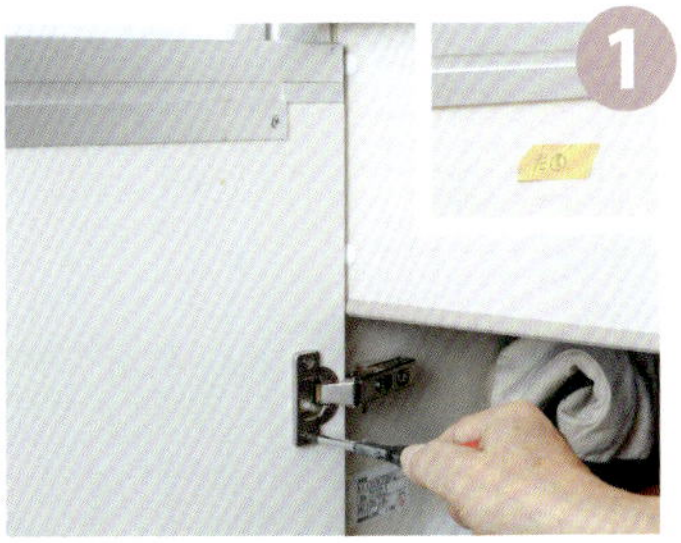

ドライバーを使って収納扉側のネジを外します。元の配置がわかるように番号などを書いておき、取っ手がついている場合は先に外しておきましょう。

ローラーバケットに専用プライマーを入れます。プライマーはリメイクシートを表面にしっかり接着させ、はがれや浮きを防止します。

リメイクシートを貼らない取っ手、ゴムパッキン、裏面などに、プライマーがついて汚れないように、マスキングテープを貼って養生をします。

表面の汚れやホコリを拭き取り、プライマーを塗ります。ハケに垂れない程度にプライマーを含ませ、均一に手早く塗って乾燥させます。

実寸よりも縦・横4cm程度大きめに、リメイクシートをカットします。裏面の方眼を目安にして、できるだけきれいにまっすぐカットしましょう。

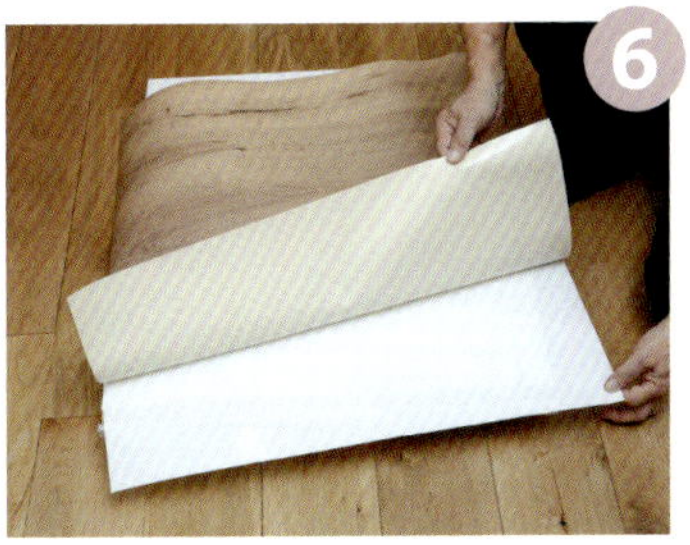

剥離フィルムを上部から1/3程度はがします。貼ってはがせるタイプは、何度も貼り直しできますが、粘着力が落ちる場合もあるので注意してください

位置を決めてまず上部を貼り、スキージーで外に向かって空気を追い出します。続いて残りの剥離フィルムをはがして、同じように全面を貼ります。

側面を貼るときは、角の部分にハサミで切り込みを入れて折り返します。角が丸い場合は、切り込みを2～3カ所に増やして角が立たないようにしましょう。

4辺の余った部分をカッターナイフでカットします。慣れない場合は金属ヘラを押し付けてカットするときれいに仕上がります。

引き出しも扉と同じ工程でシートを貼ります。シワや空気の取り除きを忘れないようにしましょう。側面を貼るのが難しい場合は前面だけでもOKです。

シート表面にドライヤーで熱風をあてます。熱を加えることによってシートが密着し、きれいに貼ることができます。折り返しや角にも効果的です。

最後にマスキングテープをはがし、扉や引き出しを取り付けなおして作業は完了です。木目をあわせて貼ると、見た目の印象も引き締まります。

# 水栓の修理

## 水漏れはパッキン交換で即修理

難易度 ★★★★☆

### 単水栓のしくみ

水栓の内部は隔壁で仕切られた２つの部屋からできています。隔壁には水が通る穴があり、ハンドルを締めているときはコマのパッキンが穴をふさいで水を止めています。ハンドルを緩めるとスピンドルが上がって、水圧でコマが押し上げられ、できたすき間から水が流れ出ます。

### 単水栓の構造

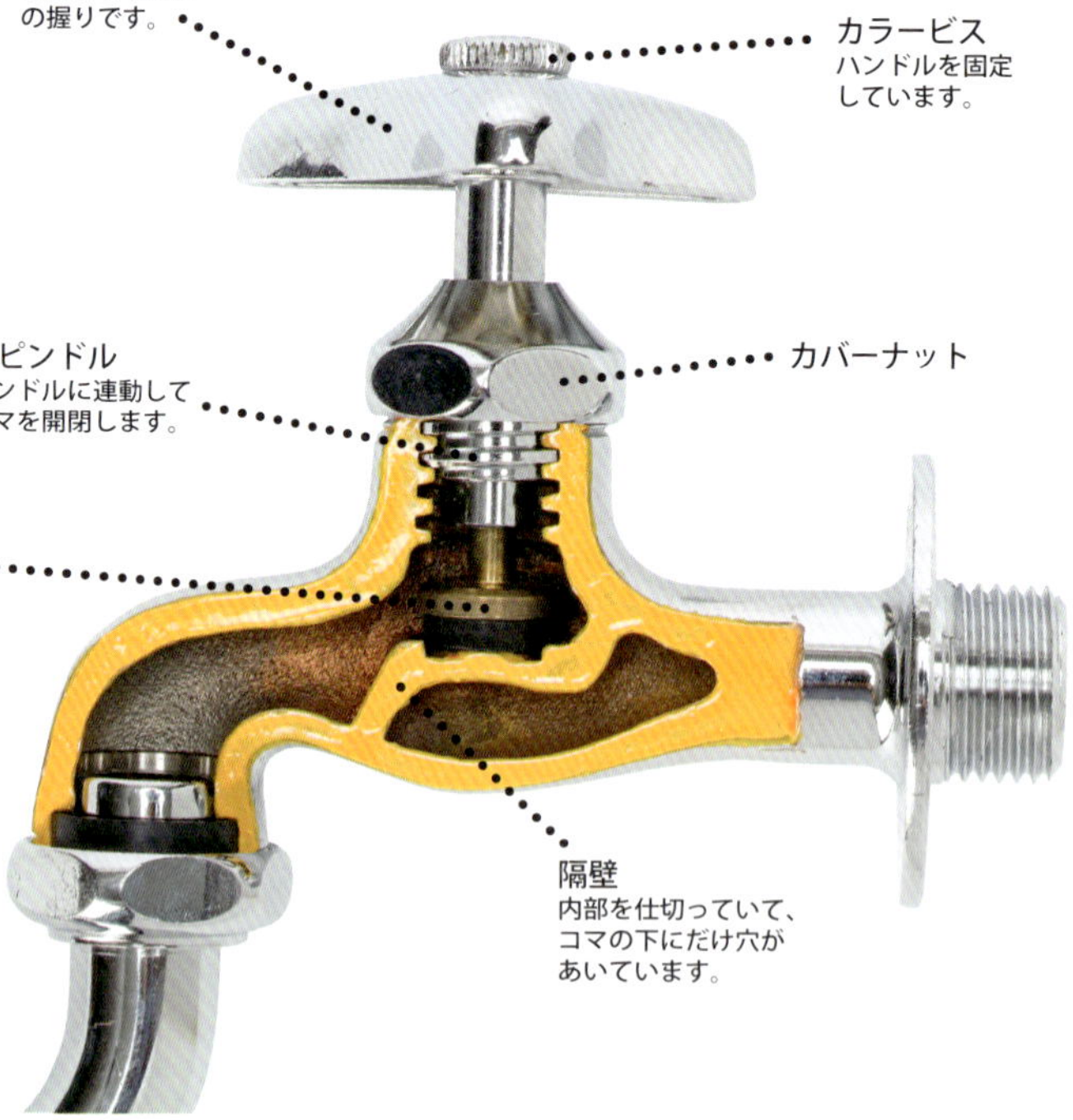

ハンドル
楽に蛇口の開閉操作をするための握りです。
カラービス
ハンドルを固定しています。
スピンドル
ハンドルに連動してコマを開閉します。
カバーナット
コマ（ケレップ）
スピンドルの内穴に差し込まれていて、先端についたパッキンで水を止めます。
隔壁
内部を仕切っていて、コマの下にだけ穴があいています。


### 止水栓を閉める

コマやパッキンの交換修理を行うときは、止水栓を閉めて水を止める必要があります。流し台や洗面台の場合は、台の下に止水栓があります。住宅全体の水を止める場合は、屋外の水道メーターボックス内か、独立した止水栓ボックス内にある止水栓を操作します。

一般的に「蛇口」や「水道」と呼ばれているものは、正式には「水栓（水栓金具）」といいます。家庭の水道のトラブルでもっとも多いのは、水栓からの水漏れです。原因のほとんどはパッキンの劣化によるもので、パッキンやコマを交換するだけで直すことができます。

水栓金具には、水かお湯だけが出る単水栓と、一台で水とお湯の両方が出る混合栓があります。ツーハンドルの混合栓は、単水栓とほぼ同じ構造です。単水栓のしくみを知っていれば、おおかたの水漏れトラブルに対処できます。

### 水栓修理に使用する工具

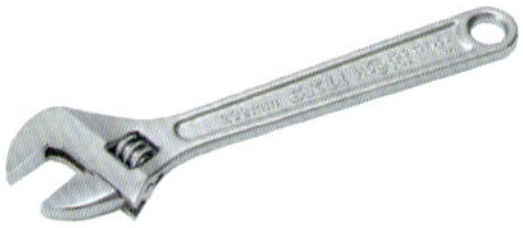

**モンキーレンチ**

開口幅を調整できる、ボルト・ナット回しに便利な汎用工具です。22mm 以上に開口する大きなものは、水まわりのナットを回すときに使えます。

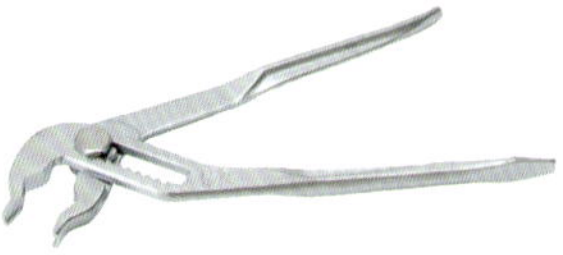

**カランプライヤー**

ウォーターポンププライヤーの改良版です。つかむ部分が角型になっていて、４面でしっかりと力を伝えます。先端はカラービスやコマをつまむ作業に適しています。

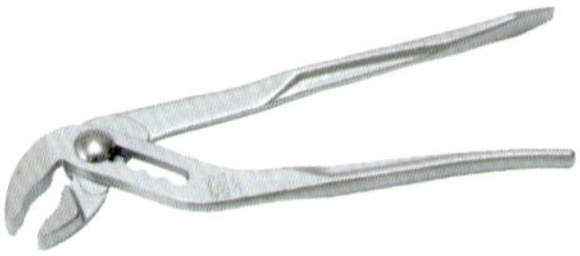

**ウォーターポンププライヤー**

開口幅が変わり、大きなナットから、小さなビスまでつかむことができます。つかむ部分がギザギザになっている場合は、金具を傷つけないように布をあてて使います。

# 蛇口から水が漏れる場合

## コマ（ケレップ）の種類

**ゴムつきケレップ**
コマ本体にナットでパッキンが固定されていて、パッキンだけを交換できます。

**一般型のコマ**
コマとパッキンが一体になっているもので、コマごと交換します。

**節水コマ**
蛇口が半開のときの流量を少なくすることができます。

**コマ、パッキンのサイズ**
コマには、水栓サイズ 13（1/2）用、20（3/4）用の 2 サイズがあります。一般家庭ではサイズ 13 がよく使われています。

## コマパッキンの交換手順

1
ウォーターポンププライヤーなどを使い、カバーナットを反時計回りに回して緩めます。

2
カバーナットをはずし、手でハンドルを緩めてスピンドルまでの上部をまとめて取り外します。

3
水栓の内部にあるコマを、ピンセットなどで上部をつまんで取り出します。

4
新しいコマパッキンを入れ、逆の手順で戻します。カバーナットの締めすぎに注意しましょう。

# ハンドル下から水が漏れる場合

## 単水栓

カラービスを反時計回りに回してはずし、ハンドルを上へ抜きます。抜けないときは下から軽くたたきます。

▼

カバーナットを緩めて取り外し、内部にある三角パッキンとパッキン受けを交換します。

## 混合栓

マイナスドライバーなどでハンドル上部のキャップをはずし、ドライバーを使ってネジをはずします。

▼

カバーナットをはずして三角パッキンとパッキン受けを交換し、逆の手順でもとに戻します。

# パイプの根元から水が漏れる場合

パイプナットを反時計回りに回して緩め、パイプを引き抜いて古いパッキンを取り外します。

▼

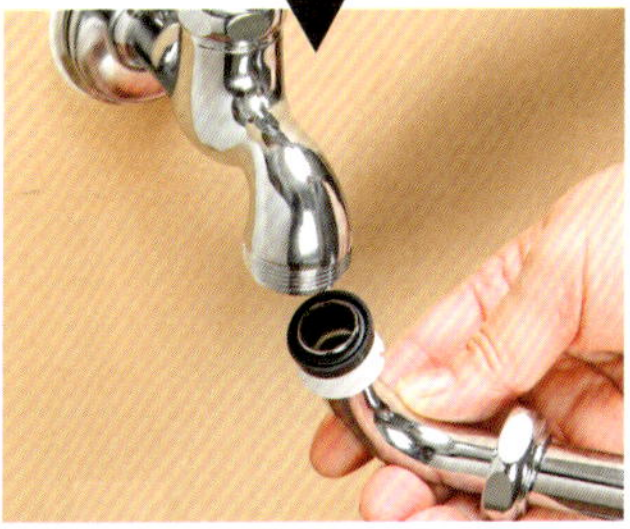

パイプに新しいリングとパイプパッキンをはめ込み（溝が上向き）、逆の手順でパイプを取り付けます。

難易度 ★★☆☆☆

# 水まわり部品の交換

水栓やシャワーは自分で簡単にリフォーム

## 単水栓金具（壁付けタイプ）の交換

水栓金具は、取り付け方によって種類があります。水栓金具が壁に取り付けられているものは「壁付けタイプ」、キッチンや洗面台のカウンターに取り付けられているものは「台付きタイプ」と呼ばれます。

どちらも国内の大手メーカーの製品は、湯水管の間隔や取り付け穴のサイズに共通の規格を採用していることが多いですが、輸入品には異なる規格でつくられているものもあります。水栓金具を交換するときは、必ず取り付け可能であることを確認して新しい金具を選びましょう。

### ■水栓金具用の専用工具

水栓取り外し
レンチ
台付き水栓用
レンチ

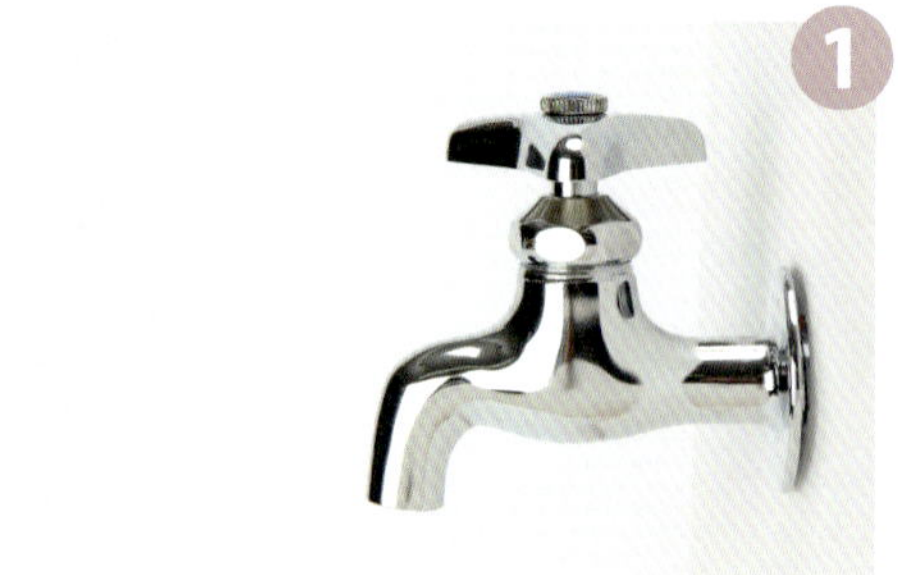
1

止水栓を閉め、古い水栓金具を反時計回りに回して取り外します。手で回せないときは、ウォーターポンププライヤーなどでつかんで回してみましょう。

2

壁付けタイプ専用の水栓取り外しレンチを使うと、固く締まった水栓を小さい力で回すことができます。

3

新しい水栓金具のネジ部分に、時計回りにシールテープを5～6重に巻きます。テープを引っ張りながらネジに食い込むように巻くのがコツです。

4

水栓金具を手で回して止まるていどの固さまで締め込みます。斜めになった場合は、一度取り外してテープの巻数を調整してつけ直してください。

### 台付きタイプの交換方法

洗面台などのカウンターに取り付けられた水栓を交換するときは、台の下にある止水栓で水を出し・止めすることができます。作業スペースが狭いときは、台付き水栓用レンチを使うと、作業しやすく便利です。

固定ナット
連結ナット
止水栓

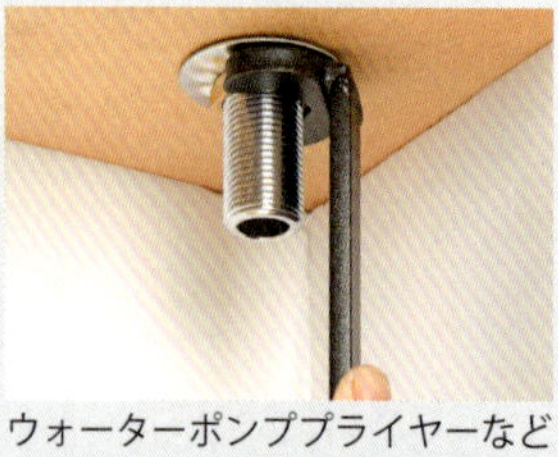

ウォーターポンププライヤーなどで連結ナットを緩めて給水管をはずし、さらに固定ナットをはずして水栓金具を付け替えます。

## ■ハンドルの交換

プライヤーなどで上部のカラービスを緩めて、メタルハンドルを取り外します。

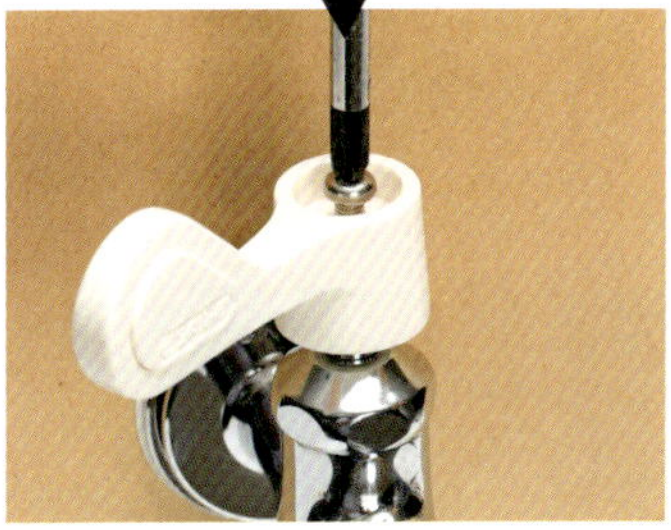

適合するサイズの付属アダプターをはめ、ビスで新しいハンドルを固定します。

## ■自在パイプの交換

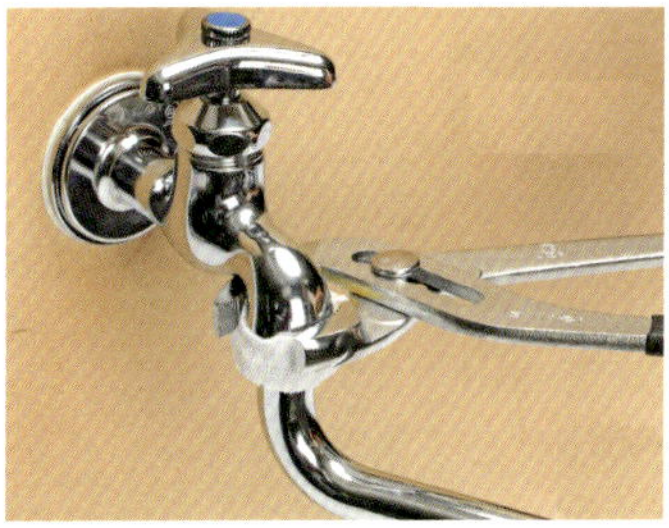

ウォーターポンププライヤーなどを使って、接続部分のナットを緩めます。

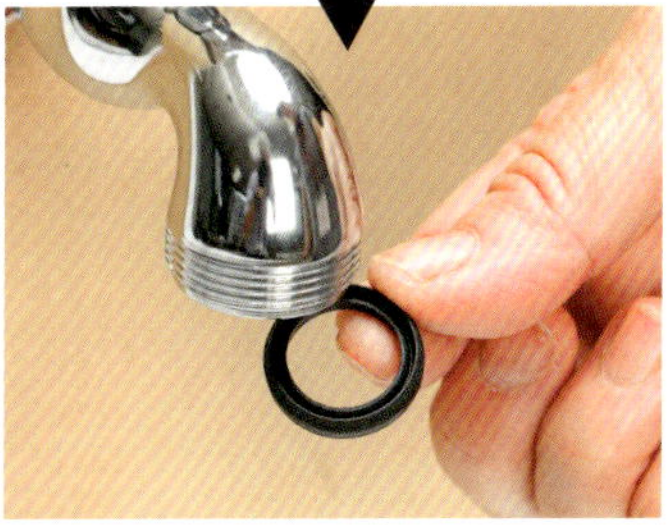

新しいパッキンを溝があるほうから入れ、ナットを締め付けてパイプを取り付けます。

# 混合栓（台付きワンホールタイプ）の交換

1

台の下にある湯水それぞれの止水栓を閉めます。完全に水が止まっているか、水栓から水が出ないことを確認しましょう。

2

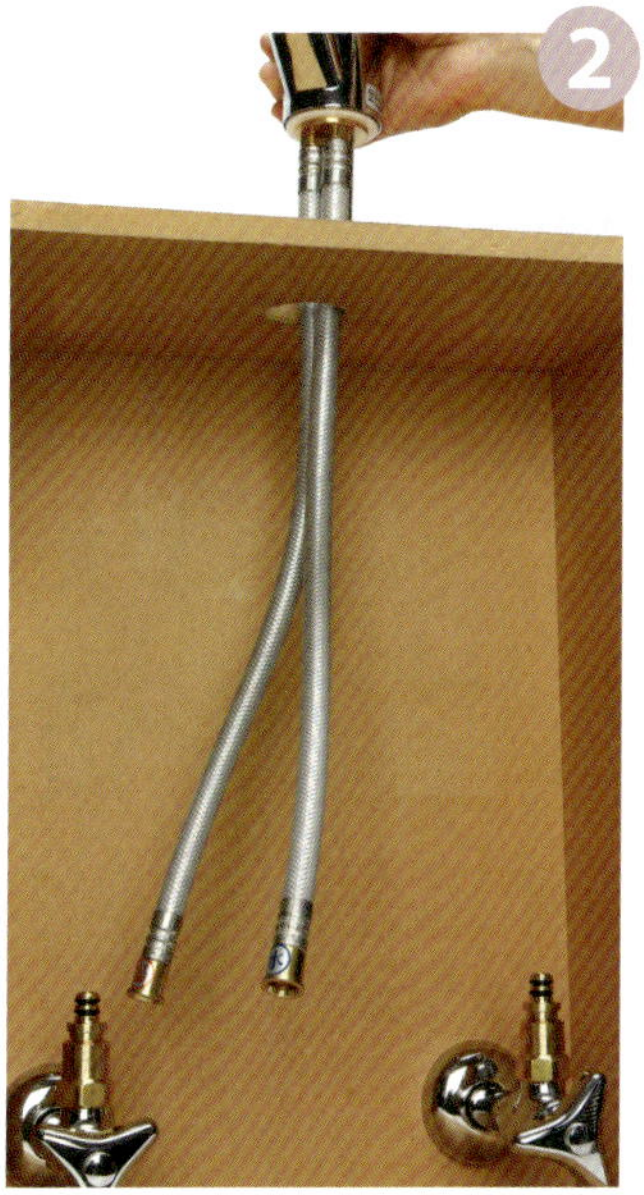

バケツと雑巾を用意し、古い給水管の根元についている金具をはずしてナットを緩めます。栓からホースをはずし、本体ごと台の穴から引き抜きます。

3

取り付けフランジを、ツメが閉じた状態で台の上側から穴に差し込みます。

4

取り付けフランジのツメを、台の下側で開いてセットします。2本のネジを六角レンチで締め付けて、しっかりと台に固定します。

5

取り付けフランジの穴に給水管を通し、本体を取り付けます。根元にある止めネジを締め込み、ネジキャップをつけます。

6

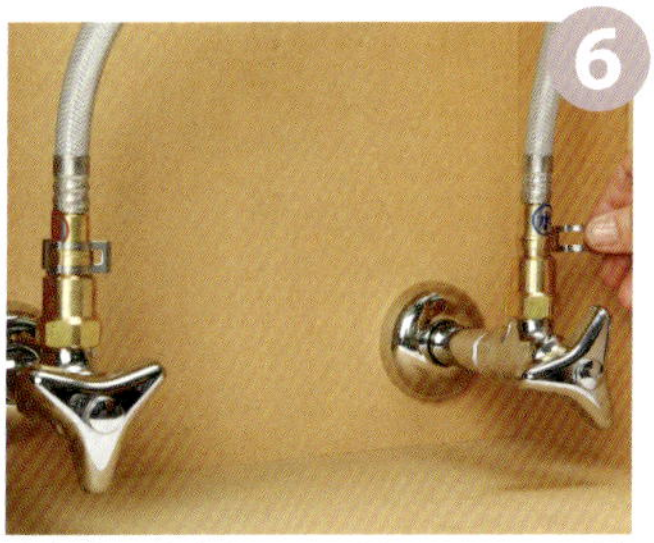

止水栓に逆止弁を取り付けてレンチで締め、ホースを連結してクイックファスナーをセットし、交換作業は完了です。

### 固定方法の種類

ワンホール混合栓は取り付け方の違いにより、台の上面から専用アダプターと本体を取り付ける上面施工タイプ（上記手順のもの）、下側からU字型の座金をボルトで締めつけて固定するタイプ、下側からナットで固定するタイプの3種類があります。3つのなかで作業がもっともラクなのが、上面施工タイプです。

# シャワーヘッドの交換

シャワー散水板が目づまりしやすくなったり、落として欠けてしまったりしたら、シャワーヘッドを新しいものに交換しましょう。古くなったシャワーヘッドを、節水やマッサージなどの機能を備えたタイプに取り替えて、リフレッシュすることもおすすめです。

シャワーヘッドの交換は、ホースとの接続金具をしっかり押えて回すだけと簡単です。パッキンの劣化は水もれの原因になります。忘れずに新しいものに付け替えましょう。

### 散水板の掃除

シャワーの水の出が悪いときは、水アカなどで散水板が目づまりしている可能性があります。歯ブラシでこすったり、安全ピンなどで刺してつまりを取り除いてください。

### シャワーヘッドの種類いろいろ

交換用のシャワーヘッドには、さまざまな機能のついたタイプがあります。

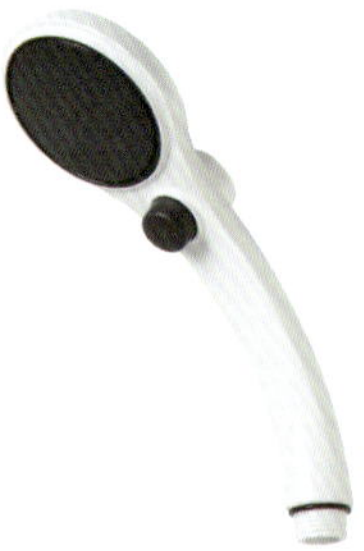

水の勢いを落とさずに流量を減らせる節水タイプ

数種類の水流を切り替えて使えるマッサージタイプ

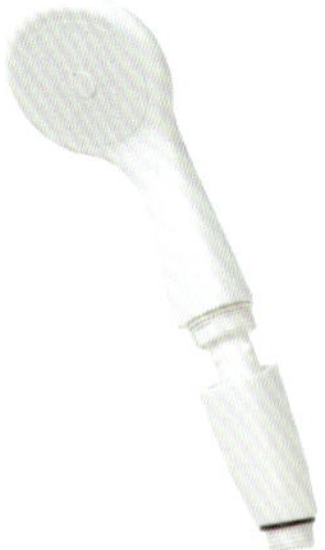

浄水カートリッジを内蔵した、肌や髪に優しい塩素除去タイプ

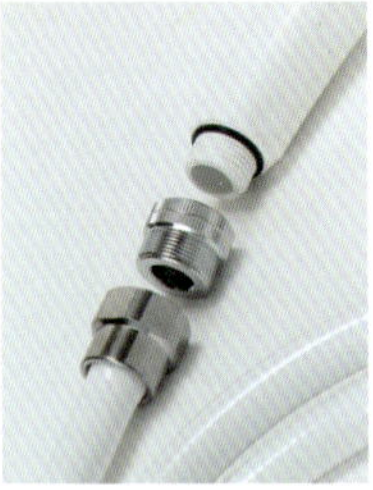

新しいシャワーヘッドとホース側接続金具の口径があわないときは、アダプターを使って取り付けます。

# シャワーホースの交換

新しいシャワーホースを選ぶときは、混合栓のメーカーと使用中のシャワーヘッドのメーカーを確認し、対応しているものを選んでください。たいていのシャワーホースは、付属のアダプターで複数のメーカーに対応しています。

混合栓とシャワーヘッド、それぞれのメーカーを調べておくか、使用中のホースやアダプターをお店に持参して、サイズや必要なアダプターを確認すると確実です。

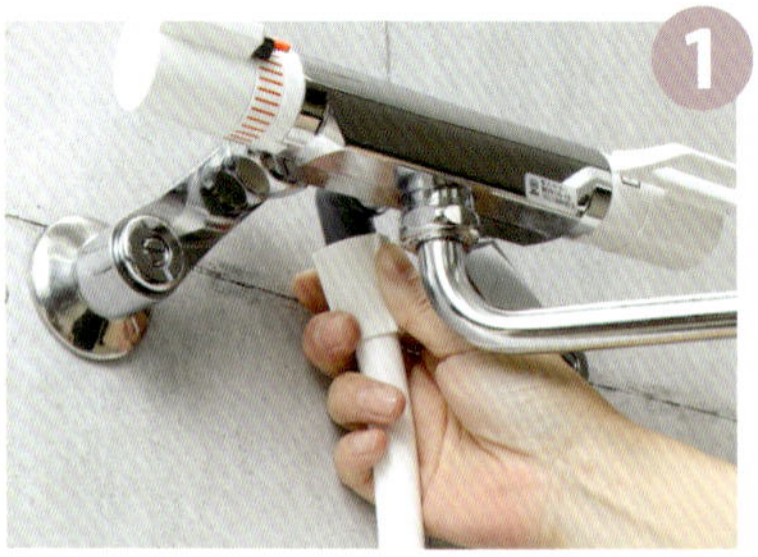


ホースを混合栓に接続しているナットを、ウォーターポンププライヤーなどで緩めて取り外します。

接続部分に、ホースに付属している新しいパッキンを入れます。

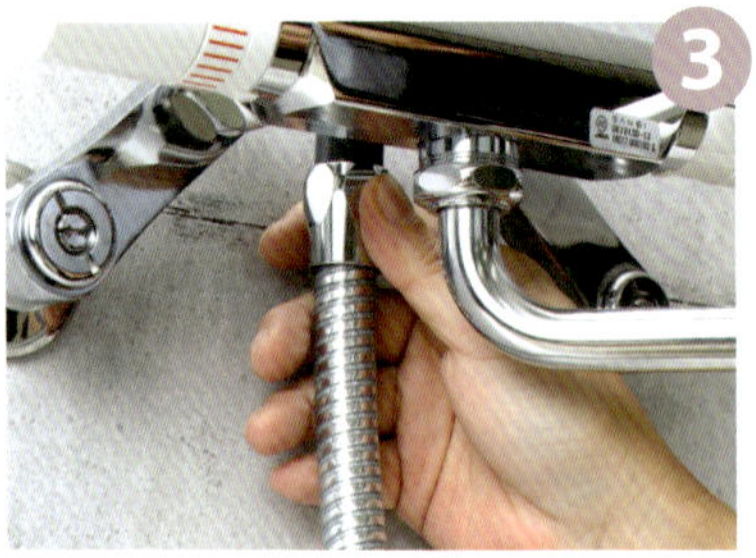


新しいホースを混合栓に取り付けます。口径があわないときは、アダプターを使ってください。

長さは 1.6 mが一般的ですが、ご家庭での使いやすさを考えて長短の種類も選べます。樹脂製とステンレス製があります。

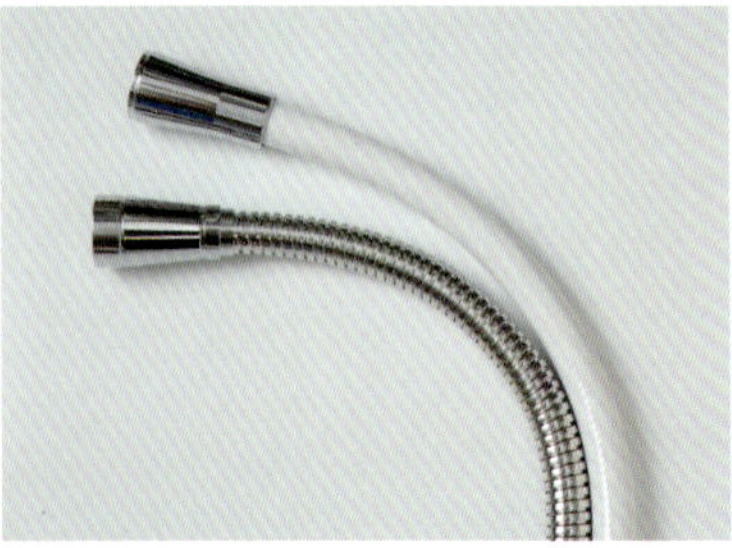

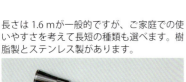

難易度 ★☆☆☆☆

# 配水管つまりの対処

## パイプにたまった汚れをすっきり除去

キッチンなら油や食べ物のかす、洗面台や浴室なら髪の毛や皮脂、石けんかすなどが配水管の内側に付着してたまってくると、しだいに水の流れが悪くなります。配水管の奥からボコボコと音がしたり、流れ方が遅くなってきたら要注意です。完全にパイプがつまる前に、汚れを取り除きましょう。

排水管のつまりを解消するには、洗浄剤を使って汚れを溶かす方法、水圧を使って押し流す方法、物理的に取り除く方法と、大きくわけて3つあります。完全につまる前であれば、入手しやすい洗浄剤を試してみて、つまってしまったら真空式やワイヤー式のクリーナーを試してみるといいでしょう。

排水管のつまりは、日ごろの手入れで予防することができます。パイプ洗浄剤でヌメリを落とすなど、定期的にメンテナンスをしておくと安心です。

### パイプ洗浄剤

洗浄成分でヌメリや汚れを溶かします。髪の毛を溶かす強力タイプ、内壁にとどまりやすい高粘度タイプなどは、より高い洗浄効果が期待できます。

配水管に直接洗浄剤を注ぎ、15～30分ほど放置したあと水で流します。

### 真空式パイプクリーナー

ラバー吸引カップを強力にした排水つまり解消ツールです。キッチン、洗面台、浴室、洋式トイレ、男子トイレの配水管に対応し、排水口の大きさにあうサイズの吸引カップを取り付けて使います。

カップにかぶるまで水をため、片手で本体を押し付けながら、ハンドルを上下に動かしてつまった汚れを押し流します。

### ワイヤー式パイプクリーナー

長いワイヤーの先端についた工具で物理的に汚れを取り除くツールで、配水管の深い場所にできたつまりを解消するのに適しています。つまっている場合はバネ状金具のついた先端を排水口から入れ、止まったところで突っついたり、回転させたりして、固まった汚れを崩します。ヌメリを落とす場合はブラシで内壁をこすって掃除します。

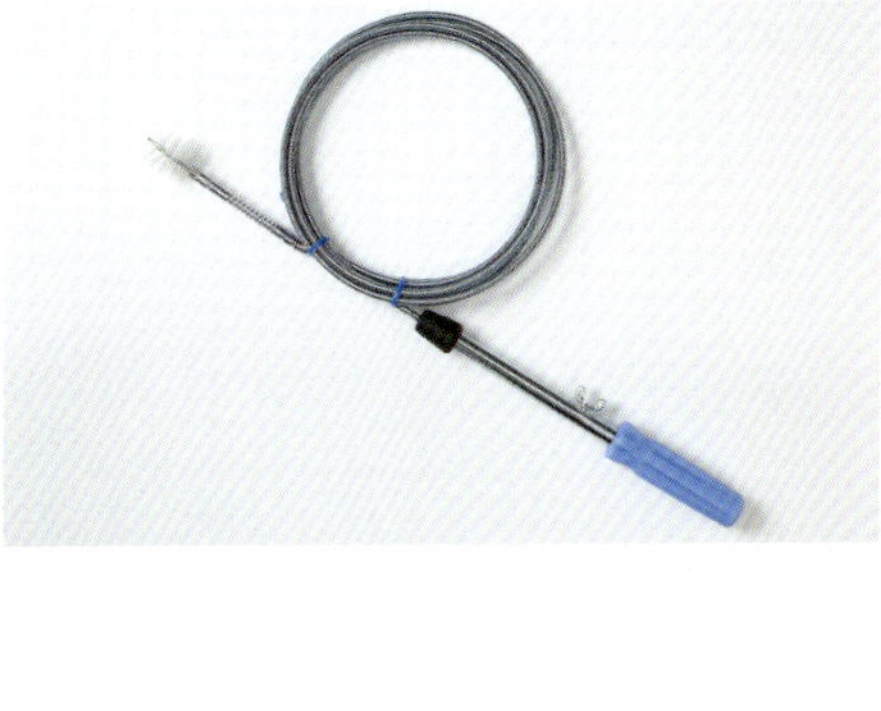

### 排水管を分解する

真空式やワイヤー式のクリーナーを使ってもつまりを解消できなかったときは、もっともつまりやすい配水管のU字部分を分解してみましょう。ウォーターポンププライヤーなどで接続部分のナットを緩めてはずし、パイプのなかのゴミや汚れを取り除いて掃除をします。分解したら、パッキン交換を忘れずに。

難易度 ★★★★☆

# 水洗トイレの修理

## 「流れない」「止まらない」のトラブルを解決

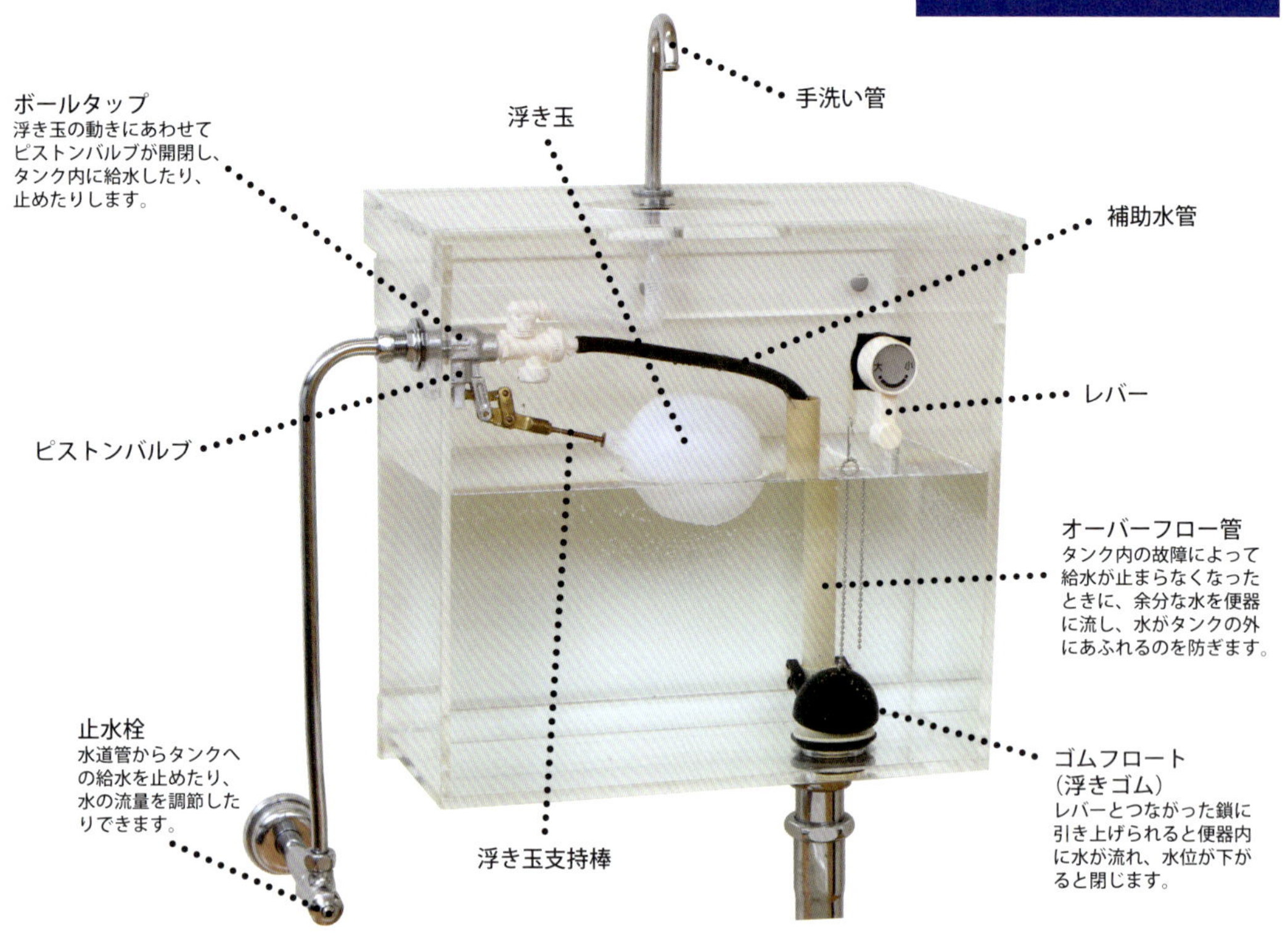
手洗い管
浮き玉
ボールタップ
浮き玉の動きにあわせてピストンバルブが開閉し、タンク内に給水したり、止めたりします。
補助水管
レバー
ピストンバルブ
オーバーフロー管
タンク内の故障によって給水が止まらなくなったときに、余分な水を便器に流し、水がタンクの外にあふれるのを防ぎます。
止水栓
水道管からタンクへの給水を止めたり、水の流量を調節したりできます。
ゴムフロート（浮きゴム）
レバーとつながった鎖に引き上げられると便器内に水が流れ、水位が下がると閉じます。
浮き玉支持棒

水洗トイレのトラブルは、下水への排水づまりや洗浄便座まわりの故障を除けば、ほとんどの場合は洗浄水をためておくタンク内に原因があります。

現在、一般家庭に普及している洋式トイレは、タンクが低い位置に設置されている「ロータンク」タイプがほとんどです。ロータンクは、設置場所によって形が異なるものがありますが、水を流す仕組みはどれも同じです。ロータンク内部も、メーカーや形式によって細部の違いはあっても、基本的な構造は変わりません。事前に給水と排水のしくみを理解しておくことが、スムーズな作業につながります。

故障の症状が同じでも、原因がタンクへの給水系にある場合と排水系にある場合があります。まずは症状と状態を確認しながら、原因を特定することからはじめましょう。

### 密結型ロータンク

洋式便器の後ろに密着して設置されているタンクを密結型といい、一般家庭にもっとも普及しているタイプです。

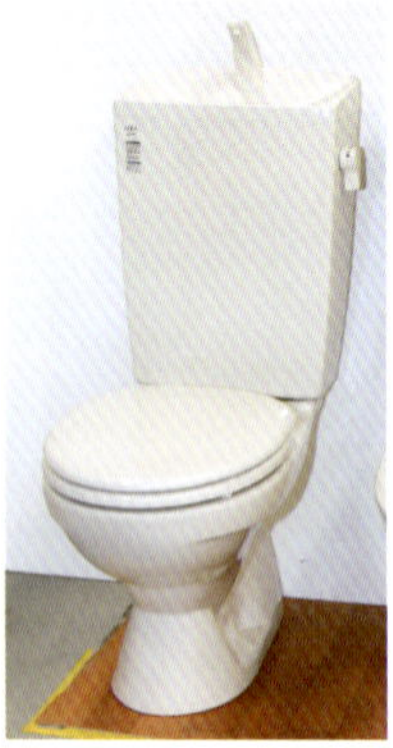

### フタを開けるときの注意

手洗い管つきタンクは、手洗い管にホースなどが接続されているものがあります。フタを少し上げて確認し、接続をはずしてください。

### 止水栓の開閉

ロータンク内を確認したり修理したりするときは、フタを開ける前に止水栓を閉め、作業終了後に栓を開けて給水できる状態に戻します。閉めるときに回した回数を覚えておき、同じ回数だけ回して戻すと、流量の調整が簡単です。

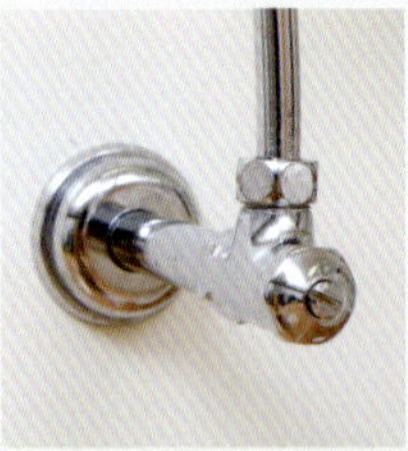

止水栓の開閉は、マイナスドライバーを使うタイプのほか、ハンドルを回すタイプがあります。

# 水が出ないときの修理

レバーを回しても水が便器に流れないときは、タンク内の水の状態を確認します。水がたまっている場合は、レバーとゴムフロートをつなぐ鎖がはずれたか切れたかしていることがほとんどです。鎖をかけ直すか、ゴムフロートごと交換しましょう。

タンク内に水がない場合は、給水が止まっています。浮き玉が引っ掛かっているか、ピストンバルブの動きが悪くなっているので、下に紹介する方法で修理をしてください。

## 浮き玉の位置調整

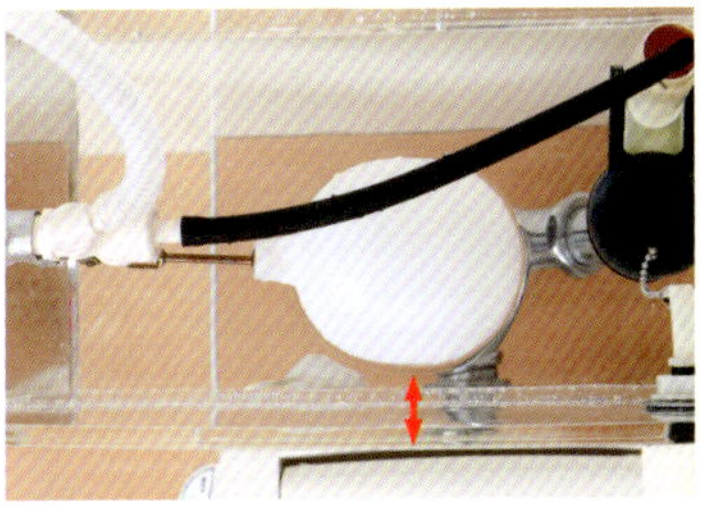

浮き玉がタンクの壁に引っ掛かって下がらないと、ピストンバルブが開かず、給水されません。

支持棒のナットを緩めて支持棒ごと浮き玉を取り外し、ペンチなどで支持棒を曲げて直します。

## ピストンバルブの清掃

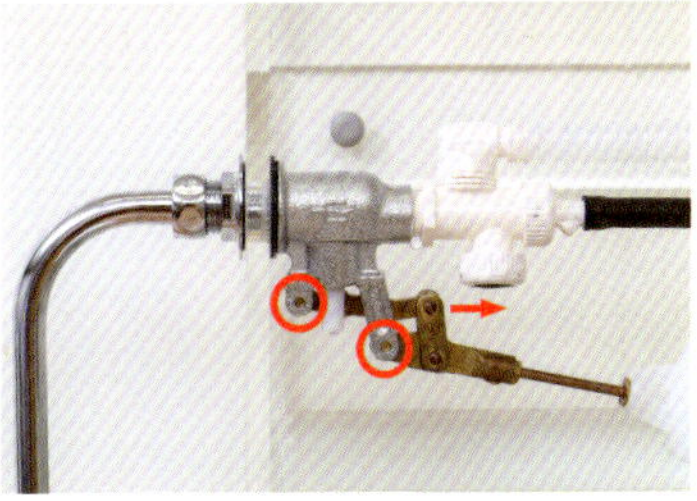

浮き玉に異常がない場合は、ピストンバルブを清掃します。固定ネジをはずし、アームを支持棒の方に引いて引き抜きます。

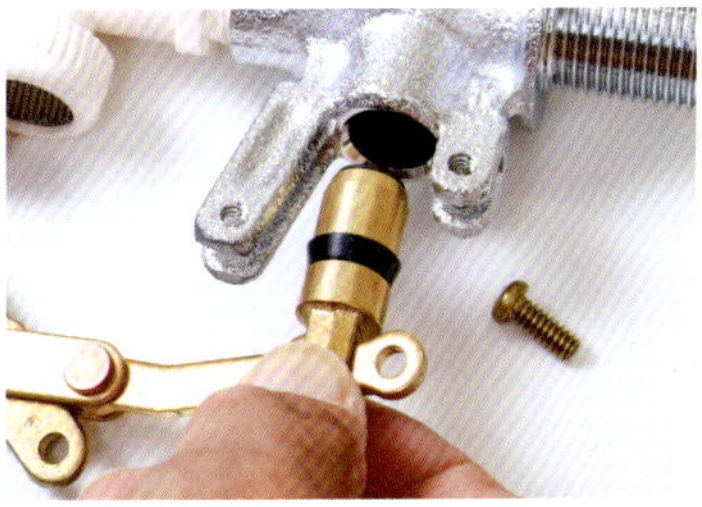

600番程度のサンドペーパーでピストンバルブの水アカや汚れを落とし、可動部分の汚れもブラシなどでこすり落とします。

## 水が流れるしくみ

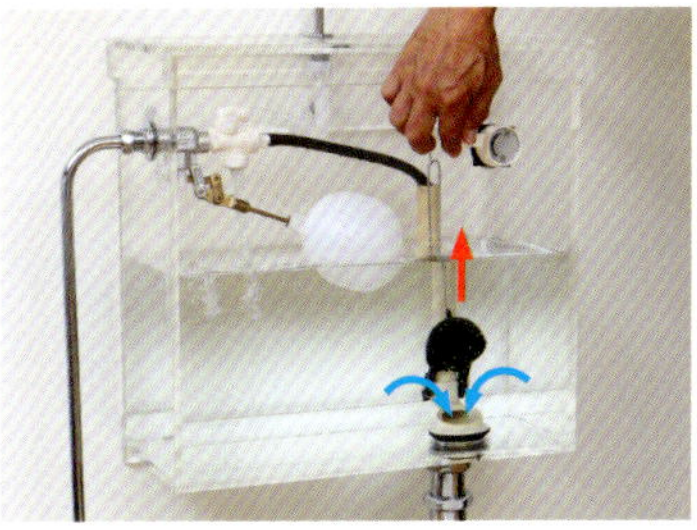

レバーを回すと鎖がゴムフロートを引き上げて、タンクにたまった水が便器へ流れ出します。

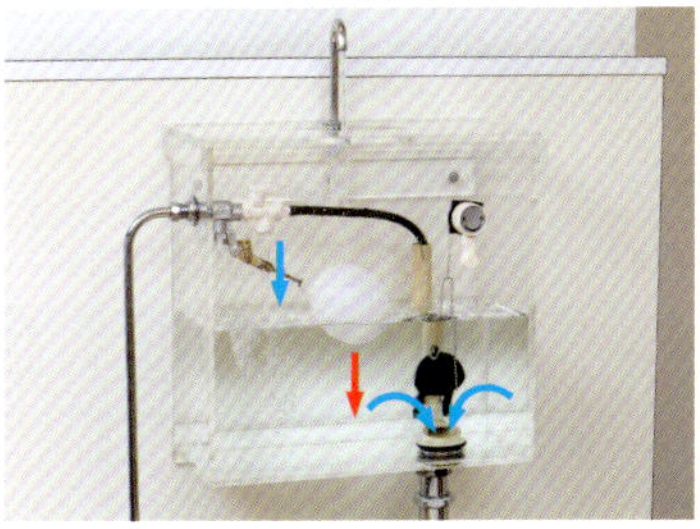

水位とともに浮き玉が下がると、ピストンバルブが開いて、ボールタップからタンクへの給水がはじまります。

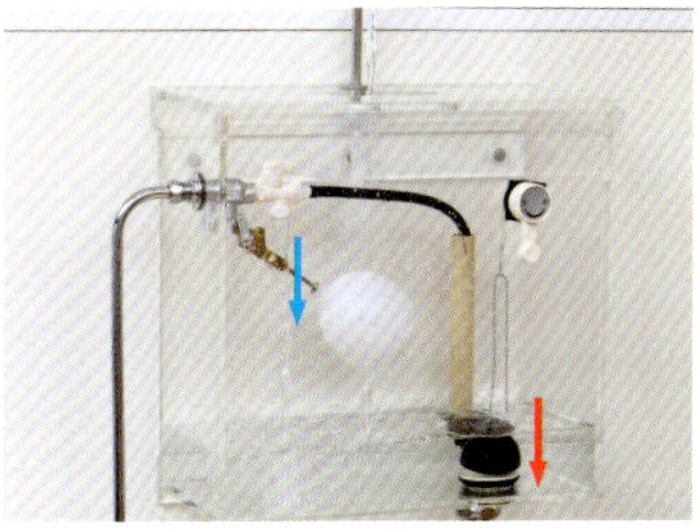

水位が下がり切ると、ゴムフロートが下りて便器への排水が止まり、タンク内に水がたまりはじめます。

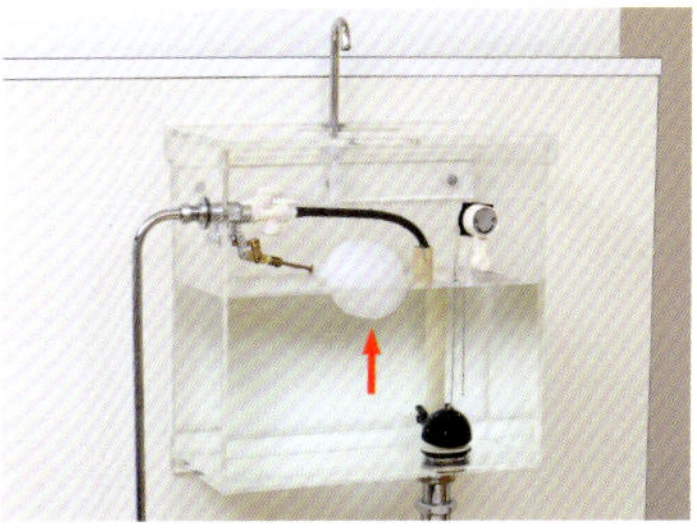

水位が上がって浮き玉が最初の位置に戻ると、ピストンバルブが閉じて給水が止まります。

# 水が止まらないときの修理

便器に流れる出る水が止まらないときは、まずレバーの動きを確認します。もとの位置に戻らないようなら、タンクのフタを開けてレバーの軸に潤滑スプレーを噴きます。それで改善しなければ、レバーを分解して汚れやサビを落としてください。

レバーに異常がなければ、止水栓を閉めてようすを見ます。水が止まらないときは、ゴムフロートの摩耗や破損が疑われます。止水栓を閉めて水が止まるようなら、浮き玉とボールタップを確認します。

## ■ゴムフロートの修理

ゴムフロートはメーカーによって形状が異なります。念のため実物を持っていくか、メーカー名や型番をひかえていきましょう。

ゴムフロートの下にゴミなどがはさまって、すき間ができているときは、持ち上げてゴミを取り除きます。また、ゴムフロートを触って手が黒く汚れるようなら、ゴムが劣化しているので、新しいものと交換してください。

## ■浮き玉の修理

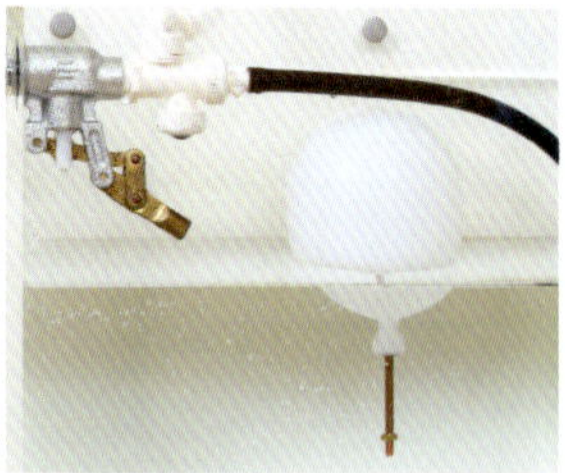
浮き玉がはずれていたり、破損して水が入ったりしていると、給水が止まらなくなります。

はずれていたときは、しっかりと固定しなおし、破損していたときは新しいものに交換します。

## ■ボールタップの修理

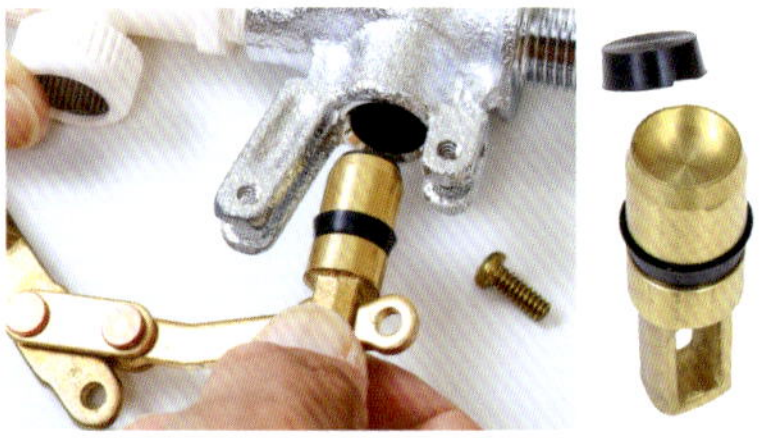
浮き玉に異常がない場合は、ボールタップの故障です。まずピストンバルブを取り外して確認し、上部についているパッキンが摩耗しているときは、新しいものに交換します。

## ■ボールタップの交換

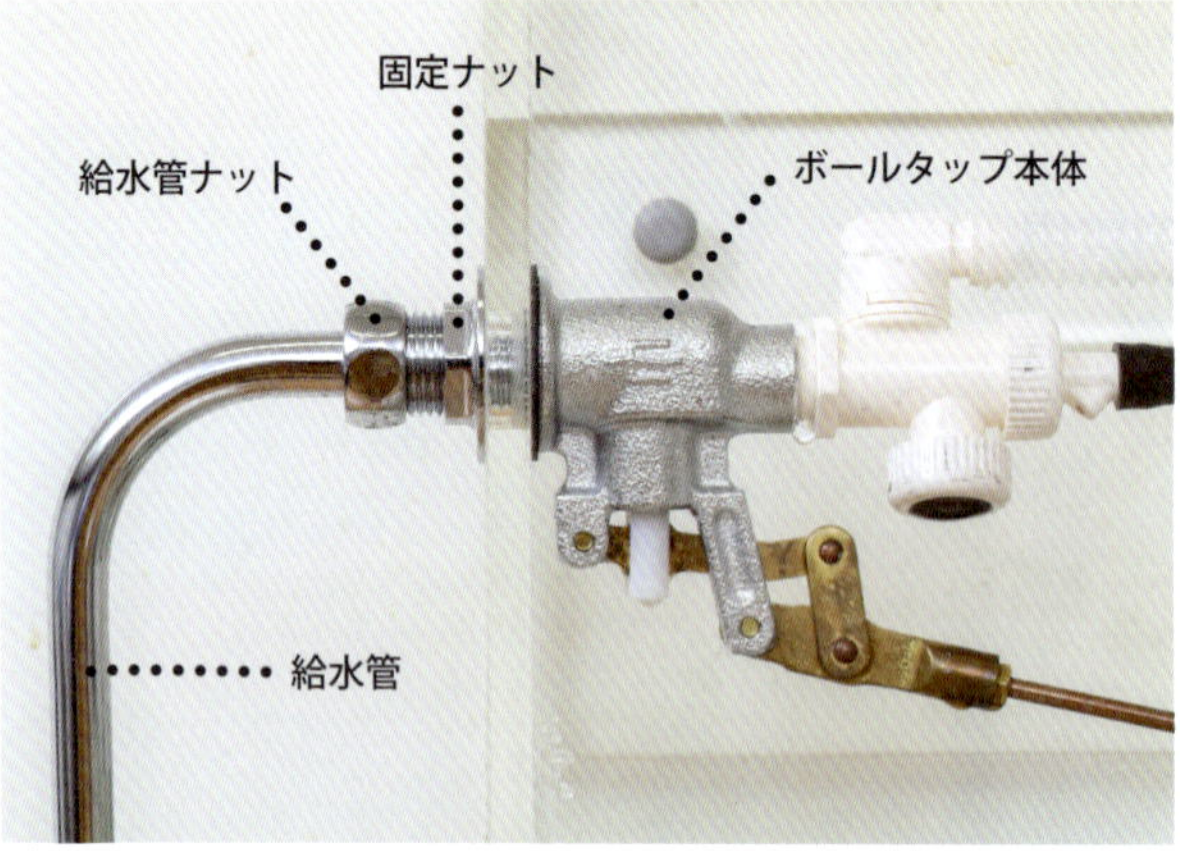

パッキンを交換しても水が止まらないときは、ボールタップ本体を交換します。モンキーレンチのほか、バケツとタオルを用意しておきましょう。

止水栓を閉め、水を流してタンク内をからにします。最初に給水管ナットを緩めて給水管を取り外します。

固定ナットをはずし、内側からボールタップを引き抜きます。取り付け時には、パッキンの入れ忘れに注意してください。

### ■ボールタップの種類

タンクの仕様によって、使用するボールタップの種類が異なります。本体を交換するときは、適合する同じタイプのボールタップを選んでください。タンクからボールタップをはずして持っていくと確実です。

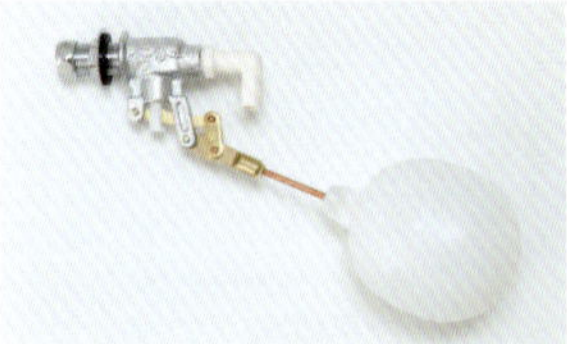
手洗い管なし

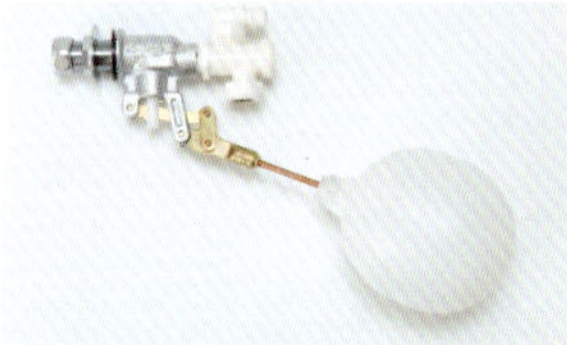
手洗い管つき

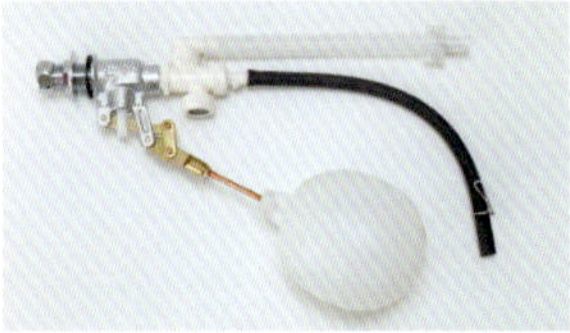
補助給水管つきのタイプ

上の２つのタイプそれぞれに、補助給水管のつくタイプもあります。

# ホームセンター活用術

## 材料の調達から製作まで サポートサービスを賢く利用

### 聞く

**商品選びに迷ったら専門知識が豊富なスタッフに相談**

木材などの主材料からネジ・クギ、各種の補修用品まで品ぞろえが充実しているのがホームセンターの特長ですが、それだけに自分の用途に適した商品を選ぶのは簡単ではありません。選び方や必要な道具などがわからないときは、迷わずホームセンターのスタッフに相談しましょう。住まいの修繕や木工作など、求めている条件に応じて豊富な商品知識で答えてくれます。できれば、使い方や付随して必要になるものなどについても、じっくり聞いておきましょう。

**利用のポイント**

補修したいものの材質や状態、作りたいものの大きさなどをできるだけ詳しく、具体的に相談を！　取り外せるものは店頭に持参すると、より確実な対応をしてもらえます。

### 運ぶ

**マイカーに積めない資材はトラックをレンタルして運搬**

長いまま使いたい資材、背の高い花木、まとめ買いのブロックなど、マイカーに積めないものを購入するときには、運搬用車輌の無料レンタルを利用しましょう。これは購入物の運搬に限定して、軽トラックなどを１時間を目安に貸し出してくれるサービス。即日利用が可能ですし、自動車保険に加入しているので安心して利用できます。ただし、店舗によっては、決められた利用時間をオーバーすると使用料が発生する場合があるので注意しましょう。

**利用のポイント**

使いたいときに車輌が出払っている可能性があります。資材の購入前に、貸し出し状況を確認しておくと安心です。

### 加工する

**買った材料の切断は加工サービスで速く正確に！**

材料を調達するときに積極的に利用したいのが、店舗で購入した木材や金属などを指定どおりに加工してくれるサービス。木材の水平、垂直カット（直線のみ）が基本ですが、設備が整った店舗では曲線のカットや穴あけ加工、またパイプや鉄板、プラスチック板の加工にも対応しています。有料サービスとしつつ、『会員は 10 カットまで無料』などの特典を設けている場合があるので、加工内容とともに確認するとよいでしょう。

**利用のポイント**

１枚の板から複数の部材を切り出すときは、カット位置がわかりやすい木取り図を書いておくと、依頼がスムーズです。

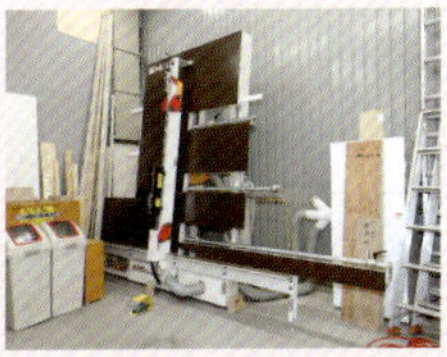

## 作る

### 音や汚れを気にせず作業に集中できるレンタル工房を活用

DIYへの関心が高まり、最近はお客さん向けのレンタル工房を設置している店舗が増えています。自宅に作業スペースを確保できない場合などに、利用してはいかがでしょうか。たいていは、店舗で資材を購入していれば1〜2時間は無料で使用でき、超過しても1時間の使用量は数百円程度です。店舗によっては工具を無料貸し出ししたり、スタッフが常駐しているので、初心者でも手ぶらで来店して、音や汚れを気にすることなく製作に没頭できます。

**利用のポイント**

工房はワークショップなどで使用されていることがあるので、利用するときは事前に予約状況を確認しておくと確実です。

## 借りる

### 使用頻度の低い工具は低料金でレンタル

ホームセンターには、各種電動工具のレンタルサービスを実施している店舗がたくさんあります。ドリルドライバーやジグソー、サンダーなどの使用頻度の高い工具はもちろん、コンクリートミキサーや発電機といったプロ向けの機材までレンタルしている店舗もあります。たまにしか使わない工具、試用したい工具などは、このサービスを利用するのがおすすめです。レンタル料は1泊2日で300円程度からと、利用しやすい設定になっています。

**利用のポイント**

ノコ刃のブレードやドリルなどのビット、サンドペーパーなどの消耗品は、購入するなどして自分で用意するのが原則です。

## なおす

### 故障、破損、交換で困ったときには修理をおまかせ

突然のトラブルや修理する自信がない故障などが発生し、自分で対処するのが難しいときには、ホームセンターのサポートサービスをチェックしてみましょう。店頭で行う包丁研ぎや自転車の修理・部品交換、合鍵作成などのほか、水漏れなどの修理や水まわり器具、ドア・窓のカギ類の交換、インテリアの取り付けなど、さまざまな出張サポートのメニューが用意されている可能性があります。経験が求められる作業におすすめです。

**利用のポイント**

出張サポートは、サービス地域を限定したり、出張料金が発生する場合があります。確認し、納得して利用しましょう。

## 体験する

### アドバイザーと一緒に補修や製作に挑戦

物を販売するほかにホームセンターが力を入れているのが、体験する機会を増やすことです。週末にあわせて、壁・床の補修、塗装、網戸張り替えなどの実演、木工などのワークショップを開催。経験豊富なスタッフや資格を持つアドバイザーが指導するかたちで、DIYの後押しをしています。夏休みには親子向けの企画なども実施されるので、ポスターやホームページで興味のあるテーマを見つけて、参加してみてはいかがでしょうか。

**利用のポイント**

修繕などに必要な知識をまとめた無料のハウツーリーフレットを配布しています。こうしたツールも利用しましょう。

このページで紹介したサービスの有無、内容は、店舗により異なります。利用する際は、来店予定の店舗にご確認ください。

# 専門店紹介

## 日曜大工に役立つ道具と資材をそろえよう

近隣に道具や資材を購入できるお店がない。イメージにぴったりの壁紙や塗料が見つからない。日曜大工に挑戦しはじめてお店探しに困ったら、インターネットに出店している専門店もチェックしてみましょう。売れ筋に流されない珍しいアイテムを集めていたり、DIY向けのオリジナル商品を販売していたりと、個性的なショップがたくさんあります。写真や説明を見て比べて、納得できるものが選べるでしょう。

### BLACK+DECKER　ブラック・アンド・デッカー

アメリカ生まれの電動工具ブランド。DIY 向けの工具を主力にしていて、価格が手ごろで使いやすいバッテリー式モデルを多数ラインナップしているのが特長です。なかでも、アタッチメントを交換することで、ドリルドライバー、インパクトドライバー、ジグソー、サンダー、丸ノコなど、１台で何役もの工具として使えるマルチツールは、DIY ユーザーに人気のシリーズになっています。また、チェーンソーやバリカン、ブロワーなどの各種ガーデンツールもバッテリーモデルがそろっているので、チェックしてみるとおもしろい。

http://bdkshop.com

### リーベ

天然木から人工木まで、さまざまな種類のウッドデッキ材が通販で購入可能。腐りにくく耐久性が高いハードウッドの種類が豊富で、独自に輸入・販売している手ごろな種類も選ぶことができます。

https://www.1128.jp

### WOODPRO 杉足場板専門店

建築用として使われていた足場板をリユースし、味のある古材として販売しているオンラインショップ。リフォームや家具製作に使いやすいサイズのそろった古材が、色や表情の違いで選べます。

http://www.ashiba21.com

## TURNER Colour Spice ターナー・カラー・スパイス

DIYで人気の高いミルクペイントやアイアンペイント、オールドウッドワックスを製造・販売するターナー色彩のオンラインショップ。商品を使ったDIY実例や初心者講座などの参考ページも充実しています。

https://www.rakuten.ne.jp/gold/turner/

## WALPA ワルパ

フランス、イギリス、アメリカ、ドイツなど、海外の人気壁紙を豊富にそろえる輸入壁紙専門のオンラインショップ。色、柄のほか、ビンテージ、フレンチシャビー、ポップなどのスタイルでも商品検索ができます。

https://walpa.jp

## Wallstyle ウォールスタイル

すぐに塗れる練り済み珪藻土と生のりつき壁紙などの室内壁材を販売。仕上がりの質感で選べる珪藻土、軽くのびて初心者にも塗りやすい珪藻土など、専門店ならではのオリジナル商品は要チェックです。

https://www.rakuten.ne.jp/gold/wallstyle/

## COLORWORKS PAINT SHOP カラーワークス・ペイントショップ

人や環境に優しい水性塗料をメインに、個性的な輸入塗料や塗装専用の下地壁紙などを扱うペイント専門ショップ。1488色と色数豊富な水性塗料、漆喰、珪藻土など、オリジナル商品も多数あります。

http://paint-shop.colorworks.co.jp

## ロイモール

ロイヤルホームセンターが運営し、約7万点の商品を常時ラインナップする、ネット上のホームセンターといえる住まいの総合ショップ。日用品や園芸用品はもとより、修繕や製作に必要な補修用品や資材、機器、金具など、さまざまなジャンルの商品を一店舗の中で探して取り寄せられるのが魅力です。木材は注文時に指定することで、カットサービスにも対応。また、随時開催している実店舗と同様のセールや値引きをチェックすることで、お得に利用できます。

http://www3.roymall.jp

# 07

第 7 章

# 安全対策

最新グッズで侵入者を撃退！

# 防犯対策

年々、戸建てやマンションの侵入窃盗（空き巣）による被害が増えています。被害を未然に防ぐ“カギ”は、侵入者が嫌がる環境づくりです。
最新の防犯グッズを備え、巧妙化する侵入犯からご自宅を守りましょう。

## 玄関の防犯対策

玄関を狙った侵入手段で多いのが、ピッキングやサムターン回しなどによる被害です。警察の窃盗犯調査によると、泥棒は5分以内に侵入できない場合、犯行をあきらめる可能性が高くなることがわかっています。

マンションは最新のオートロックがあるから安全、高層階だから侵入されないので安心などといった油断してませんか。実はマンションの被害も増加傾向にあります。住人同士の顔を知らないので泥棒が居住者の後についていけば侵入してもわからないことに加え、入居者の防犯意識が低いので無施錠の部屋が見つかりやすいことが要因です。

玄関の防犯対策としては簡単に解錠できないように、ピッキングされにくい複雑な構造の鍵を選ぶとよいでしょう。また、防犯カメラやセンサーライト、センサーアラームなどを設置すると、さらに防犯性が高まり効果的です。

対策1

### 補助錠を取り付ける

2カ所を施解錠を付けるワンドア・ツーロックを採用し、侵入の手間と時間をかけさせ、泥棒に敬遠させるようにします。後付けで取り付けられるアイテムの中で注目されているのが、カギ穴を隠せて2つの鍵が連動する次世代の電気錠です。カードキーやリモコンキーのタイプで、一つ目の鍵を不正に解錠されても、もう一方の鍵が自動で閉まりピッキングを防ぎます。

対策2

### ガードプレートを取り付ける

泥棒によるバールなどを差し込むこじ破り対策として有効なのが、ドアとドアの隙間をふさぐガードプレートです。ドア錠を破壊して侵入するのを防ぎます。無地のデザインが人気ですが、空間の雰囲気を一新してくれる柄入りのタイプも捨てがたいところ。柄物を貼る場合は、合わせ目で柄のズレが生じないよう、慎重に作業する必要があります。

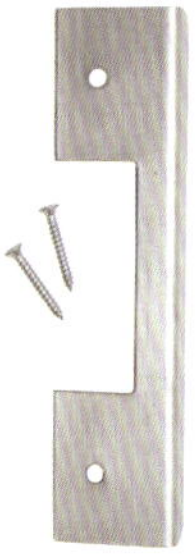

**ガードプレート**
ラッチボルト・デッドボルトを室外側から不良解錠できないようにします。ガードプレートを枠に合わせて木ネジで固定します。

対策3

### 防犯設備を充実させる

泥棒は人の気配や光、音にとても敏感で嫌う傾向があるので、玄関まわりに防犯設備を充実させて未然に防ぐようにします。例えば、人の動きを察知して自動で点灯するセンサーライトで暗闇を明るく照らすと、泥棒を十分に威嚇できます。また、玄関周辺や敷地内に監視カメラやダミーカメラなどを設置すれば、泥棒も心理的に侵入しにくくなります。

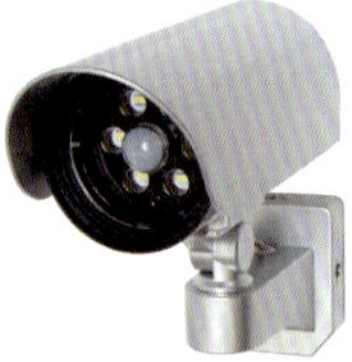

**センサーライト**
本物そっくりな防犯カメラ型のセンサーライト。待機中は赤色LEDが点滅し、点灯はLED白色で約5～20秒点灯します。1台2役で泥棒を威嚇してくれるので便利です。

# 窓の防犯対策

侵入窃盗で最も被害の多い場所が窓からの侵入です。警視庁のデータによると、空き巣による侵入経路の6割以上を占めるといわれています。

戸建てとマンション共に、無施錠の開口部から侵入されて被害に遭われるケースが大半です。ドアと違って窓ガラスを割ってしまえば、簡単に部屋に入られてしまいます。窓は光や風通しを取り入れて住環境を良くする反面、防犯面の弱点ともいえるのです。特に、隣家や道路側から見通しが悪く死角になりやすい窓は要注意です。

そのため、窓の防犯対策をしっかり行うだけでも犯罪の可能性はグッと低くなります。「鍵の解錠」「窓ガラスを割る」「窓の開放」の防犯意識を高めることに重点を置くことが大切です。どれもリーズナブルなものが充実しているので、不安な人はすぐにでも導入することをオススメします。

対策1

## 補助錠を取り付ける

窓に付いているクレセント錠の鍵は、クレセント錠周辺のガラスを割って簡単に解錠されて侵入されてしまいます。クレセントはロック機能のタイプを選び、サッシに補助錠のウィンドロックを取り付けるだけでも防犯性を高めてくれます。補助錠は部屋側の窓の上下に取り付けるので存在に気づかれにくく、クレセント錠付近の窓を割っても容易に開けられないのであきらめてしまうといわれています。

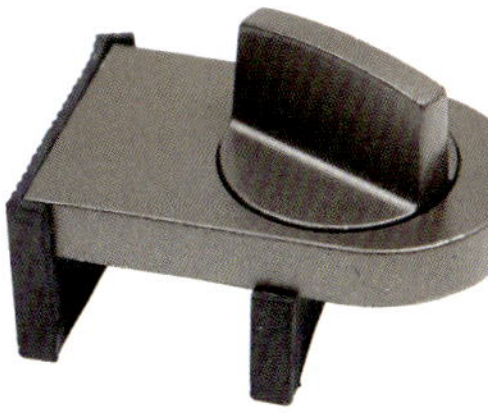

**サッシ用補助錠**

窓のサッシに取り付ける補助錠。上下2カ所に取り付けると防犯効果を高めます。簡単に取り付けることが可能で、ツマミを回すだけで閉めることができます。

対策2

## 防犯フィルムを貼る

最近の新築では、2枚のガラスの間に特殊フィルムを挟み込む防犯ガラスの採用が増えていますが、リフォームの場合はコストがかかります。そこで手軽に行える対策が、窓ガラス全面に特殊フィルムを貼る防犯フィルムです。強度の高いものだとガラスは割れても破れないので、バールやドライバーなどの道具を使った犯罪防止にも効果てき面です。防犯フィルムの耐久年数は約10年といわれています。

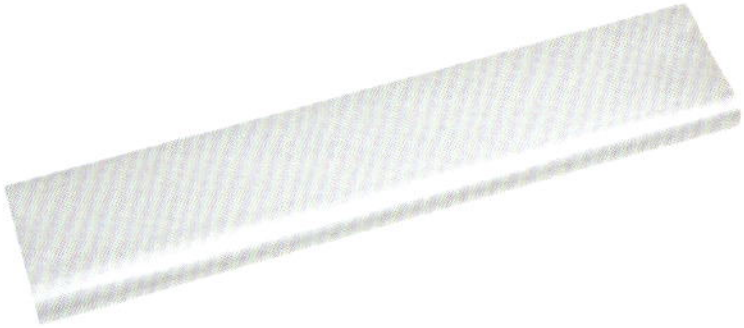

**ガラス飛散防止フィルム**

網入り型ガラスや型ガラスの飛び散り防止に効果を発揮します。UVカット機能付きなので日焼け防止にも対応しています。フィルムはカットして利用できます。

対策3

## センサーアラームを取り付ける

窓にもセンサーアラームを取り付けることができるアイテムが揃っています。玄関ドアと同様に、開閉や振動を感知してアラーム音で知らせてくれます。窓の開閉の邪魔にならないタイプを選べば生活に支障もなく、外出した留守の間も安心です。すべての窓に取り付けなくても、死角になる場所に設置するだけでも十分に有効的です。

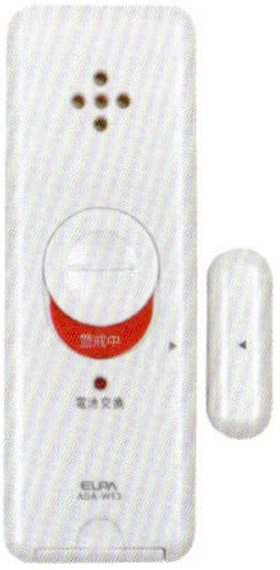

**防犯アラーム**

ガラスの破壊・衝撃を検知した場合や、窓が開いた場合にアラームが鳴り、警戒中・解除が一目で分かるタイプ。大音量のアラームは約25秒間鳴り続けます。取り付けは型板ガラスにも対応します。

### 被害を最小限に抑える

# 地震対策

日本は地震大国。近年、各地で震度6強を超える大きな地震が発生しています。いつどこで大地震が起きてもおかしくない今だからこそ、日頃からきちんと対策をして家族の身を守ることを心がけ、被害を最小限に抑えるようにしましょう。

## 大きな家具は凶器に変わる

地震が起きて大きな揺れを感じた時、いちばんに落下物からの身を守ることが大切です。そして次にガスやストーブなどの火の元を消すことに注意を払い、安全な場所に避難します。

地震が発生した際、最も危険なのが大きな家具や家電の転倒です。内閣府によると、1995年に起きた阪神・淡路大震災では建物の中でけがをした人の約半数（46％）は家具の転倒、落下が原因だという調査結果が判明しています。また、家具が転倒して避難経路を遮断されてしまい、逃げ遅れてしまうケースもあるのです。

しかし、家具の転倒や落下は市販アイテムで防ぐことができ、こうした被害を抑えることができます。

## 食器棚の転倒が危険なワケ

キッチンは地震が発生した時の危険が潜んでいます。最も危険だといわれているのが食器棚です。食器棚は背が高いのが多く、台所にいた時に地震が発生して食器棚が倒れてしまうと確実にけがをしてしまいます。さらに、ガラス戸を破って食器が割れて床に飛び散り、足をけがしてしまうことも考えられます。

食器扉はキャビネットストッパーを取り付け、扉が開いて食器類が外に飛び出すのを防ぎます。

そのため、棚の上部に転倒防止の器具を取り付けるようにしましょう。ポール式やベルト式などさまざまな種類がありますが、なかでもL字金具が転倒防止の効果がいちばん大きいといわれています。ただし、L字金具はビスで壁に固定するため、壁に穴を開けることになるので賃貸住宅などに適していません。また、石膏ボードの壁ではビスが効かないので効果が得られません。そこで、棚の底面にジェル状の粘着マットを敷いて滑らない状態にし、天井との隙間をポール式の器具で固定します。こうすると、L字金具に匹敵する効果を得ることができます。

また、ガラス戸はガラスが割れたときの飛び散りを抑える飛散防止フィルムを貼るのがオススメです。そして食器

食器棚の扉に飛散防止フィルムを貼って、ガラスの破片や食器類でケガをする二次災害を防ぎます。

の下に滑り止めシートを敷いて落下を防ぐようにしましょう。食器は同じ種類や大きさを重ねて置くと効果的です。そして食器棚と同様に冷蔵庫や電子レンジも転倒防止の器具でしっかり固定させましょう。

## リビングなども しっかり 対策を

家族が集まり生活の中で多く過ごす空間のリビングは、実は危険な場所でもあります。テレビはベルトやチェーンなどで背面をテレビ台や壁に取り付けて転倒を防ぐようにしましょう。また、ミニコンポなどのオーディオは底面に耐震マットを敷きます。そしてタンス、ラックは重いものを下に置いて重心を下げ、食器棚と同じように転倒防止器具で固定します。子供部屋の背の高い本棚も同様の対策を心がけてください。

家具の転倒を想定してドアやベッド付近に倒れないように配置を見直しましょう。また、カーテンを閉めるだけでも窓ガラスが割れた際の飛散防止に一役買います。そして、停電時の対処に持っておくと助かるのが自動点灯ライトです。避難時に持ち出せる防災グッズを常備しておくようにしましょう。

### 外出時に地震が発生した時の対処は

外出時に地震が発生した場合、通行できる道路が限定され、駅は多くの人が押し寄せて電車やバスを利用することが難しくなり帰宅困難になってしまいます。そのため、普段から帰宅ルートを確認しておきましょう。

学校などの避難場所を確認するとともに、帰宅困難者施設支援としてコンビニ、ガソリンスタンド、公共施設などが指定されている施設も併せて確認しましょう。そして、家族の安否の確認は、NTTの災害伝言ダイヤル171、携帯電話伝言板などを利用して家族と連絡を取るようにします。

## 役立つ便利グッズ

### 他にはこんなグッズも

**ベルトタイプ**

ベルトタイプは、テレビやパソコンのモニターの転倒防止にオススメです。テレビ本体と壁やテレビラックなどに取り付けることで転倒を防ぐことができます。

**伸縮棒・ポールタイプ**

家具の転倒防止策として最もメジャーなグッズ。家具と天井の隙間が狭く奥行きのある家具に効果を発揮します。使い方を間違えると効果を発揮しないので注意してください。

**ストッパータイプ**

家具の下に敷くだけで滑りにくくして転倒を防ぎます。ネジや釘が不要なので取り付けは不要です。ポールタイプなどと併せて利用すると効果的です。

**耐震パッド**

振動や衝撃を大幅に吸収し、家具やOA機器などの底に貼って転倒防止や制振効果に役立ちます。工具は不要で貼るだけで簡単に設置でき、汚れても水で洗って乾かせば繰り返し使うことが可能です。サイズは20mm～100mmまで揃っていて、貼る物に合わせてカットして使えます。

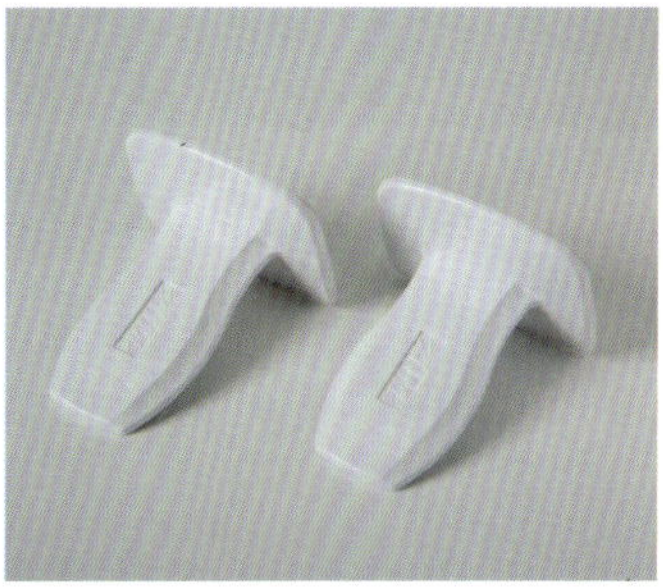

**転倒防止用固定プレート**

ジェル状の粘着材で壁面と家具を強力に固定し、家具の転倒を防ぐT字タイプの固定プレート。ネジや釘を使うことなく家具に貼るだけで設置できるので、家具や壁面を傷つけないので安心です。冷蔵庫やタンスなど、60kg以下の大物家具への取り付けが可能です。

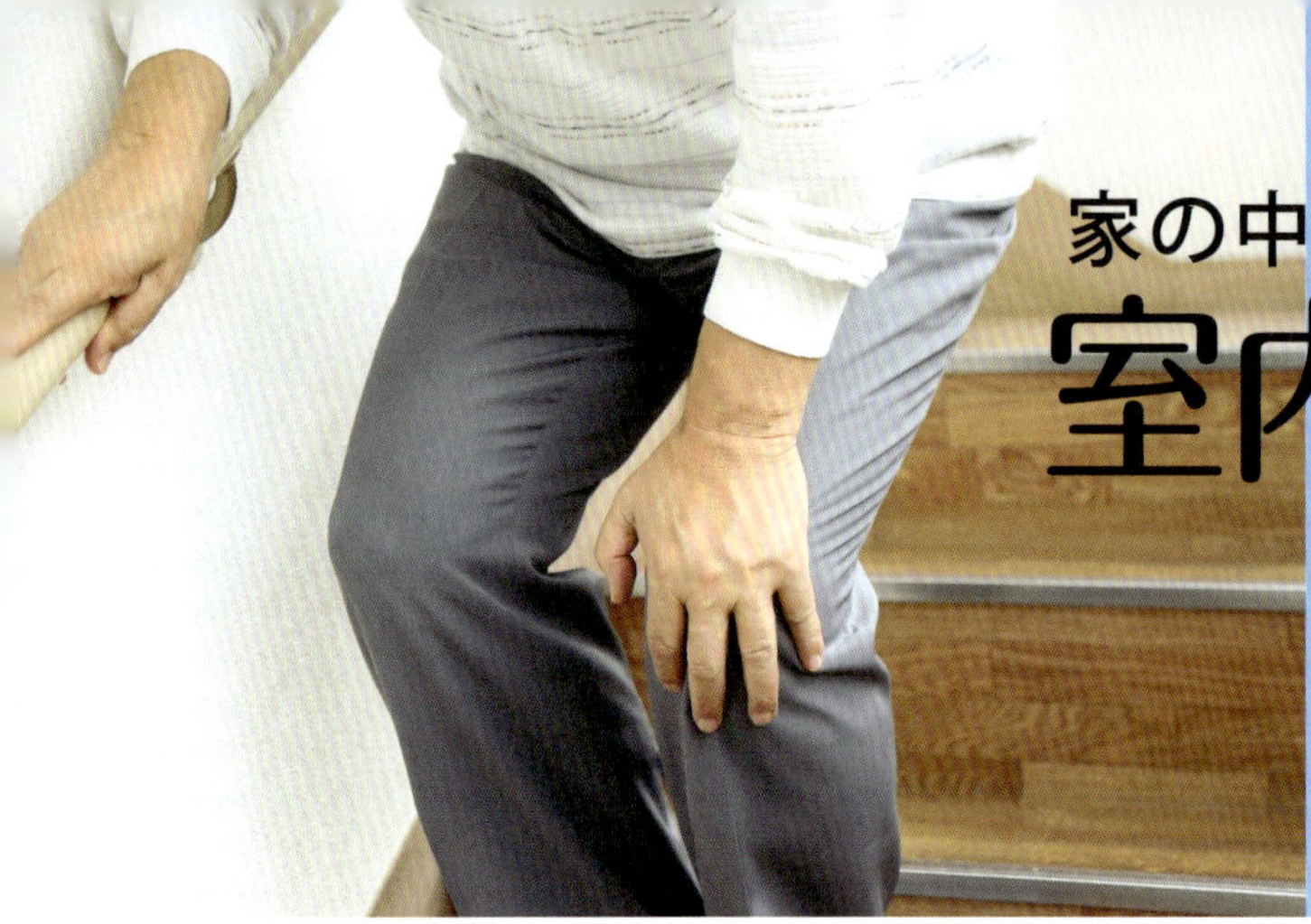

家の中には思わぬ危険がいっぱい

# 室内の安全対策

安全と思われている家の中でも、日常生活の中には、小さな段差や階段などの危険が潜んでいます。わずかな障害が大けがを誘発してしまうこともあります。住まいを見直して、安全で快適に暮らせるお部屋作りを心がけましょう。

## 階段の安全対策

家庭内で最も事故が起きやすい場所と言われているのが階段です。階段は、転倒がイコール落下につながるため、十分に気をつけなくてはいけません。健康な成人であっても、ふとしたことで踏み外し、転落すれば、大きなケガを負ってしまう可能性は非常に高いでしょう。

もしそれが、高齢者や小さなお子さんであれば、より重大なケガや命にかかわることもありえます。

室内の安全を考える上で、最初に手をつけなくてはいけないポイントといえるでしょう。まず階段付近には、余計な荷物などを置かず転倒の原因になるようなものもすべて片づけてください。

その上で滑りにくいように階段の縁に市販の滑り止めテープなどを貼っておくのがおススメです。

また、夜間でも階段の段差が判別できるように階段照明を設置したり、蓄光テープなどを貼っておくのもよいでしょう。階段の環境に合わせ使いやすい物を導入してください。

さらに、転倒を防ぐには手すりの設置も有効です。ＤＩＹで取り付ける場合は、高さは７５０㎜から８００㎜が目安となります、実際に使用する方の体格に合わせましょう。

手すりには体重がかかるので取り付けには慎重を期し、下地センサーなどを使って壁裏の間柱などにネジでしっかりと固定するようにしてください。

階段の転倒防止には手すりが有効です。昇り降りの際大きな力がかかるので壁裏の間柱にネジなどでしっかり固定してください。

夜間の安全を高めるには階段照明として足元灯の導入がおススメです。人感センサー付きならON、OFFの操作も不要です。

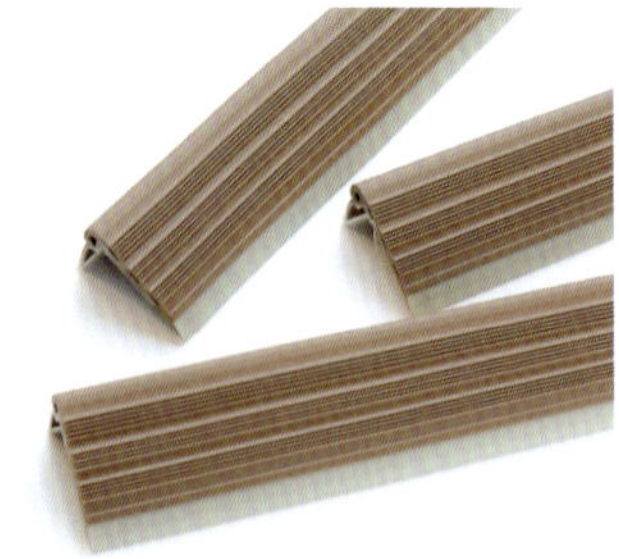

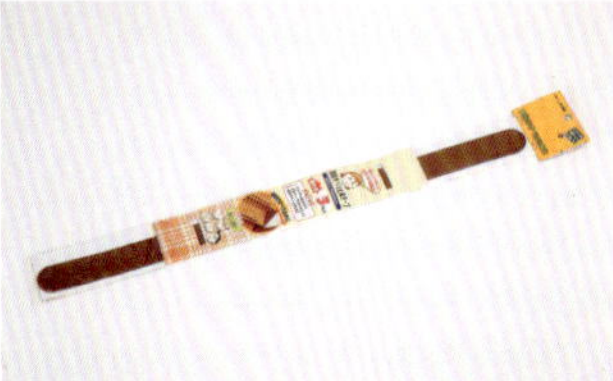

足が滑ることによる階段の踏み外しを防止するには、階段のフチ部分にすべり止めをに取り付けるのが効果的です。両面テープタイプなら設置も簡単です。できるだけ目立つように階段の色とは違う、出来るだけ目立つ色の滑り止めを使用するのが良いでしょう。

## 玄関の安全対策

玄関には通常大きな段差が設けられています。これが原因で転倒を誘発してしまうことがあります。

事故を防ぐには適度な高さの踏み台などを置き、極力その段差を減らすことが重要です。踏み台は容易にずれないようしっかりと固定するか、滑り止め対策もしましょう

また、玄関に十分なスペースがある場合は、手すりを取り付けるのもよいでしょう。また、玄関先は暗いことも多いので、足元灯などの設置もおススメです。

玄関の土間と、上りかまちの段差が大きい場合、踏み台などを設置して段差を極力少なくしましょう。

## 段差の安全対策

段差の解消にはスロープの設置がおススメです。市販品としてサイズも豊富に揃っており、確実に設置が可能です。

出入り口や、部屋と部屋の間、敷居など、室内のちょっとした段差は、目立たないため、つい見落としがちで、高齢者や足の不自由な方にとっては転倒事故を誘発する危険な存在です。

出来るだけ段差をなくすようにスロープなどを取り付けつまずく原因を取り除きましょう。スロープは市販のものでも、木材などに傾斜を付けてカットし、それを設置してもかまいません、ただし足が当たっても簡単にずれないように両面テープなどでしっかり固定してください。

## 浴室の安全対策

浴室は水を使う場所なので足が滑りやすく転倒の危険が非常に高い場所です。滑りにくいように浴室用の滑り止めマットなどを敷いておくようにしましょう。

また、浴槽と浴室の床の段差が大きい場合は、身体に負担がかからないように踏み台を設けたり、手すりを取り付けるなどして転倒の危険を防いでおいたいところです。また、冬場の気温差で失神や心筋梗塞を引き起こすヒートショック対策として専用の暖房器具などの設置も検討してください。

滑り止めマットは浴室での転倒防止に有効です。足元から冷気が伝わるのも防いでくれます。

## トイレの安全対策

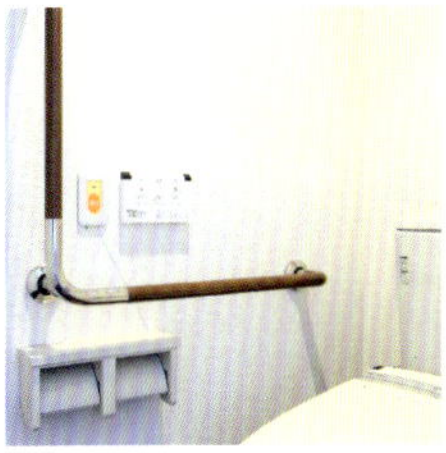
手すりがあれば身体に負担をかけずに座る、立ち上がる動作がスムーズに行え、事故のリスクを下げてくれます。

トイレも高齢者によるヒートショックなどの事故が起こりやすい場所です。トイレの中と、廊下などの外の気温差を極力なくすためには、トイレ用の暖房器などを設置するのが良いでしょう。また、冷たい便座に肌が触れ、心臓に負担がかからないよう暖房便座の導入も事故防止には有効です。

さらに、立ちくらみによる転倒を防ぐには、手すりなども設置しておくと安心でしょう。

ただし、トイレを使用する際に姿勢が窮屈になったり、介助者がサポートしづらくならないように、手すりの配置やサイズには十分配慮してください。

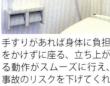

## ペットの視点で暮らしやすい環境作り

# ペットに優しい環境

家族の一員であるペットと一緒に暮らす上で、飼い主が配慮すべきなのが、彼らにとって安全快適な部屋作りです。
人間に快適な環境がイコール犬や猫たちにも快適だとは限りません。大切なのはペットの視点からみて、どうすれば、のびのびと暮らせる空間になるかということ。今一度見直し互いに満足できる環境作りを目指しましょう。

猫は立体的に、犬は平面的に動き回ります。それぞれの性格を考えて、インテリアのレイアウトを工夫したり、猫のためにキャットタワーの設置なども検討しましょう。

### ストレスのない空間作り

ペットの代表である犬と猫ですが、犬はご主人である家族と一緒にいることで安心します。そのため、リビングなどできるだけ家族と一緒に過ごせる開放的な空間に、ハウスなどを置くようにするといいでしょう。

猫は狭くて暗い場所や、高いところを好みます。

上下の移動ができるキャットタワーなどがあるとストレスもたまらず、また、運動不足の解消にもなります。

糊なしで床に貼れる防滑マット。深い凹凸で足が滑るのを防ぎ足腰の負担を軽減。

### 事故や誤飲を防ぐ

ペットが人間と同じ空間で暮らす上で、特に気をつけなくてはいけないのが、誤飲などの事故です。アクセサリーやクリップ、ヘアゴム、また人間の食べ物など誤飲しやすいものはペットの目にとらないように注意してください。

特に猫は、好奇心が旺盛な上、高い場所や狭い空間でも簡単にたどり着いてしまいます。戸棚の中など、できればしっかりロックできる場所に保管するように習慣づけるといいでしょう。

また、ペットが近寄ってほしくない場所にはしっかりと固定した柵などを設置しましょう。

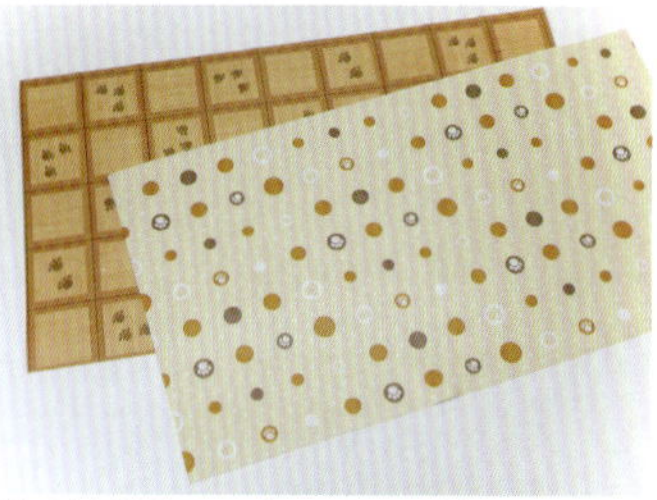
消臭抗菌効果のあるペット対応クッションフロア。表面が滑りにくい上、ほどよいクッション性もあるのでペットの足腰に負担をかけません。

### 床暖房と床材選び

真冬など、寒い季節は暖房を付けていても床上は想像以上に寒くなります。床上数十センチの世界で暮らすペットが、ストレスを感じないよう床暖房や、ホットカーペットなどの導入を検討しましょう。

また、床材にも注意が必要です。フローリングやタイルはペットが足を滑らせやすく、股関節などに悪影響を及ぼすケースもあります。床材を選ぶときは、ペットに適したクッションフロアなど、できるだけ滑りにくい物を選ぶのが大切です。

# 08

第 8 章

# 用語辞典

# あ行

## アサリ

P33参照

のこぎり刃にある、互い違いに刃を傾けた配列。ノコ厚よりも、わずかに幅広く切ることで、ノコギリが材料の切り口にはさまれることを防ぎ、軽い力で操作できる。

## あそび

部品の取りつけや、可動部品の動きをスムーズにするために、意図的に授けたすき間。例えば、電車工具のスイッチは、押し初めにあそびがあり、指を触れただけでは電源が入らないので、安全。

## 当《あ》て木《ぎ》

金づちやクランプを直接使うと、材料が痛むため、材料に当てて保証する板。また、サンドペーパー4を当て木に巻いて使えば持ちやすく、平らに研げる。当て木は、あり合わせの板を繰り返し使う。

## アンカー

抜けにくい特殊ピンでおもに中空アンカーのこと。石こうボードなどにクギやネジを打つと砕けてしまうが、アンカーを打てば、ボードの裏側で、先端が傘のように開いて抜けず、丈夫に固定できる。船の碇にたとえた命名。

## 位置決め

ものの取りつけ面に、正確な線を引くことをいう。そのためには、どこを基準に寸法をとるかが重量。取りつけ作業の最中にずれないよう、テープなどで固定すること。

## 入《い》り隅《ずみ》・出《で》隅《ずみ》

建物や木工作品に出来る角部分について、引っ込み側を入り隅、出っ張り側を出隅と呼ぶ。入り隅は、刃物や塗装のハケなど、道具がつっかえて作業しづらい。出隅は、歩行や取り扱いでぶつかりやすいなど、注意が必要な個所を指し示すのに便利な言葉。

塗装ではこうした個所から塗り始める。また、作品形状としては、角に丸みをつけておきたい。

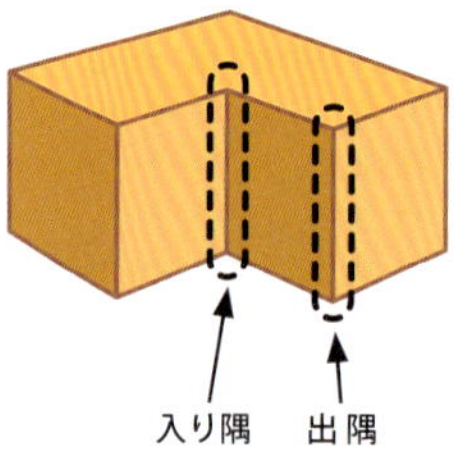


## ウマ・馬

台座のない、不安定な工作物を加工するために作った専用スタンド。また、重要物の仮置き用として、簡易的に作った道具の総称。ノコ引き用のウマは便利な用具になる。作業台に載せ切れない長尺材料の固定に便利。２台並べて合板を載せれば、作業テーブルになる。

## 埋め木

P125参照

木材に打ったネジやクギの頭を隠すために、木製の丸棒を埋め込んで目立たなくする加工。

作業としては、まず、丸棒の径に合った穴をあけてからネジを深く打ち込む。そして丸棒をはめて、表面を削って平らに仕上げる。

## ALC

発砲コンクリートのこと。軽量化のため、生コンクリートに粒上の発泡剤を混ぜて成形したもので、建物の壁や、庭の排水溝などに使われる。

クギなどを打つと割れるので、専用アンカーを使う。

## オイルステイン

P89参照

染料を混ぜた溶剤で木材を染色する手法。または専用の染料液。はっ水性の油分は含まない。手あかや退色を防ぐため、この上にニスを塗るのが一般的。木目が自然で、深みのある仕上げになる。

これに似た「水性ステイン」は水溶性で、手軽に使えるタイプ。

どちらも、染めたあとでは直せない。目立たない個所で試し、濃すぎたら液を薄めて使う。

「外部ステイン」も浸透性の着色剤だが、こちらは透明感がなく、防虫防腐を重視したもの。

## オイルフィニッシュ

P92参照

チークオイルや亜麻仁油などの植物油をすり込んで磨き上げる、木材の表面仕上げ方法。塗膜はできないので、木目や質感を味わえるのが特徴。水をはじく性質を保つには、定期的にすり込む手入れが必要。

## 大壁《おおかべ》

室内壁のうち、柱を見せずに連続した広い平面に仕上げた、洋室に多い壁。和室の「真壁」に対する名称。

## オープンタイム

合成ゴム系接着剤に特有の塗り方で、接着する面に塗ってからすぐにはり合わせずに、触ってもつかなくなるまで、放置しておく時間。両面とも、そうすれば、はり合わせた瞬間に強力な接着力を発揮する。

## 送り

P15参照

ジグソーなどの電動工具を前に進める操作と、その速さ。手の力の強弱ではなく、速度でとらえる言い方。刃が切り進む速さに合わせて、無理なく送るのが大切。

# か行

## 外寸

作品や製品の外側寸法。外法とも。箱などの場合、板厚を含んだ「外寸」と箱内の「内寸」がある。木工の場合は、外寸と内寸に配慮した木取りが重要になる。

## 家具の部材名

家具の部位を表す「天板」「側板」などの名前はどれも「ばん」ではなく「いた」と読む。

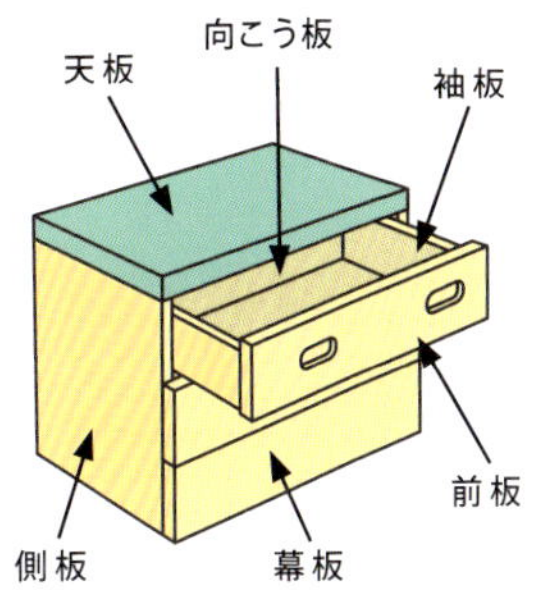

天板
向こう板
袖板
前板
幕板
側板


## かまち

ガラス戸などは、ガラスの周りに額縁状の枠がついているが、その枠部分を言う。たてかまちには引き手がついている。または、材料の端を隠す化粧用の横木のこと。「上がりかまち」など。

## 鴨《かも》居《い》

障子やふすまなどの上側にある、水平の部材。下側にある敷居《しきい》と組み合わせて、引き戸を走行させる。

長押《なげし》は、敷居の表面につく装飾材なので鴨居とは区別する。

## 仮止め

材料や部品を取りつける前に、正しい位置にテープなどで簡単に固定しておくこと。配置を確かめるためもあり、すぐに分解できるように固定する。

## 木《き》殺《ごろ》し

P38参照

木材表面を金づちでたたいて一時的に圧縮すること。

クギのうち終わりは、金槌の局面側を使って、木繊維ごと深く沈める。また、穴にはめる場合の角材は、たたいて補足する。しばらくすれば木材はふくらんで固くはまる。

## 基礎

住宅やブロック塀など、工作物の荷重を地盤に伝えて、水平面を保つように支えるコンクリートの構造体。土台の木材は含まない。

## 木《き》取《ど》り

必要な部材の形を、正しい寸法で木材面に描いていくこと。これだけでは「墨つけ」と同じ意味だが、木取りでは、無駄なく収まるよう、配置や組み合わせを検討する作業をする。金属板の場合にいう「材料取り」と同義。

## キャビネット図

キャビネットなど、正面部を重視した箱状の家具を表すのに適した図法。正面はまっすぐ見た形に描き、奥行き方向は斜め線で半分の長さに表す。見取り図よりも図面的な正確さがあり、三面図よりも立体のイメージがつかめる。

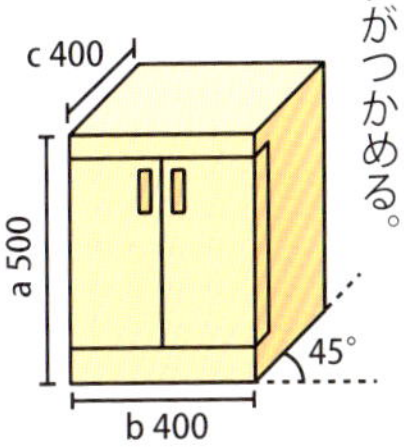

c 400
a 500
45°
b 400


a:b:c=1:1:0.5 で作図する。

## 切《き》り代《しろ》

ノコギリなどの刃物で切ると、刃の厚さ分だけ材料がなくなってしまうので、あらかじめその分を見込んで設けた個所、または寸法。手ノコなら1㎜。

木取りの際には、板にノコギリのアサリ幅を2本線で描こう。これで誤差が防げる。

## クレセント

P195参照

引き戸のサッシで、ガラス戸2枚を固定する、半円形をした回転式のカギ。つっぱり効果があり、ガタつきやすき間のない締りになる。

呼び名は三日月形を表す英語に由来する。回転式のカギは鎖錠というが、クレセントはサッシにつくものだけを呼ぶのが普通。

## 罫《け》書《が》き

金属板に「ケガキ針」などの刃物で線を引くこと。途中の作図線が残るので、強弱をつけたり、必要な線に印をつけることが大切。

一般には、材料に部材の形を寸法通りに描くこと、つまり「墨つけ」と同じ意味にも使われる。

## 結《けつ》露《ろ》

P197参照

空中の湿気が冷たいガラスなどに触れて、水滴になること。目に見える部分の「表面結露」はカビやアレルギーの原因になる。また壁の中で起きる「内部結露」は、建物が傷む原因になる。

## 木口《こぐち》・小口《こぐち》

P54参照

木材でいう「木口」は、板の繊維断面（年輪）が現れる二つの端面。新しい板は木繊維の方法に長く取るので、端末の面になることが多い。

木口は傷みやすく、見た目も悪いので、作品正面に使うことは避ける。

一方、レンガなど木材以外では「小口」と書いて、直方体や円筒の小さい面のことを指す。

# さ行

## サイディング壁

建物外壁のうち、塗り壁に対して、板材をはり並べた壁をいう。サイディングボードとしては、発泡ウレタンまたは石こうを芯に、アルミでサンドイッチした構造のものが主流。耐候性・耐汚染性に優れている。

## サブロク（3×6尺）

合板などのサイズ規格のうち、90×1800㎜（コンパネなど）、または910×1820㎜（ベニヤ合板など）の大きさを指す、慣習的な呼び方。

どちらの寸法でもよいところが紛らわしいが、実際に定着している。必ず商品の表示シールを確かめること。なお、1尺は303㎜。

同様に、ニハチ（2×8尺）、シハチ（4×8尺）などもある。

## 敷居《しきい》

障子やガラス戸などの引き戸を下で支えて走行させる、水平の部材。上側の敷居とペアになり、敷居には溝やレールを設けてあるのが一般的。

## 冶具《じぐ》

材料や工具に合わせて、専用に作った保持器具。

役目としては、加工中にずれないように、材料を固定する。または、工具が命中するようにガイドする。さらに、同一形状を作るために、位置決めを容易にするなどの冶具がある。

## 軸組工法《じくぐみこうほう》

建物の柱や梁など、軸をもとに組み立てていく構造。鉄骨造も軸組の構造だが、一般には、従来からの木造住宅についていう場合が多い。在来工法とも呼ばれ、面ではっていく「ツーバイフォー工法」とよく比較される。

P10参照

## 下穴《したあな》

木材にクギやネジを打つとき、あらかじめあけておく穴。下穴をあけておけば、板材のクギ離れや、ネジのフラつきが防げ、スムーズに打つことができる。穴径はクギやネジの太さの7～8割程度が目安。

## 下地《したじ》

シート貼りや塗装の際の、相手面の素材、または表面状態のこと。工程が多い場合は、作業直前の表面を下地という。

例えば、壁の石こうボードは壁紙の下地、また下塗り面は上塗りの下地という具合に呼ぶ。接着も塗装も、密着性を高めるには、サンディングなど、下地の処理が大切。

## 錠前《じょうまえ》

錠前とはカギのことで、ロック本体を指す場合も多いが、キーを含めたセット品とするのが本来。

玄関錠の場合、取りつけが簡単なインテグラル錠や、防犯性の高いケース錠などの種類がある。同じ種類で、取りつけ寸法を確かめれば、自分でも交換できる。

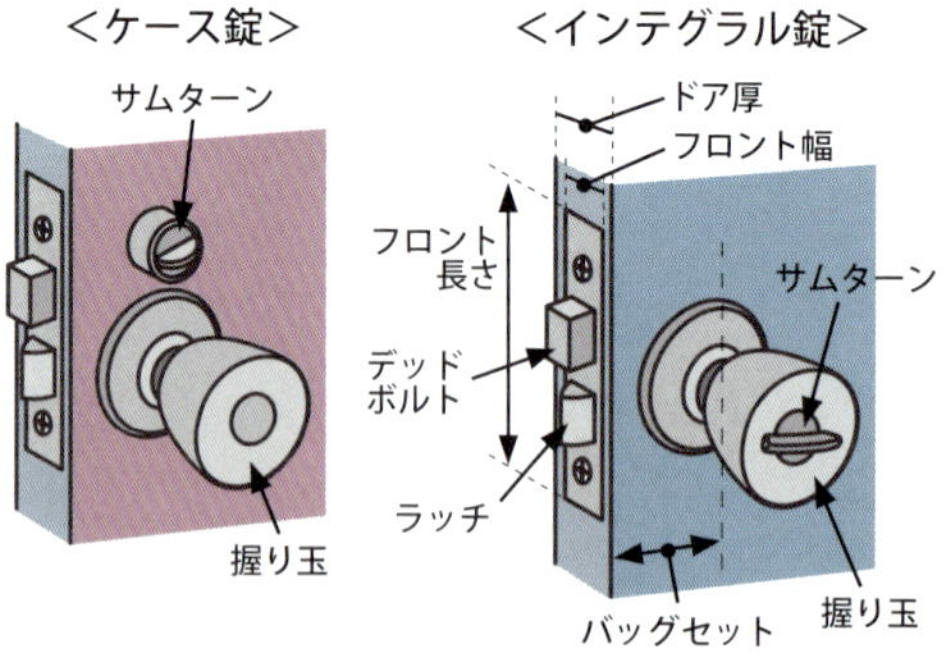

<インテグラル錠>
ドア厚
フロント幅
フロント長さ
サムターン
デッドボルト
ラッチ
バッグセット
握り玉
<ケース錠>
サムターン
握り玉


## 真壁《しんかべ》

和室に見られる、柱を積極的に見せる様式の壁。洋室に多い「大壁」に対する名称。

## 心心《しんしん》

例えば、柱同士の間隔など、柱の中心から中心までをとる測り方のこと。はさまれた距離（面面）は考えないので、積算的にピッチを設定するのに都合がよい。また、どちらかを指定して寸法を伝えないと、間違いのもとになる。

P203参照

## スキージー

ゴムベラや軟質のヘラ。粘着シートなど、気泡を追い出してはる道具。これを使えば、シート表面を傷つけない。

## 筋交《すじか》い

梁と柱などで四角く組み立てた構造の場合、グラグラと並行四辺形のように変形しやすい。それを防ぐため、対角線につける角材を筋交いという。単純かつ効果的な補強方法なので、建物だけでなく工作でも応用されている。

P9参照

## 捨《す》て板《いた》

電動ドリルで穴をあけるときは、板の裏側にバリができないよう、いらない板を敷いておく。このように、材料と一緒に加工して、使い捨てにする板のこと。それだけに、端材は常に集めておくことが大切。

## 墨《すみ》つけ

刃物のねらいをつけるため、木材または部材に、切断線や穴あけ中心線などの計画線を引くこと。引いた線は墨線《すみせん》と呼ぶ。線は鉛筆を使って、細く黒く明確に引くことが大切。一方、材料とりの計画線は「木取り」だが、その「線を引く作業」自体は墨つけということになる。

## 設計図《せっけいず》

作ろうとしている作品の形や構造を、実現できるように検討した図面のこと。寸法を決めるため、ものを真上、真横、真正面の3方向から見た形で表す三図面で描くのが普通。また、詳細まで描きこんだ「製作図」に対しては「設計図」は検討図や計画図ともいえる。設計図のうちに、問題を解決しておけば、加工作業はスムーズに運ぶ。

## 先端工具《せんたんこうぐ》

電動工具の先に取りつける刃物類のこと。円盤状のディスク、軸状のビット、刃がついたブレードなどの総称。これらは、取っ手こそついていないが、電動工具から見れば工具の役割をしているので、こう呼ばれる。

## 反《そ》り

木材は乾燥収縮によって湾曲するが、カマボコ状に曲がる「幅反り」を特に「反り」という。反りは、定規を当てればすき間ができるのでわかる。長さ方向が弓状になる変形は

「曲がり」。小口から見通せば、盛り上がりが観察できる。木材売り場では、よく選んで購入しよう。

# た行

## ダボ

P132参照

木材に打つ円柱状のピン。「ダボ接ぎ」では、二枚の板の両方に穴をあけ、片側に木ダボを打つ。そして相手側の穴に差して接合する、穴位置には精度が必要なので、正確な墨付けをし、仮に組み立てて確かめてから接着剤を使うようにする。棚ダボは、棚板を受けるためのピンで、金属製が多い。

## 垂木《たるき》

屋根を支える骨組みのうち、傾斜の流れ方向と平行に、何本も取り付ける角材。木造住宅では木製の部材だが、アルミバルコニーなど、アルミ製のものも垂木と呼んでいる。

## ちり

部材を同一面に合わせて組もうとすると、誤差がすき間やずれとなって目立ちやすい。そうした場所に、アクセントを兼ねて施す小さな段差。例えばちりを5㎜とっておけば、精度を追及することなく、作りやすい。

## ツーバイフォー工法

「枠組み壁工法」とも呼ばれ、柱を使わず、パネルだけで箱状に組み住宅工法、柱のように見えるのは、パネルのタテ枠。

2×4インチ断面の規格化された木材を使うことから、この名称がある。補強金物も豊富に規格化され、クギと金物だけで接合していくので、工期が短くできる。この規格から生まれた2×4材や補強金物が大量に出回り、庭にウッドデッキを作る人も多くなった。

## 突《つ》きつけ

材料の厚さをはり重ねずに、端面や切り口同士をすき間なく合わせて組むこと。例えばビニール壁紙では、端部分を重ねてはると段差ができるので、突きつけはりにする。

## 面《つら》

建築や木工の場面では、ものの表面を「つら」と呼ぶ。つけ加えるなら、「ひと続きに広がる基本面」といったニュアンスを含む。同じ「面」と書いて「めん」と呼ぶ時は、とがった角を削ってできる細い表面、つまり面取りした箇所を指す。

## 面一《つらいち》

ふたつの部材表面を、出っ張りや段差のない、同一平面上に合わせること、または、そういう位置関係のこと。

## DIY

Do it yourself の頭文字。住まいの補強改善を自らの手で行うこと。従来の日曜大工に近い意味。手作りの楽しさを求める活動でもある。「自分でやろう」とでも訳せる、この英語の起源は、第二次世界大戦直後にロンドンで起きた、復興のための市民活動。その呼びかけの言葉による。

## 天端《てんば》

塀などの大きな構造物について、上側の平面部を指す。平面部がない頂上は上端。下端は底面。つまり、天と下が対語になっている。小箱など、四角い小物については、天面は上端、底面は下端と呼ぶ。

## 胴縁《どうぶち》

石こうボードなどの、壁材の下地として、間柱にはる横方向の板。胴縁は下地材なので、ザラザラな杉板が使われる。

壁にネジ締めするときは、胴縁、間柱などの下地の位置確認が重要。掛け時計も固定するネジなどは、間柱以外にも、胴縁の位置をねらえば十分に利く。

## 土台《どだい》

住宅の基礎コンクリートの上に、水平に配置する角材。柱などの荷重を支える重要な部材。

## トルク

ネジや、電動工具の回転軸について、軸にかかる回転力の大きさをいう。単位はN・m（ニュートン・メートル）で表す。1N・mは回転軸に1mの棒を取り付け、先端を1Nの力で回したときに、軸に生じるトルク。逆にいえば、先端を1Nの力で回せる軸トルクのこと。

# な行

## 内寸《ないすん》

ものの内側の寸法。例えばコンテナ箱では、外形の寸法よりも、中に入る容量のほうが大切な場合がある。その時は内寸で設計し、測るときも内寸で測る。内法ともいう。外形の寸法は「外寸」。

## 長押《なげし》

鴨居《かもい》の表面にはる装飾板。

## 根《ね》太《だ》

フローリング材などの床板をはる下地として、30㎝または45㎝おきに、平行に配置する水平材。床を踏むと沈む場合は、根太が腐朽していることがある。

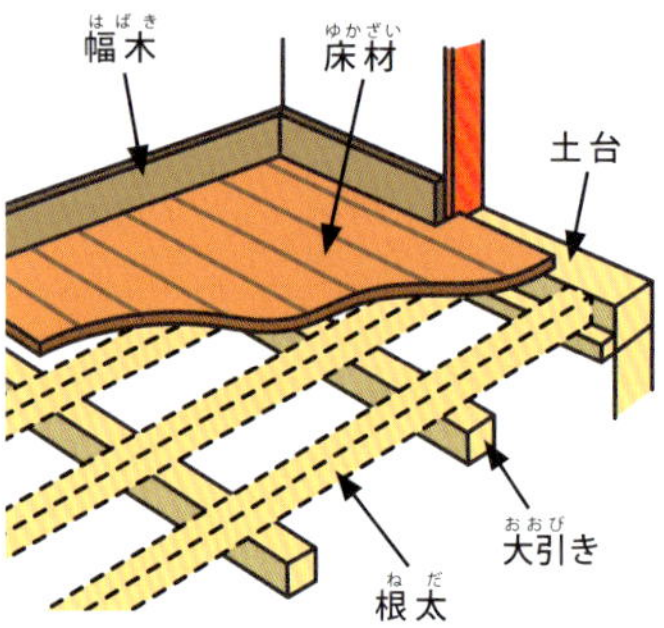


# は行

## 端《は》材《ざい》

材料や部材を切った残りで、使う予定のない半端な小さい材料。捨てずに集めておけば、小作品の材料に利用できる。

他には、当て木、捨て板、刃物の加工テストなどにも便利。三角形に残った端材となると、利用しにくい。木取りの際は、端材が四角くまとまるように考慮したい。

## 柱《はしら》

住宅の構造材のうち、土台の上に固定して壁や屋根を支える垂直部材（図は「軸組工法・じくぐみこうほう」参照）。

## 幅《はば》木《き》

板をはり込むときに、端の不ぞろいやすき間を隠すための板。室内壁が床と接する部分には、壁側に一定幅の長い板、つまり幅木がかぶせてある。壁につくキズや汚れも防いでいる。

## 端《は》物《もの》

一枚に満たない、はんぱな材料。壁紙、タイル、または板ばりなど、決められた場所を順にはっていった最後では、はんぱが起きる。また、窓に切り取られた壁も、端物が出やすい。

場所と材料幅が調節不能な場合は端物で終わりにせず、二分して、はり始めと終わりとに均等に配置する。

## 梁《はり》

建物の、柱と柱の間に渡した水平の角材を総称する言葉。鴨居も梁の一種だが、名前のはっきりした部材にはあまり使わず、「あの梁」とか、「ここに梁を取りつける」などといった、代名詞的に呼ぶことが多い。

ちなみに、柱の上に設ける水平材は「桁」。

P9参照

## バリ

材料を切ったり、穴をあけたりしたときの切り口にできる、乱れてとがった出っぱり。触るとケガをするので、バリはヤスリで削り落としておこう。

また、バリは刃物が材料を通過した向こう側に出ることが多いので、出口（裏）側に捨て板を当てて切れば、ある程度防げる。

## 部材

建物や家具などの工作物を構成するために、形や寸法を合わせ込んだ材料。完成品の一部分を指すときにも、組み立て前の材料についてもいう。また、装飾的な金具は含まれず、構造に関わるものだけを部材と呼ぶことが多い。

これに対して部品とは、建具や家具など、運搬できる製品について使われる。ひとつずつ分解したものすべては部品で、ネジまでを含む。

## 不織布《ふしょくふ》

普通の布は糸を織ってあるが、不織布は、綿状態の繊維を特殊針で平らに突き固めたもの。つまり、織ってはいない。そして、繊維がち密にからんでいるため、ハサミで切っただけでも、切り口はほどけることがない。厚地不織布のフェルトは手芸に、薄地はフィルターにして、マスクや掃除機に使われる。

## 歩《ぶ》留《ど》まり

材料取りの効率。例えば、1枚の板に必要な形や寸法をいくつも割りつけたとき、並べ方によっては半端が出て、取れる数に違いが起きる。このとき数多く取れることを、歩留まりがよいという。

## フラッシュパネル

心材を薄い合板で挟んだ、空洞のある板。軽量で、低コストの製品が作れるため、室内ドアや家具に多く使われる。表面をたたけば、心材のない部分は空洞音がするのでわかる。そこにはネジやクギは利かないのでご注意。

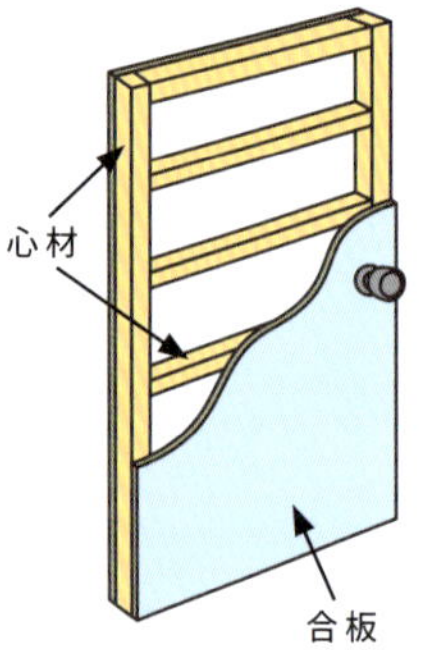


P213参照

## ホームセンター

DIYに必要な道具、材料、用品を集め、一か所で買い物がそろう百貨店式の店舗。郊外の立地で、広い駐車場を備えたものが多い。

売り場は木材、塗料といった分類がされているので探しやすいが、例えばテープなどは、補修材、塗料、梱包材にまたがるので、用途をはっきりさせておこう。

店ごとに得意分野があるので、木材はA店、電動工具はB店というように使い分けるのがよい。

## ホルムアルデヒド放散量

ホルムアルデヒドは、室内で目がチカチカするなどのシックハウス症候群の原因物質。合板製造などに使う、メラミン系接着剤から出るため、板材量としての発散量が規制されている。

表示としては、Ｆ☆☆☆☆が使われる。これはＪＡＳ（ＪＩＳも共通）規格による表示で、Ｆ☆☆☆☆は放散量が最も少ないランクを示し、等級はＦ☆までの４段階がある。

# ま行

## マスキング

P52参照

塗装するときに、はみ出しや塗料汚れを防ぐために、塗らない部分をカバーする処置。この作業を含め、広範囲をカバーするのは養生という。

マスキングテープは、あとではがしやすい弱粘着のテープで、きれいな直線に区切ることができる。

## 間柱《まばしら》

P49参照

柱と柱の間に建てる、細い柱。胴線や石こうボードの下地になる。壁にものを取りつけるときなど、ネジやクギを打つ場合は、この間柱をねらって打てば丈夫に固定できる。間柱の間隔は心心で３０３㎜または４５５㎜が多い（図は「軸組工法・じくぐみこうほう」参照）。

## 回《まわ》り縁《ぶち》

天井と壁の境目にあり、すき間を隠して、天井外周のひと回りを囲む、細長い装飾材（図は「鴨居・かもい」参照）。

## 右勝手《みぎかって》

ドアの開き方向を呼ぶ言葉。外開きや内開きに関係なく、手前に引けば開く側に立ったとき、右にあおって開く状態を右勝手という。このとき、丁番は右側につく。逆は左勝手。丁番の取りつけ関係を規定するための呼び方。

## 見《み》切《き》り

作業をどの個所や位置で終わらせるかの区切り。特に塗装では、広い平面の途中で中断すると目立つので、角までは塗っておく。

このことから、マスキングテープで区切る境目線を見切り線と呼ぶ。

## 見《み》取《と》り図《ず》

ものを斜め上から見た絵で表す、説明的な図。形のイメージがよく分かるので、三面図で描く前に見取り図で検討や整理をするとよい。

## 目《め》地《じ》

P179参照

材料を平面上に配置するときの継ぎ目のことで、規制的にすき間をあけて詰め物をした線を目地という。

モルタル（セメント＋砂）目地であっても、補修にはシーリング材を使ったほうが簡単。

## 面《めん》取《と》り

角材の、とがった稜線を削って、幅の細い面を設けること。

鋭利なままでは、ぶつかるたびに欠けやすく、ケガのもとでもある。また、切りっ放しでは粗雑なので、面取りで化粧を施す。

斜めに削った「面取り」のほかにも、「丸面取り」、さらにトリマーを使った「飾り面取り」などがある。

## モルタル

セメント粉と砂に水を加えて練り、反応硬化させたもの。コンクリートとの違いは、砂利を含まないこと。

生モルタルは硬化前の流動物をいい、塗る、敷く、詰める、接着するなどの自由な使い方ができる。水を加える前の混合粉体は粉末（ドライモルタル）。

# や行

## 役《やく》物《もの》

タイルなどは、同一形状の標準品をはり並べるが、縁やコーナー部分は同じものが使えない。こうした個所を収める、専用の形状をしたピースを役物という。また、コーナーを収める以外にも、滑り止め機能や装飾用の役物もある。

## 溶《よう》剤《ざい》

塗料や接着剤などを溶かして薄める液のうち、水以外を溶剤という。例えばペイント薄め液、ラッカー薄め液。脱脂用にはベンジンなどがある。

ほとんどは有機系なので、実際には有機溶剤とほぼ同義語。有機溶剤は中毒性の気体を発散するので、部屋の換気に注意しよう。

## 養《よう》生《じょう》

塗装や解体作業など、周りを汚しがちな作業の前に、汚したくない個所をシートや新聞紙でカバーする処置。作品の一部をカバーするなど、小規模な場合は、マスキングという。

## 呼《よ》び

部品サイズの表示方式。実際の寸法ではなく、部品の代表寸法で、適合する系統を「呼び」で表している。

例えば、水栓サイズの「呼び13」は、配管用塩化ビニール管の内径13㎜に由来する。

著　者
山田　芳照（やまだ よしてる）

1999年、(株)ダイナシティコーポレーションを設立し、DIY情報サイトDIYCITYを運営している。DIYアドバイザーの資格を取得し、DIY普及活動として、2005年から6年間、NHK教育TV「住まい自分流」に講師で出演した。
以後、DIYをテーマにしたTV番組（日本テレビ・シューイチ、ボンビーガールなど他多数）の講師及び監修、企画制作を行っている。2013年からは、ホームセンターに置かれているHow toシートの監修と制作を行い、社員研修やDIYセミナー、DIY教室、体験講座などの企画運営を継続して行っている。DIYパフォーマンス集団「佐田工務店」は、よしもと芸人を中心に立ち上げ、イベントやTV番組を通じてDIYをさらに普及させる活動も行っている。

スタッフ

本文デザイン　吉田デザイン事務所
編集協力　木下卓至
那須野明彦
大野晴之
カメラマン　鈴木忍
大館洋志
栗田覚
岩本剛
制作協力　川岸和佳子
山崎真希
立野真樹子
福島善成
中村岳人
木下あけみ
編集担当　山路和彦（ナツメ出版企画株式会社）



**[最新版《さいしんばん》]**
# これ一冊《いっさつ》ではじめる！日曜大工《にちようだいく》

2019年 7月 3日　初版発行
2023年 7月 1日　第9刷発行

著　者　山田芳照《やまだよしてる》
発行者　田村正隆



発行所　株式会社ナツメ社
東京都千代田区神田神保町1-52　ナツメ社ビル1F（〒101-0051）
電話　03(3291)1257（代表）　FAX　03（3291）5761
振替　00130-1-58661
製　作　ナツメ出版企画株式会社
東京都千代田区神田神保町1-52　ナツメ社ビル3F（〒101-0051）
電話　03(3295)3921（代表）
印刷所　図書印刷株式会社

ISBN978-4-8163-6673-4　Printed in Japan
〈定価はカバーに表示してあります。乱丁・落丁本はお取替えいたします〉